House
mpeachment
Managers

Secretary of War

Acting Secretary of War

Anvrew Johnson

弹劾审判
美国第十七任总统安德鲁·约翰逊纪实

〔美〕戴维·米勒·德威特 著

樊启明◎译

SH 中国言实出版社

图书在版编目（CIP）数据

　　弹劾审判美国第十七任总统安德鲁·约翰逊纪实 /
（美）德威特著；樊启明译. —北京：中国言实出版社，
2015.11

　　ISBN 978 - 7 - 5171 - 1638 - 7

　　Ⅰ.①弹… Ⅱ.①德… ②樊… Ⅲ.①约翰逊，A—生
平事迹 Ⅳ.①K837.127＝43

　　中国版本图书馆 CIP 数据核字(2015)第 279055 号

责任编辑：肖凤超

出版发行 中国言实出版社
　　　　　地　　址：北京市朝阳区北苑路 180 号加利大厦 5 号楼 105 室
　　　　　邮　　编：100101
　　　　　编辑部：北京市西城区百万庄大街甲 16 号五层
　　　　　邮　　编：100037
　　　　　电　　话：64924853（总编室）64924716（发行部）
　　　　　网　　址：www. zgyscbs. cn
　　　　　E - mail：zgyscbs@263. net
经　　销 新华书店
印　　刷 北京天正元印务有限公司
版　　次 2016 年 1 月第 1 版　2016 年 1 月第 1 次印刷
规　　格 710 毫米×1000 毫米　1/16　24.25 印张
字　　数 435 千字
定　　价 70.00 元　ISBN 978 - 7 - 5171 - 1638 - 7

译者前言

戴维·米勒·德威特（David Miller DeWitt，1837 年 11 月 25 日—1912 年 6 月 23 日）是美国的职业律师兼作家。1837 年 11 月 25 日德威特出生于新泽西州帕特森市，1845 年随父母一起迁往纽约，定居在布鲁克林。他先在布鲁克林公立学校上学，后来转到索哲提斯就读于一所优等的学校，毕业后考入金斯顿一所地方高等专科学校就读，经过努力又考入新泽西州新不伦瑞克市的拉哥斯学院，1858 年毕业于该校法律专业。他在 1858 年获准成为一名律师，在纽约州阿尔斯特县城金斯顿开展律师业务。1861 年和 1862 年担任新帕尔兹专科学校（后来成为一所州立正规学校）的校长。1863 年至 1870 年在阿尔斯特县担任地方律师，任期届满之后争取再次当选律师候选人的努力没有成功。德威特作为一个民主党人当选为美国第四十三届国会众议员（1873 年 3 月 4 日至 1875 年 3 月 3 日），任期结束后未能再次获得成为众议员候选人的提名，他因而恢复了律师职业并从事文学创作。从 1878 年到 1881 年他担任社团的助理辩护律师。1883 年他是纽约州立高等专科学校（第二区阿尔斯特社区）的一名成员。1884 年他是金斯顿社区的辩护律师。从 1885 年 11 月 20 日到 1886 年 12 月 31 日他担任阿尔斯特县遗嘱检验法庭的法官。以后他再次从事律师业务。1912 年 6 月 12 日他在纽约州阿尔斯特县城金斯顿去世，安葬在维尔特维克的乡下墓地。

德威特结合自己从事律师工作以及担任众议员工作的经历，对美国内战与重建时期发生的著名案件进行了深入的研究，写出了几部很有影响的作品。其中《玛丽·E. 萨拉特遭受的合法但不公正的死刑判决》，1895 年由马里兰州巴尔的摩市约翰·墨菲公司出版；《弹劾审判美国第十七任总统安德鲁·约翰逊纪实》，1903 年由纽约市麦克米伦公司和伦敦市麦克米伦有限责任公司出版；《暗杀亚伯拉罕·林肯及其伏法》，1909 年由纽约市麦克米伦公司出版。在德威特的作品中，尤其以《弹劾审判美国第十七任总统安德鲁·约翰逊纪实》一书影响大，流传广。

为了使读者更好地理解这部作品，这里介绍一下美国的弹劾制度及其历史。

在美国，弹劾可能会在联邦一级或州一级发生。在联邦一级，行政与司法机构的成员都可能受到弹劾，但弹劾标准不同。在行政机构中，只有犯下"叛国、贿赂，其他重罪和轻罪"的嫌疑人才会受到弹劾。此处叛国与贿赂的意思是明确的，但美国宪法并未指明何为"其他重罪和轻罪（high crimes and misdemeanours）"。一些评论员据此认为，国会有权自行确定哪些犯罪行为是能够导致弹劾的罪行。

在司法机构中，弹劾的范围要宽得多。美国宪法第三条规定法官在"行为良好"时可继续任职，也就是说国会能够以行为不当为由免除法官的职务。

作为"美国的文官（civil officers of the United States）"，国会的成员可被参议院弹劾或被众议院解职（这发生过一次，是针对参议员威廉·布朗特（William Blount）的。在当代，开除（expulsion）成为处理行为不当的国会成员的主要方式（尽管这仍然很少发生），因为一个议院可以独立决定开除自己的某个成员，不像弹劾需要牵涉到另一个议院。

美国众议院必须以简单多数通过弹劾条款（articles of impeachment）。弹劾条款中包含了正式的指控内容，一旦通过，就称被告"正在受到弹劾（impeached）"。

随后，由参议院对被告进行审判。如果弹劾案是针对总统的，审判由首席大法官主持，否则，审判由副总统（以参议院议长的身份）或参议院临时议长来主持（这可能也包括对副总统自身的弹劾案，但一般法律中并不允许由同一个人既担任法官又是该案指控的被告）。

如出席的参议员中有三分之二的多数认定被告有罪，则判定其有罪。如果被告正在任职，则被判有罪后即自动被解职。在判定有罪之后，参议院可以投票决定是否还禁止被告今后再次担任联邦职位（包括选举及任命的职位）。被参议院判罪的被告仍有可能遭到刑事审判。弹劾在被告离职后仍可进行，目的是剥夺其今后重新任职的权利或某些在任职时获得的待遇（例如退休金）。如果出席的参议员中认定被告有罪的票数不足三分之二，则认定被告无罪，对其不作处罚。

国会一般将弹劾作为仅在极端情况下行使的一种特殊权力。自从 1789 年以来，众议院仅启动过 62 次弹劾程序（最近的一次是针对比尔·克林顿的），遭到过弹劾指控的联邦官员仅有 16 名。

陪审法官塞缪尔·蔡斯（Associate Justice Samuel Chase）在 1804 年受到了弹劾。

美国众议院对十位总统声言过要启动弹劾程序，最早的一次是 1843 年众议院针对第十任总统约翰·泰勒启动了弹劾程序，众议院以 127 票对 83 票的表决结果否决了对他的弹劾议案，这是美国历史上第一次由众议院提出讨论但未通过的弹劾总统的议案。从整体上看，众议院声言弹劾多是对总统实施的政策不满而发出的警告威胁。比如近几年的茶党运动，就是美国公众发起的一场反对奥巴马政府的经济刺激计划和医疗改革方案，主张政府要缩小规模、减少开支、降低税收、弱化监管的自下而上形成的社会运动。之所以命名为茶党，可以追溯到 1773 年为了反对英国政府对北美殖民地实行的不公平税收政策而引发的波士顿倾茶事件，期间示威者打出的口号是"税收已经太多了"（Taxed Enough Already），而它的首字母组合在一起正是单词"TEA"（茶）。由此看来，茶党也就意味着对苛捐杂税的抗争乃至对现实表达不满。

2009 年初兴起的茶党运动正是根源于美国民众对奥巴马政府以及美国现状的不满。奥巴马在竞选时曾经许诺要减少税收、提振经济。然而他上台之后，随着巨额经济刺激计划的启动和美国医疗改革法案的出台，政府权力进一步扩张，联邦政府的财政赤字不断攀升，税收不减反增。同时美国经济也未见好转，普通民众收入下降，失业率居高不下。这些问题的出现使得主张反对高支出、高税收的茶党有了广泛的群众基础。在不到两年的时间内，茶党迅速蔓延至全美各地，发起了几千起地方性或全国性的茶党集会。其中 2009 年 4 月 15 日（美国个税申报截止日）的集会声势最大。当天包括华盛顿、纽约、洛杉矶在内的 750 多个城市发生了以茶党名义举行的集会，仅在亚特兰大一地参加集会的人数就达到 7 000～15 000 人。2010 年初的一项民意调查的结果显示，41％的美国人认可茶党，相比之下，只有 35％的民众认可民主党，28％的民众认可共和党。2010 年，共和党控制国会众议院后，不少参与茶党运动的共和党议员不满总统奥巴马的施政，呼吁对他进行弹劾。

众议院弹劾总统多是表达不满，发出警告，促使总统尊重国会的意见，因此弹劾动议流产的多，成功的少。真正受到弹劾的只有两位总统。第一位遭到弹劾的总统是美国第十七任总统安德鲁·约翰逊，他在 1868 年受到弹劾，原因是他不理会国会多数党的警告，与共和党的矛盾不断激化造成的，在参议院的投票判决中，仅以一票之差被宣告无罪。第二位遭到弹劾的总统是美国第四十二任总统比尔·克林顿，他在 1998 年 12 月 19 日被众议院弹劾，原因是克林顿在莱温斯基丑闻和普拉·琼斯诉讼中被共和党抓住把柄，指控他对大陪审团作伪证（以 228 对 206 票通过）及妨碍司法公正（以 221 对 212 票通过）。另两项弹劾指控未能获得通过，包括在琼斯案中的另一项伪证指控（以 205 对 229 票被否决）和一项滥用职权的指控（以 148 对 285 票被否决）。参议院认定其无罪（伪证以 45 对 55 票被否决，妨碍司法公正以 50 对 50 票被否决）。

许多人以为理查德·尼克松总统被弹劾过，但这与事实不符。尽管在 1974 年众议院司法委员会以较大优势的票数通过了对他的弹劾指控，并将这些条款提交给众议院表决，但尼克松在众议院投票之前就辞职了。因为 1972 年 6 月 17 日，五名男子潜入水门综合大厦的民主党总部后被警方抓获，《华盛顿邮报》开始对事件进行跟踪报道。记者卡尔·伯恩斯坦和鲍勃·伍德沃德根据一名被称为"深喉"的知情人士——之后经当事人自己承认而得知此人是当时的联邦调查局副局长马克·费尔特——提供的线索将被捕的人与白宫联系起来。尼克松起初称这些丑闻不过是政治，报纸文章中充满了偏见与误导，试图将其淡化。但之后的一系列爆料却表明他的幕僚已经犯下了罪行，他们试图对民主党及其他人的工作、生活进行破坏，并且还撒谎对罪行加以掩盖。包括白宫办公厅主任霍尔德曼（H. R. Haldeman）、白宫法律顾问约翰·迪安（John Dean）在内的多名白宫高级幕僚受到起诉，最终共计有超过 46 人被定罪。

1973 年 7 月 13 日，国会水门委员会传唤前白宫助手亚历山大·巴特菲尔德（Alexander Butterfield）作证，他证实尼克松下令在椭圆形办公室等白宫内的多个办公室以及戴维营中都安装了由语音自动开启，24 小时运转的录音系统，一旦有人讲话或打电话就会自动录音。7 月 23 日，水门事件特别检察官阿奇博尔德·考克斯（Archibald Cox）发出传票，要求白宫交出录音带。尼克松以行政特权为由拒绝交出，白宫与特别检察官相持不下，尼克松于是在 1973 年 10 月 20 日（星期六）解雇了考克斯，一同遭到解雇的还有拒绝执行尼克松解雇考克斯命令的联邦司法部长埃利奥特·理查森（Elliot Richardson）和副部长威廉·拉克尔肖斯（William Ruckelshaus）。这一事件被媒体称之为"星期六之夜大屠杀"（Saturday Night Massacre）。在民众的压力之下，尼克松被迫同意任命德克萨斯州的律师利昂·贾沃斯基（Leon Jaworski）担任特别检察官。11 月，尼克松的律师透露 1972 年 6 月 20 日的一段白宫录音带中有 18 分半钟的空白，总统的私人秘书罗斯·玛丽·伍兹（Rose Mary Woods）声称这是自己意外抹去的，但这一说法受到了普遍的嘲笑。这段空白虽然不足以成为总统不当行为的确凿证据，但已足以让人对他声称对事件毫不知情的说法产生怀疑。

1973 年 10 月，有人在首都街头游行，要求弹劾尼克松。

虽然尼克松失去了大部分民众的支持，这其中甚至包括他的党派，但他否认自己存在不法行为并发誓要继续任职。他坚称自己虽然犯有错误，但事先对水门窃听案一无所知，也没有违犯任何法律，一直到 1973 年初才得知相关的掩盖行为。10 月 10 日，副总统阿格纽因在担任马里兰州州长期间受贿、逃税漏税和洗钱而辞职。尼克松提名联邦众议院少数党领袖杰拉尔德·福特继任，参议院认同了这一提名。

1973 年 11 月 17 日，尼克松在电视上接受记者提问时说："人们必须知道他们的总统是不是骗子。我不是骗子。我拥有的一切都是应该得到的。"

录音带的司法大战一直持续到了 1974 年上半年，尼克松于 4 月宣布交出 1200 页他与幕僚在白宫内对话的录音带的文字副本。众议院司法委员会于 1974 年 5 月 9 日开始举行弹劾总统的听证会，这次听证会也通过各大电视台进行直播。听证会后举行投票，从 7 月 24 日到 30 日，委员会先后通过了弹劾总统的三条动议，其中第一条是于 27 日以 27 票赞成，11 票反对通过的妨碍司法指控。7 月 24 日，最高法院在美国诉尼克松案中作出 8 比 0 的一致裁决，总统必须交出全部原始录音带，而不只是经过剪辑的文字副本。

虽然自己的支持者伴随着事件的揭露而不断减少，但尼克松仍然希望能够获胜。然后，新交出的一卷在窃听案后录制的录音带表明，尼克松曾在水门窃听案事发后不久被告知嫌疑人与白宫之间存在的联系，并且批准了对调查进行阻挠的计划。在 1974 年 8 月 5 日伴随这卷被称为"确凿证据"的录音带一同发布的声明中，尼克松接受了有关误导国家的指责，承认自己当时的确已经获知了窃听案背后的真相，表示自己的记忆出现了问题。他之后很快与共和党的国会领袖会面，后者明确表示众议院肯定会通过弹劾议案，而负责审理的参议院中支持他的最多只有 15 票——距他不被强行免职所需要的 34 票还差一半有余。

尼克松基本上可以肯定，要是他不主动辞职的话，他会受到众议院弹劾而被参议院认定有罪，他在参议院并不能取得超过三分之一的议员支持。尼克松的第一位副总统斯皮罗·阿格纽也在 1973 年被指控犯有涉及逃税和洗钱的罪行，而他在被弹劾之前就辞职了。准确地说，尼克松也是慑于弹劾而主动辞职的，客观上讲，尼克松虽然进行了顽强的抗争，但因"确凿证据"，在自己党内的议员也不便支持他的情况下，主动辞职无疑是明智的选择。

州一级遭到弹劾的官员有下台的例子：2003 年 10 月 7 日，美国加利福尼亚州将重新举行州长选举，届时选民将投票决定是否另选新人取代现任州长戴维斯。这是美国 82 年来的首次州长罢免选举。戴维斯在罢免选举中遭到罢免而下台。2009 年，美国伊利诺伊州州长罗德·布拉戈耶维奇遭到州议会弹劾而下台，是 20 年来首位遭到弹劾的州长。

《弹劾审判美国第十七任总统安德鲁·约翰逊纪实》是戴维·米勒·德威特流传最广、影响最大的一部作品，安德鲁·约翰逊遭到弹劾审判也是美国历史教科书中记载的重大事件。德威特在这部作品中全面、系统地阐述了弹劾审判安德鲁·约翰逊的原因、经过和结局，论证了共和党和安德鲁·约翰逊及民主党之间围绕南部重建问题产生的矛盾冲突。双方的斗争集中在南部建立共和形式的政府上，共和党在这个问题上分为激进派与温和派，激进派主张无条件授予黑人选举权，彻底剥夺叛乱分子的公民权；温和派主张有条件授予黑人选举权，获得南部白人效忠联邦政府的保证，利用重新效忠联邦的南部白人精英管理南部。而约翰逊则主张无条件立即接纳南部各州加入联邦。双方对南部影响力和控制权的争夺，目的在于扩大自己的选民基础以取得选举的胜利进而掌握联邦的控制权。但根据美国宪法规定的弹劾条件，这种政治斗争是不适用于弹劾的，怎么办呢？国会利用立法权力限制总统的权力，而总统则利用行政权力使国会的立法失去效力，斗争不断激化，最终众议院以总统罢免斯坦顿职务违反了《公职任期法》，犯了重罪和轻罪为由，采取弹劾行动来罢免总统。但有七位共和党参议员出于各种考量成为不服从共和党决议的参议员，投票认定总统无罪，约翰逊因一票之差而免于定罪。

全书分作两大部分：第一部分是引言，介绍共和党和约翰逊矛盾的起因与矛盾不断激化的情况，由重建问题、第39届国会召开会议、第一次否决、争取三分之二多数的斗争、科罗拉多法案、第十四条宪法修正案和田纳西决议、求助于国民等六节组成。关于重建，在内战尚未结束的时候，林肯就在联邦军队占领的南部叛乱地区开始了重建工作。1865年4月15日林肯遇刺殉职以后，约翰逊继任总统，继续重建工作，声称要"使叛国罪行令人厌恶"，但他赦免叛乱分子，对南部各州步步退让的做法，导致南部各州州长任命的官员，各州选举选出的代表和议员大都是以前的叛乱分子，这引起了激进分子的强烈不满。不仅如此，南部各州三K党横行，还纷纷制定"黑人法典"。共和党人最初把总统的重建措施看作是"实验性的"，在1865年12月第39届国会集合开会之后，国会通过了"自由民局法案"和《民权法案》，成立了十五人联合委员会，拒绝接纳南部叛乱州派遣的国会议员，作为对约翰逊总统重建政策的回应。总统和国会之间的关系因此破裂了，国会通过推翻总统否决而使自己的法案通过成为法律，而总统则通过人事任免等与之对抗，最终迫使国会对其进行弹劾。

第二部分主要叙述弹劾审判的过程，最后又叙述了结局，使读者能够完整地了解这起著名的历史事件。具体内容由弹劾准备、公职任期法和重建法、埃德温·M. 斯坦顿、第一次弹劾失败与斯坦顿复职、弹劾总统、审判总统、判决无罪等七章加上结局构成。总统已经在重建问题上挑战共和党，这是他现在处于这样一种地位的主要原因；在官职任命权上进一步挑战共和党——事实上做了——加速他的垮台。官职任命权也是议员们的命根子，这要回顾一下，1800 年是美国的一个大选年，这次大选进行得十分激烈，最后民主共和党人托马斯·杰斐逊经众议院投票，以一票多数当选美国第三任总统。而即将卸任的总统、联邦党人亚当斯为削弱对方势力，在下台前把许多联邦党人紧急塞进了政府和法院。当时任命这些官员仓促而草率，在历史上留下了"星夜受命人"的典故。1801 年初，杰斐逊上台后，也毫不含糊地以其人之道还治其人之身。他立即按"政治上可接受性"的标准撤换了大批联邦党官员，代之以刚上台的执政党人士。由此开启"政党分赃制"的先河，使之在相当长时期内成为美国政治录用的基本方式，在其他西方国家历史上也曾有类似的情况发生。

1960 年，美国哥伦比亚大学教授埃里克·L. 麦基特里克在《安德鲁·约翰逊和重建》一书中谈到约翰逊众叛亲离的原因时指出，关于官职任命权的某些原则来自林肯行政当局的先例和实践。亚伯拉罕·林肯非常小心与谨慎地运用官职任命权。看起来他明白官职任命权既有可能性又有局限性，它像用来把他的组织牢固地绑在一起的一把丝线。那些线可用于吸引关键人物沿着期望的道路前进，假设那些人已经决心不走其他的道路。官职任命权必定是权力的助手，但几乎不是它完美的同义语。

基本的原则是官职的赠予是对过去和未来为党提供服务的奖励。在真正意义上它是一种承认的仪式，就那个职位的特殊职责仅仅是属于个人的价值符合组织的主要标准性质的某些东西来说，它也是一种适当的荣誉公告。要在其他基础上授予官职，不管行政效力偶发的损失，将冒疏远地方支持和党内不和谐的风险。

另一个原则是应该一丝不苟地服从指挥系统。在一州范围内的重要职位要在与共和党参议员或来自该州的参议员磋商后填补。第四类邮政局长职位通过邮政局所在地区的国会议员送交审批；的确，在开始的时候就宣布了，如果直接送给相关的国会议员，申请起作用会更快一些。如果一个特定地区的议员碰巧是一个民主党人，那么当地的共和党首脑将受到咨询。当然，来自州长和其他有影响的个人的忠告总是被采纳。仅在有限的各类案例中林肯亲手处理作决定——在某些局部地区引起党分裂的案例。但即使这样，他不是不顾规则的事情。如果他决定反对一个集团，是因为那个集团的任命遇到了不满，变得不得人心，或者是因为某些类似的原因，从另一种意义上讲，这些原因全都是两派相关人员评估和认可的。在许多情况下，他仅试图实现他们之间的和解。

约翰逊几乎从第 39 届国会会议一开始就从事某种窜改官职任命权效果的实验。然而，每个例子都像触及神经一样，促使共和党团结一致地弹劾他。

在这部作品中，从行文中不难发现德威特对约翰逊是非常同情的，这和 1868 年弹劾审判安德鲁·约翰逊时民主党人持有的立场是一致的。德威特 1873 年 3 月 4 日作为一个民主党人当选美国第 43 届国会众议员，1875 年 3 月 3 日从美国众议院任职届满。约翰逊随后在同年 3 月 4 日再一次到参议院任职。那个时期约翰逊在政治上很活跃，是一个受到热议的人物，德威特对约翰逊的评价，反映的是民主党的基本观点与立场。

作为一本资料书，本书是完整地、综合地、文雅地写出来的，在某种程度上它是一部经典著作。作者匠心独到，别具一格，在这部作品的整体构思中，弹劾审判是本书的主题，作者对弹劾审判用七章进行叙述，占本书篇幅的 74%；引言是背景介绍，占本书篇幅的 21%；结局使作品更加完整，占本书篇幅的 5%。引言和结局作为附属的部分，没有和主体部分统一划分章节，读者阅读本书目录的时候会感到本书结构松散，但阅读作品全文之后，就会感到本书结构紧密，构思巧妙。麦基特里克先生对该书给予高度评价："1903 年由戴维·德威特发表的优秀叙事报道，未来的一段时间里似乎没有必要重复，真的，就是有也很少见。"

这个事件具有的大多数文件证据能够在美国国会的文献中查明。记录美国国会辩论内容的系列丛书有四部。第一部书名为《国会年刊》，记载 1789—1824 年第 1 届国会至第 18 届国会第一次会议的辩论和会议记录；第二部书名为《辩论记录》，记载 1824—1837 年美国第 18 届国会第二次会议至第 25 届国会的辩论和会议记录；第三部书名为《国会天地》，记载 1833—1873 年第 23 届国会至第 42 届国会的辩论和会议记录；第四部书名为《国会记录》，记载 1873 年迄今第 43 届国会至第 114 届国会的辩论和会议记录。这些丛书较为系统地记录了美国国会的重要活动和文献资料。美国政府印刷所出版的《众议院司法委员会在弹劾安德鲁·约翰逊的调查中收集的证言》和《美国参议院根据美国众议院以重罪和轻罪提出的弹劾起诉书审判美国总统安德鲁·约翰逊》等两部作品也提供了写作弹劾审判安德鲁·约翰逊的丰富资料。《弹劾审判美国第十七任总统安德鲁·约翰逊纪实》一书是德威特在研究这些作品的基础上，对已有成果进行分析批判。另外他获得了安德鲁·约翰逊的女儿玛撒·J. 帕特森的许可，对前总统约翰逊的私人秘书威廉·G. 穆尔上校编辑的一系列剪贴簿，前总统的私人文件以及那时的文献、期刊和报纸刊登的相关文章进行系统的分析研究，因而使他获益匪浅。这些材料构成编撰本书的事实根据。德威特采用"如实直书"的撰史原则，以事实为依据来得出新结论，还让读者根据事实自己得出结论。由于人们的立场不同，看问题的方法不同，结论就会不一样。在诸如黑人选举权问题上，在斯坦顿、萨姆纳、史蒂文斯等人的评价问题上，译者自己就得不出他的那种结论。加上时代变迁，社会进步，价值观不同的人会在阅读的过程中感到书中存在许多矛盾之处，如对约翰逊重建政策的一些赞誉评价，反映的是当时民主党人的主流看法。

这部作品对研究美国法制史、政治史是很有帮助的。美国宪法规定的罢免权，有三种解释：一种看法认为是总统独有的权力；一种看法认为是总统和参议院共同行使的权力；还有一种看法认为宪法没有把罢免权赋予任何一个部门和任何一个人，它由国会立法来调整。此时就是第三种观点盛行的时期。在国会与总统的政治斗争中，国会强势，总统弱势，这与总统站到南部失败的一方，失去国会中优势政党的支持有关。1981年，美国新泽西州普林斯顿大学教授詹姆斯·M.麦克弗森在其著作《火的考验：美国内战及重建》的第二十八章重建与弹劾危机中和德威特一样指出了同样的事实，但德威特把约翰逊免于定罪渲染成一次重大的胜利，而麦克弗森则有自己的看法，控方干事巴特勒的话道出了弹劾案的本质。约翰逊实际上是因为两年来一直坚决反对共和党的重建计划而遭受弹劾审判的。用一位国会议员的话来说，他的罪行乃是"为了那些将南部各州拖进叛乱的要犯们的利益，而用自己的意志去重建各叛乱州的重大图谋"。弹劾也是自林肯执政以来国会和总统长期权力斗争的顶点。"这个应该解决的重大问题"，一位坚决支持弹劾的人写道，是"国家立法机构在美国政治中是否也像英国立法机构在英国政治中那样具有无限权力。……难道我们不能早点使总统像英国国王那样不再否决国会通过的法案吗？"

但一些温和派害怕开创先例，有了这个先例，国会以三分之二的多数就可以撤换任何一位碰巧与之意见不一致的总统。这种做法可能破坏美国政治制度中宪法所规定的权力平衡。尽管这些温和派人士不喜欢约翰逊，但是他们并不想削弱总统的权力。一位保守派参议员写道，"安德鲁·约翰逊是被公正地还是不公正地解除职务，这无关紧要；重要的是，我们的政府是不是墨西哥化了，是不是成为到头来必定把我们的制度彻底推翻的样板。"有几位温和派人士也不信任激进的本杰明·韦德，要是参议院裁定约翰逊有罪，他就会成为总统。

人们的这些关注使那些焦虑不安的共和党参议员能够利用这一诉讼案在法律上的含糊不清来证明他们对弹劾持怀疑态度有理。不喜欢约翰逊重建政策但希望投票反对弹劾的温和派参议员寻求通过斡旋者与总统达成谅解。约翰逊第一次对这样的建议有所反应。在审讯中，他既神气十足又有所顾忌。他不再发表演说或召开记者招待会来指责国会了。他保证执行"重建法令"，而且也这样做了。与温和派参议员举行过多次慎重的会谈之后，约翰逊提名约翰·斯科菲尔德将军为陆军部长，他任弗吉尼亚军管区司令时所表现出来的效率和公正使他成为各个派别都能接受的人选。

这些行动增加了总统被宣告无罪的希望。但是来自共和党选区的强大压力使这个问题直到最后都未见分晓。每一个共和党控制的州议会都赞成定罪。但对三项指控条款的表决结果都是 35 比 19，七位不服从本党决议的共和党参议员顶住压力，投票认定约翰逊无罪，使其能以一票之差被判决无罪。

本书是 1902 年写成的，那时种族歧视的观念对人们的影响还是很大的，作者写这部书不仅注重它的商业价值，还要为民主党提振士气。作者在文中把主张扩大黑人选举权的共和党人称为"黑种共和党人"，把赋予黑人选举权称作"黑人至上"，把黑人参与政府的管理工作称作"非洲化"，诸如此类的评论，反映了当时正统民主党人的思想观念，我们在阅读这部作品的时候，要坚持唯物主义史观，牢固树立主体意识，剔除其糟粕，吸取其精华，为我所用。

《弹劾审判美国第十七任总统安德鲁·约翰逊纪实》一书不仅为我们提供了丰富的有关美国的知识，而且极具文采，可读性也非常强，书中讲述国会与安德鲁·约翰逊打官司，不仅公说公有理，婆说婆有理，而且还互相揭短与辱骂，这对我们深入了解美国社会很有帮助。目前在我国对这宗重大案件所做的研究还不多，参阅一下《弹劾审判美国第十七任总统安德鲁·约翰逊纪实》一书，对于我们了解美国的司法实践，研究美国实用主义的价值取向会有所裨益。举个例子来说，在本书中，德威特嘲讽国会里的共和党议员制定的《公职任期法》是专门针对约翰逊的，一旦有与共和党关系好的总统选举出来，共和党议员就会废除该法，在本书结局的叙述中，作者叙述这个事实对共和党议员进行嘲讽。人们很容易就会联想到：1972 年 6 月 17 日凌晨，五名嫌犯潜入美国华盛顿哥伦比亚特区水门综合大厦的民主党全国委员会（Democratic National Committee）总部安装窃听器并偷拍文件，大厦保安发现可疑后立即报警，这五人随即被前来的两名便衣特警抓获。随着这一事件的曝光，尼克松最终因水门事件而被迫辞职。然而40 年以后，2013 年 6 月，美国前中情局（CIA）职员爱德华·斯诺登将两份绝密资料交给英国《卫报》和美国《华盛顿邮报》，并告之媒体何时发表。按照设定的计划，2013 年 6 月 5 日，英国《卫报》先扔出了第一颗舆论炸弹：美国国家安全局有一项代号为"棱镜"的秘密项目，要求电信巨头威瑞森公司必须每天上交数百万用户的通话记录。6月6日，美国《华盛顿邮报》披露称，过去六年间，美国国家安全局和联邦调查局通过进入微软、谷歌、苹果、雅虎等九大网络巨头的服务器，监控美国公民的电子邮件、聊天记录、视频及照片等秘密资料。美国舆论随之哗然，世界为之震惊，却没有一个人感受到弹劾的压力而辞职。"水门"和"棱镜门"为何如此不同，读者也自然会得出自己的结论。

　　《弹劾审判美国第十七任总统安德鲁·约翰逊纪实》一书根据美国纽约麦克米伦出版公司1903年出版的（THE IMPEACHMENT AND TRIAL OF AN-DREW JOHNSON Seventeenth President of the United States A HISTORY）第一版译出。书中的人名采用新华通讯社译名室编纂、中国对外翻译出版公司1993年10月出版的《世界人名翻译大辞典》中的人名译法，地名采用中国地名委员会编纂、商务印书馆1993年12月出版的《外国地名译名手册》中的地名译法。本书为我们提供了与美国法律相关的诸多知识，这些对于我们理解美国的国家政策，如何同美国打交道都是很有价值的资料。

樊启明

2015年3月12日

序　言

　　凭着获得了安德鲁·约翰逊的女儿玛撒·J. 帕特森许可的有利条件，作者得以对前总统约翰逊的私人秘书威廉·G. 穆尔上校编辑的一系列剪贴簿、前总统的私人文件和那时的文献、期刊及报纸刊登的相关文章进行系统的分析研究，因而获益匪浅。如果书中没有指出别的认证，这些书籍就是本书编撰的根据，它们是本书中引用的文章和书信的来源，也是本书叙述的参考资料。虽然玛撒在其做出许可之后没过多久就去世了，但她提供许可的价值却是长存的。

戴维·米勒·德威特

1902 年 12 月 1 日

目　录

引 言

第一节 重建问题

弹劾约翰逊总统是美国政府行政与立法两个部门之间在涉及被称为重建的问 1①
题上相互斗争激化的顶点——这一斗争早在约翰逊组建自己的行政部门以前就使
已故前任的行政部门甚感烦恼。内战初期在一些叛乱州敌人被肃清的部分地区，
可以感到那里居住着一定数量的拥护联邦事业的公民，因而像这样的政府框架就
被华盛顿当局组织建立起来了。西弗吉尼亚拒绝遵守分离法令使华盛顿当局为原
弗吉尼亚州议会的幻影招魂成为必要（在组建西弗吉尼亚州议会的工作完成之
后，这个新组成的州议会却被萨姆纳嘲笑为"亚历山德里亚的市议会"），② 根据　2
宪法要求同意给予她分割出来的地域作为其管辖的行政区域，结果这个老自治州
1863 年在美国参议院就由四名参议员作为她的代表，在南部邦联参议院也有两
名参议员代表。田纳西州在国会两院也同样有自己的代表，直到 1862 年 3 月安
德鲁·约翰逊被任命为军管州长为止，他在参议院一直是田纳西州的代表；在众
议院，直到 1863 年 3 月该州才没有代表了；路易斯安那州在 1863 年 2 月从重新

---

① 此为对应的原著页码，下同。

② 《国会天地》，第 38 届国会第 2 次会议，第 846 页。本书引用《国会天地》的内容及引用
的次数特别多，译者对此部丛书介绍如下：《国会天地》是记录美国国会 1833—1873 年辩
论内容的一部丛书。《国会天地》前五卷（第 23 届国会第 1 次会议至第 25 届第 1 次会议，
1833—1837 年）的记录和前一部美国国会《辩论记录》的丛书所记录的内容交叉重叠，
《国会天地》最初包含的是"精简的报告"或者说是摘要而不是辩论。然而，随着 1851 年
第 32 届国会的召开，《国会天地》开始提供接近一字不差的抄本。各届国会所属的附件内
容也各不相同，但附件通常包括总统的咨文、各部首长和内阁官员的报告、法律和拨款的
原文，在重印本的书页上演讲不编索引，也就是说不注明出处，在附件中收录的辩论也是
如此。《国会天地》的集体作者是美国，第 23 届国会至第 30 届国会的相关内容由弗朗西
斯·普雷斯顿·布莱尔和约翰·库克·里夫斯主编；第 31 届国会至第 38 届第一次会议的
内容由约翰·库克·里夫斯主编；第 38 届国会第二次会议至第 39 届国会的相关内容由富
兰克林·里夫斯和约翰·库克·里夫斯主编；第 40 届国会至第 42 届国会的相关内容由富
兰克林·里夫斯、约翰·库克·里夫斯和乔治·A. 贝利主编。这部丛书由华盛顿《环球
报》印刷所出版发行。

收复的地区派出了两名代表，他们也被承认而拥有议席。

　　然而，尽管这些先例事实上是全体一致同意而形成的，但林肯总统在 1863 年 12 月向国会发表他的年度国情咨文，略述他打算遵循的重建方案连同大赦宣言一道付诸实施时，势力最大政党的激进派开始的反对却进行得那么广泛而又那么强烈，同时若是不再对他提名的话，就会毁坏他再次当选的前程。那个方案有两个特征：第一，大赦所有发誓拥护宪法、联邦、国会法令和总统关于奴隶制宣言的叛乱分子（附有几个详细说明的例外）。第二，十一个分离州的任何一个州，

3　凡是 1860 年的合格选民后来因参加叛乱而变成叛乱分子的人，规定他们进行特赦宣誓，得到美国行政部门承认以后可以参加选举；在选举中，参加投票的选民在人数上不少于 1860 年合格选民十分之一的州，可以建立某种形式的共和政府。利用特赦作为克服他们固定在那个方案其他方面障碍的极限，如果没有立法机关在接纳参议员和众议员方面的共同行动，它是不可能实现的。的确，他们宣称重建的整个事情处在立法部门的权限内并且具有排他性，篡夺行政部门发起的职责，或者说任何方式干涉这个进程也不太合适。然而，林肯坚持推行他的方案，并且在阿肯色和路易斯安那这两个州建立了政府，尽管撒迪厄斯·史蒂文斯强烈抗议，宣称安德鲁·约翰逊是一个外侨，但阿肯色和路易斯安那这两个州的代表还是被再次提名林肯为总统，提名田纳西州的安德鲁·约翰逊为副总统的全国代表大会所接纳。在那次会议的最后时刻，国会向总统发送了经多数人艰难调和而成的重建方案，因为他们的队伍意见不合，但总统把国会的重建方案搁置起来，采取特别行政措施使国会的方案服从于总统的计划安排，对于叛乱各州还是不进行重组，就他们来说，如果他们首选符合他自己意愿的方案他就接受。林肯在选举中的胜利是阿肯色州和路易斯安那州参议员和众议员重新出席会议以及田纳西州迅速重建文职政府的结果；重新接纳前两个州没有什么阻挠，而重新接纳

4　田纳西州就需要默默地进行，但这却因为萨姆纳、威尔逊、韦德和其他三个激进参议员一起运用阻挠议会通过的策略，在谢尔曼一个机敏提议的帮助下，在那个短暂会议结束的时候阻止了对其进行表决的行动。①

　　在林肯第二次就职之后叛乱就如此迅速地突然失败了，而国会却散布要排除林肯，暂时绝对掌握整个重建领域的事务；在林肯还活着的那几周时间里，他自己想要做些什么事情呢，这没有留下可靠的记录。1865 年 4 月 11 日，在他最后对华盛顿民众发表的一次演讲中，他庆贺叛军总司令罗伯特·李投降，暂缓推荐

---

① 《国会天地》，第 38 届国会第 2 次会议，第 1107－1111、1129 页。

他的路易斯安那实验方案，宣布他的内阁在他的重建政策上意见是全体一致的，表达了这样一种温和的希望，应该把选举权授予有才智的黑人，授予当过联邦战士的黑人。14 日，在最后一次内阁会议上，他又一次指示扩大他那个方案的实施范围以便包括联邦军队收复的北卡罗来纳州，在他的嘴里甚至对被推翻的邦联首领人物也用了慈善的言词，而他自己却不知不觉地走到了生命的尽头。

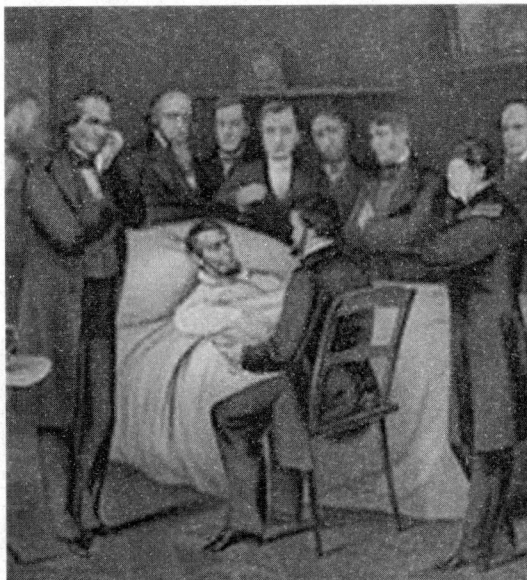

安德鲁·约翰逊（左）在林肯总统的丧床前

战争的结束及南部邦联军队的解散把问题相对小的，包括少数派相对弱的四个叛乱州的部分地区扩大到连带他们十一个州全部人口的整个地区。结果，在约翰逊的领导下，斗争变得更加艰巨也更有意义，重建问题在任何 5 程度上都不再是不确定的，或者说不再是实验性的了，要求有一个直接而又行得通的解决办法。即使是林肯，尽管再次当选而且头顶上还具有镇压叛乱的威望，如果把他那个方案扩大到整个被征服的地区，在他的党内即使不引起致命的分裂也是存在很大风险的，因此是完全不能这样做的。而且安德鲁·约翰逊也不是亚伯拉罕·林肯。林肯是共和党的元老，两次当选为该党的领导人。约翰逊毕生都是民主党人和蓄奴者。他只是唯一一个英勇地坚守在参议院里的南方人，面对他的南方同事，他依然独自公开地把分离谴责为叛国罪，在共和党人的心目中能够挽回声誉的这一记录，是他后来在武装反对叛乱促成他被提名为副总统，充当确保北部主战民主党人、他家乡田纳西州以及他那个阶层的联邦党人支持的一个有远见的行动。他在血腥暗杀的云雾笼罩下继任了总统职务——暗杀是把北方民众激怒到疯狂之点的一种罪行。按照分离分子的意见，他作为他自己党的一个变节者，他自己那部分人的叛徒，他自己州的压迫者而受到痛恨。在他就任副总统的仪式上，他通过自我诽谤性的展示接受充当他早以厌恶的那个共和党的领导人。林肯尽管受到他自己党内激进派别最难处理的攻击，但党内的多数派却显示出愿意服从他的领导，而对约翰逊则不一样。最初的确因为他强烈谴责叛国罪行和叛 6 国者，许多有影响的激进分子会因为他就任总统而感到欣喜。在林肯死后的日子里，战争指导委员对他寄予厚望，在他的祝贺者中，听说韦德参议员曾大声疾呼:"约翰逊,我们信赖你,感谢上帝的帮助,在政府运转方面不会出现多大麻烦了。"[1] 但这样一种感情的爆发,由于它的性质,只能是短时间的事情。使叛国罪行变得声名狼藉的威胁,这与在更至关重要的重建问题上采用一种不受约束的宽恕政策相比,无助于和激进分子拉近关系;不必需要有灵感的先知预测如果约翰逊不遵行林肯的方案,国会中的主要政党将开展对他的斗争,与前述的斗争比较一下,这只不过是一场小冲突。

1865 年 4 月 15 日,安德鲁·约翰逊在首席大法官蔡斯的主持下宣誓就任美国总统

　　紧迫的问题是,依据他为联邦恢复而战的情况,这位战士的工作怎么完成呢?对于这个问题存在着合乎逻辑的两个答案。其一是——我们称之为宪法的解决办法——就它的基本原则来说,这个命题是,只要在宪法本身能够承受的范围内,美国的每一个州或者根据它的民众的行为或者根据联邦政府的权力,它是不

---

① 朱利安:《政治往事(1840—1872 年)》,芝加哥:詹森—麦克勒格出版公司,1884 年,第257 页。

可毁灭的；即根据一个州的特定名称所知的领土——例如南卡罗来纳州和弗吉尼亚州——具有明确的边界线，在任何时候必定根据那个名称和那个边界线的描述（除非根据联邦宪法的明文规定那个州同意它自己被肢解）是众所周知的；每一 7
个单独的州在它自己事务上的主权确定是它的民众所固有的，其他各州或者联邦政府（无论外交权力是什么）不能根据它的民众的任何行为予以没收；联邦政府有权强迫任何一州的权力只是各州授权于它的至高无上的权力，当这一点实现的时候那种权力就用尽了。禁止抵制一个州的民众——他们较小的一部分——可能给予联邦政府任何超出这种强制和侵害该州或者该州民众固有主权的那些作用，既不曾委派代表，也不能遭到没收。同意遵循的这些前提是，一旦任何一州居民的叛乱被镇压下去或者放弃叛乱，联邦政府为它提供官员，收回它的所有权，开始执行它的法律，它的任务就完成了。如果复原被说成是根本必需的，那么该州的复原工作本身是那个州民众独占的工作；他们将要把那个州从暂时造成它改变方向的引人注意的违法分离中带回到宪法轨道上来。这种解决办法是北方民众在战争爆发时想到的唯一解决办法。它产生于西沃德写给我们驻外公使的信件中。它在布尔河灾难发生后为国会两院议员发誓提供了基础。它是林肯在《解放宣言》发表之前的理想，后来根据那个文件作个别的修正变为必要。谢尔曼将军在 8
他和约翰斯顿将军一起保证"美国行政部门"应该"承认""几个州政府""对美国宪法宣誓"的官员和州议会的成员时，把这种解决办法看作是理所当然的。

另外一个严格合乎逻辑的解决办法——可称之为超宪法规定的——是建立在这种命题上的解决办法，即南部民众的叛乱一旦被认为规模大到足够给它的参与者授予交战国的权利时，斗争就变成了事实上两个政府之间的内战；南部邦联，由于被联邦政府的武力征服了，因此变成了被征服国家，民众变成了被征服的民众，不具有名称、边界、领土的权利，更不用说州的地位了。因此，美国政府可以把这些被推翻的州当作一片广阔的荒原，或者当作政府可能选定进行统治的十一个独特地域，在将来的任何时候，可以接纳它们充当联邦的州，按照征服者可能作出的规定而赋予名称、边界和宪法；或者政府可能依靠赤裸裸的暴力控制它们，直到把它们改造成联邦政府形式，觉得安全满意为止，像受到限制的被监禁的伤残俘虏那样，把他们拖回到联邦里面来。这是撒迪厄斯·史蒂文斯的理论，可远溯到 1862 年由他阐明，贯穿战争每一次兴衰变迁，他一直坚持这一理论不变。与史蒂文斯的这种理论不同并且与之匹配的理论被认为是由一些结合避开攻 9
击性优点的州自杀理论，它而且也达到了同样的效果。这是萨姆纳的理论，具有那种名声的政治家从战争爆发的时候就开始鼓吹这种理论。就它的唯一根据而言，它取决于所谓的自由民和白人政治平等。诉诸武力的必然后果（因此被推导出）一定是奴隶的解放；解放的必然后果一定是黑人升级到和白人占据的那种公民政治权利的同一水平。因此，共和形式的州政府其州宪法不可能仅仅因为肤色和种族而否认自由民的选举权；依据联邦宪法的规定，合众国有义务保证每个州共和形式的政府，合众国一定要对此负责，具有强加给黑人选举权的任何限制，却不平等地应用于拥有白人宪法的州，不应该恢复继续保留白人宪法的州与联邦的关系。

现在，期待安德鲁·约翰逊和他著名的先辈一样抱着美好的愿望来看待史蒂文斯的解决办法或者萨姆纳的解决办法是没有道理的。事实上，他对这两个人的态度已经公开进行过详细的说明。早在 1863 年之前，在写给当时的邮政总长蒙哥马利·布莱尔的一封信或者说是一封电报中，① 安德鲁·约翰逊就警告林肯总统，他反对"把州恢复到领地状态并且像那样管理的主张"，后来当林肯表示希望把选举权最终授予自由民中有文化的人和纳税的人时，他又反复声明这种事情的规则排他性地委托给了每一个州自身。此外，史蒂文斯的理论受到提名他为副总统的代表大会和选举他为副总统的民众尖锐地谴责；当他号召对那个问题采取行动的时候，共和党的多数人无疑表现出了反对有资格限定的选举权和绝对选举权的情绪，另一方面，在林肯行政部门的领导下，在弗吉尼亚州、田纳西州、阿肯色州和路易斯安那州组建服从联邦的州政府时所创建的先例不适合应用于先前投向分离的州政府。那种假定是原先的州当局由于其叛乱罪行使它们没有能力参加恢复工作是一种普遍的现象。林肯可能有一个留念不舍的想法，如果在夺取里士满之后他允许弗吉尼亚的州议会立即重新召开会议作为重建州与联邦之间关系的出发点存在着最自然合理的因素；但由于斯坦顿对这个进程粗暴的批判造成他下令做了一次草率的退却。假如这是偏离的话，看来这仅仅偏离了遭受分离破坏的叛乱州实际发挥的作用，它们所有的公职全都出现空缺了。职责的丧失并不仅仅是根据冒犯共和权威的恶名得出的，而是比任何丧失个人生命财产的恶名更严重。首先，在某一起案子中判决为叛国罪是必定要发生的，在另外的案子中也必定是一样的。正像后来显示的那样，宣告有罪是不可能的。但是，尽管它是错误的，林肯在战争期间做出这个先例之后，如果一个对抗的政府仅是一种追索权，假定是不可避免的，并且在总统的方案中成了一个他的对手毫不延迟就加以利用的基本缺点。他们问道，在州自杀和州政府自杀之间实质性的区别是什么呢？史蒂文斯说，不管它们是"被征服的领地"还是"只不过那些州整个政治行

---

① 爱德华·麦克弗森：《美国重建时期的政治史》（下文简称《重建》），华盛顿：菲尔普一所罗门公司，1871 年，第 199 页。

为终结了。……除了它们是躺在联邦里面的一些死尸之外，它们是否脱离了联邦，这是无关紧要的。"① 其他的人也说，倘若联邦政府在委托一个代表大会为丧失了旧宪法的州制定一部新宪法的情况下对调整选举权有权干预的话，为了某种目的，为什么不对此进行干预而规定赋予公民权的条款呢？

在星期五林肯总统生命的最后日子里召开的内阁会议上，斯坦顿提出了一个书面方案，弗吉尼亚和北卡罗来纳两个州的军政府作为一个管区，直到代表们为各自的州制定出宪法之后再采用这样的宪法精神进行选举的时候才能终止这种管理方式。他在这么早的时候公开宣布他这样提出的观点，目的就在于说服总统没 12 有必要运用州的旧体系作为重建的起点。不止一个内阁成员反对把两个州组合在一个管区里，因为这样的联合忽视了弗吉尼亚存在的皮尔庞特政府。总统由于受到这种反对力量的影响，指示陆军部长把他的方案加以细分，在未来的会议上把这两个州分开而提交它们各自的方案——关于弗吉尼亚的方案要承认皮尔庞特政府。② 约翰逊没有撤换内阁官员，甚至勉强同意任命詹姆斯·哈伦取代厄舍。这个任命直到 5 月 15 日才生效，尤其是因为没有选择性，通过跟着他杰出前任的脚步走，他将不会受到责备。紧随林肯去世的第二天——星期六（4 月 16 日）——在新组成的行政部门的第一次内阁会议上，陆军部长声明，依照已故总统的指示，他把星期五之前他提交的政府方案做了分解，但还没有准备好所需的一些副本；因此这件事情还得缓办。③ 在最近叛乱的几个州长中间，举例来说，南卡罗来纳州的麦格拉思，佐治亚州的布朗，密西西比州的克拉克，已经要求他 13 们各自的州议会由于他们顺从战争结果的自然关系，因而要共同来恢复他们的州与联邦的正常关系。取代这些建议的是，因为在不同的条件下，受到本该做的需要考虑的事项影响，陆军部长命令那些处在各自司令部的少将就地解散那些州议会，剥夺那些州长的职权。

5 月 5 日，总统终于指示斯坦顿把他分开的方案副本发送给每一个内阁成员，作为 5 月 8 日星期一召开特别会议的准备，关于它需要考虑的事项要清楚地分开；因此，在那天，斯坦顿关于弗吉尼亚州重建的单个方案要提交给总统和内

---

① 《国会天地》，第 39 届国会第 1 次会议，第 72 页。

② "林肯与约翰逊"，1872 年《显赫人物》中收录的由吉迪恩·韦尔斯撰写的一篇文章，第 526—527 页；参看美国众议院：《众议院司法委员会在弹劾安德鲁·约翰逊的调查中收集的证言》（简称《弹劾调查》），（华盛顿：政府印刷所，1867 年）中斯坦顿的证词，第 401 页以及下文所述。

③ 韦尔斯，引自 1872 年《显赫人物》中收录的由吉迪恩·韦尔斯撰写的一篇文章，第 526—527 页。

阁审议。遵照已故总统的指示，陆军部长承认弗朗西斯·皮尔庞特州长；而且仅"要求他着手该州政府的重建和州政府官员的选举"——换一句话说就是完成推翻他自己的政府——并且还要处在陆军部的指挥和控制之下。关于双方的这些特征，该方案完全被内阁的行动改变了。它形式上变成了美国总统的九项行政命令。第一项禁止对弗吉尼亚界限内任何邦联的或者原州政府的承认；后面的七项规定重新获得该州内联邦的权力，办事处及其财产；最后一项包含完全承认皮尔庞特政府，美国联邦政府保证皮尔庞特采取一切合法的措施扩大管理州政府和该州地理界限内的所有地方；第二天以这种形式发布了美国总统的行政命令。

到目前为止，还没有遇到困难，也少有纠纷。在对抗结束之前，那里的情况是忠诚的居民或多或少成功地尝试过重建本州。阿肯色州、路易斯安那州和田纳西州的情况是极其相似的，在这种情况下，当前的管理仅仅是遵循惯例办事。一种需要是由以前的行政机关来领导，一种需要是由如今的行政机关来领导，关于两种需要产生了一种模棱两可的意见；关于两种需要的创议人为它提供了几乎是微弱的支持，然而涉及这两种需要，它却遭到了全体一致抵制。然后在 9 日专注于北卡罗来纳州的重建方案；重要方面的一种全新情况是在战争进行期间没有建成一个忠诚政府，因此，问题在于要么不得不承认此前的州政府，要么从基层开始重建工作。这样一来，当作剩余叛乱州重建的一种模式来遵循被认为是主要的重建措施。提交的草案首先规定任命一个军管州长维持秩序帮助该州居民举行一次选举，选出该州制宪会议的代表。那时遵循指示联邦行政部门的"弗吉尼亚命令"继续在该州全境加强联邦的权力。继而传来了一个表面上不会招惹反对的规定，"居住在北卡罗来纳州的忠诚的美国公民"，在指定的那一天，"可以选举州代表大会的成员。"内阁在确定使用"临时"这个单词取代州长头衔中"军管"的命令之后，继续考虑这个显然无害的条款。海军部长韦尔斯询问使用"忠诚公民"这个短语意味着什么，斯坦顿承认使用"忠诚公民"的目的就是想使美国公民既包括黑人又包括白人，把黑人选举权的问题立即强加到会议日程上。仿佛早在 4 月 16 日（星期日）晚上，由斯坦顿和如萨姆纳、道斯、科尔法克斯这样的共和党先进人物就举行了秘密会议，其中韦尔斯无意中碰巧有一段时间成了一个见证人。在这次会议上，面对在前述行政机关领导下的现实，行政主管人员和国会双方决定，选举权是专属于州调整的事情，斯坦顿允许萨姆纳和科尔法克斯在他的政府方案中插入正在被讨论的条款，可能指望这个暧昧的短语能够汇集到一起而获得通过，以此把它的解释权留给自己，或者说，也许是要测试他的同事和总统的那项规定所包含的论题。然而，当它真正的意图这样暴露的时候，斯坦顿

反对进行任何初步的讨论，提出每一个成员必须说清楚北卡罗来纳州的黑人是否 16
应该参加选举。除了因伤病仍然丧失行动能力的西沃德之外，出席会议的所有内
阁成员进行了投票表决。赞成保留那项规定的有陆军部长（斯坦顿）、邮政总长
（丹尼森）和司法部长（斯皮德）。关于联邦政府在那个问题上没有权力根据而表
示反对的有财政部长（麦卡洛克）、海军部长（韦尔斯）、内政部长（厄舍）——
均等的区分。总统没有发表意见，他拿走了那份文件，会议也随之结束了。①

当这个问题再次提交内阁审议的时候（5 月 24 日），西沃德已经能够出席会
议了，哈伦也替代了厄舍。总统把他自己的重建方案送交他们审议，这个方案一
步一步地沿着林肯的方案而行，只是在不重要的细节上有所不同。首先，在这份
文件中包含有一个针对一切利用规定誓言宣誓的叛乱分子实行大赦的宣言，凡属
已经灭亡的邦联陆军和海军的某些高级将领，凡属南部邦联政府及所属州政府的
高级文职官员，其财产价值超过 20 000 美元且又自愿参加叛乱的所有人员例外
——这是一个在林肯的宣言中没有的例外，它的插入归功于约翰逊存有的信念，
分离是南方富人特有的行为。第二，一份文告尤其单独提到北卡罗来纳州，并且 17
打算作为一个正式公开的、解释性的公告，其他情形类似的州都要遵循这个方
案。这个文件任命威廉・W. 霍尔登为该州临时州长，宣布他的职责是召集由
"该州忠于美国而不忠于其他国家的那部分民众选举出来的代表"举行一次旨在
改变或者修正该州宪法的代表大会；赋予他能使这样忠诚的民众有权力恢复该州
与联邦政府的宪法关系。于是产生了两个有决定意义的附加条件——即：1. 除
非他依照大赦宣言的规定进行宣誓，2. 依照北卡罗来纳的州宪法和法律规定，
在她分离期间保持有选举的资格，不然的话，这个人在选举代表的过程中就没有
资格充当选举人，或者不符合充当代表的条件。然而，从那时以后组成的代表大
会，或者立法机关"规定选举人的资格和担任官职者的条件"——"几个州的民
众组成的联邦国家的权力从政府的诞生到现在得到了正确地行使。"

就提出这样一个方案来说，内阁并不反对。以特赦来说，其中的例外比林肯 18
方案的例外要更加广泛，毫无疑问受到了全体一致地赞同。在 9 日似乎支持倡导
某种形态或形式黑人选举权的那些成员，尽管现在由于哈伦而得到加强，但是他
们却没有提出抗议。斯坦顿，由于对他不为人知的朋友尽了义务，想到他在提出
他们忌讳的建议方面已经走得足够远了，因此也就没有再提交任何意见了。他后
来在弹劾委员会前面作证说："总统显得固执，拒绝对有色人开放公民权，我认

---

① 韦尔斯，引自《显赫人物》中收录的韦尔斯的第二篇文章，1872 年 5 月，第 666 页。

为内阁的每一个成员赞成在有关北卡罗来纳州的文告中像现在这样详细说明的安排。"①

在那种情况下，南部情形类似的六个州，在间隔很短的时间内，每一个州都以类似办法依据她自己特定的情况遵循了那个文告，即，密西西比州于6月13日，佐治亚州和得克萨斯州于6月17日，亚拉巴马州于6月21日，南卡罗来纳州于6月30日，佛罗里达州于7月13日先后遵循那个文告行事。② 所以，在不到两个月的时间内，每个退出联邦的州完全的恢复行动都由新的行政部门发动起来了；在弗吉尼亚、阿肯色、路易斯安那和田纳西这几个州的实例中，由于承认在战争期间建立的州政府，并且得到了林肯的支持，它们完全恢复了；在剩下七个州的实例中，它们遵循回归忠诚的民众能够为他们自己建立政府提供的那种方法恢复了战前的职能。秋天时节，在临时州长——或多或少属于安德鲁·约翰逊类型的联邦党人的领导下——北卡罗来纳、南卡罗来纳、佐治亚、亚拉巴马和密西西比（七个州中的五个州在林肯治下脑筋转不过来的）公民如今也充满希望，全体一致地发誓要召开代表大会，取消分离公告；然后选举州长、州议会的议员和国会的众议员；举行新的州政府成立典礼；通过他们新的州议会任命自己州的美国参议员，除了密西西比州之外都批准了联邦宪法废除奴隶制的《第十三条宪法修正案》。真的，行政部门遭遇了气人的困窘。在一两个州里出现了不愿拒付因支持叛乱所产生的债务。一些旨在保护白人免受所担心的贫困或黑人残忍暴动威胁的法律获得通过，这危害了黑人最近赢得的自由和公民权利。南部出现了一种自发痛惜那个注定要失败的努力以及颂扬它领导人的倾向。流传的请愿书要废除妨碍那些领导人得以承认取得国会席位的规定，在一些实际例子中，已知派往参议院或众议院的人正是那些丧失服务资格的人。对特赦广泛的反对经常干扰重新组建政府的进程，在一些实例中重建行动因此陷于停顿。出自华盛顿的特别赦免状纷至沓来。现在它第一次证明，如同这个时期之后数年它继续显示的那样，如果没有在战争过程中充当叛乱地区民众领导者的那些人的帮助，继续进行任何一种高尚的统治实际上是不可能的。威廉·M. 夏克，最早召开代表大会的密西西比州的临时州长——在8月14日召开会议——总统第二天给他发去了一封电报，提出了一个建议，这非常充分地说明，总统已经意识到了那个党激进分子的图谋：

---

① 《弹劾调查》，第401页。
② 麦克弗森：《重建》，第12页。

要是你能够把公民选举权扩大给予所有能够阅读英文版美国宪法又会写他们自己名字的有色人，拥有价值不少于250美元且又在此基础上纳税的每一个有色人，你就会完全解除对手的武装，树立一个其他州仿效的榜样。

对于获得自由的有色人，你若能完全稳妥地做好扩大公民选举权这件事，你就因此把南部各州放到和自由州同样的基础上来了。在黑人公民权问题上，狂热的激进分子试图通过不接受它们的参议员和众议员，以此来阻止南部各州恢复它们与联邦的关系，我希望并且相信你们的代表大会能够做好这件事，从而完全挫败他们的这种企图。①

如果这个精明的建议被密西西比代表大会采用，如同它可能本该是的那样，被其他州的代表大会仿效，或者从未参加重建的斗争，或者把胜利放在行政部门 21 的旗帜上。这和林肯写给路易斯安那州州长哈恩的信中提出的那个建议是相同的，② 而且也和林肯向华盛顿市民做的最后一次演讲中那个充满信心的表述是相同的。总统声称，由于这个建议，共和党的大多数人无疑会提出那个问题。但密西西比州代表大会拒绝了约翰逊的建议，该州的黑人多于白人，大约多出80 000人。黑人次等，黑人完全不适合参加政府管理的意识太普遍了。在那些成员中间，惧怕政治混乱和流血的人太普遍了，因而不容许接受约翰逊有条件给予黑人选举权的建议。其他的代表大会也没有做什么使它生效，直到可供选择的痛苦办法把它激活为止就再也没有听到这个建议了。尽管存在这些障碍，然而，当第39届国会在它的第一次会议召开的时候，不久前叛乱的十一个州在宪法方面恢复与美国政府从属关系的伟大任务据说已经完成了，在行政部门的范围内可能完成了这项工作：弗吉尼亚、路易斯安那、阿肯色和田纳西等四个州是在林肯领导下完成的，剩下的七个州是在约翰逊的领导下完成的；佛罗里达和得克萨斯这两个州没有完全准备好，但确信会跟随其他州走的。剩下的工作是立法部门来尽它的职责，北方军队为之战斗的包括整个南部的"联邦"将会再一次成为现实。

22

第二节　第39届国会召开会议

国会的共和党议员在普遍感到他们的党在国家政务会中至高无上的地位危如累卵的背景下于1865年12月国会会议开幕的时候在华盛顿聚集到一起了。来自

---

① 麦克弗森：《重建》，第19页。
② 麦克弗森：《重建》，第26页注释。

25 个未退出州的 50 名参议员，他们之中的 39 人归类于共和党人，其余的 1 人归类于民主党人；众议院由 184 名众议员组成，其中的 141 人归属于共和党，此外的 43 人归属于民主党。如果产生于 11 个重建州的 22 名参议员和 58 名众议员获准取得他们的席位，倘若所有的新议员都和民主党人站在一边的话，在参议院当权的那个党名义上的多数差额将从 28 人减至只有 6 人，在众议院共和党人由名义上多于民主党人的 98 人也将减少，降到胜出 40 人。除去极少的例外，这正好是能够预知他们必定乐意做什么的事情。由于所有那些失去资格无法采用绝对忠

23 诚誓言进行宣誓的人是安德鲁·约翰逊类型的联邦党人，当免除这个仅仅没有更偏爱共和党而规定的"无资格"的条件，那些受到这样阻挠的人重新成为很快就要被其他人取代的选民时，确信他们原先的党会把他们吸引过去。此外，名义上的多数绝不是稳定的。直到此时类属共和党人的 4 名参议员狄克逊、考恩、杜利特尔和诺顿等人，当其正统性或多或少受到质疑的众议院日益增长地出现偶发事件的时候，他们自认是总统政策的支持者，而其他人则怀疑他们倾向的那种路线。总而言之，反对林肯－约翰逊重建方案的主要动机是深信那个方案的成功将损害共和党而恢复民主党的力量，重新回到南部至上、北部附属的时代。正像撒德·史蒂文斯在这次会议上第一次发言中以他习惯的坦率所说的那样："由于基础未改变，83 个南方议员，再加之民主党人将在最短的时间内从北部地区选出来，总会为他们在国会和选举团中提供一个多数。他们就会通过第一次选举占领白宫和国会大厅。"① 整个令人困惑情形最激怒人的特征是，这个大祸（就整个多数派的思想倾向来说，他们企图占压倒性的多数）正在由他们那个党自己挑选的主管人员来造成这种局面。总统和他的内阁一起求助于热心却轻率强加的联邦

24 恢复工作，那几乎不能证明对战争期间忍受管理压力负担的那个占优势的政党是致命的，总统由于得到他昔日党的同事支持，似乎极其镇定。

在这些令人厌烦的境况下，众议院的共和党议员于星期六晚上在国会会议阐明一个反对方案之前召开核心小组会议，未能再次当选的亨利·温特·戴维斯不在了，撒迪厄斯·史蒂文斯，由于得到默许的赞同，立即担任了会议的领导职务。这个人物大概是那个时代最显著的人物。在他 74 岁的时候，他从前显露的坚定不仅没有被岁月消磨，而且也没有被疾病减弱。他面色苍白、头顶上戴着褐色的假发。突出的眉毛下面双眼闪闪发亮，他的激情随着时光的流逝仿佛变得更加极端。因为生来就是一个跛子，他的一条腿也就失去了作用，纯粹就是一根肉

① 《国会天地》，第 39 届国会第 1 次会议，第 74 页。

条，他的残疾很可能使他的精神倍受煎熬。成年之初从佛蒙特移居到宾夕法尼亚，他在南部的边沿度过了大半生的时光，由于是一个出众的律师，常常使他与为了自由从毗邻州逃脱的奴隶发生联系。他的内心早就由于进入他视野的任何一个残忍压迫的实例而情绪激动，他早已学会用深切的怜悯来同情奴隶，用强烈的仇恨来痛恨奴隶的主人。作为废除奴隶制度的政党出现之前最强硬类型的废奴主义者，他把战争的到来当作自己打有恶魔制度烙印丧钟一样的事情来欢迎。詹姆斯·布坎南选区选出的众议员自从 1858 年以来，他片刻也没有转变方向而背离他争论的观点。在布尔河战役失败的黑暗时间 **25** 里，尽管他的党全体一致的拒绝被他谴责为怯懦，但他的事业就是不断从其党内强求那种决定。在林肯被迫承认普遍而又不给任何补偿的解放之前，他赞成这种解放已有很长时间了，他党内同事的恳求没能制止他对这种敏感给予大量粗鄙的辱骂，总统已经着手处理他最憎恶的这种制度。他是这种方案的公开提倡者，要求大量地、不加选择地没收叛乱者的土地，并把没收来的土地在邻近的自由民中进行分配。尽管他对前来与他结交的人和善，生性也不是一个杀人成性的人，但他对体现其憎恨的原则和习惯的阶级有极强的报复心，就是涉过穷人及被压制者的血海前去纠正压迫者所犯的错误他也不会犹豫。他毕生对黑人奴隶制度根深蒂固的敌意影响了他的思想，刺激了他的每一种感情，弄混了他的判断，应对政治才能解决的错综复杂问题就使其显得不适当了。他从不对宪法限制性规定的任何尊严费神。他诬蔑那是由它制定者以及他们那个时代的缺点弄脏的工具，他愉快地接受北部取得的胜利，使其成为他想到过本该如此的一个机会。只要是这个联 **26** 邦还有一些畜奴州存在他就不会爱这样的联邦，在李越过边界的袭击中，他个人财产的损失只不过促使他对南部地区的猎奴者延续很久的愤怒变得更加可怕。像法国大革命中的马拉似的，他向那个党谨慎的领导人愤慨地说出他反对南部贵族的那种激烈诅咒的坦率行为令人感到震惊，他不羞于大声说出潜藏在他同事们的内心但他们愧于公开承认的秘密意图。他具有他深信的勇气——不，是大胆；当他滔滔不绝谈及他的反对者时，对他自己队伍中间摇摆不定的人、光为自己打算的人、趋炎附势的人进行枯到最里面根须的恶意谩骂，刺激入骨的挖苦讽刺，他是非常突出表现嘲笑奚落品质的人。按照他那极端激进主义的意见，尽管远远地走在多数人的前面，但自战争的第一年到现在他就一直对众议院施加决定性的影响。他有一种以前准备好的、被火泥密封着的智慧以及一种以使用讥讽话为特征

的诙谐。按照由他不时用极其浓缩的刻薄言语形成的雄辩演讲来看，他是浅薄的、
27 过分说教式的人物。他知道他需要什么，却完全不根据自己以及自己那个党的适当意识来约束自己避免说出自己需要的东西。这是一个白人的政府，这个流行的口号使他突然发起怒来，当他在这样一种没收，最易见他的对手避免近距离遭遇战形势下操劳的时候，他面对从四面八方射向他的道道电光，他自己那个党内更多的保守分子则陷入沉默之中而出现了沮丧的情绪。他操纵的主要武器是坚持不懈地使那个党从全体一致同意的前提到它们合乎逻辑的结论继续前进，还有他进行讽刺的活力。他轻视常规，嘲笑可尊敬的人物。无论他同事的意见是好是坏，他几乎都不尊重。他不屑做一个蛊惑民心的政客，即使有勇无谋提出这样一种做法可能足以被看作是一个幕后操纵者。他按照最大激情的要求选择他的路线，并且不顾朋友、敌人、党的政策、慎重的恳求而随心所欲地耍弄阴谋把它维持到底。依照他的信条，叛乱州是被征服的领地，要把那里改造成为自由民的天堂、叛乱分子的地狱。他的目光投在黑人化的土地上，他考查了流血、荒芜、饥饿和羞愧；像一个连续猛击过敌人的老兵，他抛弃了自己额前的装饰物，嗅了嗅弥漫在微风中的战火硝烟，然后从鼻孔中不停地哼出"嘿！嘿！"以示自己对叛乱分子的轻蔑。

就这种程度来说，在党的大多数人前面，他对自己另外选择的东西所做的贡献，事实上多于作为一个领导人在历史上一个如此危险的紧要关头所做的贡献。总统的方案，由于对共和党具有破坏性，必须甘冒一切危险事先进行反对总统方案的宣传，就像在林肯时期显示的一样，史蒂文斯现在成了阻止总统方案实施的人。他曾暂时搁置的州自杀理论，现在又拿出来让核心小组会议审议：首先，要
28 求把整个重建问题当作国会独占的事情。其次，考虑到迄今为止在那十一个州重新教化方面所做的一切，林肯领导下重新组织的那些州也好，约翰逊领导下重新组织的那些州也好，要么事实上不如根本没做什么，要么把它看作不过是实验性的、临时的，使其服从国会做出赞成或不赞成，修正或撤销，批准或取消的裁决。再次，各院拒绝行使它裁决选举的职责，假设来自那十一个州的议员要求充当参议员或众议员，两院联合拒绝承认这些州代表的权利直到国会宣告重建了有效满意的地方政府为止。这些建议被无异议地采纳了，在十分钟的时间内，指定的委员会起草了一个报告，指示众议院的办事员对那十一个州中任何一个州声称自己是众议员的人，无论是谁都不要点他的名字，还提出一个联席决议案旨在任命一个十五人联合委员会——九人来自众议院，六人来自参议院——"调查成立所谓'美国南部联邦'的那些'州'的情况，报告它们或者它们中的任何一个州在国会任何一院是否具有其代表的资格"，并且规定，"直到提出了这样的报告并

最终由国会遵循办事之后才承认来自这种'州'的议员进入两院之中任何一院。"
这个计划在星期一众议院开会的时候，尽管遭到来自总统家乡田纳西州梅纳德的
抗议，它还是不折不扣地执行了，没有屈尊等待总统的咨文。①

第二天那份咨文来了，与使人不愉快的重复措词表现安德鲁·约翰逊讲话特　29
色偶尔不连贯的思想相反，全体众议员和全体国民都对论证的能力和流畅的行文
感到惊讶。他对史蒂文斯的理论作了如下的论述：

拥有适当有限权力的州，是美国宪法存在的基础。

宪法的永恒由此产生了州的永恒；它们的相互关系使我们成为现实的我们，
在我们的政治体系中这种关系是不能分解的。没有部分整体就不可能存在，没有
整体也没有部分。只要美国宪法持续存在州就将持续存在；一个州的毁灭就是另
外一个州的毁灭；保存一个州也是保存另一个州。

正确的理论是，一切所谓脱离联邦的法令，从一开始起就是无效的。那些州
不能犯叛国罪，也不能保护可能犯了叛国罪的公民个人，比他们可能签订无效的
条约做得更多，或者说与任何一个外国进行合法的贸易。试图分离的那些州把它
们自己置于它们的活力遭到削弱的情形之中，但没有毁灭——它们的作用是被暂
停了，但不是被消灭了。

在叙述了他那个方案的第一个步骤之后总统继续讲道：恢复过程的"第二个
步骤是""邀请那些州分担修正宪法的崇高职责"。为了未来的和谐强迫批准永远　30
废除奴隶制的修正案，以此作为"永久忠诚与和平的一个保证"。

采用宪法修正案将为那些权力中止了那么久的州留下恢复他们在国家立法机
关两个部门的地位，从而完成恢复的工作。在这一点上，它属于你们，参议院的
同胞们，也属于你们，众议院的同胞们，你们各自审查自己成员的选举，归来及
其资格都是为了你们自己。

他对自由民选举权这个吸引人的话题做了如下的论述：

"通过最高行政长官关于适当地使自由民成为选举人的公告，就我的法律顾

---

① 《国会天地》，第39届国会第1次会议，第3、5页。

问依据宪法本身来说，通过它的制定者和他们同时代人的解释，加上国会最近的立法，我接受那项法律措施。"他发现它们全都一致地谆谆劝告我们那个学说指明调整选举权是各州专有的权力。"这个保留的权力在民众的习惯中是如此牢固，在宪法的解释中是这么公认的以致已故的总统在战争期间从未有过不尊重它的企图——的确从未公开宣布过这种意图；在国会的法令中也丝毫找不到任何东西批准最高行政长官违背一项如此公认的政策。"

31 他表达的意见是，这个问题最好留给那几个州自己解决。无论是立即无条件地还是有条件地逐步采纳选举权调整的意见，它们各自都能对那种措施为自己做出决定。他公开宣布的信念是，在混乱的情绪衰减以后，自由民"将会从他们以前最紧密依靠的那些人那里得到最仁慈的使用"，"如果他们表现出耐心和有男子汉气概的德行""通过州比通过美国政府会更大地分享公民选举权，即使美国政府有权干预也是这样"。他承认真诚和善意需要他们在自由、财产、劳动权利及要求合理劳动报酬的权利方面得到安全。[①]

这篇咨文得到了各个方面的赞同；得到了除极端激进分子之外的多数派共和党人、少数派民主党人及全体国民普遍的赞同。三个月以后，参议员狄克逊自信地问，"在曾给国会提交的咨文中，谁曾见过一篇比这更让人满意的咨文呢？公众曾阅读过一篇比这更受赞赏的咨文吗？"[②] 多数派迄今不愿想起一个公开的违背，因此那在他们党内造成了危险的分裂，尤其是在通过总统自己允许的时候，他们凭借由约翰逊重建的那些州派送来的参议员和众议员接纳权掌握了有权拒绝完成总统计划那种形势的钥匙。只要它规定任命一个联合委员会，众议院的那个决议案就会被参议院通过，但参议院拒绝加入联合起来不采取行动的保证和联合

32 起来放弃接纳议员的特权直到做出一个像这样的报告为止；众议院本身被迫同意更新双方的保证，自身也放弃了那个决议案。

与那十一个州有关的一切事情都要提交给十五人委员会，所有来自那些州的议员证件被众议院送到那里，在参议院接受审核。直到该委员会决定把它的处理结果通知人们为止，这样一来，重建工作必定会陷于停顿。尤其是在排除他的家乡田纳西州的问题上，总统可能会感觉到烦恼。对于多数党可能强加于他的争吵，他什么也不会做。甚至连史蒂文斯也不让自己进行人身攻击。抓住咨文中的接纳权，那些失败的叛乱州已经丧失了它们与联邦的宪法关系，在国会中不能拥

---

① 麦克弗森著作《重建》中引用的咨文，第64页。

② 狄克逊的评论，见《国会天地》，第39届国会第1次会议，第1046页。

有代表权。他耀武扬威地宣称，这个接纳权解决了整个的问题，像他自己承认的那样运用明显的讽刺要求总统。"几年来由于那些领地的民众没有征兆呈现准备参加拥护宪法的政府，知道关于它们作为准州政府没有如此适当的安排。他们能在那里学习自由的原则，食用使人厌恶的叛乱果实。在这样的政府管理下，当他们选举'准州州议会'的时候，就必定和国会给予选举权的那些人混合在一起。"①

　　不过，查尔斯·萨姆纳是党的政策安排绝对控制不住的人。包括从未感到需要修正他们意见的那种人，他从未把一个活着的人看作比他自己更伟大而加以尊敬，也从未觉得应迫使自己追随任何一个领导人。从他职业生涯一开始，他的路线就不可改变地固定了。他的第一个目标是黑人的解放，他从没有偏离过导向那种结果的直线。实现那个目标或者说确信实现那个目标以后，他执着于另一个目标——自由民的选举权——然后把同样不知疲倦的精力投入到争取它的实现之中。如同一个自然法则，他既不偏左也不偏右，毫无遗憾地迷恋既定的目标，至于他实现目标道路上的每一个障碍物，因为没有正确评价它的存在，对于妥协的恳求，暂缓的要求或者对人宽容的请求，他类似于一个聋子，充耳不闻。像罗伯斯庇尔那样，尽管他看到鲜血感到讨厌，嗅到鲜血觉得无礼，尽管在他计划的事情中战争没有位子，依照假设根本不应该存在，然而，由于追求自己的目标，他能满不在乎地面对人口的大量消减，因为这是他们根据他指引的路线设法亲自投下的一些无法解释的灾祸造成的。尽管他被全世界看作是他那个时代的一个伟大的人道主义者，然而，那个合适的旧短语能够最恰当地揭示他的特征——他是一个没有慈悲心肠的人。不显著地诉诸感情，他爱无热情，恨无激奋。一个博爱主义者，如果那被称之为爱他的伙伴，它是完全显示智慧的。一个不会和解的对手，他的胸怀太缺乏温暖的感情因而不会随着正义感情的迸发而充满愤怒，他的血液流动得太慢因而不能在情绪激昂的情况下使他失去自制力。他相信的信条，他遵循的路线，他提出的理论，支配而使他引人注目的原则被认为具有不真实的、作秀的样子。他把促进、热衷、然后依赖的反奴隶制的圣战当作一种

---

① 《国会天地》，第39届国会第1次会议，第74页。

业余爱好。他的假设是《独立宣言》存在有组织暴力的根据是荒谬的。他努力证明的论点是，那些拥有奴隶的宪法制定者认为由于诸如种族或者肤色这样永久自然的标志剥夺它一部分民众公民权的政府不可能是共和形式的，这虽是独创性的但在坚固的地球上却没有立足之处。他辛苦地准备了成堆的、细节详尽的演说稿，每一篇都利用一些迎合民心的标签作为标题来吸引读者的注意力和子孙后代长久的注视。即使他恶言谩骂是故意做出来的，在小房间里沉默孤独中没有激情的借口所产生的，在参议院的发言中，他毫无热情，照着原稿宣读。由于他自己不觉得他的讲话中包含有怨恨与恶意，因此他无法正确评价他讲话的真正后果。带着一个科学家无所顾虑的中立态度，他用双倍于蒸馏水喷出时发出的强音那样，一滴又一滴喷撒在他对手的皮肤上；在这种刺激下当那位受害者逐渐变得大喊大叫的时候，他被受害者强烈的粗野行为震撼了。他以学者风度的措词告诉参议员同僚，说这位同僚是一个惯于说谎者、伪君子、小偷、嫖客、出卖自己血肉的奸商、祖国的叛徒、亵渎上帝的人；然后，作为友好警告的训诫，使他惊讶的

35 是他的坦率没有达到预期的目的。他习惯使用仅能作为强烈愤怒托词的绰号，在他的特征中最微弱的激动感情也没有，在论及像他们这种突然发起脾气的人时，他反复自吹他的肌肉没有变硬，脉冲没有加快。抽象的人权是他思想上崇拜的对象。与人权关联的个人必然使社会联合与世界工作时间的人权保障的折中增多，这从未妨碍他自我期待的满足。奴隶的能力，奴隶主，猎奴者——作为普遍不能适应环境的——是他极其精心编造坏话的材料。具体的范例越过了他的前进道路，至多使他产生一点微弱的嫌恶，只不过激起片刻的怨言。他生来没有冲动行为。在他的一生中，他从未声音洪亮地笑过，真心真意地笑。当他微笑的时候，他的微笑带有讽刺性。不管多么羞辱，他从未在失败面前流过眼泪。无论多么完全的心灵满足，他本人从未发出过胜利的欢呼。萨姆纳身材高大，外表显得强壮。他衣着自然整洁，有绅士风度。他长着一个美男头，风信子色的头发，由于岁月的流逝变成了淡灰色，也稀疏了，发下藏着向后倾斜的眉毛。他的眼睛小，可忽略不提，他相貌平平，他的声音刺耳，高声不成调子。除了他措词巧妙之外，

36 他毫无演说的优雅。他有许多熟人，许多敬慕者，几个密友，但几乎不是另一方承认的亲密朋友。

由于如此自满、不受约束的性格，这在党的策划管理方面一直难于合作，政治家最谨慎制定的策略易被那样机械的挺进者追求理想所打断。因此在林肯活着的时候，萨姆纳从未拥有过一个真实的羡慕对象，像约翰逊这样一个没受过教育的平民将要成为美国总统就使他充满厌恶。九月他向自己主持的马萨诸塞州共和党代表大会声明，没有人能够说"不必在一代时间过去之后才会把那些叛乱团体

改造到这种程度，在一个共同的政府中交往变得安全了……因此，我们必须拥有时间。通过时间才能获得其他所有的保证，然而时间本身也是一种保证"。① 他目前正在等待谴责总统忽视这个重要因素的机会。甚至在已故参议员科拉默的葬礼那样不适当的场合，② 他也忍不住赞扬那个政治家反对林肯的政策路线，"谁"像他说的那样，"无视国会完全凭借行政权力就着手在文职政府被推翻的那个地区到处创立文职政府，在那些代理处之中效法他使用凭借'少将'统治的克伦威尔制度……那些鳄鱼蛋仅能孵化出鳄鱼来，并且不容易弄明白凭借能够孵化的军事力量怎么把那些蛋放到美国的一个州之中呢。"但 12 月 19 日那天，总统递送了一篇特别咨文，阐述南部各州的光明前景，格兰特将军写了一份主旨同样乐观的报告对此做了补充，这时他的机会来了。格兰特将军陈述说："大多数有思想的南方人真诚地接受了事态的现状"；关于奴隶制度和脱离联邦的权利，"他们把那些看成是由最高法庭，人类能够诉诸的武器永远地解除了"；他们认为"这个结局对整个国家来说是一个幸运的结局"。他继续说："导致我得出这个结论的观察材料是，南部各州的居民盼望尽可能快地在联邦内部恢复自治政府；重建期间他们只想要求政府予以保护；他们诚挚地希望知道政府需要他们做些什么，对他们来说被看作是公民不丢脸，而且，如果指出这样的路线，他们将真诚地沿着这条路线前进。"③

　　萨姆纳把总统的这篇咨文描述为类似"富兰克林·皮尔斯掩盖堪萨斯暴行的咨文。那是它的相似物"。④ 第二天，他支持那个同事提出的一项彻底的措施，一举使最近叛乱的那些州由于肤色承认公民权利不平等的所有法律无效，禁止在未来制定任何这样的法律，他发表了一篇精心撰写的演说稿，在演讲的过程，他反复提及自己的学说，依照宪法的保证条款，把黑人选举权强加给那十一个州是国会的职责，此后他还运用其最喜欢的策略，就是：从通讯员的信件中了解情况，那些通讯员的名字常常不公开，正像他说的那样，要保护那些作者免受他们那些团体愤怒地攻击，他打开一幅没有希望的南部地区图画，总统试图把"令人作呕，使人心碎的暴行洗刷干净"，"把正式批准的斗篷投出去罩在牺牲的人权上面"，给"野蛮的叛乱分子提供一份新的许可证书"。⑤

37

38

---

① 　关于《国家安全和国民忠诚》的演讲，由狄克逊引用，见《国会天地》，第 39 届国会第 1 次会议，第 1046 页。
② 　《国会天地》，第 39 届国会第 1 次会议，第 56 页。
③ 　麦克弗森著作《重建》中引用的《报告》，第 67 页。
④ 　《国会天地》，第 39 届国会第 1 次会议，第 79 页。
⑤ 　《国会天地》，第 39 届国会第 1 次会议，第 91 页。

宾夕法尼亚州的考恩在答辩的过程中，精神饱满地为总统本人和总统的政策做了辩护，内华达州的斯图尔特，凭借结果是直截了当地站在行政部门一边，反对任何"把十一个州当作被征服领地进行统治"的方案，反对普遍的黑人选举权，"我们愿意拖延联邦的恢复，因为我们担心自己会被赶下台，就应用多数党的意见就是法律的规则，甘冒征税而不给代表权的实验风险吗？"① 他用这种充满痛苦的质问结束了讲话，因此产生了很大的轰动。考恩、杜利特尔和狄克逊倾向于支持总统是众所周知的，但来自最年青州的年青参议员所做的这种背叛行为震动了威尔逊的慈爱心灵。亨利·威尔逊，像安德鲁·约翰逊一样，崛起于社会底层——一方是修鞋匠的时候另一方是裁缝。然而由于两个人是在他们各自不同的环境影响下成长起来的，当这个田纳西人的性格变硬到坚定不屈的时候，那个新英格兰人却变软以致超过每一个瞬间感觉的限度。对于他出身名门的，有教养的同事来说，他呈现出了一种强烈的差异；——不在外形方面，因为他外表有威严、健壮的模样，还有牧师的形象，长着一头梳理光滑的灰白色秀发；尽管他言语流畅，讲话的方式不是那么多，但他惯于即席发言，步伐矫健地登上讲台，身子随着那个老练劝勉者声音的增高增强而不停地摇晃——情绪高涨但尚存理智。如果萨姆纳能够控制激动情绪的话也是完全理智的，威尔逊则完全不能用理智来控制情绪。在对待黑人不公正的问题上他的全部情感都溶化成了泪泉，和他的同僚在理论上变成包括黑人在内的"人权"支持者一样，他变成了黑人在实际问题上的支持者。

有关在贫穷的、默默无闻的、辛勤劳动的自由民身上"犯下的残酷暴行"，来自内华达州的那位参议员在其野蛮性受到质疑问题上，他现在突然发出了一阵悲叹；于是，他面带忧虑地抗议说自己对此不能理解。那里出现了"一个有计划，有步骤地把总统和选举他的那个伟大的政党分离开来的企图"；但是他并不为总统感到担忧；总统"依照众所周知的职责意识工作，着手叛乱州的恢复重建工作"。"他没有与国会发生争执，国会也没有与他发生争执。""我不相信总统会制造任何难题。"那位参议员无疑相信"必需的立法"将会"得到最高行政长官的批准和同意"。"我们任命的那个委员会……将提出适当的法案；国会将通过那些法案；总统将签署那些法案；那些空闲的席位将用忠诚的人来占据"；每一件事情将会像党和上帝一致指示的那样出现。②

众议院在同一天听取该院一个事业迄今已经引起了极大期待的那位议员所作

---

① 《国会天地》，第 39 届国会第 1 次会议，第 109—111 页。
② 《国会天地》，第 39 届国会第 1 次会议，第 111—112 页。

的第一次演讲。亨利·雷蒙德是党内一个有影响的人物，毕生都支持威廉·西沃德；然而促使他特别突出的东西是，他是国内最主要的报纸之一《纽约时报》的创始人和编辑。该报在去年夏天的时间里对总统路线提供了一个明智的支持，显然没有意识到《纽约时报》正在做的任何事情绝不是它对共和党尽了义务；期待《纽约时报》的编辑有力地响应占据众议院席位的雷蒙德的组织共和党的意见。他的讲话，（普遍感到失望）主要由反对史蒂文斯理论的意见所构成，它的效果被不停纠缠他的打岔以及他也性情温和地允许打岔而大大地削弱了。激进分子联 41 合起来对这位可能变得很有影响的脱党分子进行了抨击。他们一个接一个地嘲笑他直到俄亥俄州的宾厄姆最终走上前来给了最后的一击。就自信的问题受到攻击的雷蒙德，他突然使自己处在和总统明明白白的对抗状态之中；当他烦扰的受害者通过一次机敏地转变争论的方向抓住了这个错误的时候，他在一片谏言声中撤退了。"我不和总统争吵"；"我谦恭地拒绝那位先生希望我寻求与总统发生争吵的要求"；允许来自纽约州的那位议员安详地讲完他的意见。[①] 因此，由于两院需要协调形成国会的主张，国会延期跨过了那几天的假期。

第三节　第一次否决

到此为止，可以说，在国会大厦和"这条大街另 42 一头的"白宫之间和睦占了上风。国会参众两院比较保守的共和党人渴望保持和睦，尽力找到一些总统和国会可以联合行动的路线，因而结束了共和党内初始的分裂。一方面，要满足那些较为急躁的黑人朋友，应该依照完全持久地保护自由民的全部公民权利通过一些法案。另一方面，要安抚总统，应该立即重新接纳他的家乡田纳西州作为迅速重新接纳同一种类所有州的欢快序曲。因此，在国会重新召集的那天（1866年1月5日），特朗布尔，参议院司法委员会的主席，提出了两个法案：一个法案扩大自由民局的权力，另一个法案保护黑人的公民权利。

　　然而，从一开始，这个运动的发展就受到黑人参政权扩大论者的干预，主要

---

① 《国会天地》，第 39 届国会第 1 次会议，第 120—124 页。

代表人物是参议院的萨姆纳和众议院的乔治·S. 鲍特韦尔。在重新接纳任何一

43 个被排除的州之前，他们打算要求一个什么保证的时候，他们奋力推动那个把无条件选举权赠予哥伦比亚特区有色人的法案通过，在男子无条件选举权的党羽和有条件选举权党羽之间，主要辩论在多数党的队伍中显示出严重的破坏以后，那个法案在众议院获得了通过；"最近参加叛乱的十一个州中随便哪一个州在我国政府中恢复任何政治权力，那不加上条件，或者不为它加上前言，南方的黑人要参加选举，从那儿打开毁灭本政府的道路是没门的事儿。"① 鲍特韦尔先生利用表达他的信念结束了这种讨论。然而在参议院，保守人士成功地把那个法案束之高阁，置之不理，继续处理特朗布尔提出的两个法案，它们的前一个于 1 月 25 日在参议院通过了，后一个于 2 月 2 日也获得了通过（由一个内容广泛的修正案加在它的导言后面，使所有的黑人变成了美国公民）；在共和党人中间像狄克逊、杜利特尔、堪萨斯州的莱恩和斯图尔特这样的总统支持者，和多数党一致的时候不多。

但最终毁灭这个有前途方案的东西是十五人委员会以及众议院不可改变的取向。前一个团体最重要的成员不赞成那些参议员寻求与总统妥协。史蒂文斯从一

44 开始就反对约翰逊，史蒂文斯现在支配了这个委员会。不亚于其他任何一件激怒总统的事情就是给予他自己家乡田纳西州的待遇。早在 6 月底他就宣布迄今造反的姊妹州中，田纳西是独自不受叛乱约束的州。他热心地监督她的参议员和众议员选举，亲自祝贺他们每一个人都能接受绝对忠诚测试誓言，然而该州民众受到外国人一样的对待，尽管他其中的一个公民是美国总统。带来的压力却得到那个委员会的一个特别决议案，依据他们自身的条件接纳来自田纳西州的议员。"牧师"布朗洛——该州暴躁的州长——给众议院议长写了一封信（1 月 15 日）声明：

　　我果断地赞同接纳田纳西州代表团……田纳西州的代表，作为一个整体，是忠诚的，能够采用要求的誓言宣誓，如果他们坐上了国会的席位，将增加联邦党的力量……最后，接纳他们应该作为一种防止国会和总统之间决裂的手段，为了国家应该避免决裂。应该使总统对允许田纳西州的代表进入他们的席位感到满意，我无疑会对此感到满意。②

---

① 《国会天地》，第 39 届国会第 1 次会议，第 309—311 页。

② 《国会天地》有关信件，第 39 届国会第 1 次会议，第 1017 页。

但这是毫无用途的，那个委员会所做的事情是打算提出第十四条宪法修正案，在各州由于种族和肤色原因扣留男性公民选举权的情况下减少其代表，经过漫长艰苦的努力之后，众议院凭借必需的三分之二票数于 1 月 31 日通过了这个修正案。这个修正案以类似的方式被参议院采纳以后，直到它被四分之三的州议会批准为止，这似乎是那个全能的委员会使最近叛乱的那些州，包括田纳西，置身于联邦之外的最好理由。自身显然受到这种意见的约束，众议院接受了"自由民局法案"，而参议院在修正问题上争论一番之后，"自由民局法案"最终（2 月 9 日）被送到总统手里。甚至在那个法案送到总统那里之前，尽管大家都知道总统对自由民局的一些特色不会感到满意，然而，占优势的期待有利于他签署这件法案。不同意见不断增多的征兆也不缺少。"当关于那个被提议的《第十四条宪法修正案》在众议院继续辩论的时候，在与参议员狄克逊一次引起了公众注意的会见中（2 月 28 日），总统对宪法做任何进一步修正的正当性表示怀疑，声称在哥伦比亚特区鼓动黑人选举权的问题作为在全国鼓动那种问题插入的楔子是不合时宜的，没有理由的，是有意造成巨大伤害的。"[1] 2 月 17 日，面对一个来敦促同意他们种族选举权的有色人代表团，他强调，他不会批准一项他认为将以种族之间的冲突，消灭一个种族或者另一个种族为目的的政策。[2] 10 日，他告诉已重建的弗吉尼亚州议会的一个委员会，他拒绝了某个州能够从联邦中分离出去的学说，也绝不会因那种学说导致承认那样的事情：从叛乱开始和叛乱之前就存在"北方极端人士"。"政府抓住了一个极端，用物质力量高压手段镇压了叛乱。现在，当我们就联邦问题作巡回政治演讲的时候……如果我们发现上述幽灵极其相似的人物或者复制品……这种阻住道路的另外一个极端，必须让开道路。"[3] 在另一方面，《第十四条宪法修正案》，尽管偏离轨道而又敌对的萨姆纳以两天的时间精心准备发言，以他最典型的风格把那个法案说成是"为宪法提出了不和而又污秽的条款"，通过口头承认"种族和肤色""玷污迄今保持清白的原文"，还发现对这条修正案的支持来自参议院的保守人士，他们是那个折中方案的作者，虽然采用它几乎不可能给予补偿，但他们仍然为总统方面的任何让步提供了规定的等价物。然而，随着允许作为商议的十天时间流逝过去，多数议员还是希望一切进展顺利。甚至连激进类别的众议员也表示"坚决信任"总统。一些人声称，就

45

46

---

[1]　麦克弗森：《重建》，第 51 页。

[2]　麦克弗森：《重建》，第 53 页。

[3]　麦克弗森：《重建》，第 56—58 页。

47　他们个人来看，总统认可那个法案的主旨；到了这种程度，以致伊利诺伊州的卡洛姆说"那个法案已经变成了法律，因为我认为总统签署它是理所当然的"。[①]十五人委员会（在这个事件以后就这样来陈述它）处在正要建议允许田纳西州立即加入国会的时候。第一个送给总统的与南方有关的法案，共和党所有的派别都担心这个法案会遭到否决，更担心的是因为在这种情况下做出否决，伴随它到来就是对《民权法案》做出的否决，《民权法案》是一个非常重要的法案，已经在参议院通过了，确信在众议院也能获得通过。然而在星期一（19 日），就在那个时候，突然私议总统的咨文已在途中，参议院走廊里即刻挤满了一大群人，他们意识到这份咨文只不过意味着否决而已。

　　总统反对那个法案，因为它是多余的，现有的法令没有到期，它有足够的威力；在严格意义上同样把军事措施从它们所处的战争状态延续到它们所处的和平时期，这是不适宜的；如果没有陪审员没有追索权，创建法庭对罪犯进行简单化的审判同样违反宪法；当促使认可这样不受限制的权力授予行为成为国家永久立法的一部分时，也赋予总统各种权力，"在和平时期任何一个人对诸如此类的权力是绝对不会放心的。"

　　最后也是"非常严肃的"拒绝理由是一个带刺的理由，与其他任何一个理由相比，总统对它做了更长更详细的阐述：

48　　"宪法命令式地宣布，与纳税有关，每个州至少有一个众议员，牢记在未来的时间里每个州应该给众议员资格数量制定规则。它也规定，美国参议院应该由来自每个州的两位参议员组成，还特别有说服力地补充说'没有它的同意就不得剥夺该州在参议院平等的参政权'。""自由民局法案"最初在主要受其影响的各州缺席的情况下通过的时候，这是不可避免的，因为那种情况是"它们的民众那时不听命令而参加叛乱"。"现在情况变了，至少有些这样的州通过忠诚的代表参加国会，请求宽容他们行使宪法规定的代表权。"在这个法案通过的时候，"没有来自主要受它规定影响的那十一个州的参议员和众议员。""没有代表就不应该纳税。"国会评价其成员资格的权利"不能被解释为包

漫画：约翰逊否决"自由民局法案"

————————

① 《国会天地》，第 39 届国会第 1 次会议，第 908、911 页。

括在和平时期把任何一个产生于宪法赋予它代表权的州关在国会外面"。"目前，拒绝接纳那十一州所有的人——拿田纳西州来说，战争期间最忠诚的人不比其他州少。"——可以看出给予他自己家乡田纳西州的待遇与简述它的英勇反抗，它现在的忠诚和它自然而然地采纳废除奴隶制的宪法修正案这种沉着的言语是多么不相称啊，总统感到痛苦与悲伤。咨文的正式宣读在走廊里传来的喝彩声与嘘嘘声中结束了，即刻下令走廊清场。

　　多数人在最初愤怒冲动的情感中拥护强加一次未做研究的表决，然而，受到两位共和党参议员的抗议后，更平静的情绪占了上风，允许对那个事情进行认真研究直到次日为止。① 尽管总统反对，第二天还是相应地提出了这个法案是否应该通过的问题，关于结果的不确定性增加了激动的强烈程度。那个法案最初由37 票赞成对 10 票反对的表决结果获得通过——多于三分之二，因此足以推翻否决。然而，点名还没进行多久就出现了不吉利的变化。考恩（第一次表决时缺席），正像原先料想的一样，投了反对票。原先投票赞成这个法案的狄克逊和杜利特尔现在也和考恩站到一边了；斯图尔特也投了反对票，还有两个西弗吉尼亚州的参议员投了反对票；然而，使多数人惊愕的是，纽约州的摩根加入了投反对票的行列；一共有五个参议员直接从赞成变成了反对，除了三个以前缺席的人（考恩、内史密斯和威利）加入到反对一方之外，总统坚定的朋友堪萨斯州的莱恩和亨德森仍然投票赞成这个法案。总数差额为：赞成票 30 张，反对票 18 张。参议院临时议长（福斯特）起身向气愤的多数派宣布："投票赞成这个法案的人不到出席议员的三分之二，它没有成为法律。"走廊里响起了鼓掌欢呼声、嘘嘘不满声，然后又被清场了。那个事情已经办完了。战争已经爆发了，第一场胜利属于总统。

　　凭借通过一个不需要总统签署的共同决议案重申会议开幕时核心小组会议通过的决议，直到国会宣布这样的州有代表权资格的时候那十一个州之中任何一个州的参议员或者众议员才会被接纳。史蒂文斯在陈述"直到昨天为止对田纳西州的情况进行调查以弄清楚我们能不能接纳该州"之后，宣布"自昨天以来已经出现了委员会认为的一种状态，把它用来作为消除他们采取进一步行动的能力……倘若不听任这个团体有权取代另一个团体的话就会这么办"。②

　　星期四（华盛顿的诞辰日），两院全体议员聚集在众议院大厅以庄严壮观的仪式举行纪念活动（被认为它是拙劣地模仿仅在十天以前为尊敬的林肯

①《国会天地》，第 39 届国会第 1 次会议，第 915、917 页。
②《国会天地》，第 39 届国会第 1 次会议，第 943－944 页。

举行葬礼的盛况及仪式），对亨利·温特·戴维斯表达怀念之情，对其反对林肯重建政策的独立自主精神表示敬意。另一方面，22日是总统支持者的伟大日子。他们在全国各地召集会议，鸣枪庆祝总统的胜利，发电报告诉总统一些高兴的消息。那天晚上纽约市有一个联邦党人大集会，国务卿西沃德、邮政总长丹尼森发表演讲；华盛顿也有一个集会，行进到白宫问候总统，众多的人沿途加入游行队伍。响应群众的呼声，约翰逊出现在门廊上发表演讲。

有两种极端的人（我们仅仅发表他的一部分评论），一种乐意打碎旨在挽救奴隶制的政府；另一种要打碎旨在摧毁奴隶制的政府。他一直是两者都反对。他赞成管控蓄奴制度或者禁止奴隶制度。一个极端的企图已被挫败，他们现在承认那个企图是无用的并要求恢复他们与美国政府原来的宪法关系。他赞同开放联邦的大门。还主张"故意的、有才智的叛国者"应该受到惩罚，他赞成对多数人实行赦免。但"另一个极端是现在企图把一切权力集中到少数联邦领袖的手里，因而导致对它的分裂行为同样引起反对的共和政体得以巩固"。"一个不负责任的理事会已经夺取了国会的一切权力，减少了参议院和众议院它们各自审查它们议员资格的权力"，因而承认一个"州"会处在联邦的范围之外，这正是我们大家在与之进行斗争的事情——我们坚持这是一个"州"办不到的事情。"我反对过戴维斯之流，图姆斯之流，斯莱德尔之流——但另一方面那时我觉察到一些人"——他一讲到这些，当时就出现了要求说出姓名的大喊大叫声——"叫他们为叛国者吧。""我们知道他们。""把那些名字讲出来让我们听一听吧。"

"噢，"他犹豫了一下，"我想我会提供他们名字的。我把他们看作是同样反对政府基本原则的人，认为他们同样在努力阻挠破坏重建的事情，同样是与我们进行战斗的人。"

"他们的名字叫什么？"一个声音打断了总统的讲话。这时，总统在最高程度的大声喊叫中突然大声喊道："我说有宾夕法尼亚的撒迪厄斯·史蒂文斯——我说有查尔斯·萨姆纳——我说有温德尔·菲利普斯以及和他同一派别的其他人。"此时另一个声音高叫："把它交给福尼！"（参议院的秘书，"两家日报"的编辑，这两种报纸都充满着对总统辱骂的内容）。总统答复说，"我不在死家伙身上浪费弹药。我不想受我的敌人欺侮；安德鲁·约翰逊犯了某位先生（史蒂文斯）说的那种应该让我掉脑袋的篡权罪吗？"同一个人又说我们处在大变动之中。"是的，大变动来临了——增大了公众裁决的场所。"针对他自己的经历，他正说道："从市议员开始一直到把在州议会两院的所有工作回顾一遍。"那时，一个声音打断了他的讲话，"从裁缝说起"——"是的，"他说道，"当我是一个裁缝的时候，我也总是按时为顾客把活做好，没有修补工作，而是整套服装。"这如他所称的"少许逗趣"过去之后，他又说回到篡权指控的话题上：

"他们可以谈论砍头和篡权，但当我被砍头的时候，我希望美国民众充当证人。""我不希望在上层人士中间借助于影射、间接评论来了解他内心，暗杀我的那个人高声呼叫'这个总统障碍必须从路上搬掉'。当我说自己无疑是有意打算激起暗杀，从而除去职位和权力的障碍时，我使用了非常强硬的措词。"

"我知道他们乐意伤害但他们害怕摧毁。""我告诉反对政府的人——我不在 53 乎他们来自哪个地区——无论来自东方、西方、北方还是南方——你们，通过对宪法的修正从事破坏政府工作的人——他们一时好像要成功，但他们的各种企图都是没用的。"

"他们现在会以为凭借一个不需要总统批准的共同决议案就能达到破坏政府的目标，但提交公众裁决得服从公众的意志，他们会发现，他们倒不如许诺提出一个废除有关阻止联邦恢复的重要法律。"

说完他那些反对者的这个最新步骤，劝告民众支持宪法和前辈的原则，在支持他的听众的喝彩声中，总统离开了那里。①

尽管他的演讲可能削弱了那个否决咨文对全体国民的影响，但咨文的放肆言论使激进分子大吃一惊决非微不足道。他们意识到这种必然性，总统打算利用他崇高职务的所有资源为他的政策而战，为了达到他的目的，他会无所顾忌地把他们的党撕成两半，和他们党的反对者一道组成一个联盟。如果那篇咨文平静合理的语调驱使他们脱离了他们的行为规范，那场演讲粗暴的挑衅促使他们认识到冲突的真实性。1866 年 2 月 22 日，在他们的历法中开始了一个新时期。那天，一些政治变节者的首领把他的防护手套扔到那个自由党的脸上，重新恢复他昔时信仰的残酷性。从那一天起，他变成了一个不配受到宽容的反叛者。从那一天起，54 他们图谋清洗参议院，对他进行弹劾，免除他的职务。他们对那次演讲尤其不满的部分是加在他们身上的罪名，说他们图谋暗杀被他们指定为"代理总统"的那个人，他们竟然含沙射影地说那个人本身和刺客共谋造成他的前任死亡，作为对如此无根据指控的报复。演讲过后的那天，参议院开始专注于众议院在总统否决之后的那天怒气冲冲通过的那个共同决议案，但直到 3 月 2 日才对它进行投票表

① 麦克弗森：《重建》，第 58 页；参考那天的各种报纸。

决。那个星期的争论尤其值得注意是因为约翰·谢尔曼做的一场演讲，它可以称作是为总统的事业精心制作的辩解。他主张国会和总统应该在某种重建方案上取得一致。如果那些方案不合时宜，国会的任何一院能够并且也会行使它毋庸置疑的权力接纳参议员和众议员。我们没有尽到我们宪法规定的职责，我们没有权利责难安德鲁·约翰逊尽责通过跟随他已故前任的脚印前进。那位参议员声称总统在黑人选举权问题上的方针不是一个应该受到责难的问题。由于已故总统所做的事情，他不能另搞一套。"直到包括最近的否决咨文……在我看来，安德鲁·约翰逊没有和他应该归功于伟大联邦党的崇高职责不一致的行为。"虽然他对 22 日的演讲感到遗憾，谴责讲演中的某些段落，但像传闻的那样他不能不让自己减轻痛苦。他提醒所有参议员，总统"按其性格来说是完全好斗的；他一生都在战斗；正是具有这种勇气他反抗随时亲自充当反对者的那些人，五年以前我们称其为安德鲁·约翰逊生活中最崇高的勇敢精神"；"温德尔·菲利普斯用不知羞耻的方式责难辱骂总统"——把他和阿诺德、伯尔混为一谈，说"他获得了杰夫·戴维斯作为邦联领导人的那种地位"，并威胁要进行"弹劾"；萨姆纳说出了"有关极有伤害、激起总统情绪的'掩饰'言词"；"史蒂文斯先生宣称安德鲁·约翰逊是一个外国敌人，在大会上把一个属于外国州的居民提名为副总统，因此现在是不合法的"；"在最近的一次辩论中他使用了一个会激怒任何一个人的措辞，尤其是这个措辞来自一个众议院领导人的时候"——引用史蒂文斯的评论，如果一个英国国王这样侵犯国会的特权是会掉脑袋的。"考虑到像他这样的总统，一个从未放走过一个敌人，无论私敌还是政敌，从不化敌为友的人，男子汉所具有的非常勇敢的品质已经变成他的好斗倾向；正像一个人此时就在我现在站的这个地方抵制侮辱一样，当侮辱来自武装他们自己与叛国者战斗的时候；你能够要求他，因为他是总统，就得忍受侮辱吗？男子汉的一切情感，天性的每一个指令将在他听到别人发出的这些言论时激起他情绪高涨地回击他们。"他劝诫参议员要"对那个慈善的斗篷做些评论"，对那篇讲演之中的想法留下了什么东西值得"参议院严肃地考虑"发表意见。他与总统对长期拖延接纳他自己家乡田纳西州产生的情绪颇有同感。田纳西于"林肯逝世之前就在他的指导下，利用安德鲁·约翰逊作为他的主要代理人实行重建了……""它的政府在约翰逊总统来到这里之前就已经组建了。它是由分享他好运的私人朋友组建的。被派遣到这里代表田纳西州的那些人毫无例外地具有和你们任何一个参议员一样的正确与忠诚。""我认为这是美国民众的共同心愿，是我们代表的美国广大民众的心愿，应该尽可能快地接纳他。"但有两件事情他不能忘记。总统"一定要和那些与他共享政治意识的人使他当选为政府的代理人那样，选择一个值得敬重的原则"。"如果他从那些人那里寻求友谊、建议、帮助或联系或结交他们，可他们要么在最近的论战中拿起武器战斗，要么认为战争失败了而顺从地屈服叛乱分子，他因此做了一件凡是占据他那种崇高职位绝不可能犯的或者说绝不会逆转的坏事。"

"除非我们由于他卑劣地背叛他成为候选人时强加给自己的那种职责，否则　57这不是和总统争吵的时候。"①

临近辩论结束的时候，来自肯塔基州的加勒特·戴维斯阐明了一个惊人的命题：

如果存在两个团体声称是参议院或众议院时，总统有权确定和决定哪个团体的人属于参议院、哪个团体的人属于众议院。他将要和国会两院交流。在他能够沟通之前他必须确定什么人组成参议院，什么人组成众议院。这么做是他的权利，美国民众会支持他……在会议开始的时候本来就该这样做。

无论安德鲁·约翰逊何时决定对南方的参议员们说，"和参议院的民主党人及保守人士聚集起来，如果你们构成了多数，我会承认你们充当美国的参议院，"那时你们这些先生会落个什么结果呢？你们会平静地进来构成参议院的一个组成部分。②

这一点是在参众两院说出的最邪恶的叛国言论！激进分子不能原谅这种叛国言论。西沃德谴责它是"革命的、违反宪法的、叛国的"；威尔逊，在他半个小时的演讲中神化共和党——照他所说，"与任何时候任何国家的任何一个政治组织曾经体现出来的东西相比，在共和党行列里包含有更多的道德价值和智慧"；"不是一个人或者一批人创造的，而是通过万能的上帝本身形成的"；由造物主赋　58予它天底下所有的政治权力和所有的职位。③

共同决议案然后以 29 票对 18 票的表决结果在参议院通过了；堪萨斯州的莱恩、摩根和斯图尔特仍然支持总统。

这是对否决的还击，总统可能会阻挠国会试图制定的法案通过，但"中央理事会"（正如考恩参议员说的那样）"携带着联邦钥匙的腰带"，除非门被打开，否则"任性的姐妹们进不来"。

---

① 关于谢尔曼的演讲，见《国会天地·附录》，第 39 届国会第 1 次会议，第 124 页。
② 关于谢尔曼的演讲，《国会天地·附录》，第 39 届国会第 1 次会议，第 300－304 页。
③ 《国会天地·附录》，第 39 届国会第 1 次会议，第 140、142 页。

第四节　争取三分之二多数的斗争

59　　然而在一个如此重大问题上出现的僵局，对国会的共和党来说更可能证明是一件致命的事情而对总统却不是致命的。由于北方大多数民众绝没有理由允许任何人寻找借口对他们的士兵为之战斗的符合宪法的联邦不予恢复——不赋予黑人选举权、不惩处叛国罪行、不拯救某个特定的政党，这些也绝对不是理由。总统有一个看似直接指向这个符合大众心愿的最高目标从而使其得以实现的方案。所谓的国会党领导人却什么方案也没有。此外，行政部门至今显然是一个整体，并且是作为一个整体在运转。西沃德，充耳不闻那些被总统讲话激怒的激进分子的呼吁，只是更贴近地站在他的长官一边。斯坦顿，无论他私下可能在做什么，也没有公开露出不满的征兆。哈伦部长的住处被指称是更好战的激进分子聚集的地方。然而，只有这个令人怀疑的例外，内阁似乎还是坚定支持总统的。另一方面，在国会的多数派中间到处存在不团结和瓦解的征兆。联合委员会像现在这样

60 模糊拖拉提出的一个补救办法却在参议院被激进分子扼杀了。萨姆纳宣读第二篇故意反对补救办法的讲话稿，而费森登在答辩的过程中从萨姆纳的讲话中精选了下列的"花言巧语的精华"，这位来自马萨诸塞州的参议员用这些花言巧语攻击国会中他自己三分之二的同志已经同意的宪法修正案："危害人权"；"违背国家的保证"；"玷辱共和党的名誉"；"乱伦"；"邪恶畸形的噬人花"；"新修正案可诅该咒，主必要来"；"可憎的事物"；"忘恩的典型与杰作"；"异常终止了所有好事"；"对是非感的冲击"；"真正的黑色皇冠钻石"；"本质不干净"；"令人厌恶的污物"；"讨厌的恶臭"；支持它的人是"残酷贪婪的人"；"在背后支持犹大的庞提乌斯·彼拉多。""你们现在正忙于责骂（宪法的）原文""忙于一场政治的猥亵。""这一点不亚于一个具有恶名的强大国会，建议它合乎宪法的许可进行政治上的考虑。"修正案仅有 25 票同意，没有接近必需的三分之二票数。9 个民主党人，8 个约翰逊派共和党人以及 4 个极端的激进分子拼凑了 22 个参议员投反对票。①

　　参议院在"自由民局法案"遭受痛苦的基础上通过的《民权法案》，在国会中激起了一场性质不同的争执。许多共和党议员对制造黑人公民的第一节的合宪

---

① 《国会天地》第 39 届国会第 1 次会议中有关费森登的记录，第 1278 页。萨姆纳的演讲，《国会天地》第 39 届国会第 1 次会议，第 1224 页。

性抱着怀疑的态度。许多人担心它的规定会为把黑人选举权强加于北部各州提供借口——他们的选民仍然不能容忍这种政策。直到 3 月 13 日,在延期和反复修正之后,多数人才决定通过这个法案。

在这样紧迫的情况下,那些领导人在承认紧急行动必要性方面并不迟钝。他们不会后退。他们更不敢停止。他们必须前进。在国会两院他们都拥有多数席位;但是,仅仅拥有多数席位,面对一个不赞成的执行者,他们甚至既不能提出一个宪法修正案的建议,也不能制定一部单独的法律。他们本身必须同心协力,明确地表达一个清晰完整的方案,博得全党一致的支持;作为一个基本的准备,他们必须夺取那个机关,他们的方案一旦明确地表达出来就会得到遵守纪律的成员全体一致的支持,能够使它成为国家的法律。总而言之,在国会参众两院各自的院内有一个稳固的可以依赖的三分之二多数——这是必然的要求,如果不具备这个要求,别的一切都是没有用的,它们最终被推翻是确定无疑的。

国会完全不可能出现困难,常态的多数远远超过三分之二,尽管在诸如黑人选择权和接纳田纳西这样的问题上多数稍微会发生一点变动,但在党的领导人的秘密会议上就通过任何法案来说是足够可靠的。由于总统的否决和在 22 日发表演讲的缘故,在强烈憎恶安德鲁·约翰逊的情况下,所有次要的分歧都要忘记了,在辱骂总统的过程中,多数人愿意跟随史蒂文斯达到任何一种程度。正是在这个时期,故意不尊重国家的最高行政长官,公开侮辱国家最高行政长官坚持到底的行为是约定好了的:举例来说,把他的咨文放在一边不屑于宣读,嘲笑每一个提及他名字的人,强调因为总统头衔的合法主人遭到了暗杀,他仅仅是一个代理总统行使国家管理职能的副总统;在议员席上、走廊里的嘲笑声中和欢呼声中,允许从职员的办公桌那里宣读新闻界加在他身上的许多下流语言。星期六(3 月 10 日)当国会开会进行单独辩论的时候,"老撒德",当史蒂文斯被人们亲切呼喊的时候,他用总统"正直、爱国精神、勇气和良好愿望"的讽刺反语颂词打断了辩论,通过调查弄清楚这是不是可能呢,提出这种质疑的人正是总统演讲中提及的撒迪厄斯·史蒂文斯,那篇从未发表的演讲辞作为一次受到法律保护的私下交谈却通告了正在大笑的国会;它是一个荒诞的说法,是曾经玩弄的最大恶作剧之一,比露出屁股作为一种不尊重的恶作剧表示还要成功。"我此时很高兴有机会从曾经发表的那篇演讲辞中证明总统无罪(尽管我不想在公众面前求助于那个事件,因为他们可能会误解我的动机)。这是自从 3 月 4 日以来一直迫害我们总统的那伙铜头蛇的一个巧妙的发明。噢,先生呀,趁机利用在那个场合发生的一个不幸事件,他们已经频繁地把他谴责为沉溺于粗俗而又丧失体面,具有种

63　种恶行的人。"把它送到那个办事员的桌子上，他已经宣读了 1865 年 3 月 7 日《纽约世界报》的一段摘录，在摘录中安德鲁·约翰逊被描绘成了"一个傲慢无礼的、醉酒的畜生，与他比起来，甚至卡利古拉的马也值得尊敬"；然后把那份报告谴责为由铜头蛇准备的"一种可耻的诽谤"；——共和党人从不相信那个报告，但是，"如果那些造谣中伤者能使民众相信总统曾经做了那场演讲，然后他们证明他们自己的事情。"①

　　显示众议院议员情绪的就是这样。但在参议院里情况是不同的。那个机关的真实情况是错综复杂的。缓议给予哥伦比亚特区自由民选举权法案的就是参议院。否决联合委员会精心制作且又被众议院三分之二通过的那个修正案的正是参议院。正是在参议院里存在的少数派超过了三分之一，从而造成"自由民局法案"遭到否决的结局。50 个参议员中有 11 个是民主党人，4 个（考恩、狄克逊、杜利特尔和诺顿）完全是总统的支持者，3 人（堪萨斯的莱恩、斯图尔特和摩根）或多或少倾向于支持行政机关，然而西弗吉尼亚的两个参议员双方都不能对其有所依赖；算起来总数达到 20 人，剩下的坚定共和党人仅有 30 个——要达到三分之二还少 4 个人呢。在这个关键时刻恰好出现了这种情况，每一方都有一位参议员缺席没来参加会议。佛蒙特州的富特——参议院里的前辈——自 2 月 16

64　日以来一直缺席没来参加会议，由于生病无望地躺在首都他的住处里。新泽西州的赖特早在 2 月 8 日就回到他在新泽西的家中，正如他的同事宣称的那样，"身体非常不好。"因此出席会议的参议员人数为 48——三分之一是 16，三分之二就是 32。两张可靠的票是绝对不可缺少的；要预防赖特在逗留不去的死亡之前返回参议院的可能性，三张票是极为适当的，富特为佛蒙特的州议会提供了机会，为此准备预先送来可信赖的接任者以占席位；四张票会使一切安然无恙。

　　两种补充多数派的方法在参议院是有用的；一种方法是通过接纳新州来补充多数派，另一种方法是通过驱逐少数派参议员来为另外更适合的人提供席位。第一种方法是有困难的，因为它需要通过一部法律；而且通过的那一部法律需要总统同意或者获得出席会议的三分之二议员的同意，这是那种策略的最终目标。第二种方法没有这么麻烦的程序阻碍，只需要到会的多数派足够毫无顾忌的同时还要坚定不移。尽管后者具有更大的便利，但党的管理人员首先诉诸于更困难的方法，作为两个前提中的一个；他们要么还不能够想出他们认为应用驱逐的方法看似足够有理的情形，要么——更可能的原因是——他们觉得在请求接纳西部领土

———————————
① 《国会天地》，第 39 届国会第 1 次会议，第 1307—1308 页。

的问题上，他们可以依靠迄今有利于总统的西部参议员的支持。

　　事实上，此刻两个地方科罗拉多和内布拉斯加——都在申请加入权。就科罗拉多来说，她的公民自 1864 年的夏天以来凭借 6 192 的总票数，以三比一的多数拒绝了履行她已制定提交的宪法的授权法。然而，她没有从国会获得任何额外权力的一部分居民，在次年的夏天召开了自己的大会，通过了一部宪法并把它提交给民众，还赢得了来自 5 895 票中超过半数 155 票的多数获得批准。已经选出了一个州议会，在本次会议开始的时候派出两名参议员到华盛顿，但总统拒绝宣布将这个准州升级为一个州，而把整个事情递交给了国会。由斯图尔特提出并且由他和堪萨斯州的莱恩倡导接纳科罗拉多而争取支持的一件法案在参议院审查待决，但迄今因为有更重要的法案等待处理就把它搁置在一旁了。认识到通过承诺这两个做错事的参议员为他们提供的优势，现在争取三分之二多数运动的领导人把那件法案带到前面进行审查。然而，由于拟议的州宪法中存在"白人"这个单词，损害他那个党的计划，再一次引起了萨姆纳的反对。他陈述了那件事情中暴露的每一个弱点，第二次代表大会和第二次选举是非法的啦，人口太少不超过 25 000 人，而现在一名众议员的代表比例为 127 000 人啦；尽管斯图尔特和莱恩投票支持该法案，但正如预期的那样，它只得到了 14 张赞成票。[①]

　　暂时停止考虑他们通过第一种方法补充参议员的失败实验，管理者转向第二种方法，这时突然降临了一个罕见的机会可用来使他们已经缺乏力量的对手进一步衰竭。在会议开幕时，来自新泽西州充当参议员的约翰·P. 斯托克顿的证件由他的同事呈交之后他就宣誓就职了，对于他拥有席位的权利没有产生任何疑问；但参议员考恩，依照要求介绍了一份新泽西州议会几名成员的抗议，其中有一些抗议书没有宣读就放在桌子上了，它又从那里被送到了司法委员会。无论附上的抗议是什么内容显然都不重要，也没有引起公众的注意。1 月 30 日，特朗布尔把司法委员会推荐接受的决议交给参议院审议，宣布斯托克顿有资格拥有他的参议员席位。该报告具有司法委员会每个成员的签名，克拉克除外，他没有别的方式表明不同意就只好不签名了。决议虽然宣读了但还没有生效，也没有发表评论事情就终止了。

　　直到"自由民局法案"未能推翻否决获得通过为止，当克拉克开始对他的司法委员会同志强调要提出那个决议有问题的时候，都没有听到有关它的更多事情。因此，在众议院的《民权法案》修正案得到同意而那个法案送到总统那里遭

----

① 萨姆纳，《国会天地》，第 39 届国会第 1 次会议，第 1327 页及下文等等。《人口》，第 39 届国会第 1 次会议，第 1353 页。

67　到不可避免的否决以后，在星期四（3月22日），那个报告和附加的抗议终于被宣读了，于是，克拉克提议要替换已经报告的那个决议，另外宣布斯托克顿没有资格拥有参议员席位；而且还对这个拒绝接受的主张展开了辩论。

　　凭借伟大的造化，那个几乎令人难以置信的、将要被叙述的有关不公正的东西，在其底部躺着的事实是档案材料，不过下至它最微小的细节从来没有片刻成为争议的主题。①

　　1865 年 2 月 15 日，新泽西州议会依照要求它做的事情根据法律召开了选举约翰·C. 坦恩艾克继任者的联席会议，他作为美国参议员的任期在即将来临的 3 月 4 日届满。州宪法在条款中授权州议会任命某些州政府官员指定的两个分支部门为了上述的目的在一起开会，也就是召开"州议会联席会议"；自古以来"州议会联席会议"就为它的政府行为制定了规则。州议会由一个 21 名参议员组成的参议院和一个 60 名众议员组成的众议院构成，在联席会议的投票中共计有 81 票。现在有一个因死亡造成的空缺，2 月 15 日联席会议在改变规定作为此后的一个规则之后休会至 3 月 1 日，接着又延期休会至 15 日，到那一天，空缺已
68　经补齐了，它的议员是完全满额的。在参议院有 13 名民主党议员和 8 名共和党议员；在众议院则存在一个平局：30 比 30；因此在一次联席会议投票选举中，民主党人因五票优势而控制了州议会。但在民主党的选举中也不是完全没有障碍的，因为事实是 9 名民主党议员拒绝参加选举约翰·P. 斯托克顿作为党的候选人而召开了核心小组会议。在联席会议的第一次会议上——2 月 15 日——可能是因为势均力敌的较量，联席会议把现有的仅要求计算选举的多数票规则改变为更严格的规则，它要求取得州议会全体议员的多数才算当选，而且根据这一变化，只要民主党人阻止某个候选人当选而分散了他们的选票，任何候选人当选都会变得不可能了。显然，斯托克顿仅能召集到 43 个民主党人中的 34 人支持自己。共和党的选择机会是，坦恩艾克即使能得到共和党的全力支持也只能得到 38 票。现实存在的僵局正好被人们觉察到了，3 月 15 日会议续期的第一件事情就是通过一件议案，它废除第一次会议通过的要求获得州议会全部议员的多数支持才能当选的规则，而替代它的是采用一个完全新的规则："任何一个得到出席会议的多数议员选票的候选人应该按时宣布当选。"如果不真正发起这个行动的话，共和党议员预期拟议的这个改变会导致他们自己的候选人当选——由共和党

①　关于斯托克顿事件的事实，见《国会天地》，第 39 届国会第 1 次会议，第 1564 页及下文等等。《新泽西州议会期刊》，第 39 届国会第 1 次会议，第 1669 页。《投票表决》，第 39 届国会第 1 次会议，第 1677－1679 页。

议员支持的人显然确信会比最强劲的竞争对手得到较多数量的选票。然而，当时　69
一些民主党人本来拒绝支持民主党自己提名的候选人，可到投票的时候却看到他
们有 6 个人又投票支持民主党的候选人了，在这种情况下，已经投票的 8 至 10
个共和党人赶紧把自己的选票改投反对票——除一人之外，全都保持了坚定的党
派立场。因此，新的规则由全体当选议员的多数通过——11 名参议员和 30 名众
议员投票赞成，10 名参议员和 30 名众议员投票反对；3 名民主党人反对新的规
则而有 1 名共和党人支持它——因此，那个共和党人投了决定性的一票。联席会
议随即投票选举美国参议员；在第一次投票中约翰·P. 斯托克顿获得 40 票，詹
姆斯·W. 沃尔获得 1 票，彼得·D. 弗鲁姆获得 1 票，亨利·S. 利特尔获得 1
票——这构成 43 位民主党议员的票数；约翰·C. 坦恩艾克获得 37 票以及 F.
T. 弗里林海森获得一票——构成 38 位共和党议员的票数。接着，依据州议会
联席会议多数刚刚通过的规则，主持会议的官员从他的位置站起来宣布，尊敬的
约翰·P. 斯托克顿正式当选为美国参议员，从 3 月 4 日开始算起任期六年，由
于与会者全体一致地默认——没有一个人抗议、反对，甚至没听到一个不同意的
嘟哝声。因而在任命了几个州政府官员以后，州议会联席会议无限期地休会了。
州议会代理参议院和众议院开会延续时间长达 15 天之久而没有发出任何不满的
音符。因此，抗议必定是一种追悔。文件本身名义上早在 3 月 20 日已注明了日　70
期，实际上文件还具有州议会每一个共和党议员的签名，甚至包括他的载有未超
过半数的最多票规则的专属票；但它没有向州议会全体议员公示过，斯托克顿直
到几个月后才听说到这件事，后来在国会开会的一个月内，到那个时候，众所周
知州议会是共和党在两院共同选举中占优势了，在此之前，至少没有几个人签名
提出公示那个文件的问题。

　　司法委员会的报告在上述事实的基础上得出结论："关于这个问题，在国会
或州都没有任何相关法律规定的情况下，一个州议会的两院联席会议是有权规定
未超过半数的最多得票者当选，也就是可以做出这样的选择；多数议员最初正式
通过的这种规则随后原则上变成依照它自己这样的多数票行事的根据。"

　　在开放的辩论中，克拉克主张，在缺少法规的情况下，依据他所称的议会
法，对于有效选举来说多数是必需的，而且州议会的两院联席会议无权根据一个
纯粹的规则来废除议会法；要完成这样的更改，两院各自行动通过一部法令并由
州长签署是不可缺少的。对斯托克顿的权利提出异议的全部争论在于这样一种意
见的合法性，亨德里克斯走得更远，通过引述库欣撰写的《立法规则和实践汇　71
编》的如下内容，倾向于推翻它：

多数规则在一切立法汇编中得到普遍的承认，除非……由一些至高无上的权威规定了一个不同的规则，或由州下议院本身事先达成一致意见，根据少数议员许可——要采取一个特别行动。但即使在这种情况下，它是多数支配的意志，首先因为那个规则本身是根据较多的得票数确定的。

他援引众议院议长选举的例子，在那里，在通过多数为争取选择权利的徒劳竞争以后，那个机关首先接受一个未超过半数的最多得票规则，然后根据它进行选举，豪厄尔·科布和纳撒尼尔·P. 班克斯就是这方面的例子。亨德里克斯也非常强调一个需要考虑的事项：

"联席会议同意按照未超过半数的最多得票规则进行选举。他们举行了这样的选举。主持会议的官员宣布了结果，而且对它完全没有异议。大会依据宣布的结果而进行的其他事项也通过沉默勉强同意了。我说这对那个问题的解决具有决定性的意义。"

在我们看来也是如此。

萨姆纳敦促，如果情况是值得怀疑的，那种应予以澄清——它似乎是不公平或非正义的——仅是"多数的规则"。"如果曾经出现过一个特殊场合，在那里将被计算在内的每一点怀疑都是针对那种假定的权力，就是那份文件所体现的东西。我对纸牌知之甚少，但我记得霍伊尔撰写的室内纸牌游戏规则：'如果你被怀疑耍了诡计'"——叫牌，麦克杜格尔参议员立即询问其精确性，并强调正确的解释是，"当怀疑你拿出王牌时，"在霍伊尔撰写的室内纸牌游戏规则里，那些激进分子在这种情况下是否遵循预先确定的那种指导把王牌打出来呢。

当星期五（3月23日）末了进行投票表决时，有44名参议员出席会议；缺席者是狄克逊，他生病了却又没有配对，[①] 富特躺在首都他的住处里，霍华德和范温克尔配对，杜利特尔和威廉斯互相搭配，还有赖特，他在回家前一直小心谨慎，确保和缅因州的莫里尔在这个特殊的问题上配对，这对他的同事和他的州都是至关重要的。参议院已经非常认真地劝导莫里尔终止他的协议，也给他带来巨大的压力，到这样的程度以至于在星期三之前的一个晚上，他让步得这么多，给斯托克顿写了一张字条指出，"那个问题不要指望继续拖……那么久，"在反省的

---

① 两个议员对审议的问题持有相反意见，双方同意在对此问题表决时弃权，因此互相抵销，这就叫配对。

基础上，他认为如此重视它是不切实际的，"要避免尴尬"，他建议这样"让他（斯托克顿）劝告他的同事"。在第二天早上（星期四），辩论的第一天，斯托克顿已经准备好了一份电报通知他的同事，"在你（他）预留一段赴华盛顿的合理时间后"，莫里尔将"考虑他自己有空在我（斯托克顿）的事情上投票"；他把电报向莫里尔反复读了几遍，获得他对电报内容的同意后，接着就把它发送到新泽西州纽瓦克。在本周星期五，赖特的电报被他的同事收到了，大意是，他现在还不能离开他的房间，要一直等到下周的中期才能赶到华盛顿；他不确定昨天的电报是否意味着配对已经中断了，他没有直接从莫里尔那里听到什么，而且相信他会遵守他的协议；这个电报直接向来自缅因州的那位参议员本人做了传达。 73

　　当秘书就审议克拉克修正案开始点参议员的名字时，反对派的力量状况就是这样。最强烈的刺激占了上风，仿佛一切都是故意的，总统和国会之间的斗争结果取决于那决定性一刻。在公布表决结果时，得票数仍然是 19 票赞成，21 票反对；范温克尔、莫里尔、斯托克顿和威尔逊出席会议但没有投票，范温克尔和霍华德配对，莫里尔仍然忠诚于他和赖特的配对，斯托克顿因为一个显而易见的原因不能投票，还有威尔逊不知什么原因没有投票。除了克拉克之外，司法委员会的每一个共和党议员都在投反对票之列（即，特朗布尔、哈里斯、波伦和斯图尔特），投反对票的还有像安东尼、福斯特、亨德森和摩根这样的共和党参议员。克拉克决议由于超过两票的多数反对而未能获得通过，问题再次发生在通过的那个决议上面，通过司法委员会的报告，确认斯托克顿拥有他的议席是正当的。白热化激情仍在继续。此事显然还不能认为已经结束了。某些新进展显然就要到来。当点名停止的时候，得票数保持着 21 票赞成，20 票反对的状态——唯一的变化出在威尔逊身上，以前他没有投票，而现在他与自己同属一类的激进分子采取一致立场投票。然后发生的短暂一幕却是美国参议院极不光彩的事情，决定性 74 攻击是莫里尔发动的，一个又一个的参议员要求他投票。甚至他庄重的同事也力劝他投票。狂暴的奈粗暴地逼迫他投票。超乎一切的是，听到萨姆纳嘶哑的声音不停地发出，投票！投票！投票！这位哀伤的参议员，处处受到互相冲突的主张驱使，他最终做出了一个决定。正当他与秘书交谈时，突然说道："点我的名字吧。"秘书叫道"莫里尔先生"，莫里尔先生立即投了一张反对票。出现了一个平局，至少那个决议还没有传达。但斯托克顿是没有准备的。他讲述那个与他同事的配对，讲述前一天的电报，而且指出他的同事仍然认为要是他没有与来自缅因州的那位参议员达成协议，他就根本不会回家。他然后告诉秘书点他自己的名字，并且投了赞成票。结果宣布了：22 票赞成，21 票反对。新泽西州的这位参议员是没有风险的。图谋驱逐斯托克顿的策划者面无表情地旁观，接着出现了不祥的沉默，随后参议院休会直到过完星期日。

但那种努力尚未放弃。众议院更加不遗余力的党羽把周六和周日召开秘密会议的那些参议员结合在一起，因此到了周一他们依据希望挽回局势的要求拟定了一个计划。把这个任务委托给查尔斯·萨姆纳，让他来挽回他所称的"美国参议院的荣誉"，这具有无意识地说反话的意思。在周一会议开始的时候，萨姆纳提出要把斯托克顿投的票看作是"无效的"，首先，因为"根据自然法的原则，或者换句话说，根据普遍规律的原则"，"人不能在他自己案子中担任法官"。其次，因为"依照议会法原则"（体现在众议院的一个规则中，但没有体现在参议院的规则中），"如果是他直接参与的任何事情，他就不得投票。"一个参议员投票保卫他自己席位的权利被少数派这样巧妙地作了解释。斯托克顿详述了与中断配对有关的情况，宣读了他生病同事儿子的来信，信中指出来自缅因州的那位参议员"一个字也没有"向写信人的父亲传达他有意不尊重自己。费森登和萨姆纳都承认，他们力劝那位做了配对的参议员投票，有两个借口来证明他们行动的正当性。"这么长时间的一种配对是当事人最初没有预料到的"，即和赖特病情一样严重的人在周四收到电报到周五投票，这中间也有充裕的时间赶到这里。在这种微妙而又相当不愉快的问题上，引述亨德里克斯对第一点的回答就足够了，这一点似乎是决定性的——第二点无须回答。

"在一般的配对中这种意见是有说服力的。如果我与来自缅因州的那位参议员在某个问题上配对，比如在有关叛乱州的所有问题上……当然，如果我保持旷日持久的缺席，他有权利终止配对。……

"但是，如果我在任何一个特殊的问题上与他配对，无论是明天要表决的问题还是今后一个月要表决的问题，对他来说这会造成什么差别呢？如果他同事的席位将受到异议，而我将投票表决他却缺席……而他和我同意配对中断，通常不在一般问题上，却在那种特殊问题上，明天或下个月进行的那种特殊的投票对他的影响是怎样的呢？"

然而，已经探知特朗布尔和他司法委员会的共和党同事是作为一个整体反对斯托克顿使用投票权的，鉴于这些朋友在他权利问题上的意见，斯托克顿表示他愿意收回其所投的选票；由于这一尝试的缘故，参议院重新考虑周五带来的决议，依照萨姆纳的提议，在那个未决的问题上，斯托克顿所投的选票不会被承认。少数人企图把那件事情推迟到周四的努力遭到萨姆纳、克拉克和奈等人的强烈反对。继续利用周五的表决来解决这个问题，赖特的到来被认为是不必要的；

而且自周五以来，摩根由于意想不到的灾祸被添加到病人名单上了。因此，策划那个阴谋的几个政党领袖有很好的理由反对任何延迟。他们打算最大限度地利用摩根的康复期以及赖特可能到来之前的这个时机。而这个目的是失口说出来的：

"在考虑这种情况的过程中，我们到了参议院应该对它迅速采取行动的关键时刻。这应归功于新泽西州。众所周知，这是一件完美的事情，新泽西州州议会现在将要继续召开会议，如果本机关此时像这样投票解除斯托克顿先生的更多职责，他们可以选出一个人代替他，除此之外别无他图。……他们现在别无他图，将日复一日地休会。"   77

由于大家明白这个问题在今天上午就会被直接提出来，参议院一直休会到次日。第二天——3月27日（星期二）——参议院会议厅挤得满满的。密谈的是已在途中的《民权法案》的否决通知书。除了狄克逊、富特和赖特之外每位参议员都在各自的岗位上，摩根已经康复了。读了赖特的一封电报，他请求参议院，如果投票表决不是那么快地进行了，请把这件事情一直推迟到星期四，到那时，他要么出席会议，要么不再要求进一步的延迟。那个参议员缺席没有一点理由，要是星期四能来，今天为什么不能来。在答复克拉克这一异议时，又宣读了另一个电报，该电指出，他的医生警告他昨天晚上或今天早上不要出发，明天以前也不要出发，那时旅行可能会有风险。但是，激进分子是不为恳求所动的。在这一刻收到否决通知书使他们越发要这么做；他们甚至不会同意一天的延迟。萨姆纳郑重提醒同伙："有一个名叫死亡的死神；他也可能会来到我们中间。疾病为来自新泽西州的那位缺席参议员和来自佛蒙特州的那位缺席参议员配对了。让那一双继续配对吧。"——已经看不见来自康涅狄格州的那位缺席参议员了。他和他的追随者嘲笑赖特到来的可能性——那个人病得要死，永远也不会来的，他们也   78
轻蔑地拒绝那个建议，这个严重的问题碰上这样一个机会，一天也不应该拖延。紧随这个残酷的决定之后，克拉克提出修改那个待决的决议，通过插入一个"不"字确认斯托克顿的资格；并以这种形式进行测试表决。斯托克顿知道他将要成为牺牲品，他做了最后演讲，讲述他当选的整个经过，宣读他家乡新泽西州"州议会联席会议"的议事录，以便为公正的后人保存认识最不公正见解的原始材料。然后，在做了进一步修改和推迟到第二天的无效努力后，点名开始。

这时，秘书站起身点名，并把《民权法案》的否决通知书放在自己的办公桌上。莫里尔好像觉得第二次面对受辱难以忍受，他安排妥当与福斯特配对的事情，然后逃离会议厅。早晨还在出席会议的斯图尔特突然不见了。除了三个因病行动不便的（狄克逊、富特和赖特）之外，其他所有的参议员出席了会议。每个参议员投了和周五投票意向一样的票，斯托克顿的投票权被否认了，而福斯特与莫里尔也配对了，除了这两人之外，出席会议的所有参议员都投了票。22票赞成，21票反对。被看作已修改的那个决议根据相同的得票数被直接通过了，只可惜里德尔参议员和多数派一致投票以便提议重新考虑，从而使这个事情直到赖特到达为止仍然没有解决。这最后的努力被克拉克击败了，他用先发制人的方法防范里德尔，还亲自提出复议，并且号召他的人员"现在就进行审理"。在这个紧要关头，纽瓦克来的报信者到了，带来的消息是，所做的一切安排要传达给及时赶往华盛顿参加明天投票的赖特。但这个阴谋就快要实现了，现在不能冒任何失败的风险。那天的延迟遭到了肆无忌惮地拒绝，而克拉克要求重新考虑的议案因和以前的得票数相同而没有获得通过——斯图尔特还在隐匿之所不来投票。这场斗争结束了。来自新泽西州的那位参议员被一个仅多一票的多数驱逐了。如果没有莫里尔中断配对的话，那种侮辱就不可能达到极点；如果不是因为斯图尔特倒戈，莫里尔中断配对就不能满足驱逐斯托克顿的要求。

然而，它必定躲避不开人们的注意，通过命运之神的手指最富幽默感的一扭，这个来之不易但又可耻的胜利目前只呈现出一半的结果。斯托克顿走了，但他的继任者却没有来。新泽西州州议会一天又一天地连续开会，耐心地等待着被称为美国参议院"忠诚"的胜利，它毕竟被许可完成那件伟大的工作。一个名叫詹姆斯·M. 斯科维尔的人今年碰巧举行那次在上议院由他主持的转变方向的选举，而且他已经被约翰逊分子用该州联邦官职任命权的诱饵争取过去了，因而他顽固地拒绝让参议院参加联席会议。"老撒德"徒劳地从华盛顿用一封又一封电报狠狠地责备他。他不会让步。因而在控制住易变性许多天以后，国会两院最终被迫休会，留下斯托克顿的议席仍继续保持着空缺，成为查尔斯·萨姆纳所称的"美国参议院荣誉"的无声提醒物。①

在斯托克顿被驱逐出场以后，立即开始宣读《民权法案》的否决通知书。这个文件的风格呈现出简洁、平静、有礼貌和有尊严等特点，逻辑上有说服力，它表达的要点也是无懈可击的——在这些可列举的项目中，相对参议院刚刚结束的不体面斗争以及众议院17天以前不合礼节的表现来说，这个文件提供了一个令人耳目一新的对比。违反宪法的主要条文——那么清楚以致连最严厉的激进分子也不能对它视而不见——像大师突发灵感似地作了解释。来自佛蒙特州的那位值

---

① "斯科维尔的证词"，《弹劾调查》，第 619 页及下文等等。

得敬重而又非常可爱的参议员第二天病故了，这阻碍了对否决通知书的审议进度，一直到 4 月 4 日审议才结束。就在辩论开始之前，斯图尔特通过宣扬自己详细的重建方案做了一次掩饰他背叛的尝试。但是，这是他找回自己独立性的最后努力，他很快就加入到那些坚定支持党的各项措施的行列之中，领导人依靠他们被看作是当然之事。辩论的第二天因乔治·F. 埃德蒙兹到来被任命填补因富特去世产生的空缺而引人注目；佛蒙特州州长当机立断也更加明显地凸显出新泽西州州议会的瘫痪状态。新议员到会使多数派处理那个否决通知书更不耐心了。那天会议后期，少数派建议应该确定次日作为投票表决的日子以便在首都治病的两位参议员能够参加表决。众所周知，狄克逊旧病复发，如果真要送他来到参议院，只能逗留很短的时间，赖特在他儿子的照料下已经到了，但同样处在虚弱的状态中。此时那个悬念是如此沉重以致各种事情都中断了——参议员们聚集在几个嘈杂的小组里或者带着匆忙的样子来回地行走。以不正当手段赢得争取三分之二斗争的价值将受到检验，不确定性太大，无法得到安慰。埃德蒙兹的就职是令人高兴地撞上了好运气。但赖特出乎意料的到来，狄克逊很可能到会，态度不明确的威利和摩根，再一次把结果放到了危险之中。韦德一下子跳了起来，迸发出雷鸣般的抗议，反对任何进一步的拖延：

"在这样的问题上我不会对那些团结的呼吁让步；但我会告诉总统和其他任何人，如果全能的上帝接受了一位患病的议员以致他不能在这里赞成一个暴君的命令，我因为他的介入而感谢他，如果我能这样做的话，我会好好地利用它。"

除了那种通宵开会的前景之外什么都不能迫使多数派同意休会。

第二天（4 月 6 日）在会议开幕的时候，除了两个席位之外每一个席位都坐上人了。狄克逊由于正在下雨没有来，但私下议论说他随时可能到会使他被带进会议厅成为必然。斯托克顿的席位因为空着而显眼；而且，像班柯被杀害后留下的凳子能使鬼魂显灵一样，赖特的席位"满员"。

就在那个时候，天也快黑了，辩论本身也完成了，将要提出那个问题了，斯托克顿事件关键时刻的那种激动以强化的形式恢复了。不推翻否决是不亚于进步主义的蜕变，意味着共和党最后失败的结局，或者说屈服于安德鲁·约翰逊。必须对摩根施加巨大的压力，他忠于西沃德，迄今还坚持站在总统一边。当按字母顺序进行参议员点名时，首先注意到的变化是来自佛蒙特州的新议员反应迅速。当摩根的名字被念到的时候，出现了片刻充满痛苦的踟躇；但是，当他说的赞成被听到时，走廊里喧闹得炸了锅，坐在议席上的领袖们长长地舒了一口气。当威利的名字传来的时候，最后一刻的悬念出现了，但他与其刚刚投反对票的同事是分离的，这就毫无疑问地解决了问题。来自新泽西州的那个病得要死的参议员是倒数第二个投票的。如果他被允许挽救他同事的话，他可能已经那样做了，但他挽救不了否决。当激进分子盯着看他苍白的脸和倾斜的形态时，多么内疚的探望使他们感到不安啊，推测是没有价值呀。预言死亡不会让他来出席会议，他们却借口拒绝甚至一天的延迟，但他的到会适合为这种行为带来羞耻，他们如此无情地滥用参议院的权势。33票赞成，15票反对，一人（狄克逊）缺席。三分之二多数投票赞成，尽管总统与此相反地表示反对，《民权法案》还是获得了通过。①

83

它是一个极其重要的胜利——但它是仅靠一发之差才避免失败的。多数派不能分让出单独一票。如果摩根或者威利乃至斯图尔特立场坚定，躺着的狄克逊情愿被运送到会议厅里，那样否决就会得以维持下来。此外，当它结束时，胜利被破坏约定的信任玷污。如果斯托克顿没有被驱逐出来，斯图尔特、威利和摩根的变节也不能逃脱失败，如果莫里尔不食言的话，斯托克顿就不可能被驱逐出去。众议院，它在参议院确实地参加非政治性立法的磨难期间，在下周一专注于《民权法案》，控制了所有辩论，一举推翻否决而通过了《民权法案》。当点名完结时，众议院议长，虽然结果绝不可能因为他的选票受到影响，但他却炫耀地指挥办事员点他的名字，还以极大的热情做了赞成的答复来使多数派高兴。正如他所说的那样，根据宪法赋予的权力，他非常高兴地宣布，该法案"已经成为法律"，议席上、走廊里，呼喊、拍手、踢踏，人们用各种方式欢呼《民权法案》成为法律；没有做任何努力来制止这种混乱的情景，它持续了好几分钟时间。②

84

国会多数人当然会非常高兴，因为这是斗争的关键。未能推翻对"自由民局法案"的否决表明总统还掌握着主动权。《民权法案》推翻否决得以通过表明天平已经倾斜，主动权现在掌握在国会手中。从另一个更高的角度来看，《民权法》的颁布标志着我们宪法的一个历史新纪元。自从联邦政府成立以来，否决权被相当频繁地使用，到目前为止，它一直是有效行使的，只是在两个不太重要的实例中，仅用于强调规则。从华盛顿就职典礼开始，五十六年来总统否决的每一件法案都没能成为法律。在泰勒政府任期的最后一段时间里，在我国历史上第一次推翻总统否决通过了一件法案，但它是一件只不过禁止为总统下令建造的若干船只付款的法案，无论怎样都不具有全国意义。除了这种个别的实例之外，第34届国会第一次会议期间的一系列特别法案推翻皮尔斯总统的否决获得通过，但它们

① 《国会天地》，第39届国会第1次会议，第1809页。
② 《国会天地》，第39届国会第1次会议，第1861页。

是为河流和海港改善而制定的普通拨款法案，不涉及重要的原则，仅激起了很少的讨论。到现在为止从来没有涉及公众利益的重要措施不顾总统反对而成为法律的。① 此外，早先对重要措施每次行使否决权都是基于这种反对理由，有时还伴有别的理由，这项措施是违宪的。而且每一次这样的否决都阻止了被提议的法律获得通过，到目前为止，还保护了宪法不受行政部门认定违反宪法规定的事情损害。但是，在目前情况下，也是我国历史上的第一次，一个涉及范围广泛具有第一重要性的措施不仅执行者不赞成而且也面对总统的抗议，但还是变成了法律；"宪法"绝没有包含准予通过的权力，而且它的许多规定侵犯了各州及全部居民的宪法权利。这种没有先例的紧急事件产生了令人吃惊的各种问题。执行者认定违反宪法的一部法律，因此是无效的，他对那部法律会做些什么呢？杰克逊制定了规则，由一个部门对宪法做出的解释对其他任何部门不具有约束力，政府的每一个部门有权为它自己解释宪法；自从德累德·斯科特案判决以来，共和党在实践上，如果不是在理论上，已经赞成杰克逊的这种学说了。依照斯科特案的判决，国会推翻否决通过一件法案将会对共和党缺乏尊重，而由总统拒绝执行这样的法律会受到共和党领导人喝彩致敬。这些领导人现在似乎已经预料到，也许是希望，约翰逊总统会拒绝，要么至少会疏忽执行他斥责为违宪的措施，尽管推翻他的异议而通过了。因而那个问题出现了：万一他们精心设计的法律在敌对者手里写上否决变成了形同虚设的规定，在这种情况下将做什么呢？当国民渐渐理解像这样一些考虑的趋势，嫌疑之处开始渗入到群众的头脑中，争取三分之二的斗争带有比驱逐一两个参议员更深的意义以便通过法律。突然就会想到，虽然众议院多数派可能会弹劾总统，宪法要求参议院三分之二多数来达到对他定罪和免职的目的。这种普遍的嫌疑，毫无疑问地包含有事实的成分。弹劾、罢免他们不屈服的对手已经在共和党领导人之中那些最积极、最热心成员的头脑中徘徊。然而，对于如此革命的行动，他们在参议院获胜的余地太小、太不牢固了。要做的事情仍然很多。

第五节　科罗拉多法案、第十四条宪法修正案和田纳西决议

1861 年，当他因为在参议院独自一人抵抗分裂的时候，他就成为各种各样恐吓的目标，他平静地说出了这种典型的言语："并非自夸，我内心没有愤怒，

---

① 斯库勒：《美国历史》，纽约：多德－米德出版公司，1910 年，第四卷，第 491 页；第五卷，第 364 页。

我想说的是，我的这双眼睛从来没有把任何事情看作是男子汉内心恐惧的致命东西。"[1] 他的一个对抗想法是，用算术的精确性打击作为对打击的回答。紧随驱逐斯托克顿之后的星期一（1866 年 4 月 2 日），除了得克萨斯之外，他在那天向所有近期叛乱的各州发布和平宣言，正式撤销了他前任发布的战争宣言，并宣布在那里恢复公民权利并且终止戒严令。[2] 在同月 18 日，他对陆军士兵和海军水兵组成的代表团宣布他坚定不移地"坚持自己意见"的决心，对诽谤者的挑战他突然发出一阵严厉的批评："当他在参议院和自己家乡田纳西州为联邦战斗的时候，那些人却过着安逸舒服闲荡的生活"；他没有去理会他们。"特雷伊，布兰奇，斯威特哈特，连小狗整群一齐前来猛咬我的脚后跟。"他没有停止发布文告和演讲。他开始采取攻势，进行报复。像这种杰克逊时代的政治家从未梦见的竞选胜利获得的成果正在被占优势的政党以及构成它力量的一个主要部分得到了。许多官职的分派，通过古老的惯例，已经差不多变成一种排他性的行政职责。现在看来，约翰逊打算行使这个职权，目的在于奖励支持他政策的人，不管是共和党人还是民主党人，以此来加强他自己的追随者；或者，如果没有加强他自己的追随者的话，就使他青年和成年初期所属的那个党复兴。这是在共和党领导人中间甚至充当总统辩护士的人也能感觉到的一个行动方针，例如宣布他们不能原谅约翰·谢尔曼。诸如黑人选举权，剥夺叛乱分子的公民权，这些国家重建问题上的重大意见分歧，他们暂时能够容忍。但官职是奉献给政党的。依据"忠诚的"党员对他们乐于做的任何干扰，尤其是为了与北方民主党人结成一个邪恶联盟，将视为如此背信弃义的背叛以至于在可以预防性的方法上消除任何逗留不去的犹豫。

这种胁迫模样的事件对著名政治人物的影响都没有对亨利·威尔逊的影响更加强烈，在准许科罗拉多加入美国的法案没有通过的时候，威尔逊开始重新考虑一件议案，[3] 在那个年代，准许加入美国的一片领土，它拥有的人口没有达到在国会拥有一个代表按法律规定数量的四分之一，选民们在根据授权法举行的唯一一次选举时拒绝提交给他们的宪法，依照可以得到的最好证据，他们不愿意获得州的地位；由于除了在参议院增加多数派席位之外别无他图，即便驱逐斯托克顿的那些人也犯下了太令人反感的暴行。该法案仅仅得到了 14 票支持，威尔逊本身投了反对票。但是，鉴于总统日益增长的好斗性，该方案变得越来越诱人，4 月 17 日，威尔逊再次提出他的议案。在目前紧急的情况下，他说，实际上，他

---

① 《国会天地》，第 36 届国会第 2 次会议，第 1350 页。

② 麦克弗森：《重建》，第 15 页。

③ 《国会天地》，第 39 届国会第 1 次会议，第 1386 页。

将放弃他对所提议的州宪法中"白人"这个词的敌意；我们需要白人在参议院中的两票。但他没有把以前反对该议案的同事计算在内。与此相反，萨姆纳，除了他以前的论点之外，现在又指出人口问题，该州人口是采矿人口，数量在减少而不是在增加，因此他责难一个当选参议员的可信程度，并把第二次选举谴责为非法与欺诈的东西，还留下了暴力反对黑人的印记。总之，他清除了每一个伪装优点的方法。在他讲话结束时，他利用呼喊从其适当性方面震惊了参议院："悄声说，我们需要本院议员席位上再增加两张选票。先生，有你需要大大高于两张选票的某些东西。"此外，"不要告诉我它是在本议院产生另外两张选票的权宜之计。"然而，这一次他的反对是不成功的。该法案以 19 票赞成 13 票反对在参议院获得通过；17 人没有投票，除其中的五人之外他们全都进行了配对。九位共和党参议员，他们以前要么投票反对该法案，要么缺席或根本不投票，现在却投票赞成它，而且在赞成它的人中还有一个配过对的呢。在共和党人中以前反对这项措施的参议员有福斯特、费森登、格兰姆斯、哈里斯、摩根、波伦和萨姆纳等人坚持不变。埃德蒙兹由于对"白人"这个单词反感投了反对票。参议院真正的区分是 25 票赞成 19 票反对。①

众议院没有关于那个讨厌单词的斗争，然后（5 月 3 日），由于只有 81 票赞成而有 57 票反对的表决结果，该法案也没有获得通过。不信任的气氛缠住那两个当选的参议员不放。双方似乎都指望他们的支持。某些激进参议员怀着有关他们态度的猜疑，有理由真诚地相信这是促成该法案第一次未能获得通过的因素，必须使用一些方法加以消除；然而，他们无条件承担反对总统政策的义务却又不能公开让大家知道，因为约翰逊的密友还继续支持准许该州加入美国：其中曾担任总统私人秘书的爱德华·库珀，一个从田纳西州当选的国会众议员，不久就拒绝承认他的众议员资格。针对他的那种身份，迟至星期六（5 月 12 日），科罗拉多州的参议员提交一封联名信，他们在信中针对流行的谣言宣称："他们已经背叛激进分子""是完全不真实的"，并抗议说，他们"保证他们自己不支持任何人或任何法案"。星期一晚上，法案通过后的第十天，他们先和库珀会见然后又与总统会见。库珀需要他们来加强他自己与其长官一致的论点，通过公开声明他们遵守其居民进行测试宣誓而在国会没有代表的各州立即准许加入美国的政策；并且有理由相信他们一定会发表这种声明，这差不多是不含糊的。除了约翰逊让他的访客知道他认为接纳另外的两人加入参议院实现激进分子的图谋这与联邦未来的福祉不一致之外，和总统会见尚无定论。② 否决通知书必定是这个时候写的，

---

① 《国会天地》，第 39 届国会第 1 次会议，第 1982、2135—2144、2180 页。
② "库珀的证词"，见《弹劾调查》，第 23—27 页。

因为它是在当晚发送的。由于考虑到该法案的表决结果没有推翻那个否决的希望，那个通知书被放在桌子上。像第一次一样，第二次审议这个站不住脚的图谋，还是以失败而告终。第三次审议还没有开始。

但是，所有其他的立法问题都因 4 月 30 日联合委员会提出的并被众议院 5 月 8 日采纳的重建方案而放到一边去了。该方案分为两个部分：（一）拟议的宪法修正案。（二）修正案的两项补充法案。修正案，和首次提出的而在参议院没有通过的那个修正案不同，它包含五项条款而不是一项条款。第一项是重复民权法的主要条文。第二项是首次提出的修正案的单独一项（修改其用语以适合萨姆纳苛求的博爱）把代表权建立在人口的基础之上，规定除了参加叛乱或其他犯罪行为之外，因任何理由否定（或剥夺）赋予成年男性公民的选举权将因此成比例地减少其代表。第三项，所有自愿忠于近期叛乱的人，剥夺选举国会议员和总统选举人的权利直到 1870 年 7 月 4 日为止。第四项禁止偿还叛乱债务，第五项完全授予国会执行上述四项条款的权力。在附属法案中，第一附属法案规定当拟议的修正案成为宪法的一部分时，所有最近叛乱的州必须批准上述修正案，来自这些州的参议员和众议员，如果查明正式当选且又合格的话，在履行"绝对忠诚"的宣誓以后，可以被接纳加入国会；第二附属法案正式宣布前邦联的五类人员在美国之内没有资格担任官职。[①]

该方案外表带有的迹象表明，它是联合委员会成员中间不一致观点达成的一个折衷方案。史蒂文斯类型的激进分子不满意，因为根据总统方案组织的州政府得到了认可。萨姆纳类型的激进分子也不满意，因为没有制定一个承认黑人选举权的先决条件。然而所有类型的激进分子，就他们的大部分来说，都掩饰了自己的不满情绪，因为他们认识到凭借剥夺前邦联领导人公民权利合并成拟议的修正案的一项条款，然后作为一个整体强求批准那个修正案，总统的那个方案也就行不通了；他们只得等待时机。正如参议员狄克逊指出的那样，这个计划，不是"加快在它们全部的宪法关系中那些州全部恢复的一个切实可行的方案，"将不可避免地使这个想得到的结果延期到来。"那些措施必须得到必定抵制它们的社区接受才会有效力，然而现在讨论它们的价值，这几乎是不值得做的事情。"[②]

国家不必长期等待了解行政部门对于国会这个反对方案的态度。在提交它之后的第二天，内阁召开了一次会议，显然具有权威地陈述了总统的意见，他的亲密顾问也在新闻中出现了。如同可以预见的那样，总统"反对一切接纳南部各州忠诚代

---

① 麦克弗森：《重建》，第 103—104 页。
② 《国会天地》，第 39 届国会第 1 次会议，第 2332 页。

表的先决条件，无论是宪法修正案形式的还是通过其他法律形式的"；据报道，处
于这样的境况，他得到了西沃德、麦卡洛克、斯坦顿、韦尔斯等各位部长的支　　94
持；邮政总长丹尼森对接纳代表的准确时间表示有些疑惑，哈伦沉默寡言，司法
部长斯皮德缺席。① 行政部门和联合委员会一样呈现出和谐的外观；然而大家都
知道内部纷争已开始扰乱一方的安宁，他们同样一直在扰乱另一方的安宁。

　　众议院的辩论延续了两天，主要的争论在于仅仅超过五个人多数同意保留的
剥夺公民权利的那一项内容，然后修正案以高于必需的三分之二票数获得通过。
在参议院修正案遇到了暴风雨天气。辩论于 23 日开始，到辩论没有任何实际好
处时为止，就在那个时候，第三项事实上被抛弃了，提议的另一项类似于最终加
进的那一项。又讨论了一天之后，在核心小组会议召开期间隔了一些日子才同意
那么多的修改，所以当这个问题在 29 日重新开始讨论的时候，在把修正案雕刻
成《第十四条宪法修正案》现在具有的形状中只有一点点困难。代替剥夺前邦联
领导人的公民权利直到 1870 年 7 月 4 日为止，作为原先规定的第三项，由参议　　95
院加进的替代品规定在从事反对美国的造反参加叛乱，要求进行拥护战前宪法宣
誓担任一个官职的人当中任何人都不适合担任州和联邦的官职；国会通过三分之
二选票的授权可以取消这种无资格担任官职的规定——正如雷弗迪·约翰逊所
说，这一条款包含着"大概十分之九有身份的南方人"。② 6 月 4 日（星期一），讨
论重新开始了并持续到星期五晚上结束，那时经过微小修改的整个法案得到了必
需的三分之二议员批准。在表决进行之前，由接受那种情形的少数派议员作了一
个陈述，那几项像很多单独的条款一样，其中的任何一项或多项都可能得到批准
或遭到拒绝；第 1 届国会在提交最初的十二条修正案的过程中采用过一个对策，
其中只有十条被批准了；然而，尽管个别的共和党人在辩论的过程中公开宣称那
种信念，南方人愿意接受刑事项规定以及其余的规定，这种陈述没有创造出好
感。③ 当然，激进分子不仅不指望，而且也不希望批准这一修正案的南方受到联
合委员会报告的两个附属法案中的第一附属法案的命运引导。第二附属法案依据
修正案第三项在参议院经受了更改之后已形同虚设。但第一附属法案是拟议的重
建方案的一个组成部分，如果该方案在任何意义上是重建的话就胜于一种伴随的

①　引自《国家通讯报》，格兰姆斯参议员 1866 年 5 月 2 日写的通讯。《国会天地》，第 39 届
　　第 1 次会议，第 2333 页。
②　《国会天地》，第 39 届国会第 1 次会议，第 2898 页。
③　《国会天地》，第 39 届国会第 1 次会议，第 3040—3042 页。

96　感觉；规定南部各州在批准那条修正案的基础上照那样恢复。萨姆纳表示，这件法案从未变成一部由他提出的那条修正案引导的法律，还补充说作为重新接纳任何一个州添加的条件，任何一个州都应该清除她的宪法中每一点剥夺黑人公民权的痕迹。[①] 但该法案本身从未在参议院重新出现过。当众议院在等待参议院关于修正案长时间辩论结束的时候，参议院却以一种散漫的方式对它进行审议；激进分子确切地说明，如果不建立"一个针对所有男性公民的、平等而公正的普选权制度"，他们并不打算接纳十一个州中的任何一个州，而保守派除了滞后的、喃喃鸣不平的支持之外就是提供那件法案。关于那件法案的辩论时而重新开始，但没有做过把它拿去表决的认真努力。第二件"自由民局法案"的通过延长该机构两年的存在时间，这提供了另外一个证据，表明不要指望南方多数人接受使他们受到严重伤害的方案。最近这件法案包含有体现《民权法案》规定的一项内容，这给总统提供了在他的否决通知书中猛烈抨击其他条款的机会，一切都理解为拒绝执行一件他谴责为违反宪法的法案，而同时朝这个方向摧毁鼓吹弹劾的预期：

97　"《民权法案》"，他说，"国家现在的法律"，"只要它仍然未被具有司法管辖权的法院撤销就不会宣布它违宪，就将会得到忠实地执行。"[②]

　　在此期间，被看作产生于参议院的《第十四条宪法修正案》获得了众议院的赞成（6月13日），这条修正案在北部、南部、东部和西部的道路上迅速传送，6月29日它得到了康涅狄格州的批准，7月6日又获得了新罕布什尔州的批准。但这些实例意义不大。所有的目光都转向田纳西州，从总体上看，在所有那些重建州中她那经过改造的州是国会中共和党人最能接受的一个州。虽然至今尚未授予黑人公民权，但她的宪法提供了随时授予黑人公民权的立法权力。她剥夺该州所有参与叛乱的白人的公民权利，不管情节轻重、程度如何。当选副总统的安德鲁·约翰逊已经把州长的位子让给了另一位领导人，他是现在统治该州的那个出生于田纳西州东部的白人。威廉·G. 布朗洛，人称"好斗的牧师"。在对民众的感情方面，布朗洛以自己是约翰逊一个对手而自豪。他的一生都在与有势力的奴隶制度进行连续的战斗，火热的激情在他的心中不停地燃烧，用一种不计后果的说话方式和更加不计后果而又坚持不懈的写作，与长期战斗期间经历的数不清的苦难结合在一起用以获得发言权，使他四肢颤抖的瘫痪病魔缠住他那削弱的骨

98　架不放。但无论多么可怕的疾病都不能动摇他那不可制服的灵魂。在安德鲁·约翰逊因自己成为副总统举行就职典礼上发表著名演讲并在结尾向参议院祝贺的同

---

① 《国会天地》，第 39 届国会第 1 次会议，第 2869 页。
② 麦克弗森：《重建》，第 147—148 页。

一天，布朗洛当选为州长。从约翰逊就任总统职务并从州的政治领域撤出的那一时刻开始，牧师一州长就放任无疑是长期沉睡在他胸中的憎恶，反对他那个过于成功的竞争者。总统与国会之间关系的破裂为他提供了机会，他全身心地投入到激进派的怀抱，除黑人选举权以外无论长短都准备跟随他们。

5月28日，州议会在通过凡是在南部邦联占据过显著位置的人都没有资格担任公职的法令以后一直休会到下一年秋季为止。然而，一旦共同决议提议国会两院通过《第十四条宪法修正案》，布朗洛就变得急忙召集州议会回来以便使总统的家乡田纳西州，如果可能的话，成为第一个批准总统反对的宪法修正案的州。不过，州长可以召集，然而在该州不稳定的状况下，州议会全体议员不会回来。该州参议院似乎没有困难。但是，州众议院要达到法定的开会人数，56名议员或全部议员的三分之二成员必须聚在一起，56人不会来或者根本不来出席会议。有些议员递送了他们的辞职书；州长拒绝接受那些辞职书；有些议员根本不出席会议直到拟议的修正案提交给他们的选民为止。有些议员出席会议，但在关键时刻他们又缺席而造成法定人数不足。州长向尚在该州指挥美国军队的托马斯将军请求军事援助，根据来自华盛顿的指示托马斯拒绝提供军事援助。好斗牧师因此被逼陷入绝境，证明该州相当于处在非常时期。7月19日，他设法聚集到54名议员，但还差两名议员才达到法定人数。有两个人就在本州首府但因为对总统友好他们坚持不出席众议院会议。他们遭到警官拘捕，被拖进与众议院大厅相邻的那个警官的房间，当投票进行的时候尽全力把他俩控制在那里，由众议长把他们算作出席会议的成员。表决结果是43票赞成，11票反对，两票弃权，该修正案被众议院宣布获得批准。 99

在这些日子里，国会的多数派在他们自己中间正在争论一种延期的方式以便仍然在总统的免职权和其反对他们法案的总体部署上保持一个制止物。天气闷热，议员们想回家，但总统独自留下不受干涉，他们放心不下。于是号召没有政党特征的联邦党人在费城会合召开一个会议，主要的内阁成员公开支持这个运动，邮政总长在7月11日辞职，司法部长在16日也辞职了，任命亚历山大·W.兰德尔和亨利·斯坦伯里作为他们各自的继任者，民主党国会议员向国民发表演说：把一切增添到焦虑时代。进入这个谈论政党焦虑、政党困惑混乱、政党激情和抑制政党争吵的舞台，牧师布朗洛获得最新成果的消息像符咒一样落下来了。在它注明成功日期的那天，参议院秘书向聚集在他办公桌周围庄重而又可敬的先生们宣读了由欢腾的田纳西州州长发送给他的电报，全文如下： 100

尊敬的 J. W. 福尼：

华盛顿，美国参议院秘书

我们进行了战斗并赢得了胜利。我们的众议院已经批准了宪法修正案——43票赞成，11票反对，两个安德鲁·约翰逊的走狗没有投票。向白宫的那只死狗表达我的敬意。

W. G. 布朗洛

1866 年 7 月 19 日于纳什维尔

正如考恩参议员第二天评论的那样："毫无疑问，从如此一个臭鸟体内拉下的一粒鸟粪像这样落进本议院，在参议院的历史上这是第一次，我认为在本议院的历史上这是第一次，而本机关的成员却有耐心袖手旁观而无动于衷，而且也不对附和这种辱骂的指控为他们自己进行辩护。这封电报由本机关的一位官员伴着兴高采烈的喝彩公布了，它被发表出来并受到欢快的好评，这也由该机关的高级官员在美国真正庄重的圣殿里公布了。"[①]

这封使用低级粗俗语言写成的信件其传达的消息产生的直接后果是众议院通过一项联合决议，宣布田纳西州"恢复她与联邦正当应有的关系，再一次有资格被正式地当选，他们宣誓就职的国会参议员和众议员代表她是合格的"；尽管激进分子起劲地阻挠，史蒂文斯领导的行动要求延缓这件事情，而且还有鲍特韦尔先生反对这件事情的抗议和演讲。当参议院提出的决议经历一个转变过程的时候，它曾导致多数派对各种阐述很好的意见进行长时间辩论。从接纳田纳西州的简单声明开始它就成为一份详细阐述的文献。序言可以说成是该州在叛乱与重建期间的历史大纲，编辑的资料显示出根据例外境况接纳她的证据，加之主张的学说显出，"如果没有美国立法权力的同意，处在联邦之外的退出各州一个也不能恢复它以前的政治关系。"为了宣布"美国特此承认田纳西州政府……作为该州的合法政府，授予美国宪法管辖下的一个州政府的一切权利"，正确的决议也已经彻底地修改完毕。参议院的序言，在努力失败以后，为了安抚萨姆纳和布朗（完全徒劳无益），经修改以后，终于表决通过了，但众议院的决议形式胜过参议院的决议形式。以这种联合决议的形式两院都通过了，在辩论过程中许多议员提出抗议，要求这个行动不应认为是接纳其他被排除州的保证或先例。国会认定的重建信条，在序言中是明确的而在决议中是隐含的，这被认为是将总统放在最尴

101

102

---

① 《国会天地》，第 39 届国会第 1 次会议，第 3957 页。

尬的位置上。要么他必须否决那项决议，因而摧毁他一个最珍爱的目标，即：接
纳他的家乡田纳西州，要么他必须赞成一个他完全谴责的信条，根据频繁的演讲
那是大家都知道的。他像政治家一样经受住了考验。那个决议在当天晚上就送到
他那儿了。他没有把它搁置十天。他没有否决它。就在第二天早上他签署了那个
决议；他带着一则有他签名的咨文前往众议院讲清楚他不同意的各种问题，这是
回复那些问题的咨文开头的段落：

序言完全是由各种陈述构成的，其中一些是假设的，尽管决议只是宣布意
见。它不包括立法，也不授予捆绑在各自议院、行政机关或各州之上的任何权
力。它不承认来自田纳西州的参议员和众议员在国会的席位；因为，尽管通过
了决议，每个议院自己行使审查它的议员选举、宣布裁决与资格认证的宪法权
利，根据其裁量权，可以接纳他们或继续排除他们。如果这类联合决议是必要
的话，作为一个先决条件同接纳国会议员捆绑在一起，万一碰巧被最高行政长
官否决，参议员和众议员只能由两院三分之二的选票接纳他们进入立法大
厅堂。

"尽管这个行动具有反常的特征"，然而，总统还是批准了这个决议，附文　103
说，这样的批准不能被认为是"承认国会有权通过法律作为从任何一个退出州中
接纳正式合格代表的初步措施"；也不被认为是他答应对序言中的所有陈述负责，
他评论说其中一些陈述与事实不符，尤其是断言田纳西州已经批准了拟议的宪法
修正案，没有官方信息证明这已经被归入到国务院的官方档案之中了；相反，
"来自最可靠的消息表明，是非官方的信息诱发了这个信念，修正案尚未由州议
会按照宪法规定的程序加以批准。"① 在阅读了这个咨文以后，田纳西州早在
1865 年 8 月当选的八位众议员有四人支持约翰逊、四人是激进共和党人，宣布
授予他们议员座位，他们出席会议宣誓就职。在参议院事情进行得不是那么顺
利。当选参议员约瑟夫·S. 福勒，他在热点问题上的意见是众所周知的，就职
宣誓他一言不发；但其同事展示证书的时候，麻烦来了。戴维·T. 帕特森对联
邦的忠诚已经得到证明，虽有分歧但却是有把握的，麻烦在于各种力量恰好处在
较量之中。他曾遭受逮捕和监禁，被赶进了森林，遭受驱逐而离开了家乡。但他

---

① 关于《接纳田纳西州》，见《国会天地》第 39 届国会第 1 次会议，第 3987、4008 页，参
　议院；"总统咨文"，第 4102 页；第 4056 页，众议院。

104　是安德鲁·约翰逊的女婿，被认为是约翰逊政策的支持者。对于那些驱逐斯托克顿的领导人来说，见证总统如此亲密的支持者来加强缺少人员的少数派是极其苦恼的事情。他们用敌视的眼光细察他的纪录，找到了一个薄弱点。自 1854 年以来他是自己家乡田纳西州巡回法院的法官，1862 年他以 4 000 票的多数战胜了一个公开的分裂主义者被他的联邦主义邻居再次选为法官；但在此之后该州的这部分土地被邦联军队侵占了，如果他不向邦联誓言效忠就不能供职。他屈从于曾经选举过他现在尚在奋斗的联邦党人的恳求而宣誓就职了；同时声明他绝不效忠邦联，不考虑誓言绑定的义务。他几个任期都控制了法院，在那里他可以找到联邦党人的大陪审团直到 1863 年 9 月为止，当联邦军队到达诺克斯维尔的时候他成功地逃脱了，直到战争结束才又回到他自己的管区。萨姆纳把他冰冷的手指放在这个别样的英雄经历中的一个罪过上，并提出参考证据。当选参议员站立起来准备进行测试宣誓，他问心无愧地说自己可以合法体面地宣誓；但像萨姆纳这样的参议员认为他们在这方面有权对他进行审查；由他自己恳求，承认提交仲裁以便他向委员会提供一个详尽的解释。

　　在委员会提交报告之前悄悄过去的一段间歇时间里，韦德，仿佛要抵消迫在
105　眉睫的少数派人员的增加，想出了一个法案，承认内布拉斯加领土是一个州，这是他几天之前提出的。他为什么提出这个方案而不提出考虑他那件遭到否决放在桌子上的接纳"科罗拉多法案"呢，这是很难解释的。如果他不能推翻一件遭受否决的法案，他怎么能够期望推翻其余遭遇否决的法案呢？同样讨厌的单词"白人"毁坏了内布拉斯加的宪法形象；虽然在那个地域内黑人只有 50 人，那个单词在一个场合必然与其他场合一样引起萨姆纳对抗。事实上，那片领土上就是根本没有黑人，对那位参议员的影响也相同的。如果韦德怀有任何安抚马萨诸塞州那位参议员的愿望，他就被残忍地唤醒了。萨姆纳用他最喜欢的根据攻击他，政体在形式上不是共和政体，他的朋友"自己能够提高到"他希望的高度。韦德应该得到他应有的惩罚。

　　按其实质来说，内布拉斯加的情形一点也不比科罗拉多的情形好。该领地是一个广袤的原野，分散居住的人口不超过四万，或者说达不到一名众议员必需选民人数的三分之一。在选举进行的时候，不依据国会的授权法案却按照领地立法机关的法令，为了批准未来的州宪法，不到 8 000 名选民投票，尽管指控有许多
106　欺诈和恐吓，但赞成宪法的多数派只有 100 票的优势。然而，虽然遭到萨姆纳的反对，但凭借令人沮丧的 24 票对 18 票的表决结果，那位来自俄亥俄州的参议员成功地使他的法案在参议院获得了通过。众议院也于同一天通过了这件法案。总

统没有签署它，国会休会也阻止它成为法律。①

在关于这片领土的争论中，该委员会写出了来自田纳西州的参议员实际情况的报告。在提供我们已经揭示的那些事实以后，该委员会又提出一项决议，宣布戴维·T. 帕特森足以有资格有权利得到他的参议员席位；还声明"在接受法官职务和采用职务上的誓言宣誓就职的过程中，他并不打算承认对南部邦联政府效忠或友好"，而行动始终"带着有利于联邦、保护联邦的真诚愿望"。甚至像克拉克这样如此极端的激进分子也承认："他（帕特森）始终都是一个联邦党人，凡是在委员会审查中听说过这种情况的人，他们脑海中都有怀疑的阴影；他不仅是一个联邦党人，而且是这样一个将会使我们中的一些人由于说我们应该被接纳进参议院，因为我们是联邦党人，他应该退场这种话而感到羞愧的联邦党人。"在通过修改测试宣誓以适应这种特殊情况的一次努力解决这个问题以后，众议院对此情绪很大，拒不赞同，参议院在会议的最后几个小时以 21 票赞成，11 票反对的表决结果通过了这个决议，宣布该参议员有资格得到他的参议员席位。在短暂的间隔时间休息以后，雷弗迪·约翰逊提议批准他取得参议员的资格。没有异议。在令人印象深刻的寂静中，戴维·T. 帕特森跨步走向那个办公桌，没有丝毫的犹豫或一个明显的震颤，完全地采用"绝对忠诚"誓言进行宣誓，现在正在旁观，受到影响的那么多同事相信，他要不是证明伪证就不会进行"绝对忠诚"宣誓。②

非常有趣的戏剧性事件是，在开庭审判约翰逊的最后一场，当点名点到他的时候，就把这位叛乱法官安排到审理弹劾案的特等法庭的法官席位上了。

第六节　求助于国民

争夺现在转向国民了。又一个新的众议院将要被选出来，如果行政部门通过它的共和党支持者与民主党联合设法赢得多于三分之一的选票，因受到公正不阿的、热爱联邦的人们鼓励当选票逐渐增多的时候，捍卫总统重建计划的否决将再一次生效。北方的政治革命几乎不能指望，但康涅狄格、纽约、新泽西、宾夕法尼亚，俄亥俄和印第安纳等州，正像最近一段时间地方选举显示的那样，她们提

---

① 关于"内布拉斯加法案"，见《国会天地》，第 39 届国会第 1 次会议，第 4204－4213、4219－4222、4270 页。

② 关于帕特森，见《国会天地》，第 39 届国会第 1 次会议，第 4162－4169、4213－4219、4293 页。

供了公平的战场。国会议员分散为总统留下了机会，使总统能够随意从拥挤的官员队伍中清洗那些反对他政策的人，总统现在已经决定使用他的权力。例如，1283个邮政局长在竞选期间被免职，同样的清洗行动也在财政部以及它下属的海关和国内税收管区内进行。内阁重组了，像丹尼森、斯皮德和哈伦这样不可靠的或者不冷不热的支持者让位于兰德尔、斯坦伯里和奥维尔·H. 布朗宁这样坚定的追随者——林肯生前的契友。应该牢记，摆在人们面前的真正选择不是在总统的重建方案和国会的重建方案之间选择，因为国会根本没有提供一个方案。一条宪法修正案已交给几个州的议会审议批准或被拒绝，但向被拒绝接纳的各州开放门户作为对批准奖励的那件法案未能成为法律。正如我们已经看到的那样，接纳田纳西州是因为特殊情况，还伴随着大声的抗议，因此来说这绝不是保证或先例。按照国会多数派的态度和行动方针产生的东西而言，这个行动的真正问题是：拒绝接纳的各州应该带着否定自由民选举权的宪法接纳到联邦中来吗？可以毫无疑问地说，在这一时期，共和党最有影响力的领导人已得出的结论是，一方面如果不附带一些剥夺白人公民权的措施，另一方面如果不附带一些给予黑人选举权的措施，联邦的任何一种恢复对延续共和党在国家政务委员会中的霸权将是致命的。强大的激进派公开宣称它的决心，不授予黑人选举权就绝不允许恢复联邦；从它在国会里弹奏的反对总统基调取得成功来看，如果完全没有别的什么缘故，只是为了自我保护它必定要驱使共和党采用它的纲领。然而，至于黑人选举权，无论在南部还是在北部，大多数州仍然是不情愿授予黑人选举权的；大胆陈述真正的问题可能最终导致共和党瓦解。因此，政客们开始工作以掩盖或篡改那个问题。他们强调的唯一问题是，按照总统方案重建的各州要么不批准拟议的修正案就应该接纳到联邦中来，要么像田纳西州的例子那样，在它批准拟议的修正案以后被接纳进来。知道修正案已经精心构筑以便确信会遭到南方拒绝而达到预期的目的，他们对北方民众允诺，只要仍然拒绝接纳的各州民众通过表决批准联邦宪法修正案，就立即恢复联邦，因为他们不允许众多的自由民投票，将做出减少他们的代表名额这样公正、适度的让步，维护联邦，断绝与叛乱的关系，拒付叛乱债务。假借这种虚伪的问题，进而打了这场战役并取得了胜利。

国会休会两天之后，发生了一件事情，重新激起北方的共和党人对南方民众的恼怒，在战役真正开始的时候对总统的事业造成了严重的打击。在新奥尔良犯下大屠杀的罪行涉及企图非法复活1864年大会，该大会曾制定了宪法，根据这部宪法的规定，路易斯安那州现政府也是代理政府，为了在宪法上嫁接一项给予黑人选举权的规定，现在试图复活那个大会；尽管那个大会已经消亡两年了，那部宪法也由民众批准了。警方对大会的成员和许多有色人聚集在一起的那个大厅发动了一次攻击，他们许多人被击倒或刺伤，在他们倒在地上恳求怜悯之后又受到毁伤。在屠杀结束以后，美国军队才到达现场，当天晚上，全城处在戒严管治之下。总统几乎在同时指责没有保护大会，接着又指责没有指示部队指挥官做些什么，尽管从指挥官到陆军部长，他们请求指示的电报都没有传送给总统，但总统还是遭受到斯坦顿和国会著名议员相互勾结因而留下没有应对大会阴谋善作处置的损害。总统反而侧着身子公开指控说暴乱"主要是由激进国会议员策划的"。①

1866 年 8 月 14 日，全国联邦主义者大会在费城召开。行政部门共和党支持者利用他们具有重要影响力的特殊身份尽了巨大的努力促使大会成功。除了沉默的陆军部长之外，总统和每一个内阁成员显然积极地促进相同的目标得以实现。通告已经发给了所有官员，行政部门要求他们如果方便的话，应该前去出席大会支持这个运动，但无论如何要以他们公开拥护已经召集的这个大会提出的原则来支持这个运动。威斯康星州的主战州长，现在的邮政总长兰德尔要求与会者遵守秩序。约翰·A. 迪克斯将军是大会的临时主持人。库奇少将，马萨诸塞州代表团的负责人和南卡罗来纳州代表团的负责人詹姆斯·L. 奥尔手拉手走上了过道。三十六个州中每一个州都由一些有名望的、有才智的、知名度高的、有影响力的公民组成代表团。不久以前获胜军队中如此知名的军官与不久以前被击败的军队中那么有声望的军官在战前的联邦旗帜下握手了。杜利特尔担任永久主席，考恩作决议案报告，亨利·J. 雷蒙德向人们宣读致辞。大会的赞助者认为大会开得非常成功，同时，就占支配地位政党的主要政客而言，政治家、委员会成员和脱离战场的杰出人物出席会议，发出了适合保持他们党羽协调的呼声，仅此一项就赋予了这次会议的全部历史意义，然而最后致使这个运动不利于行政部门的事业。他们谴责它是和"双手沾满鲜血的叛乱分子"把酒言欢。他们给它取名"手拉手大会"予以嘲笑。由每一个州两名成员组成一个委员会被指定向总统呈递会议录的副本，18 日（星期六），这个团体的七十多人齐聚"白宫"东厅，雷弗迪·约翰逊主席，在温文儒雅的讲话中履行了该委员会的义务。总统和站在自己右边的格兰特将军一起，在一种文雅的对话气氛中发表了这些意见，根本没想到不久以后众议院把他现在所做的一切宣称是"职务上的重罪。"

我们在一个政府部门里目睹了阻挠恢复和平、和谐和统一的各种尝试。我们

---

① 《弹劾调查·调查委员会报告》，第 1075 页。《弹劾调查·圣路易斯演讲》，第 531 页。

看到了在政府部门边缘挂着好似一个人们称作团体的，或者说假定它是美国国会吧，而实际上，它是一个仅由一部分州组成的国会。我们看到了该国会伪称是为了联邦，那时正是它制定的措施和法令具有使分裂长存的意向，并使各州分裂变得不可避免……我们看到了国会逐渐一步一步地侵占宪法规定的权利，并日复一日，月复一月地违反政府的基本原则。我们看到了一个似乎忘记立法的领域和范围存在一个限度的国会。我们看到了一个呈现少数人行使权力的国会，要是允许其达到极点的话，就会促使其本身变成专制政治或君主政治。①

114　　总统在发出这种挑战的音符以后，为穿越北部的游历做好了准备。史蒂芬·道格拉斯的纪念碑将于9月6日在芝加哥奠基。总统受邀出席这个仪式，他打算利用访问这个重要城市的机会，沿着他去芝加哥的路线由他本人亲自向民众直接发表演讲。他不仅对他们的正义感和他们的集体智慧怀有极大的信心，而且对他那种简单且好的方法、面对面吸引群众的功效依然怀有极大的信心。8月28日，他出发去做不幸的旅行。早在2月之前在他谈及弗吉尼亚代表团的过程中，他使用这种词句，"如同我们在美国各地发表政见一样"；② 而目前的游历被所有风趣的人称之为"发表政见的巡回旅行"。他由其内阁成员韦尔斯、兰德尔（在纽约州境内西沃德也加入了随行队伍），五星上将格兰特和海军上将法拉格特陪同。费城市政当局由于担心他们自己被迫承担行政部门一方的义务，就分散到周边的避暑胜地去了，在尊贵的随行人员接近费城的时候，根本没有官方前来欢迎；但米德将军率领相当多的公民到现场迎接总统一行贵宾。第二天在纽约受到了热烈欢迎，欢迎的人群既有官方组织的也有群众自发前来的，因此补偿了在奎克城（费城的别称）遭受的冷遇。人们喧嚣，不停地呼喊"安迪""格兰特""法拉格特"，簇拥着这三个人列队行进到市政厅。在那个历史上著名的州长室里，他们受到约翰·T.霍夫曼市长的欢迎。当约翰逊以低沉的声调向正好站在他面前的市长致答谢辞的时候，整个大房间内几乎听不见他说的话，西沃德立马就在位于墙上挂着肖像的下方座位上坐了下来，墙上挂的那张像是他自己担

115　任该州州长时的肖像。对比不仅是鲜明的，而且在某些方面还是令人悲伤的。那幅肖像是一幅全身画像，一个身材高大、修长，敏捷，洁净好看的人体图形，风

---

① 所使用的说法包含在弹劾的第十项条款里面，整篇演讲见美国参议院：《美国参议院根据美国众议院以重罪和轻罪提出的弹劾起诉书审判美国总统安德鲁·约翰逊》（简称《审判》），3卷本，华盛顿：政府印刷所，1868年，第1卷，第301页。

② 麦克弗森：《重建》，第58页。

华正茂，仿佛要从那块油画布中冲出来似的。下面的人物呢，坐在座位上，有皱纹、邋遢，脸又红又肿，脸颊及下垂的下颚因锯齿状疤痕而变形，看起来好像年轻的阿波罗从框架中在盯着看他的破碎遗物呢。那天晚上，在一个华丽的宴会上，总统做了一场他特有的演讲，激进媒体把它印错了，第二天人们觉得这事很好笑。总统一行沿哈得逊河溯流而上前往该州首府，州长芬顿在那里给予总统那般冷漠的接待以致随即引起了国务卿的严厉批评。从那里越过纽约州，在西沃德的家乡奥本停留了一夜，他们在布法罗受到前总统菲尔莫尔的欢迎，他在讲话中无条件地谴责共和党现在的路线，因而引人注目。从那里前往克利夫兰，他们于9月3日晚上到达那里。外出走到那家旅馆阳台上的时候，他在那里停了下来，总统受到市长的正式欢迎，然后，依照街上一大群人的强烈要求，他被介绍给了群众。听到反复呼喊"格兰特"以后，他原谅了借口生病没有露面的将军。在他演讲的过程中，提到他是外国人不能当总统的说法，他说："这一切都是必然的，因此，是要宣布该职位出现空缺或根据这个借口提出弹劾条款"继而把他赶下 ₁₁₆台；当提及他是和林肯的方针相同时遇上了强烈表达的抗议之声："倒霉"，某个听众叫了一声。约翰逊反驳道："是的，我知道有些人说'倒霉'。是的，上帝会在天空公正裁决与惩处，对有些人来说就是倒霉。是的，倒霉。上帝的方法是神秘而又难以理解的，支配所有这些惊呼'倒霉'的人。如果我的前任还活着的话，产生于虚假新闻和受到资助的一伙专为金钱而工作的人会把那一小瓶又一小瓶的愤怒倾泻出来浇在他身上，正像喷在我身上一样。"另一个人大声叫道："绞死杰夫·戴维斯。"他的回答是现成的："你为什么不绞死他？你有没有变成法院？你有没有变成司法部长？你们拒绝参加对他审判的审判长是谁？我不是司法部长，我也不是陪审员。""我指出你们的国会正在试图分裂政府。""你们的国会下令让他们中任何一个人接受过审判吗？"另一个人喊道："叛国贼，叛国贼。"他要求见那个愿在安德鲁·约翰逊违反的某个保证上按手印作证的人："他是谁？他讲的是什么话？他宣称信仰什么宗教？叛徒！我的同胞们：你们能听我说吗？……如果我想扮演一个演说家，从事于雄辩……我会挑选西沃德先生，把他带到你们的面前，指着他身体上被砍的疤痕，我问你们他在什么时候变成叛徒了？"一个声音喊道："绞死撒德·史蒂文斯和温德尔·菲利普斯"，他大声喊道："为 ₁₁₇什么不绞死他们呢？我一直在与南方的叛国者战斗。他们被击败了，被压服了并承认他们的失败，现在当我发表政见巡回旅行的时候，我准备在我国北部与他们战斗。""我听得懂今晚人群中不和谐的声调。""你们中的一些人谈论我国南部的叛国贼却没有勇气离开家乡去和他们战斗。"勇敢的男子汉在战场上"而你们却怯懦地留在家里"，"揣测欺诈政府"。有人抗议："这是显示威严与高尚吗？"他大声地说："我理解你。你可以大谈总统的尊严。我一直在我们国家的战场上。""我不在乎我的尊严。我们有一部分同胞会尊敬一个值得尊敬的公民。还有另一类人，他们连自己也不尊重，因此他们不会尊重任何一个人。只要我一看到他，我就知道他是一个男子汉，是一个有教养的人。我只需在他脸上打量一下（指着人群中吵嚷最凶处的一个人），如果我在白天的阳光下看一下你的脸，我一点也不会怀疑，我会在你的脸上看到怯懦。到这里来，在这里我可以看清你。如果你曾枪杀过人，你会在黑暗中开枪，当附近没有人的时候扣动扳机。"他终于使企图利用搅闹干扰他演讲的人沉默不语了，接下来却犯了无可非议的第二桩"职务上的重罪"（据后来众议院的指控所说）：

118　　"在和你们道别时请问一下，这届国会用尽各种努力影响他们选民的思想反对我——这届国会做过什么呢？他们做过恢复联邦这些州的任何事情吗？没有，相反，他们做了阻止这些州恢复的所有事情；因为我如今在这里保持原样，叛乱开始的时候我就是保持原样，我一直被指责为叛徒。谁比我受到的磨难更多，谁比我冒的风险更大呢？但国会中那个又好捣乱又专横的党却在从事毒害美国民众思想的破坏活动。"

　　他颇为得意地讲完了，还答复了一两个迟来的关于"路易斯安那州""新奥尔良"的抱怨。"在你们谈论一会儿路易斯安那州的黑人投票之前，你们让黑人在俄亥俄州投票吧。在你们看到你们邻居的瑕疵之前把光束从你们自己的眼睛前面拿开吧。除非你们让俄亥俄州的黑人去投票，否则你们会非常不安的。我们了解这些问题。"①

　　第二天早上，总统的随行人员加快穿过俄亥俄州和印第安纳州前往芝加哥的速度。在那里演习进行得比较得体，这些杰出的游客然后出发前往圣路易斯，他们8点到达这个城市，晚上总统在南方大酒店出席宴会。外面聚集了一大群人，吵闹着要求演讲。总统显得非常勉强，最终屈从于再三的邀请来到阳台上，打算发表一篇简短的答谢辞。然而，他刚说了一句话就有人开始打断他的演讲，显然119 这是事先计划好的。现在用新奥尔良暴乱非难他，惹怒他去犯第三桩"职务上的重罪，"如同由众议院详细说明的那样：

---

① 　麦克弗森：《重建》第 134 页以及下列等等。《审判》，第 1 卷，第 328 页以及下文等等。

"或许，如果你们听一两句有关新奥尔良问题的介绍，你们会比现在了解更多有关它的情况。……如果你们专注于新奥尔良暴乱，进而追溯到激进国会，你们就会发现，新奥尔良暴乱实质上是被人策划出来的阴谋。如果你们专注于他们领导人秘密会议的记录，你们就会了解到他们知道将要召集的大会因它的权力期满已不复存在；据说大会的目的是组建一个新政府，组织那个政府的目的是授予一部分居民选举权，刚刚获得解放称作有色人的居民，同时剥夺白人男子的选举权。当你们打算谈论新奥尔良的时候你们应该明白你们正在谈论什么。当你们充分了解在大会开会之前的星期五在那里发表演讲和星期六接着发表演讲的实际情况，你们会从那件事情上发现，那些演讲具有煽动性，激起那一部分居民，黑人居民，武装自己，准备流血。你们还会发现，那个'大会'是违法召集的，那个大会的目的是为了取代重新组织的权力机构，由美国政府进行改造的路易斯安那州政府；参加那个大会的每一个人都抱有取代和推翻由美国政府确认的文职政府的意图，我说，依照美国宪法他是一个叛徒，因此，你们会发现另一场叛乱开始了，它源自于激进的国会。……新奥尔良暴乱的事情就是这么些。早已存在流血的原因和根源；所流的每一滴都是对他们的严厉处罚，他们应该对流血事件负责。"

在这之后，他似乎已经摆脱了所有的束缚：

"我遭受中伤，我遭受诽谤，我遭受污蔑，我被称作犹大·以斯加略并且到了那种地步。现在，我的同胞们，这里，今晚，沉溺于给人起绰号是很容易的，把一个人称作犹大，大声呼喊叛徒是容易的；但是当要求他提供理由和事实的时候，他常常是完全没有的。犹大·以斯加略！犹大！有一个犹大而他是十二使徒之一。哦，是的，十二使徒中有一个基督。（一个声音高叫着"也有一个摩西"；笑声。）十二使徒中有一个基督，除非他有十二个使徒，否则他绝不可能有一个犹大。如果我扮演犹大，那么谁是我的基督与我扮演犹大一起玩呢？是撒德·史蒂文斯吗？是温德尔·菲利普斯吗？是查尔斯·萨姆纳吗？这些都是想要抓我、把他们自己与救世主相提并论的人；凡是与他们意见不同，试图延迟、阻止他们那种声名狼藉且又邪恶政策的人都要被谴责为犹大。"

此外：

"仅仅片刻之前，我听见人群中有人说我们有一个摩西。是的，有一个摩西；

120

我知道不时都有人在说我将变成有色人的摩西。……我必须努力那样去做，也已经那样做了——在他们谈论摩西的时候，有色人被带入希望之乡，那个党派企图

121 带领他们进入的国家是哪里呢？……噢，要给我们提供一个'自由民局法案'……'自由民局法案'是一个简单的事情，把美国四百万奴隶从他们的原主人那里转让给一批新工头。为了解放他们，多年来我一直在辛勤地工作；因而我不愿看到他们被转让给一批新工头，让他们比以前更艰苦地工作。是的，在这个新的制度下，他们将作为苦力干活，还呼吁政府承担所有的费用，如果有任何利润就给他们留下自己私吞的理由。因此，你们这些人必须从自己腰包里出钱支付那部机器运转的费用而他们却从中得到好处。"

再有：

"因为总统选择行使否决权，他犯有严重的过错，因此应该受到弹劾。是的，是的，他们已经准备好了，要弹劾他了。如果他们满足于自己在这样的问题上凭借一个确定的多数使下届国会利用某一借口指控总统违反宪法，疏于职守，或遗漏执行某项法令，或利用某一借口，借此来撤销美国的行政部门。"

关于赦免权，他说：

"在上帝居住的世界上，与我能够想象的其他任何在世的人相比，我估计我已经赦免了更多的人，释放了更多的人，使他们免于监禁。我释放了四万七千个我们的人，这些人用我们夺取的武器从事与他们的斗争，然后他们坐牢

122 了。我把他们释放了。大批的人已经申请赦免，我也已经授予他们赦免状了；然而一些谴责我、坚持要我对做错的事负责的人就出现了。是的，有一些固守在家、不去上战场的人出来了，出来谈论别人叛变、背信弃义。一些人谈论流血事件、复仇、犯罪和使叛国罪行变得可憎的每一件事情，诸如此类，然而，无论他们属于南北哪一方都未曾闻到过火药的味道。是的，他们可以谴责别人，建议绞刑和拷打诸如此类的人。如果我犯了错，我是在怜悯一方犯的错。斗胆设想一下这些喊冤者当中的一些人，他们比救世主本身更好，是一种超越宗教的人，比别人更好；凡是想做'救世主'工作的人，都会想到自己不可能比他们做得更好。"

谈到官员问题时他说：

　　"难道你们看不出，我的同胞们，这是一个权力的问题；是正在掌权的人，正像他们那样，他们的目的是要使他们的权力永存，以后，当你们谈论把他们赶走的时候，哦，他们谈论涂黄油的面包。是的，这些人是这个政府曾经出现过的最纯粹的，十足是为争夺涂黄油面包而来的一群人。当你们做出努力或争取从他们的嘴里获得乳头的时候，他们叫嚣得多凶呀。他们此时在家里待了五六年，担任各种官职，个个发福长胖，享有各种职位的薪俸；现在，当你们谈到把他们其中一个人赶走的时候，哦，这是被放逐，因此他们挺身而出，在国会之中计划做什么呢？要通过防止最高行政官赶走任何人的法律。……怎样使这些人离去呢？（叫声，'把他们踢出去'）——除非你们的行政部门能够把他们赶走，除非你们通过总统能动他们？国会说他不会把他们赶出来，他们正在试图通过防止做这种事情的法律呢。好吧，让我对你们说，如果你们在这次行动中支持我的话，如果你们支持我努力为民众提供一个公平机会的话——军人和公民——分享这些官职吧，愿上帝保佑，我把他们踢出去。我尽可能快地把他们踢出去。让我对你们说说结论吧，我已经说了我要说的事情。我被激怒成这样，我不在乎他们的威胁、辱骂和嘲笑。我不在乎恐吓。我不想被我的敌人欺侮，也不想被我的朋友镇住。相反，上帝保佑，在您的帮助下，只要他们的法案有一件送到我这儿来，我都会加以否决。"[1]

123

　　离开圣路易斯转向归途，在到达印第安纳波利斯时，总统又想向市民发表演讲，被乌合之众搅得讲不下去。他们对他吼叫："不，不，我们不想和叛徒有任何瓜葛。""闭嘴"，"我们想听格兰特讲。"总统坚持继续往下讲，反复要求应战的权利。但人群变得越来越愤怒，他们绝不容忍总统再讲一句话。鸣放的礼炮正一声高过一声响个不停。总统仅此一次因扰乱而退场中止了演讲。街上随后发生了斗殴。手枪子弹射了出来，两人受伤。

　　总统因此结束了"发表政见的巡回旅行"。当约翰逊重返白宫的时候，遍及整个北部的众多共和党的党羽发出的一阵又一阵的嘘声、嘘叫声，哄笑和嘲笑一直与他相伴。如果这就是全部的话，他可以对抗他们的愤怒和他们的嘲笑。但是，他需要尊严，因而他被迫显示出因为他有高级职位而不在乎礼仪，任何一个对手，无论多么粗俗与卑贱，他都渴望与之交流，妙语对答，他不修边幅、不求高雅的演讲模式，这些事情都原模原样地在国民面前不公正地大肆宣扬，引起许

124

---

① 　麦克弗森：《重建》，每136—140页。

安德鲁·约翰逊"发表政见的巡回旅行"

多尚未完全倾向他政策的仁人志士表示反感；使得支持他的许多明智之人犹豫起来，对他逐渐变得冷淡；迫使他最热心的支持者因为需要道歉而垂下他们高傲的头颅；关于他个人习惯的最令人厌恶的丑闻广泛地散布传播，不可挽回地损害他的事业。甚至连民主党人，当他们除了支持他的政策之外别无选择的时候，也渐渐认识到他不是领导他们党的人。南方的白人，在他们钦佩地尊敬他们未曾预料到的保护者期间，他的保护将减轻他们疾苦，这个受到珍视的希望随之也逐渐失去了。实际上，也许没有太多的东西要说，如果安德鲁·约翰逊在这个最重要的竞选活动期间一直不让自己走出总统官邸的大门，选举的结果本该是他政策胜利的开始。格兰特将军不会转向激进分子，他本人也会在1868年当选为总统。然而牵扯到命运决定的事情，那就绝不存在一点儿不公平。首先，正如我们已经明确表达的那样，编造那么贬损共和国总统人格尊严的场景显得比真实的场景更加粗俗。总有某种东西要硬塞到约翰逊的前面，这在某种程度上抵消了过于随便、背离得体和礼仪等损毁他与民众会谈形象的行为。他和群众的几次遭遇称作演讲是不恰当的；它们基本上是会话，纯粹是谈话、便服交谈。然而，它们在各种敌对的专栏新闻中利用他们所有明显强化的丑闻被无情地曝光，如同历史上伟大政治家庄严、标准演讲的畸形漫画；演讲者坚强、沉着、果敢的个性在读者的想象中就变成了一个大喊大叫、咆哮、原始粗野连说带比划、知识浅陋、有点狂热的煽动政治家形象。现在，约翰逊作为演说家，无论其缺点是什么，除去罕见的情况，他绝不是大吵大闹、指手划脚的人。即使针对寻求官职人员那么可怕的极端威胁，他将"把激进分子踢出去"，无疑是用低沉的声音发出的，没带强烈的手

125

势。其次，这些不祥的言论，无论它们表明别的什么，也会表明那个诚实人热爱他的事业和不屈不挠的决心，他要付诸行动，坚持到底。表示对能够得到尊严的某种东西嗤之以鼻，客厅缺乏风格，在一个正义事业中甚至缺乏一个精通文理的领导人，这些症状似乎都会出现。在克利夫兰和圣路易斯的安德鲁·约翰逊，在田纳西州的安德鲁·约翰逊，都是同一个安德鲁·约翰逊，以前他在田纳西就是凭借这种和群众谈话的方式赢得了很多胜利；同一个他在那时，因为忠于联邦而受到南方参议员的攻击，他通过本质相同的反驳模式在北方获得了那么普遍的颂扬。如果他有得克萨斯州的杰克·汉密尔顿和"牧师"布朗洛陪同发表政见巡回旅行，宣扬正统的激进主义，他缺乏尊严就会归因于他专心于一个伟大的使命， 126 他显得俗气不体面就归因于具有原始性质的返璞归真，他文法欠佳归因于美国一种古朴的演讲模式。他甚至可以偶尔醉酒，因为他受到诬告，免于责难，作为候选人他的实用性是十分显著的。

这个实在的评论无法在"忠诚联邦主义者"的大会之中或者无法在南方找到更清楚的例证——另外一个会议被称为"杰克·汉密尔顿大会"——它于 9 月 3 日在费城的那个具有历史意义、见证了签署《独立宣言》的大厅里开会。前一周逃避接近总统的市政工作人员如今在场带着微笑欢迎来宾。"牧师"布朗洛是那个时刻的英雄，受到全体居民一个完美的小凯旋式欢迎。边境各州——密苏里州、肯塔基州、马里兰州、特拉华州——加之西弗吉尼亚州和新接纳的田纳西州，由相当有名望的、全都反对黑人选举权的代表团代表它们。在那些州，正如他们所称的那样，叛乱的白人被剥夺了公民权，因为掌权的那些人不需要黑人投票来维持其至高无上的地位，他们对那个种族本能的反感占了完全的统治地位。在另一方面，产生于那些被拒绝接纳的州的代表，如果在任何意义上他们能够称之为代表的话，除了能够理解这个决定性时刻的一小部分有色人以外，其选民实际上在北部，由背弃他们州、背弃他们地区、背弃他们 127 种族的一群混杂人员；北部来的寄居者；军队的随员；小规模期待调动的联邦官员构成——由于充分发展的过于诚挚的狂热分子和少数处在隐蔽状态的可靠有色人的支持，各处存在的期待所调动的情绪缓和了——他们作为一个政党而存在完全取决于授予黑人选举权和取消绝大多数白人选举权的希望。许多非常著名的、很有影响力的共和党人作为北方的代表出席了会议，但他们一开始就执行持异议的路线，把他们自己与南方代表分开，依照他们所说，这样做是为了给他们"完全的行动自由"，他们自己也召开一个大会。南方派会议由斯皮德主持，由汉密尔顿和布朗洛指导，通过了一系列从中删除黑人选举权的决议，因此第三个大会成为必要，在其他两个大会休会以后由被拒绝接纳的各州代表召开，它向国会请求的唯一恩惠是要求能够让他们在政治上保持活力。

这年9月份因另外召开的两个大会而引人注目。17日在克利夫兰召开最近战争期间在陆军海军之中服役的士兵水手代表会议，与会代表赞同8月14日费城全国代表大会通过的决议，支持行政部门。由一大批杰出而又令人敬畏的知名人物——48名少将和56名准将在决议上署名发出号召，据统计，有卡斯特、麦库克、尤因、迪克斯、斯蒂德曼、布莱尔、斯洛库姆、西克尔斯、格兰杰、麦克勒南德、库奇、埃夫里尔、富兰克林、克里滕登和帕特里克这样有名望的军官在决议上签名。除了这些人之外，行政机关公开声称自己赞成这个运动的有格兰特、谢尔曼和谢里登，这些英雄没有一个人拒绝批准克利夫兰大会决议。亨利·沃德·比彻写了直率的信件表示支持。这个支持一方的士兵和水手会议激起支持另一方的士兵水手代表也召集会议，他们主要由作为个人或未经任命的官员组成，会议于26日开幕。它是作为一个实证说明在军官大会里没有普通士兵的代表。它最主要的灵魂人物是这个运动的发起人——本杰明·F. 巴特勒。他向士兵呼吁并组织他们参加党团会议，在代表选举中指导他们，在开会的地方欢迎他们，写文章，作报告，研究他们的决议，以他的祝福送他们回家。他现在的目的是弹劾罢免总统，他的整个精力暂时用到这上面，因此，他的大会决议显示出对行政部门整个路线极为敌视。

即使在这些竞争的大会开会期间，竞选运动的结果由佛蒙特州和缅因州的选举明确地预示出来了，10月，宾夕法尼亚州、俄亥俄州和印第安纳州也提前作出了裁决的结论。

在这些州议会选举和总统选举之间的间隔时间里，发生了一个本身没有重大意义，也带有最无辜的样子，但随后被夸大到恶意程度的一起事件。10月17日，总统召唤格兰特将军，并告诉他，根据总统本人建议，为了给出使墨西哥的代表团提供威望，内阁已经决定，五星上将应该陪同美国特命全权公使刘易斯·D. 坎贝尔乘军舰起程前往委派他去的那个国家墨西哥。这种情况有一个关键问题。根据法国皇帝与美国在5月达成的协议，法国军队将分三期撤离墨西哥——1866年11月为第一期撤军时间——留下墨西哥人自己在马克西米利安政府与华雷斯政府之间作出选择。我们自己的政府自然同情华雷斯领导的共和国，事实上，我们的特命全权公使就是委派前往华雷斯领导的共和国，但担心在法国部队启程离开的时候爆发严重的骚乱，在美国特使的职责上保持最大可能的谨慎和机敏成为必需，并向它提供非常值得要的东西，这就是我们的政府应该采取一种尽可能使人难忘的姿态。格兰特，虽然最初（至少在总统看来似乎是这样的）表明对拟议的协议感到满意，但几天以后收到国务卿为指导他而草拟的指示，因此格兰特不容分说地降低自己的身份，以极大的紧迫感为借口向总统推托，自己无法接受这个差使。他声称这"完全超出了他的职责范围"，"他不适合那个职位"，而且"还有一个理由，别的人履行那个职责要比他好得多"。当总统发现这位将军不可能改变决心时，他平静地默许并按照谢尔曼将军自己的暗示任命他担此重任。由于事实上法国军队部分地违背了皇帝的承诺，直到春天才撤离，使团几乎等于什么也没做；坎贝尔公使根本不能去找华雷斯。依照这种不牢固的基础而编造出来的那个故事说，总统与国务卿合谋从美国流放格兰特，然后又任命谢尔曼取代他的职位，或作为陆军部长取代斯坦顿。在这一事件发生的当日，正如随后发生的事件清楚表明的那样，与不信任谢尔曼相比，总统没有更多的理由不信任格兰特。① 130

　　和这个虚构的阴谋连接在一起的是巴尔的摩警察专员事件——这起事件和总统只有一点点儿关系，就一点点儿最简单、最无害的特征。依据 1864 年通过的 131 马里兰州宪法，该州剥夺了所有参加叛乱的公民的公民权，因而在巴尔的摩市投票站登记员或检查员的政治趋向对该市及马里兰州的选举结果大多具有决定性的影响——那些官员有权决定什么等同于参与叛乱以及什么证据证实这样的参与。那些监督选举的警察专员，拥有挑选登记员或检查员的权力，通过指导把当选的官员和他们捆绑在一起——在这个时期有影响力的激进分子——依据添加在宪法之中的剥夺人权条款的解释向当选官员发出指示；某些公民对他们执政中处理不当的行为提出了控告，对此法律规定他们可以被州议会罢免，或在州议会未开会时由州长将其免职。州长斯旺（州议会未开会期间）听到被告在这种情况下需要他采取行动之际，（他们同意提出的就是这一点），在选举前夕宣告免除他们的职务、任命他们的继任者。现任者拒绝交出权力，新任命的官员请求地方司法官使他们拥有职权，根据一位联邦法官的批准后者因被控密谋反叛而被捕。11 月 1 日总统指示陆军部长采取措施保护马里兰州首府，命令格兰特将军注意巴尔的摩

---

① 约翰逊总统的私人秘书威廉·G. 穆尔的日记，在安德鲁·约翰逊留下的文件中，有些文件保存在他最近故去的女儿玛莎·帕特森那里；关于墨西哥使团的文章摘录刊登在 1885 年 11 月 1 日的《孟菲斯诉求日报》上。格兰特将军的信件收录在麦克弗森的《重建》书中，第 296 页。谢尔曼将军的回忆录（第 4 版，两卷合印书），第 2 卷，纽约：查尔斯·L. 韦伯斯特出版公司，1890 年。第 414 页及下文等等。谢尔曼是"确信发动这整个活动的目的在于使格兰特离开华盛顿……因为他作为总统候选人正变得若隐若现，而不理会他人的敌意和目的，没有人比斯坦顿先生做得更好"。可参照鲍特韦尔先生发表在 1885 年 12 月《北美评论》上的文章。

132 的事态。从纽约向得克萨斯州行进途中的新兵被留下驻扎在麦克亨利要塞；这是在那种前提下仿佛要做的一切。选举在激进检查员的保护下平静地结束了。斯旺州长的行动后来由法院确认有效，那些好斗激进的警察专员被赶走了，没有遇到麻烦。这场小风波随后也被夸大成总统企图在五星上将不在的情况下篡夺马里兰州首府的控制权。①

　　在11月的选举中，正式的共和党人在北部每一个州都得到了大幅度加强，超过了前一年的多数选票。然而，在众议院的多数则几乎保持相同——在众议院192名议员中共和党人总计有143人，而民主党人总计只有49人。南部各州的结果显露出不同的模样。在白人没有被剥夺公民权的那些边境州——特拉华州和肯塔基州——民主党人占大多数，而马里兰州的选举结果则清楚地预示出西弗吉尼亚州和密苏里州很可能发生的情况——和马里兰州相似，在那里所谓的叛乱分子都不允许投票——因此要尽快地恢复选民的正常社会地位。在那些仍然被拒绝接纳的南部各州，那里竟然也举行了选举——北卡罗莱纳州、阿肯色州和得克萨斯

133 州——支持总统政策的多数占压倒性的优势。这是政治范围内的一个真正的特区，在那里，共和党的领导人远远地看到了危险的征兆。无论在北部获得多么彻底的胜利，抑制不住而又十分令人敬畏的少数派仍然存在。一旦允许南部难以控制的白人男子把他们的州一面拖进联邦又一面拖进民主党的时候，击败一个实质上在南部没有党羽的政治组织就不会是一个遥远的事情。

---

① 穆尔上校的日记，刊登于《孟菲斯诉求日报》的摘录被看作是最可靠的记录。麦克弗森：《重建》，第207页。见格兰特写给众议院关于斯坦顿免职的信件，作为《行政文献》出版过，第57号，第40届国会，第2次会议，见第63页以及下文所述。"格兰特的证词"，《弹劾调查》，第838页以及下文所述。

第一章　弹劾准备

135　　国会的多数派回到他们的席位上召开短期会议，他们因为胜利兴奋不已，并决心复仇。他们打算剥夺总统职务的特权和作用，他们尽可能利用法令来实现这些目标，如果他在削弱其职权的阉割过程中挣扎，他们可以这样制定法令，由于他们有一切的理由相信他会反抗，那就对他进行弹劾，免除他的职务，使他不能挡道。决不允许其他政府部门干扰黑人地位上升处于社会上层，剥夺白人权利使其处在底层的南部重建方案的施行，这是立法机关最后决定采用的方案。司法部门会不会挡道呢，由于最高法院在米利根、卡明斯和加兰案件中流传下来的有充分根据的判决案例，似乎它会挡道，因此，司法部门就更加不妙了。他们将通过否认受害当事人的上诉权利来堵塞通向这个避难所的途径。凡是涉及国会某项法令有效性的案件，要求法官三分之二的票数乃至全体一致才能做出该法违宪无效

136　的判决，由于国会采取这种强制措施，司法部门在宪法上的守护神作用，如果没有遭到完全破坏，也被削弱到最低程度了。① 如果总统坚持他的阻碍政策，不理会大众最近的谴责，他们就接纳科罗拉多和内布拉斯加这两个领地的代表，添加四个高等弹劾法庭的法官，进而罢免他的官职。

　　众议院在会议的第一天通过的第一个法案废除了1862年法令授权总统对曾参加叛乱的人员宣布大赦的一项规定；带有公开宣称的侵害赦免权的目的以及秘而不宣的意图，就是否认总统对一个貌似有理的弹劾理由所做的辩护；他滥用赦免权。该法案变成了法律，但总统没有签署，当他发表大赦宣言的时候也完全不理会这项法律条款。安德鲁·约翰逊确实仁慈，鉴于他就职的时候发出的威胁："要使叛国罪行令人厌恶"；尽管他答应经常这么做，甚至通过惩罚单独一个叛国贼也要兑现自己的承诺，但他还是未能成功地实现这个目标；过去一年里这在更嗜杀的激进分子中引起了日益增长的不满，各种恶意的猜疑填满了他们的头脑；

137　现在终于把赦免谴责为犯罪了。杰斐逊·戴维斯，早在1865年5月11日就被抓住了，关押在门罗要塞里。他因叛国罪受到起诉。为什么不对他进行审判呢？他

---

① 关于强求一致，见《国会天地》，第39届国会第2次会议，第616页。"辩论"，《国会天地》，第40届国会第2次会议，第478页以及下文等等。法案需要众议院三分之二多数通过，第489页。

被指控是刺杀林肯的共犯，悬赏 100 000 美元支付抓捕他的费用与酬劳。特别军事法庭其实在此之前对被告刺客作出判决，在戴维斯缺席的情况下也宣布其犯有共谋罪。为什么不把他绞死呢？至于这个指控，拖延的真正原因是审判长拒绝在弗吉尼亚州开庭审判，甚至在军事控制该州的部分地区时也不信任弗吉尼亚州的陪审团，希望避免开启令人为难的宪法问题，因为这是审判中被告的律师肯定要提出的问题。总统绝不是造成起诉缓慢的原因，相反，他或许是行政部门唯一不害怕起诉成功的成员。至于共谋的指控，迫使它延迟的真正原因是基于它的论题搜集到的证词，即交给特别军事法庭秘密审议的证词，它们不仅完全没有价值、而且也不是决定性的，依据最起码的证据规则它们是不起作用的，来自专业取酬证人之口的那些证词也被证明是得不偿失的。[①] 但是那些既不在乎怎样指控或依照什么指控审判戴维斯又不在乎根据什么证词证明其有罪，只要他被定罪就行的激进分子是不知道或不满意这些原由的；这些人中为首的是马萨诸塞州的乔治·S. 鲍特韦尔。上次会议（1866 年 4 月 9 日），他提出（众议院通过）一项决议，138 指示自己是其成员的司法委员会，调查是否存在可能支持公告中指控想法的理由，那些人犯有煽动谋杀林肯和企图暗杀西沃德的罪行；在会议的剩余时间里，他和那个委员会里有类似想法的人一起，时常从事于查阅被俘叛乱分子的档案和军事司法局的记录，从事于倾听特别军事法庭有经验的证人和其他有类似性格的人所做的叙述，希望凭借有点牵连的样子就把这位著名的战俘与谋杀他主要敌手的凶犯联系在一起。约瑟夫·霍尔特——陆军军法署的署长——桑福德·康诺弗的雇主和保护人，职业证人中心的主任——是鲍特韦尔先生在这项工作中主要依靠的人物。第一，带着他充当间谍的证词副本提交给特别军事法庭审查，第二，1865 年秋天由康诺弗带到霍尔特办公室的那七个人所作的证言，而且他们还发誓要陈述涉及戴维斯、汤普森、克莱和其他人合谋暗杀的罪恶活动；其中另外两名自称他们是坎贝尔和斯内韦尔的男子作证说，1865 年初春，在里士满会见戴维斯和本杰明，当暗杀林肯的阴谋提出来讨论并得到赞同的时候他们在场，并且和约翰·H. 萨拉特在一起。特别军事法庭派遣一名警官前往纽约寻找康诺弗及 139 那些对他立下誓言的人，他成功地见到了康诺弗、坎贝尔和斯内韦尔，还成功地把坎贝尔带回来了。他向特别军事法庭报告说，坎贝尔向他坦白，他的证言是由康诺弗编造出来的，该特别军事法庭于是给康诺弗打电报要他到华盛顿来。康诺弗毫无觉察地来了；1866 年 5 月 8 日那天，主人和他的走狗在特别军事法庭的房

---

① 《弹劾调查的证词》，西沃德，第 379、380、381 页；斯坦顿，第 397 页；斯皮德，第 708—802 页。

间相遇。坎贝尔宣誓作证说，他证言的每一点都是虚假的；他的真名叫约瑟夫·A．霍尔；那份证言是康诺弗为他编造出来的，他记得这件事；还提供了其他证言伪造的姓名，同样是康诺弗的创造发明。轮到康诺弗了，他发誓说，坎贝尔现在的证词是假的，他自己也没有理由怀疑原来那些证言的真实性。他被允许和那个警官一同去纽约寻找其他证人，但在他到达那个城市时，他逃脱那位警官的监管，突然不见了。斯内韦尔被找到了，在特别军事法庭里出庭受审（5月24日），他作证说他的真名叫罗伯茨，和坎贝尔的证言相似，他的证言也是康诺弗编造的。这些自己坦白的无赖都是军事司法局花钱收买的——坎贝尔得到625美元，斯内韦尔得到475美元。

甚至像这样令人惊骇的新发现也不能使鲍特韦尔先生确信他的调查是没有希望的，一个谣言这时流传开了，杰斐逊·戴维斯将被获准保释，（6月11日）他

140 催促众议院通过一项决议，要实现的作用是指控戴维斯犯有臭名昭著的叛国罪，还指控他共谋暗杀亚伯拉罕·林肯，应该继续监禁直到审判为止；因此，戴维斯仍被关押在监狱里。6月18日，霍尔特又到特别军事法庭接受审讯，假装对他的证人出现的变故非常惊讶。他提供了和康诺弗交往的详细说明，声明他绝对相信康诺弗的陈述。他谈及证人时说，他"在讯问他们之前和讯问他们的时候直率地与他们交换意见；他们显然拥有正常的神智，当然认为有完全的自制力和坦诚的态度，在我看来，似乎完全没有处在不适当的影响下；无论在他们提供的证词方面……还是他们的态度方面，在宣誓作证的时候，他们的诚实在任何程度上完全没有什么认为是可以引起怀疑的"。不过，军法官屈尊坦承，坎贝尔和斯内韦尔收回了他们的证言，随后康诺弗逃逸，消失而同时又不与霍尔特本人沟通，"在我（霍尔特）脑海里留下深刻的印象，康诺弗犯了一桩最令人作呕的罪行，是什么驱使他犯罪的我完全无法确定。"在诉讼的这个阶段，该特别军事法庭，已积累了浩如烟海的大量文献，依据这些文献毕竟还无法得出结论，所有的文件都将移交给鲍特韦尔先生，因为他要准备一份报告，在会议结束的前一天，他把

141 那个报告连同两个已经通过的决议提交给了众议院；第一个决议宣称，"在法律方面完全不存在对杰弗逊·戴维斯以叛国罪或任何其他犯罪进行审判的障碍或干扰"；第二个决议宣称，"对暗杀已故总统亚伯拉罕·林肯有关事实进行调查是行政部门的职责，要是没有不必要的耽搁，杰弗逊·戴维斯和其他在1865年5月2日的公告中被约翰逊总统点名的人可以对其进行审判，如果有罪的话可以适当地惩罚，如果发现是无辜的，或解除对他们的指控。"

那个报告主要依靠控告他们同布思合谋的证据来维持，证据包括要在首都华盛顿实施爆炸、除掉美国主要领导人，这些疯狂的计划在不同的时间发送给南部

邦联总统，由他在处理日常事务的过程中转交到相应的部门；命令对北方进行战争法禁止的具有残酷无情行为特征的远征连带虐待战俘等；被列举的这种证据，单从表面上判断是和此案完全不相干的，正如报告指出的那样，"要禁止辩解，否则，或许因为法律效力和充足的理由使这起案件可能变得脆弱，戴维斯和他的那些被指定的合作者没有能力犯暗杀这样的大罪"。那些证言，作为他们在调查研究中唯一提交的直接犯罪证据，迄今则那么使人感到羞辱，鲍特韦尔先生仍不顾一切地坚持抓住不放。说到两个小人在特别军事法庭审讯中发誓说他们的证言是编造的，他写道："但是，他们没有向特别军事法庭说明是出于何种动机或考量，这对他们进行的那个行动来说似乎是一个合理的解释。而且该特别军事法庭在这个时候也不可能说……这些证人原先的陈述是真的还是假的。"该报告被印刷出来了，委员会的少数派（A. J. 罗杰斯）也作了一个报告；因而向调查委员会公布这个报告，除了霍尔特法官带着鲍特韦尔先生和斯坦顿先生的辩解信件呼喊"辩护"之外，已经有了一个有利的结果。关于霍尔、化名叫坎贝尔的那份宣誓书的来龙去脉，康诺弗的逮捕证已经发出，他在 11 月被抓捕带往华盛顿，在路上向警官坦白说，他唆使证人在军法署和特别军事法庭审讯中编造证言，完全是受到"向杰夫·戴维斯复仇的愿望驱使，根据戴维斯的命令，他曾被禁闭在桑德堡"而且戴维斯"还侮辱他的妻子"。在次年 2 月（1867 年），他因否认坎贝尔证词的说法犯有伪证罪受到审判，宣告有罪，4 月被判处在奥尔巴尼收容所监禁十年。暂时我们把他留在哥伦比亚监狱等待把他押送到那个收容所。① 142

不过，虽然特别军事法庭在戴维斯是共犯的问题上没有得出结论，但是鲍特韦尔先生发现足够引起约翰逊是共犯的疑点。在他获得的发现中有一点无法解释 143 专案人员疏忽促使有关当局逮捕和引渡约翰·H. 萨拉特的成功实现，这个女人的儿子被审判所谓暗杀林肯的那个刺客的特别军事法庭判处死刑。这个年轻人是布思的同伙，仍然普遍相信那个悲剧之夜他出现在华盛顿，虽然迄今尚未确认他稍显积极地参与那个阴谋，但他一大早就乘开往北方的列车逃走了。侦探立即就被派遣去跟踪他，他们穿过佛蒙特州的圣奥尔本斯前往加拿大，他们在那里失去了线索。直到 10 月之后（1865 年）才听到逃犯的消息，来自美国驻英国利物浦领事的消息称，萨拉特，从魁北克乘汽船横渡大洋，此刻在利物浦；——这个消息不久得到美国驻加拿大领事的证实。从这两个地区传来那个男子的书面叙述已经泄露的消息，萨拉特公开承认他被牵连到暗杀案中。这些通信的管理部门发布

---

① "鲍特韦尔和罗杰的报告"（第 104 号，第 39 国会第 1 次会议）。《弹劾调查》，"格里利的证词"，第 779 页。报纸上刊登的霍尔特所做的"辩护"。

的唯一一个通知（10月13日）是通报驻利物浦的领事，依照陆军部长与军法署署长磋商的结果，认为明智的做法是不采取逮捕行动；而要求司法部长（11月13日）着眼于引渡萨拉特回国而草拟一份针对他的起诉书，陆军部发出的一道命令（11月24日）撤销了为逮捕他提供（1865年4月20日）50 000美元奖金。

144

与此同时，萨拉特旅行不受干扰，从利物浦到伦敦，从伦敦到巴黎，从巴黎到罗马，在11月的某个时候到达这次旅行的最后一个城市；虽然国务卿得到官方通知，通告他在利物浦，他一定要去罗马，但没给我们的公使发送通知到那里去等候他。到次年4月（1866年）的后半月行政首脑在这个棘手问题上明显缺乏兴趣的状况才被从国外来的另一则消息扰乱了。萨拉特的一个老熟人向鲁弗斯·金，美国驻这个首都的公使泄露了后者在离罗马大约五十英里的一个地方作为罗马教皇佐阿夫兵（轻步兵）的士兵而存在的消息；在这种情况下，也随附有那个陈述的信息，轻信的凶手已经承认了自己的罪行，这次还进了一步，披露了他自己的母亲和共犯杰斐逊·戴维斯的罪行。金急忙把这个令人吃惊的消息发送给华盛顿的国务院；那么，在这一点上又一次显现出了相同的冷淡态度——唯一的结果是依据军法官职责霍尔特表示热切希望金的线人完全免受危险，核实萨拉特承认详情的陈述。这最终如愿以偿了，但是，虽然该男子很是着急回家，因为他的揭露使他为自己的生命安全而提心吊胆，核实的陈述在最关键点上的结论是含糊而又不确定的。会话结束时各种事务的情形就是这样的。鲍特韦尔先生赶往马萨

145

诸塞州回家，模糊的猜想困扰着他——使他不知所措，然而，至于那个不利于总统的证言，将牵连到受害者佩恩和专横的陆军部长。他继续关注那个神秘的事情，在下一次会议开始之前，他的警觉性得到了回报。罗马教廷的首相，红衣主教安东内利，8月17日向金公使表示，在如此特殊的一起案件中依照美国的请求，他毫不怀疑萨拉特将被移交给美国；这个通告立即发送给了西沃德。然而，毫无反应，什么也没做——西沃德和总统一起外出"发表政见巡回旅行"去了，在返回的列车上他们难堪得很，病倒了。趁机利用红衣主教的友好表示的唯一办法是送一张萨拉特的照片到意大利去，正像鲍特韦尔先生发现的那样，它是几年前照的一张，非但辨认不了真假，反而更可能有助于被告的释放。最后，就在国会开会之前，消息传来了，教皇政府热诚感谢美国，甚至不等待拖延已久的请求，已下令逮捕萨拉特（11月8日）；然后，萨拉特挣脱了捕捉他的警察，一头扎下了陡峭的斜坡，实现了他逃入那不勒斯境内的目的，从那里乘船经由马耳他逃到亚历山大港。

行政部门疏于职守多该受到责备哟，其他一些人身上没有赋予这么紧迫的职

责，却在细心而又持续不断地努力，在这种情况下跟着发生了这么不幸的事故，这就在鲍特韦尔先生的杯子中把愤慨注满到了杯子的口缘，真是火上浇油噢；星期六晚上领导人核心小组会议先于第二次会议开幕了，他在核心小组会议上强烈阐述了他的怀疑，到了下周的星期一，他又向众议院提交了一份要求处理那封信件的决议并得以通过。消息传到了陆军部（星期天的晚上），萨拉特最终在亚历山大港被抓住，将用政府的一艘船把他送交美国，总统会把捕获逃犯的消息发送到众议院。在 12 月 21 日，萨拉特被安置在"斯瓦塔加号"的甲板上，用镣铐锁得结结实实的。该船身负重任横渡大西洋，2 月萨拉特这个物主不要而对别人可能有用的东西就落到行政部门手中了。鲍特韦尔先生显然一点也不惊慌，继续他的调查：召集国务卿、陆军部长、军法署署长到司法委员会接受讯问，还在会议的最后几个小时作了一个报告，得到那个证据相当不充足的结论：这些著名官员的证词不能作为"严重拖延逮捕一个犯有阴谋暗杀已故总统罪行的逃犯之借口；而同时委员会也没有把不正确的动机归咎到政府官员身上，他们不得不报告说，在他们看来，执行审讯被捕逃犯萨拉特的任务不是政府行政部门应尽的职责"。[①]
本次调查的目的就明摆在那里。显然，这个行动既不是冲着西沃德的也不是针对斯坦顿的。安德鲁·约翰逊才是矛头所指的人，原本想从行政部门的疏忽中得出的推论是，约翰逊不仅不希望抓到萨拉特，而且实际上害怕逮住萨拉特；因为在某个神秘的方面，萨拉特不仅是约翰逊的一个帮凶而且也是布思的一个帮凶。这种怀疑对于任何一个健全正常的人来说接受它似乎过于恐怖了一点。特别军事法庭认为，作为一个事实，约翰逊副总统在那个有许多分枝的阴谋中是一个预定的受害人，并谴责期待谋杀他的那个可怜卑劣的家伙说谎。尽管如此，巴特勒将军使自己相信，或者说让别人相信，他确信，约翰逊暗中参与了暗杀林肯的阴谋活动。就在这个时候，阿什利公开宣称自己相信这种不可思议指控的事实。鲍特韦尔先生，所有的心智都集中在装满反叛分子档案的一个又一个皮箱上沉思，纵然他自己不在乎怀疑，提供材料掩盖现实中缠绕在心头的不定形的恐惧，那么，双重间谍的冒险故事，密码信件，赦免叛国者，撤销奖励，对逃逸的罪犯假装看不见，让杰弗逊·戴维斯长期免于惩罚，这些意味着什么呢？在最初的步骤中，他采取幻觉意识的好奇部分，说他处在正确的轨道上。事实是，总统对拘捕萨拉特并不会感到担忧；出于同样可理解的原因，西沃德和斯坦顿对拘捕萨拉特也都不会感到担忧——斯坦顿绝不会感到担忧。特别军事法庭的时代过去了，至少在首

146

147

---

① "鲍特韦尔关于证词和信件的报告"，"国会文献"，《国会天地》，第 39 届国会第 2 次会议，第 5、12、1753－1754 页。

148 都；由于这个证据足以把那个母亲送交到这样一个特等法庭审判定罪，他们回避去面对一个审判儿子的陪审团。

上文的叙述只是从那个事实推导它的历史影响，调查被设计为原计划的弹劾添加砝码。真的，它表明国会两院早期的行动都是着眼于这个最终的补救所做的调整和安排。年度咨文显示，没有一点屈服于多数党认为符合事件逻辑东西的迹象，无论如何也没有丝毫的迹象表明总统非常失望，他也不觉得选举的结果应被看作是对自己政策的一种谴责或对其本人的责难。他写道：

如果说一年前允许忠实议员进入国会各自议院取得席位是明智和适宜的话，现在接纳一点儿也没有减少明智和适宜的特征。如果这种不明确的身份现在是正确的话——在目前这些州明确身份的条件下，如果排除他们的代表是合法的话，我看不出这个问题将会随着时间的流逝而改变。因此，如果这些州像它们目前这样保持十年，接纳它们代表的权利将不会更强，拒绝它们代表的权利也不会更弱。

我知道，从现在没有代表的州接纳忠诚的议员，与此相比没有任何比这更紧迫的措施受到所有从国家利益考虑的仁人志士迫切要求制定合理的政策、实行平等与公正。这将完成恢复工作，发挥最有益的影响，重新建立和平，和谐和兄弟般的感情。[①]

149 这些话，虽然它们如今可以被认为是智慧的语言，可以被完全忽视；但它们仅用于加剧国会领导人憎恶总统的感情，增强他们去掉总统的决心。或许，众议院共和党的大多数议员在这个时候已经赞成对他进行弹劾了。他们认为他的那个罪行杯子已经满了，罪行溢出来了。确定每一届国会会议在前一届国会会议结束时立即召开的法案，早在 12 月 10 日就被众议院通过了，一个月后参议院也通过了，显示出使弹劾团体始终留心注意被认为是必要的。俄亥俄州申克当场争辩以支持它获得通过，这使它于 1865 年 3 月 4 日成为法律，在重建问题上将不再出现困难；南方会欣然接受国会本该为他们提供的任何条款；他还补充说："不仅如此，如果允许一个人去推测过去可能发生的事情，除了当时的副总统之外完全不能确定……认为在 3 月 4 日由他进行表演，将由国会来这么安排，在国会全体成员集合以后，我们将不会受到现在摆在我们面前的任何需要考虑的问题所

---

① 《咨文》，见麦克弗森：《重建》，第143页。

困扰。"①

否决给予哥伦比亚特区黑人成年男子选举权的法案犹如火上浇油。这项措施——被激进分子视为在全国各地确立黑人选举权的先导——在众议院上届会议上获得了通过，除此之外，考虑到即将到来的选举，它在参议院也"受欢迎"，正如威尔逊承认的那样"得到它最诚挚朋友的同意，充分认为是……公众情绪的高涨……将使我们能够在本次会议初期支持一个道德上纯洁的法案"。现在恢复它的有效性，假期休会前在两院通过。萨姆纳，在结束参议院的辩论时说： 150

如果简单地把它看作是对哥伦比亚特区的影响将难于突出它的价值；但当它被视为国会支持的一个有全国影响的例子时，它的价值将是无限的。正是由于后者的性质，它将成为照亮千百万人脚步的一根火柱。在我看来，与那些混乱不堪的州全体有色人绝对需要选举权相比，现在没有什么是比这更清楚的事情。如果你们把选举权只给那些能读会写的黑人，这是很不够的：你们将不会以这种方式在需要保护联邦主义者的地方获得选举权，不管是白人还是黑人。你们将不会获得新的盟友，这对国家事业是不可或缺的。正如你们曾经需要滑膛枪装备的有色人步兵一样，现在你们需要他们的选票；你们必须立即采取行动，这和理论几乎无关。你们是受这种情况必要性约束的。②

否决这样的法案被黑人选举权的倡导者看作是仅次于亵渎神明的行为；否决通知书中的一两句陈述不会被看作是抚慰他们怨恨的。

"这也可能受到强烈要求，"总统意味深长地写道，"每个院占优势的政党可能强烈要求黑人选举权，通过驱逐一个或几个合格的议员，或者通过排除必不可少的成员州的代表，把少数派减少到三分之一以下。通过这些措施，国会也许能够通过一部法律，与此相反，尽管总统反对，这将致使政府的其他两个部门无行动能力，造成宪法的制定者打算让由这两个部门行使的有益的制约权力不起作用。这实质上是将美国的一切权力集中到国会之中，用《独立宣言》作者的语言来表述，这正好是被定义的专制政府。" 151

① 《国会天地》，第39届国会第2次会议，第31页。
② 《国会天地》，第39届国会第2次会议，第107页。

结束段如下：

在充分考虑这件法案后，我下决心不批准它，即使依据当地需要考虑的事项，也不如在更高水平上开始一项实验。我没有放弃一项把我们的政策作为整个国家的普选权规则而著称的过渡措施。但是有一个限度，迄今为止已明智地观察到，它使选票变成了一项特权和一种希望，这需要某些阶层适应一时的试用和准备。要是不分青红皂白地把选举权提供给一个新的阶层，由于早先的习惯尚未完全准备好就满足它需要的希望机会，结果将会使它堕落，最终使它的权力变得无用。对此可以有把握料定，与这种不分青红皂白地、包罗万象地扩大普选权相比，已经建立的更好的政治现实绝不会在它的毁灭过程中最后终结。①

152　　参议院全体议员至少听证了否决通知书的宣读，在以恭敬总统的语调作了短暂的辩论后，就推翻了总统的否决而通过了这件法案。众议院，就它的部分议员来说，不想等待审议这个否决通知书；他们知道否决咨文就已经足够了。事实上，每一次否决都被众议院多数视为扔在他们脸上的挑衅性侮辱；看作是一种最讨厌的篡权行为；他们中的许多人逐渐认为否决本身是一种可弹劾的罪过。他们对来自白宫那位房客的这些打击的滑稽动作议论纷纷，使人们想起法国大革命的雅各宾派说出反对否决先生的咒语。在否决通知书到达众议院之前，洛恩，来自密苏里州的一个愤愤不平的激进分子，提交一项决议宣称第39届国会必要的责任是毫不拖延地采取这样的行动，将实现下列目标：

1. 现在行使弹劾官员的职责适用于具有美国重要官职的总统，依据重罪和轻罪给他定罪而免除其上述职务，他明显而又臭名昭著地犯有重罪和轻罪。

2. 要为忠实和有效的行政管理部门制定条件。

一道命令把这项决议送到联合委员会，于是俄亥俄州的阿什利知道他的机会来了。他一边站起来一边严肃地说，"要履行一个充满痛苦的，然而，对我来说却是一个必要的责任"，他弹劾"安德鲁·约翰逊，美国的副总统兼代总统，犯有重罪和轻罪"。

---

① 《否决通知书》，见麦克弗森的《重建》，第 154、158—159 页。

我指控他篡夺权力、违反法律；

因为他腐败地行使人事任免权；

因为他腐败地行使赦免权；

因为他腐败地行使否决权；

因为他腐败地处置美国的公共财产；

因为他腐败地干涉选举，犯下的种种罪行，依据
"宪法"判定是重罪和轻罪。

James M. Ashley

因此，他提交了一份决议，授权司法委员会"调查美国副总统安德鲁·约翰逊的职务行为，免除他担任美国总统职务的权利和义务"，并报告他"所犯下的罪行是旨在策划推翻、颠覆或腐化美国政府或者其任何部门以及办事机构的罪行"。此决议获得通过，第二天众议院一句话没说就推翻总统的否决而通过了哥伦比亚特区选举权法案。[①]

为了显示现在冒充肩负弹劾重任的那个人的性格特征，我们不得不再次接触那个臭名昭著的康诺弗，我们把他留在哥伦比亚特区的监狱里，接受伪证罪定罪服刑。[②] 在审判他的前前后后，他依照那个特殊的理由起初得到赦免，在他犯了伪证罪和收买别人作伪证的犯罪活动中，他只是身居高位的政府官员的工具，那些政府官员由于受到公开曝光的威胁，为了保全他们自己而把他抛弃了，着手对他检举来实现给他定罪。

安德鲁·J. 罗杰斯是调查杰弗逊·戴维斯阴谋的调查委员会的民主党成员，他逐渐变得深信，这是那个案件正确的见解，并相信如他所说，康诺弗"比别人罪小，或者至少比另外一个人罪小"（无疑是霍尔特），他给总统写了一封信，建议赦免康诺弗，其中有四个重要民主党众议员，在罗杰斯的少数派报告和他同时寄来的信件中所陈述的保证下康诺弗得以赦免。就在这个时期，他通过出卖他的雇主和假装被他们抛弃的帮凶暗中打通了连接执行者仁慈的通道。康诺弗正在开辟另一条打交道的通道，为他们疯狂的欲望准备的诱饵是反对行政机关的证词，而他实际上在向行政机关恳求宽大呢。他设法通过他的妻子——查尔斯·A. 邓纳姆——广泛传播的一个谣言，他以此能够提供对安德鲁·约翰逊定罪的证据。这样的谣言本身是足够使总统的敌人疯狂的，并确保被拘留的犯人关押在一个容

---

① 《国会天地》，第 39 届国会第 2 次会议，第 319—321 页。

② 《国会天地》，第 142 页。

易到达的地方。尊贵的访客挤满了他在监狱里的接待室，其中阿什利，自封是司法委员会的清道夫，无论高低贵贱到处寻找培养错觉的材料，他就是在这种错觉支配下努力工作的。邓纳姆和他的妻子向这个弹劾的先驱保证，他们可以让调查

155　者接触到安德鲁·约翰逊写给杰弗逊·戴维斯和J. 威尔克斯·布思的某些信件，这无疑把总统牵连到刺杀他前任的事件之中。尽管阿什利正在和那个声名狼藉的罪犯交往，但他没有表现出一点犹豫就记下了他的话；我们会很快从他们联盟的一方发现他与霍尔特积极努力从总统那里窃取一份赦免状来赦免这个犯伪证罪的证人，他们打算用这个证人来证明总统是刺客的同谋者。在此期间，直到康诺弗能够得到他的赦免状为止，阿什利都在依靠侦探局上一任首领拉斐特·C. 贝克，因为他对科布夫人态度傲慢，总统解除了他的职务，科布夫人是一个赦免状经纪人，1865 年秋天常去白宫院内。贝克也渴望使自己地位下降的臭名声重新响亮起来，阿什利得意扬扬地把他带到了委员会，在那里他让人们知道了他令人惊奇的故事，具体如下：在 1865 年的秋天，一个来自纳什维尔名叫亚当森的男子，在华盛顿四处窜来窜去寻觅一个官职或一份工作。他向贝克出示了一封安德鲁·约翰逊写给杰斐逊·戴维斯的信件，当时约翰逊是田纳西州的军管州长；牧师布朗洛儿子的一个仆人，是个黑人，在那封信发出去之前从约翰逊的办公桌里盗取了那封信。贝克把那封信带到了白宫，仅向总统的私人秘书出示了那个签名，确定它的真实性，事后把这封信归还给了亚当森，正如贝克以最吸引人的坦率承认的那样，自己当时只是想以最好的价格把它卖了。这封信贝克读了好几遍，他现

156　在根据记忆向委员会模糊地转述它的内容。它是对邦联总统或某个高官来信的一封复信，在披露田纳西州联邦部队的位置后，还提出了若干项政策建议，在南部邦联采纳这些建议后，写信人"将把他在田纳西州掌握的全部力量作为贡献移交给反叛事业"——"他将和他们配合。"其他人也看到过这封信——例如，三名国会议员，还有一个人是马奇特；贝克确信，只要服务于那个目的，他能够把它和亚当森说他还有的其他信件都编造出来。委员会，在听了贝克转述科布的情况后，其中的一个人，他尽兴地诽谤总统，让贝克离开前去找回那些信件，阿什利则是其中一个公开声称相信那些信件存在的众议员。① 除了这个主要的证人之外，委员会的努力还包括听取国务院一两个下属描述现在进行任免工作中的一些作法；听取证人讲述田纳西铁路，该铁路为当时担任州长的约翰逊占有，部分还由其所建，如今根据已担任总统的约翰逊命令移交给了战前拥有它的那家公司；

———————————

① 《弹劾调查》，"贝克的证词"，第 2 页及下文等等。

还听取亚拉巴马州临时州长和密西西比州临时州长透露他们进行的资格测试宣誓的情况，在他们的州归还缴获的棉花和总统反对《第十四条宪法修正案》的情况。直到接纳内布拉斯加州，我们将要引导叙述的一个事件，调查似乎是滞后了。过了那个日期以后，行动变得比较活跃，但证词是零碎的，也是以极不连贯的方式获得的。我们无意中发现少量有关纽约海关欺诈行为以及科罗拉多州当选参议员谈判的证据；竞选阴谋；因政治原因进行的免职；新奥尔良暴乱；甚至寻求证明田纳西州的军管州长策划补偿 10 000 美元进行和解；但迄今这些仅仅是提示，导致什么产生还确定不了，只好这样不了了之。① 然而，委员会多数派在国会的最后几个小时毫不犹豫地报告"足够的证词已经证明留心弹劾是正当的，需要做进一步调查"。委员会中孤立的民主党人在少数派的报告中认为，"没有一点儿证据支持任何一个指控"；"情况是完全没有一点证据可以作为弹劾的根据"；"情况是那些证据完全是无效的"；任何一个阅读过证词的公正人士现在都会认同这些声明。然而，众议院的多数派决心保持这个行动继续进行；尽管脾气更加暴躁的人士表示失望，罢免这个篡位者在这次会议期间不可能实现，但是，鉴于在制定强调重要性的法案中所做的伟大工作，制定重要性措施的任务紧迫，那些领导人愿意忽视从民众中选举产生的新国会议员为国会付出"最大的努力"，他们本来就当心提防，新国会议员一到会，他们的前任立马就消失了。②

当众议院这样忙于进行极重要的审讯时，参议院也在忙于为审判做准备。将要充当高等法庭法官的某些人士再次求助于加强多数派的类似方法，但在最后的开庭期间这种努力却化为泡影了。早在 12 月的时候，韦德就重新提出了接纳内布拉斯加的法案，由于美国国会休会，总统拒绝签署未能成为法律以前，不是提醒注意那个遭受否决现在又放在桌子上的"科罗拉多法案"，而是为她的接纳提出了一个新的法案。因为共和党在参议院比以往任何时候都更强大，采用这种明显的策略为多数派增加四个参议员的理由很少。斯科维尔，在关键时刻阻止新泽西州参议院参加被驱逐的斯托克顿的继任者选举的徘徊者，正如他自己宣称的那样，由于新奥尔良暴动，已经恢复自己的党籍了，州议会（由州长一起召集）选出了一个可靠的共和党人亚历山大·G. 卡特尔填补斯托克顿的职缺。赖特于 1866 年 11 月 1 日去世了，州长立即委任另一名可靠的共和党人弗雷德里克·T. 弗里林海森去填补这个空缺，这样一来，在国会会议开幕的时候，新泽西州重新

157

158

---

① 《弹劾调查》，在证词中随处可见。
② 《国会天地》，第 39 届国会第 2 次会议，第 1754—1755 页。

159 获得了她平等的选举权，26 个州允许由 52 位到场的参议员代表，多数党有 38 位参议员，行政部门的支持者只有 14 名，其中仅有九人是真正的民主党人，多数党参议员比必需的三分之二多数还超出 3 个人。似乎这些尊贵的绅士本可以向他们力量不足的对手略显一点雅量大度。但是，像韦德这样负责提出这些法案的激进分子，绝不相信那种谨慎类型的政治家，把宪法限制看作是反对当前充满激情欲望的改革家，珍惜一种老式优越圣洁的东西。他们不会忘记像费森登、特朗布尔和格兰姆斯这样著名的共和党参议员以前是怎么使他们遭到失败的，他们担心，在最后令人绝望的痛苦中那些人可能再次使他们失望。12 月 14 日当韦德提出他的"新内布拉斯加法案"的时候，亨德里克斯询问两院已经通过、遭到总统否决的"科罗拉多法案"为什么没有再次提出来首先解决。韦德解释说，在上一次会议上，他不想让那些议员推翻否决通过它；但在本次会议上，他根本不打算"拿起否决通知书，因为新的曙光已经来到我们眼前了，它已经显示出了接纳科罗拉多的适当性，所以，总统在表示一个新的法案将很高兴让它通过的时候，他是不会做出否决的。我毫不怀疑这样的表态"。[1] 根据后来的事件来看，这种奇怪而又令人难以置信的声明被默认了，但来自俄亥俄州的苦命参议员却遭受了萨

160 姆纳带来的更大痛苦，萨姆纳是以一致性极为精准而感到自豪的。他不知疲倦地反对拟议的州宪法中赋予公民权的规定所使用的"白人"这个限定单词，我们感谢从同一种类的激进分子口中所发出的两个法案本身缺乏优点遭遇曝光；他现在投入加倍的精力继续他的对抗行为。和来自马萨诸塞州的这位参议员同志一样渴望黑人选举权的韦德大为恼火，也指出了萨姆纳过去投票赞成《第十四条宪法修正案》和接纳田纳西州决议，"而现在却把她议员席上的代表权在叛乱和忠诚之间做了相等地分配"（正如这位参议员表达的那样，他几乎不顾及帕特森的感情）。他希望内布拉斯加为某一目的加入国会，那部宪法否定其人口中五十名黑人的选举权就拒绝接纳它，他认为这一理由是微不足道的、是吹毛求疵的。他说，"我希望我们不应依据这个纯粹的专有名称就冷淡地不准由爱国人士组成的一个准州加入国会。……这些人，让我告诉周围的先生们，相信如同你们做的一样，他们已经准备帮助和支持你们以贯彻执行你们的伟大原则。……在他们加入以后，他们将为你们的臂膀增添力量以坚持你们的伟大原则。"[2] 但这个呼吁没有起到作用。萨姆纳，在参议院的杂志上指出他不是投票赞成而是投票反对接纳田纳西州以后，又傲慢地呼喊："在别个时候，我们全都团结起来说'拒绝更多

---

① 《国会天地》，第 39 届国会第 2 次会议，第 122、124 页。
② 《国会天地》，第 39 届国会第 1 次会议，第 127 页。

的蓄奴州！'我现在坚持另一个口号：拒绝更多在其宪法中带有'白人'这个限定单词的州！"[1] 密苏里州的布朗——一个萨姆纳类型的激进分子——提出了一个附加条件，除非绝不因为种族或肤色否定公民选举权的基本条件；该准州的民众在选举的时候必须宣布同意这一条件，否则该法令将不会生效。去年7月萨姆纳提出同样的附加条件仅得到五票赞同，而且，关于田纳西州他再次提出的这个附加条件，仅得到四票赞同（然而还包括韦德自己）；反对的障碍是那么难以排除，在那时这被认为是国会不能为一个州的民众制定宪法。但现在除了要避免拖延，别的韦德都不在乎。他不仅希望那些参议员加入参议院取得席位，而且希望他们立即加入参议院。正如他所说的那样：

"尊敬而又诚实可爱的先生们，你们被派到这儿作为参议员代表那个准州发言……宣布一个事实，这个准州在人权问题上的进步现在达到一个标准高的水平了。我希望他们在这里是因为我希望这个团体由这些先生带来的援军而得到极大地加强，对你们研究的每一个问题产生影响；你们站在这里就纯粹的专用名称问题寻找小瑕疵就行了。"[2]

出于某种原因，他非常匆忙。他舍不得在已故参议员赖特的悼词上花费时间。他试图撤销规定惯常的假日休会的决议。威尔逊提出应该由州议会保证同意基本条件而不是由民众来保证，这样一来就排除了韦德非常担心的很多耽搁；在这么做的过程中，他通知说，上次会议虽然他投票支持接纳内布拉斯加和科罗拉多这两个法案，但现在必须恢复他在遇到紧急情况时违背的重要原则。

"可是，先生，"他说，"依据事情的发展，我们在参议院的力量现在是有保证的，在明年3月4日以后将和现在的情况一样也是非常强的。无须赘言，因为我们都知道我们的成员增加的情况，到现在为止，在所有可能出现的主要问题上，我们在这里都有一个绝对的、毋庸置疑的三分之二多数的表决权。在任何情况下除了玷污他们宪法的单词'白人'之外，对接纳科罗拉多和内布拉斯加都感到满意，为了确保我们正在努力控制参议院这个神圣的事业，我发表意见并投票支持接纳它们。这种控制已经由别的方式加以保证了。我在那时行动所依据的发号施令的必然性不复存在了。然而接纳这些年轻的州，尽管存在'白人'这个限

---

① 《国会天地》，第39届国会第2次会议，第124页。
② 《国会天地》，第39届国会第2次会议，第147—163页。

定单词，依据处在危险中的国家要求，我看是需要接纳它们的；现在它们带着'白人'这个单词加入国会，依据国家的要求，我看这是不需要的。"①

韦德试图促使表决，但萨姆纳，因为自从在林肯执政时期他设法第一次击败接纳路易斯安那州以来，求助于阻挠议事，那个法案直到假期以后才得以通过，那时，威尔逊的建议遭到拒绝，争论集中在韦德恳求参议院否决的布朗提出的附加条件上面，因为这个理由将会阻挠那个法案的通过。

主席先生，现在，我站在这里请求接纳这个州……当我……按常规倡导平等权利的时候……这是为什么呢？

163　　这是因为，当我认为国家处在目前这种环境下的时候，当我看到可怕的斗争就在我们的前面，我有意把自己武装起来，装备在我的权限内正当管辖的一切力量的时候。来自威斯康星州的参议员昨日表示，他曾经投票支持接纳这个州，因为他认为我们希望得到加强……先生，这是一个好主意。然而，他说现在乌云已经过去，全是晴天了，未来也不需要援军了。

豪——我说，我们现在已经有了足够的票数。

韦德继续说道：

但是，他怎么可能得出这样的结论呢，我不能说我们不想要任何援军。在他把表决权提供给他提交的那个法案时，美国最高法院已经做出了那个判决，在那些叛乱不受约束的州对南部所有的联邦党人放出猎犬攻击时，反而否定军事力量保护他们的权利！那时他知道两个政府部门……已经转变和对手相处得很好，现在准备支持他的路线了！

假设……数量足够多；然而你们不履行责任。我想用一些绝不会缺席的成员加强你们；我想给你们带来一些不会逃避任何责任的战士；今天敲你们家门的就是这样的成员。他们不是那种把你们的朋友留在危险之中的软骨头……

虽然我相信我们负有一个大胆而又坚决履行的职责，但我们手里还要有补救的措施，我要确保，如果补救措施一定在这里存在的话，我们应当有足够力量用目

164　光慑服所有的反对派……我能确定在紧急的情况下不会留下让人怀疑的情形。

---

① 《国会天地》，第39届国会第2次会议，第191页。

我不会为了那个专用名称的幽灵而牺牲这个共和国。①

当然，关于这个法案的"真正灵性"是足够清楚的。在此之后，没有人会怀疑来自俄亥俄州的这位参议员对于弹劾问题所持有的真实态度。正当他茫然困惑的时候，埃德蒙兹为他提供了一条出路。这位来自佛蒙特州的参议员认为，同意那个就要到来之州的民众不必提供国会强求的任何有价值的基本条件，他提议的修正案只不过是为接纳法令附加一个"基本的、永久的条件，在内布拉斯加不必因为种族或肤色否定选举权"；因此，包括不延迟那两位参议员就职议事，虽然授予保留完整无损的黑人选举权的一致性是真实的，但参议院许多最优秀的律师认为，宣布的条款只不过是国会的意愿表达，没有法律的约束力。韦德显然是这么认为的；但看到没有一些这样的安慰话，该法案将不能通过，起码不能推翻否决再次获得通过，他很快就及时地接受了这个帮助，那个修正案被采用了，那个法案对 24 票赞成而 15 票反对的否决置之不理。立即继续使它获得通过，韦德提议考虑他的"新科罗拉多法案"。埃德蒙兹提议应用他所建议的详细说明书，这个动议得到同意，参议院以近乎相同的表决结果通过"新科罗拉多法案"。

因为费森登和特朗布尔都没有对法案投票，在这两次投票表决中还是有像福斯特、格兰姆斯与摩根这样的共和党人投了反对票。就其他任何人来说，使他们感到极大的惊愕会是什么呢。萨姆纳对这两个法案都投了赞成票。如果存在任何单独一个参议员论证了这些法案实际包含有十足的缺点，正如我们所看到的，他就是来自马萨诸塞州的这位参议员。但他已经套在其上的那些反对，在上次和本次会议期间都发生了变化，现在显得密码仅是用来提高一种吸引那位参议员背离其一成不变思想的价值。"白人"这个单词在法案中曾经被删除过；这个"专用名称的幽灵"，当韦德真正这样称呼它的时候，曾经写进法案；像这样显然不胜任的人口作为一个反对的理由，在定期选举时拒绝宪法、暴力、欺诈和非法的第二次选举，使选举变得无关紧要，萨姆纳或许会完全和韦德一样欣然地欢迎来自内布拉斯加和科罗拉多的四张选票。

在辩论结束的时候杜利特尔说：

① 《国会天地》，第 39 届国会第 1 次会议，第 335－336 页。

"来自俄亥俄州的那位参议员在讨论开始的时候，以前政治需要压在他的身上，如同他最近那样，他们也被压住了，在一个他没有回答的辩论中，它是现在没有回答将来也不能回答的，最终表明这个科罗拉多准州是被无条件接纳成为联邦一个州的。先生，不过还有其他的理由，紧迫的理由，政治需要的理由，他会让我们明白的。通过从新州科罗拉多接纳新议员加强本机关四分之三多数是必要的，这也是为什么要执行这个法案的理由。"①

然而，当众议院拒绝采用埃德蒙兹详细说明的时候必定使韦德遭受什么屈辱呢！当曾经批准他谴责为不是共和形式的宪法而使这个团体突然责骂他的时候，谴责诱使他投票赞成这些法案的条件为一个漏洞，通过这个漏洞所有那些被拒绝接纳的州会带着仍然玷污它们宪法的"白人"这个单词返回到联邦中来的时候，萨姆纳将感到多么惊讶，会受到怎样的嘲讽啊！加菲尔德发出警告："建议明天提供一个法案，让南卡罗来纳州也依据相同的条件加入联邦吧！"②道斯想知道违反了"后续条件"是否会使内布拉斯加不再成为一个州了。③沃什伯恩企图把那个法案搁置起来，他评论说："我要阻挠它通过，还要阻挠所有这样的法案通过。"布莱恩则使这个"条件"遭受了致命一击：

"如果先生们想根本不带任何条件接纳内布拉斯加进入这里，就像迄今已接纳的那个州一样，把选举权的问题留给该州自己的州议会或制宪会议来解决，我能够理解这一点。这是一个公正的、公平的、具有男子汉气概的建议。另一方面，如果你的意思是内布拉斯加仅仅依据这样的条件就会被接纳，我也能理解这样的事情。但要在两个命题之间躲闪，比如说，对某一方，这个建议是实现的目标，然后转身对另一方说，它没有坏处，因为它仅仅是一种安慰这里某些有偏见人士的话语，我坦率地说，我认为这是不光彩的立法。"④

真实的情况是，众议院反对弹劾的一个反动活动已经开始了；而韦德的横暴行动，使它清楚地表明，他为了审判正在挑选参议员，许多感到厌恶的参议员并没有丧失保留公开得体的意识。这些人抓住了埃德蒙兹附加条件不灵验的有利条

---

① 《国会天地》，第 39 届国会第 2 次会议，第 362 页。
② 《国会天地》，第 39 届国会第 2 次会议，第 399 页。
③ 《国会天地》，第 39 届国会第 2 次会议，第 399 页。
④ 《国会天地》，第 39 届国会第 2 次会议，第 449 页。

件把它们提供给外出的萨姆纳，而萨姆纳勤奋地为黑人工作并因此要"阻挠那些法案的通过"。不过弹劾的策略是太高明了。作为他们与黑人参政扩大论者之间促使所有的差异和谐的一个协调者，鲍特韦尔先生建议加上"进一步的基本条件，该州的州议会通过一次庄严隆重的公开行动，宣布该州同意上述基本条件"；在收到它的副本时，总统应该立即毫不犹豫地公布这个事实；"因此上述的基本条件应成为该州组织法的一个部分"；而且"准许该州加入联邦应视为完成"；该州议会要在 30 天内召开。这一主张被接受了，修正案制定了，法案获得了通过，科罗拉多的情况其大致的过程也基本一样。① 众议院共和党中反对弹劾的人不得不使他们自己满足于微不足道的利益，延期接纳这些参议员直到下届国会开会为止。应当注意，在他们脸上公然明显地看不到单独哪一个共和党议员接受这两个法案实际缺点的任何想法。孤独的雷蒙德提醒注意"除了选举权问题之外还有其他许多问题需要写进这个决议"。

　　"就我以及我代表的那个州的部分地区来说，那儿有一个大的问题是我不得不考虑的，这是一个利害关系极其重要的问题；政治上允许联邦的大州，如纽约、宾夕法尼亚和俄亥俄等，这些建立时间早、人口众多而又强大的州被那些人口还不足以在立法机关的一个部门赋予它们单独一个议员在本议院发言权利的州在数量上压倒，而且是年复一年地在数量上被压倒，这不仅是一个是否公正的问题，也是一个是否明智的问题。"②

　　他还把"建立新州"比喻成英国授予更多人为贵族的权宜之计。即使像现在这样，这两个法案在参议院也已经接近于彻底的失败。埃德蒙兹反对在辩论中同意无法答辩的众议院修正案：

　　"在把这个准州建成一个州的过程中要么国会有权宣布在那里实际行使的平等权利是什么，要么实际行使的平等权利就必须留给人们在形成他们的宪法的过程中决定。那里绝没有中间地带。至于州议会，我们也可以把它留给华盛顿市的市议会决定如何在内布拉斯加领地组织州议会。"

---

① 《国会天地》，第 39 届国会第 2 次会议，第 480—482 页。
② 《国会天地》，第 39 届国会第 2 次会议，第 478 页。

169　　　布朗的附加条件把这个问题提交给在三次选举内被选定的人们解决；那时，韦德和他更直接的支持者通过团结一致的努力成功地与众议院达成了一致意见。①

　　　本来应该注意到，在这一对法案中，"内布拉斯加法案"已经提供了正确的路线，在这次会议上辩论专门集中在它上面，可是，在它有意静静地跟随在"科罗拉多法案"的后面就非常像一件理所当然的事情了。但总统具有一个教练战士的机智，在发送给参议院的两份否决通知书中，指出"科罗拉多法案"的第一项条款具有不能容忍的缺陷；于是，当理解他简短却无可辩驳的否决通知书时，"新的解释"出现了，确实没有"显出接纳科罗拉多的适当性"，这虽然不是看穿那个秘密的幽深处所，那是潜藏韦德希望总统批准那两个法案的更神秘的地方，但总统却有足够的能力发现韦德在这个特别法案上胆怯而又难以解释的原因。

　　　在间接提到他的作者以后，否决还要等待参议院的意见，进而发表评论说他"感觉不到有任何理由来改变他已经传达的意见"，总统宣布，相反，他发现很多他以前没有觉察到的拒绝理由，而且"虽然他那时确定那几条拒绝理由已经获得了效力，但是，由于现在提交的那个法案改变了性质，仍然产生了其他的拒绝理由"。他现在把这些新的拒绝理由继续列举出来：

170　　　1. 该州政府拟议要形成的宪法很适当地作出了一项规定，在它获得通过和接纳该州加入联邦的时候所有现行法律应该继续施行，这好像宪法没有获得通过似的。在这些法律中有一条是绝对禁止黑人和混血儿投票的。……"然而，在现在让我审查批准的这个法案里面，按照它的意思拟议承认这个准州升格为一个州，规定'不得因为种族或肤色否定任何人的选举权或其他任何权利，不纳税的印第安人除外'。"

　　　2. 总统把他的否决通知书合并为一份对众议院的抗议，那个准州反对通过法律承认为州，"最初没有提交民众投票表决的问题"；正如所阐明的那样，导致这些理由产生了："首先，我们有权在选择我们政府的特性方面发表意见，其次，我们还没有足够的人口维持州政府的开支。"

　　　3. 该准州正在进行人口普查，18 个县中已收到 15 个县的汇报，显示人口为 24 909 人；由于剩余的 3 个县估计有 3 000 人，这将使总人口达到 27 909 人：或者说达不到各州一个单一的国会议员选区所需人口数量（127 000 人）的四分之一。

　　　4. 第四个拒绝的理由使得国会注意"科罗拉多法案""进一步的基本条件"

---

① 《国会天地》，第 39 届国会第 2 次会议，第 484、487 页。

用语是来自"内布拉斯加法案"相应条件用语的最可疑的变种。因为鲍特韦尔先生提议又增加了"内布拉斯加法案"的条件，就是要求那个州同意由"该州的州议会"必须提供黑人选举权的保证，并指示"上述州议会"将由"该准州州长"在"三十日"内召集开会。

在通过"科罗拉多法案"的过程中，"内布拉斯加法案"紧紧相随，事后众议院和参议院显然认为，在一个法案中增加的条件与另一个法案中增加的条件是相同的。但现在出现的情况是因为在"科罗拉多法案"中的条件已被偷偷摸摸地改变了，以致那个州同意必须由"依据上述州宪法选出的州议会"提供黑人选举权的保证，"上述州议会"将由"当选州长"在"六十"天内召集开会。总统自言自语地说，关于那个法案的原文，在他没有把它和"内布拉斯加法案"的原文进行比较以前，就已指出正是这些更改致使执行这个法案变得"几乎是不可能的"。授予召集州议会开会权力的"当选州长"，直到这个州被接纳以后，并"不比一介平民有更多的权力"，而接纳该州直到试图授权他召集的州议会会议结束以后才可能进行。此外，什么构成"根据上述州宪法选举出来的州议会"作为与"内布拉斯加法案"使用的短语"上述的州议会"的区别呢？是声称已通过宪法时选举出来的州议会，还是新选举出来的州议会呢？如果是前者，下议院全体议员的任期和上议院一半议员的任期都已届满；这个团体绝没有资格为任何基本条件给予同意的答复。如果是后者，考虑到大部分地区无人居住并与世隔绝的情况，尤其是从 11 月到 5 月这段时间里要举行选举，然后再召集民众代表开会，六十天时间是完全不充足的。[①]

在这一连串适当的拒绝理由面前连非常勇猛的韦德也可能畏缩不前。他呼吁立即投票表决；但很明显，他已经失去了勇气。亨德里克斯纠缠他解释附加条件措辞的变化：

"这个事实是由否决通知书传达到参议院的，科罗拉多州议会的一个分支机构已经表达了意见……敌视这个行动。我想知道，对这个问题进行表决是否要远离那个立法机关，因为……它是敌视这个法案的；我希望你这个参议员在这个问题审议之前，应该提醒全体参议员注意这两个法案中的差异。我知道，当我们投票表决的时候，我认为每个法案的第三项内容的用语正好是相同的。现在，我请来自俄亥俄州的参议员……解释这个差异，使全体参议员明白两个法案的这一项

[①] 《咨文》，见于《国会天地》，第 39 届国会第 2 次会议，第 818 页。麦克弗森：《重建》，第 160 页。

内容中为什么存在这种差别。"

韦德就静静地坐在那里。他根本就无法解释。暂停之后亨德里克斯继续说道：

"由于来自俄亥俄州的参议员婉拒我的请求而不做任何解释，我们有权利设想一下，在这个问题上具有某种目的……如果这以提交给内布拉斯加准州州议会相同的术语提交给科罗拉多准州州议会的话，它或许会遭到拒绝。因而我们在国会前面出了这样的丑，把一个法案提供给一个州议会以获得一个特定结果，再根据极其相同的环境把一个类似的法案提供给另一个州议会，而在另一个领地上存在的州议会却是不一样的。如果提供的法案所用的语言和另一个法案所用的语言是相同的，想要获得的结果就不能得到。我认为把美国参议院理解为这类业务的一方是不正确的。"

这个诡计被完全曝光了；重新考虑这个法案的事情也悄悄地结束了。①
否决"内布拉斯加法案"的咨文直到第二天上午才着手处理。韦德根本不想宣读它。"我不知道有没有人想来宣读它"，他抱怨道，"这既花费时间又没有人听。"宣读以后，他没有敦促审议那件法案。他急于推动显得要流逝的事情。一个多星期快速短促的会议，关于那件法案什么也没有再听说过。② 1867年2月7日，福勒阅读一封电报，宣布：田纳西州的战斗赢了——给予黑人选举权的法案前一天被通过了——似乎把他从无动于衷的状态之中唤醒了；因为，在第二天的会议结束时，经与少数派协商，他能够推翻否决催逼通过那件法案。他然后做了一个试探性的努力来提出"科罗拉多法案"，但是，按照民主党人抗议的说法，这样一个步骤不在盟约之内，他一言不发地默认了，于是"科罗拉多法案"再一次退到不重要的位置上了。③

几乎没有必要补充说明这件事情，第二天，"内布拉斯加法案"在众议院推翻总统的否决而获得通过，在一片发自议员席和走廊里的热烈掌声、喝彩声中，议长夸张地指挥办事员点他的名字；允许在不到三十天的时间内依照条例召集州议会开会，那个完美设计的法令完成了；内布拉斯加批准了那

---

① 《国会天地》，第39届国会第2次会议，第820页。

② 《国会天地》，第39届国会第2次会议，第851—852页。

③ 《国会天地》，第39届国会第2次会议，第1096页。

个基本条件；内布拉斯加被接纳加入联邦；因而在下届国会召开的第一天，两位来自内布拉斯加州的参议员约翰·M.塞耶和托马斯·蒂普顿——他俩经核准认可忠诚有余——被计算在业已压倒性的多数派之列；——此后，依照职权充当审判弹劾案法庭的法官——依据众议院提出的任何指控，他们也的确认为总统有罪。

在预期的弹劾中，在这个节骨眼上推出的又一举措，应该受到一时的注意。拉斐特·S.福斯特，这位参议院的临时议长在接下来的3月4日将不再是该机构的成员了。一个主持会议官员的优秀品质与一个男人的保守本能，这使他在某些关键场合没有达到党的忠诚标准，比如对驱逐斯托克顿和把内布拉斯加拖进国会这样露骨的花招就显得畏缩不前，不敢进行斗争。他占据与继任总统相连的职位是那些激进分子不安的一个根源，他们期望在一个紧迫需要的时候罢免总统，认为福斯特性情温和，重视礼节，绝不是具有保卫王冠野心的约翰逊的对手；而 175 且那些人下定的决心是，一旦他们完成了一场宫廷革命，绝不允许出现第二个变节者妨碍他们实现目标。谁将成为参议院的下一任议长呢？从会议一开始，这个问题就一直是两院共和党议员的头脑中感到焦虑的问题。随着时间的推移，那些赞成弹劾的激进分子，他们目睹了他那种大胆且又肆无忌惮地处理加强参议院措施的行为，逐渐团结起来依靠本杰明·F.韦德作为应对危机的人物。也许，在参议院依旧找不出来一个胜任主持会议官员职责的人。他自己承认："你们都知道我根本不是议事法规方面专家。"① 但只因一个目的而选择了他，与这个目的比较起来，议长那种职责是微不足道的。他以勇敢坚定而著名；再则来说，如果和他类似的倔强好斗的安德鲁·约翰逊将用武力抵抗罢免自己总统职务的判决，他们就需要一个具有大无畏气概的领导者。然而，就是因为这个显著特征使他受到革命者的爱戴——他不计后果的大胆，他偏好于激烈手段，他倾向于一往无前越过一切障碍快速实现他的目标——他就任最高行政长官将会使那个党的保守政治家和政客感到担惊受怕。这种性情的人以及受这种忧惧困扰的人转向支持威廉·皮特·费森登。这位来自缅因州的参议员是一位政治家，而不是一个政客。他被认为是一个完全可靠的人。行为端庄，判断谨慎，在公共事务方面富有经验，熟悉财政，他在林肯内阁中是一个从未给人留下奇异怪诞印象的人物，也不爱搞 176 恶作剧。他是一个严谨的党员，乐意长久地和他的同志们在一起；然而，正如他曾多次表明的那样，存在某些他不会逾越的限度。无论它们对某些特别受人喜欢

---

① 《国会天地》，第39届国会第2次会议，第2003页。

的党的事业的成功造成怎样的妨碍，他都不会有意地把"宪法"的约束放在一边于不顾。如果罢免总统职务这个紧急事件证明是不可避免的，那么作为一个非常公正的人、一个非常可靠的政治家继任将会使整个政府架构不可避免的震荡减弱到最低限度。但这些胆小朋友的命令和法律现在是学会那样一种达到党的目的的简单方法，越过不受限制的捷径而不是沿着政府行政部门常走的道路缓缓前行，修补在某个打击中切成碎片的联结纽带，在摸索中要解决使用哪一种治国的才能来让危机时刻逝去，这将成为我们的议程。对于史蒂文斯、鲍特韦尔和霍华德等人来说，在上次会议期间，谨小慎微的费森登存在于联合重建委员会之中已经是一种持续愤怒的根源。他们认为，他的保守主义不仅影响了整个团体，而且还玷污了宪法修正案。萨姆纳认为他在黑人选举权的问题上是不可靠的，因为他赞成把黑人受教育作为一个条件。他甚至坚持尊重总统。如果行政部门的基础被打碎，无论如何都不允许这样严格循规蹈矩的人作为社会大变动的无用产物而出

177 现；但领导者要对飓风般猛烈的东西感到欣喜，熟悉大动乱。在会议临近结束的时候这种倾向就变得明朗起来，只有极端类型的激进分子才能继任参议院议长，费森登的朋友放弃了这个战场；于是在参议院的核心小组会议上，韦德当选为参议院议长，没有人站出来反对。

　　记住这种事态，读者就会做好了解这个精选的弹劾冠军现在情愿冒险到什么程度的思想准备。今年3月4日已于星期一到来了；上个星期的会议也异乎寻常地塞满了各种事情。两院都在等待否决《公职任期法案》和《重建法案》的咨文的到来，同时又利用这个担忧的间隔时间提出被拖欠下来的但又不可或缺的立法，这两件重要的法案迫使他们忽视了那些立法。2月28日（星期四）快到午夜的时候，参议院正在根据特殊的安排忙于国内税收法的审议——韦德，没有事先通知就突然提议推迟所有其他的事情，开始研究带有否决通知书的"科罗拉多法案"。费森登因为正在讨论中的这件法案具有紧迫性而提出抗议。亨德里克斯建议说，韦德的目的必定只是提出将来某一天进行表决。但韦德直言告诉他，他期望当天晚上就能得到投票结果。"我知道我不会成功；但我必须尝试一下。"亨德里克斯提议说，不辩论，在明天中午12点半进行表决；里德尔参议员得了风湿病，他说他晚上不能出来；格兰姆斯参议员也病了。但韦德不同意；于是问道：为什么要这么安排呢？回答：

178 　　"这是因为我觉得我今天晚上准备好了，因此比我明天再决定这个问题更好嘛。我觉得，关于'科罗拉多法案'这是坦率明确的。我认为它就是（总统指出的）那种情况。"

　　实情是关于这件法案已经召开过核心小组会议[①]并且已经探知费森登、哈里斯和摩根不会顺从，因此，在参议院人数到齐的情况下，韦德放弃了推翻否决的希望。现在，午夜，是他最后的机会。由于格兰姆斯、哈里斯和里德尔缺席，他可能会成功。正如他在另一个场合所说的那样，他打算要充分利用全能上帝的安排。但是，在这一刻，杜利特尔起身说了几句谏言：

　　"议长先生。我认为已经提出的这个建议……是一个在美国参议院以前从未遭遇到拒绝的建议，从来没有……现在，在这里，十一点半的时候——差不多是午夜——在参议院的事务中，参议员们一直在研究一件重要的法案……冷不防冒出一个提议迫使我们推迟对这样一件法案的审议，今晚对'科罗拉多法案'进行表决，这样办事超过我曾预料过的任何事情。先生，我们不是没做评述的呀。全世界的人都在站着看呢。美国民众知道在这个机关中正在发生什么事情；也存在一些特殊的原因，他们自己要和这位来自俄亥俄州的参议员建立关系，这将引起一些对他的关注，引起一些对他在这个场合追求什么路线的关注。我们都知道，那位参议员在催促通过'科罗拉多法案'这件事情的过程中，他一次又一次地反复说自己的目的是加强这个机关的多数派，已经超过三分之二的多数派。那为什么还要这么做呢，先生？"

　　韦德慌忙打断了杜利特尔的话，解释说"他这儿的许多朋友"不同意他的说法，但考虑到对方的建议是合理的，他因此就默许了。他放弃了最后非常需要的东西，他失败了。第二天早上（3月1日），尽管总统说明了拒绝的理由，但也提出了这件法案是否应该通过的问题。29票赞成，19票反对，4人未参加表决；埃德蒙兹、费森登、福斯特、格兰姆斯、哈里斯和摩根，所有严谨的共和党人都投了反对票。[②] 三分之二多数派突然不复存在了。该法案没有获得通过。弹劾的高潮时期已经到来了。1867年3月4日（星期一）上午十点半，福斯特起身和参议院

179

[①] 《国会天地》，第 40 届国会第 1 次会议，第 497 页。
[②] 《国会天地》，第 39 届国会第 2 次会议，第 1922、1928 页。

告别；韦德随即当选为临时议长。对于这位自夸为这个时期先进而又无私的爱国者的评论是刻薄的，那使他们为所欲为；他们自己挑选的领导人在那天午夜时分成功地强加了一次表决，允许两名科罗拉多的参议员加入参议院取得席位，与他允许两名内布拉斯加的参议员取得席位是一样的；——那么，在每一个人面对的可能性中，安德鲁·约翰逊将被定罪和免职，本杰明·F. 韦德将取代他担任总统职务。

第二章　公职任期法和重建法

当这些弹劾准备工作正在进行的时候，多数党议员在会议开幕时强加在他们　180
自己身上的双重任务——剥夺行政部门的特权和征服南部使其顺从于共和党——
不是没有考虑的。《公职任期法案》和《重建法案》——两件必须完成的重要法
案——并排在一起，一步一步地平稳向前推进。共和党人差不多没有比关心他们
的官职安全更加敏感的事情。在战争期间出现的许多官职被认为是共和党的不可
剥夺的资产，使其对公职的保有期限感到焦虑不亚于侵犯他们既得的权利。在总
统的所有罪过中，什么也比不上他免除经过考验的共和党政客的职务而任命支持
他政策的那些人替代更使共和党人感到如此不可饶恕。"在最近的竞选活动中比
别的任何事情更加激怒那些激进分子的就是这种越来越频繁的撤职；还有，约翰
逊在他西部之旅的过程中发出"把他们踢出去"的威胁比他别的所有言论都更深
地激怒了他们。在上届会议上，对《邮政拨款法案》停付被任命者薪水的修正案
经由参议院同意、然后重新审议，进而又表示不同意，最终没有得到参议院的批
准。该修正案针对的真正弊端是什么，阻止任命的行动一直进行到最后一刻，在　181
休会以后，重新任命的官员也没有获得参议院的批准，甚至遭到拒绝。我们现在
已经处在战斗阶段，这种胆小的方法比无用还糟糕。必须在前面进行攻击，沿着
整个战线攻击。在其他问题上——弹劾，重建，黑人选举权——可能不时都会出
现缺乏一致同意的东西，但在必须严厉剥夺总统驱赶他们党羽下台的权力问题上
共和党人却是一个整体。

维持三个机关分工的政府，任命和罢免官员的权力属于行政部门，这作为一
个理论命题是足够清楚的。但是，美国宪法则通过填补较高的职位需要根据参议
院的意见和获得参议院的同意而清楚地限制了任命官员的权力，而且还授权国会
通过法律把任命较低官职的权力授予各部门与法院的首脑以及独一无二的总统。
这些规定可以被看作是对理论权力范围的自动侵犯，但它们专门保持罢免权完
整。没有一个单词表示倾向于削减这个部分的特权；而且这个唯一最关键的部分
隐含的一个论点是，罢免权和任命权是相互关联的，对一种权力明确做出了限制
对另一种权力必定根据暗示也做出了限制。而且事实上，正是这个论点构成了　182
《公职任期法》倡导者的全部储备。关于它的使用却附带有可怕的障碍，这是事
实。正是第一届国会引起了这个明显的问题，进行了深入的讨论，并做出了不利

于攻击这个特权观点的决定；而且这个决定被政府的司法机关承认作为有关宪法规定的权威解释，然而尽管有时会受到质疑，它仍然被美国的每一位总统所遵循。事实上，罢免权被总统独自使用除了存在政治观点分歧之外没有其他的原因，这被林肯总统所坚持，他做过美国历史上空前的一次大规模的官员人事变动。然而，像这样令人困窘的事情阻止不了占主导地位政党的领导人，相信像他们所做的那样，它的存在就包括战胜那些弊端的行动。

来自宾夕法尼亚州的众议员威廉斯在众议院提出这个问题的时候说：

"如果你想成功地弹劾，你必须剥夺他影响公民命运的权力。决不允许用闪闪发光的小玩意把视觉弄模糊，或者说用来诱惑检举人或法官的贪婪或野心。决不允许大批接受津贴的人环绕在他的身边，依赖他的意志维持生活。另一方面，总统利用所有这些帝王般最高特权投资，凭借武力支持，具有更高判断力、更贤明的顾问，可能威胁公众的和平，通过把自己投入竞技场，进行更成功的威胁，183 拥有一支比根据最近皇家的命令召集的瑞士王室或早期执政官的护卫队更强大的军队，与你们争夺控制最高统治权。"①

关于缩减开支，在上次会议上已经指示联合委员会探究这个问题的来龙去脉，在12月本次会议上公布了一件法案，其中第一项条款要求参议院同意罢免宪法要求参议院批准任命的所有官员，内阁官员除外。同时值得注意的是，这个反对措施一制定出来就受到众议院的支持（不过是通过微弱多数票获得的），还有一个替代品，规定内阁官员除非参议院同意提前免职以外，应该"在总统委任他们任职的任期内"任职，它因77票赞成对81票反对，双方得票数接近没有获得通过；这显示出众议院的领导人在必须保护现任内阁的任何一个特殊成员的问题上尚未团结起来，② 第二项条款赋予总统权力，在参议院休会期间，任何文职官员因行为不当或因不合格或因不胜任在第一项条款规定的范围内暂停职务，还要指定某人履行其职务的职责；但是，在参议院开会之后的二十天内，总统必须向参议院报告这样的停职以及停职的原因；如果参议院同意，总统可以罢免这样的官员，并经参议院同意重新任命一个官员，如果参议院不同意，暂停职务的官184 员应该立即恢复其职务。第三项条款规定，总统通过授予到下次会议结束期满的委任状，可以填补在休会期间碰巧发生"因死亡、辞职、任期届满或其他合法理

---

① 《国会天地》，第39届国会第2次会议，第22页。
② 《国会天地》，第39届国会第2次会议，第73、94页。

由"出现的空缺；如果到本次会议结束没有完成任命的全部程序，那么这个空缺职位应保持搁置状态。

参议院直到 1867 年 1 月 10 日才开始对这件法案进行审议；那时，要求实施的第一项条款为什么规定把内阁成员除外，负责该法案的埃德蒙兹回答说：

"原因似乎在委员会，经过多次磋商和思考，国家的最高行政长官就个人而言应该有符合他心意的人作为他的机密顾问，这是合理的、正当的。""他能够把全部的信任和寄托放置在他们身上"；"而且只要每当它应该在他与他们中任何一个人之间的关系变得似乎像他认为的那样，以至于尊重各自不一致的东西、那种值得托付、互相信任的关系到了放弃的时候"，"在这种情况下应该允许他免除那个官员的服务。"

对于威斯康星州的蒂莫西·奥蒂斯·豪来说，这种解释是不能令人满意的，豪已经到了否认各部门首长是总统机密顾问的程度。他说："内阁不是总统的内阁，它是民众的内阁。"这个未来在 1881 年担任阿瑟总统内阁邮政总长的豪认为，在政治问题上和总统的意见不一致是一个内阁部长的美德，是他应该继续掌权的一个理由。这位参议员过分地断言，他"一点也没有提到现在负有总统职责的那个人"；这件法案不是一件临时的立法而是一部永久的法律。但没有一位参议员前来支持他，而他想说的提议就是上述的反对意见，结果却遭到一致否决。[1]

在审议第三项条款的过程中，休会期间做出任命填补由免职造成的职位空缺是惯例，当时，要么根本不把被任命者的名单发送到参议院，要么发送到参议院了，被任命者也没有得到批准，在会议结束以后又同样重新任命那些人，因而遭到各方面的谴责，尽管得到历届总统的先例和历届司法部长意见的支持，在战时也承认符合宪法精神。但反对派参议员声称规定休会期间任命的那一项条款还不够完善，也没有被会议确认，官职必须保持空缺，如果走得太远会因而侵害总统填补"可能发生在休会期间所有空缺职位"的权力。该法案的倡导者回答说，宪法这一条款中提到的"空缺职位"只是按照那个单词"意味着不测事件，偶然性，不确定性"这种意义上发生的那些空缺职位，而不是由总统的任意行为造成的空缺职位；此外，绝不能把上次会议期间本已存在的说成是休会期间所谓"发

---

[1] 《国会天地》，第 39 届国会第 2 次会议，第 382—389 页。

186　生"的空缺。然而，他们的对手表明，这种解释是有悖于政府始终如一的惯例；已被司法界官员裁决的这个条款意思是"相对存在而发生"，而不是"相对出现而发生"。

　　关于第一届国会要求参议院与总统做出意见一致的罢免规定，其合宪性问题的争论直到 14 日当威廉斯接受肯定的主旨思想时才开始。这样的一个立法解释不利于第一届国会在这一方面胁迫宪法的那件法案，他没有争论而是努力贬低其作用。他引自《联邦党人文集》中汉密尔顿的意见："该机关（参议院）的同意对撤职和任命都是必要的"；然而，不可否认，麦迪逊是相反意见的首倡者，他声称麦迪逊绝不是一贯正确的人——"1798 年弗吉尼亚州决议"和"美国银行决议"就是例子。他还声称，当最高法院没有做出直接裁定的时候，它的意见仍然处在他们倾向于维持这个规定的范围内；援引享嫩单诉案的案例（联邦最高法院判决报告，彼得斯辑，第 13 卷），著名的马伯里诉麦迪逊的案例，还有最高法院法官麦克莱恩在美国诉格思里的案件中的意见（联邦最高法院判决报告，豪辑，第 17 卷）。然而，当雷弗迪·约翰逊将要回应时候，其引用不严谨的典据却变成了一个危险的实验。那位来自马里兰州的参议员证明，汉密尔顿也不是一贯正确的人，在担任财政部长以后，他改变了其在《联邦党人文集》中表达的意见就是明证。他指出，马伯里与麦迪逊案例中没有提到政府的较高官职而提到给予

187　国会"较低官职"的控制权，国会已经行使了这种权力。他指出，在享嫩单诉案和美国诉格思里案这两个判例中，不仅引用未经证实的威廉斯的论点，而且实际上对威廉斯的论点也产生了不利的影响；最高法院法官汤普森说："这项权力只属于总统一人，这一点很早被接受为'宪法'的实用解释"，关于后一个案例，最高法院首席大法官麦克莱恩说："罢免权或许已经被民众接受的时间太久了而现在不会受到怀疑。"

　　但最符合逻辑和详尽的意见是由宾夕法尼亚州的巴卡柳阐述的。他以主观断言的下列基本命题开始：

　　"本政府根据美国宪法，关于罢免权力仅存在两个可能的定位。……它必定归属于总统……独一无二，他是行政部门的首脑，并负责执行法律，或者它必须授予总统，他在任命权方面需要根据参议院的意见，获得参议院的同意，依据与任命权关联产生的暗示根据，在罢免权方面也需要根据参议院的意见，获得参议院的同意。……如果这种权力不是归属于总统一人，或归属于总统和参议院，它就没有着落；什么地方也不存在；无论把罢免权归属于别的任何地方，必须建立在这个基础上，它是一种想象的或潜在的权力，可以依靠给予美国国会的那些普

通的立法权力创造出来或使其自动产生，已经提出的这种意见赞成制定一部法律。但因为这是一种政府同意和授予的权力，因为授予国会是明确的，正是在这一点它自身表明，与罢免权归属于总统一个人的结局一定是相反的。

如果罢免权是属于总统和参议院共同的权力，两者都不能单独地行使它；而　188
且这件法案遭到谴责是由于"它提议允许总统单独行使暂时撤销职务的权力，还
有单独罢免内阁官员的权力。"

那位参议员提供了第一届国会的详细记录，附带大量的引文，揭示涉及当前
这件法案真正问题的各个方面都已公开进行过充分讨论；而且这个问题是在政府
运作的最幸运时刻已解决了，那时绝没有任何个人或政党问题会受到影响。他在
辩论中引述了麦迪逊先生这样的说法：

"依照另一种观点来看，与其在紧急事件出现可能要求行使罢免权的时候再
进行这种解释倒不如现在进行解释更为适当。目前每一个议员都倾向寻求真理，
如果我们发现真理并遵循真理的指导。我有理由相信，同样的意愿在参议院是占
上风的。但是，当某个高级官员出现问题的时候，如果没有参议院同意的话，总
统也可以将其免职，情况是这样的吗？如果我们离开宪法采取这种方针，直到总
统认为它有利于行使罢免权时才会阐述它，假设他认为他拥有罢免权；因而会导
致参议员们提出他们的要求。在任何主要部门的重要官员获得任命完全不影响他
们裁决的时候，他们才会像此时这样平静地做出决定吗？可以想得到的是这里的
议员，无论参议院的议员还是总统本人没有一个人会激动起来，或者受派系斗争
困扰。如果在任何时候提供一个适当的时机来决定，它必定是像现在这样的时
机。"（《国会年刊》，第1卷，第547页。）

巴卡柳说："相比之下，这些智慧的语言显示出1789年国会全体议员卓越的　189
能力和素质，在政党形成之前，在官职的任期方面就形成了个人利害关系，不同
于现在国会里充满兴奋的党羽常常受到与我们辩论的主题有极深利害关系的数千
官员的影响。"那位参议员宣读麦迪逊书信摘录，那个时候写下的问题在杰克逊
统治时期又展开了热烈讨论，其中麦迪逊重申了他原来的意见。在一封写给约
翰·巴顿（1834年3月）的信中，他颇具先见之明地说："如果参议院的权利
是，或变成，一种宪法权利，它将使政府的那个分支机构能够给行政部门强加继
续任职的时间，甚至为内阁官员强加继续任职的时间，这样一来，与总统个人和

政治的关系仍然会从和谐状况转变成为一种公开对抗的状况。"①

就某些前提来说，辩论已经失去活力。那件法案的倡导者在争论中被其对手驳得体无完肤。共和党中最能干的辩论家沉默了。萨姆纳凭借提供额外一项条款来复活这种讨论，规定从现在起凡是由总统或任何一个部门的首脑任命的官员，其薪水每年超过1 000元的，应由总统和参议院共同任命；自1866年7月以来，凡是由总统或部门首脑任命的官员其任期应该在1867年2月的最后一天届满。

190 这的确是埃德蒙兹把它称作"一个笼统的命题"之类的东西；在参议院的派别保护下不仅产生了许多官员，而且通过迅速拿走他们变节行为的酬金回击共和党的脱党分子，尽管埃德蒙兹非常真诚地反对这种做法，但因为"加载一件重要法案，旨在解决一个起码具有详细内容的崇高原则问题"，并"使那项措施的赞助者遭受他们对手的非难，该法案的目的纯粹是暂时的，是针对安德鲁·约翰逊的"，"意欲取消总统做出的罢免"。把埃德蒙兹的抗议仅仅当作发出或不发出外交抗议似的，只有形式上的意义，萨姆纳抛出了未经证明的真理：这"是一个起因于历史紧要关头的命题。这件法案，从更大范围上看，就是这样一个命题；它起因于历史的紧要关头；那是它的力量和价值。我们应该通过这件法案……为了应对危机。我们都觉得它是必要的。……"

"总统，至少应该暂时剥夺他行使的特命的职责权力。他在一次讲话中公开地宣布他要把当前的掌权者'赶下台'。"因此，我们对他们应给予我们的保护。"它属于历史使命。"② 仅仅过了一天，他又回到那个主题上："先生，这是时代的责任。……在我们的祖先身上完全没有这样的责任；在我们最近的前辈身上也完全没有这样的责任……因为从未有过美国总统变成了他自己祖国的敌人。"③

191 遵守议事规程，他得到主席的准许，而且依照要求，主席又得到参议院的准许。第二天，在参议院辩论言论自由的过程中他说：

安德鲁·约翰逊……依照支配他的精神以及他对他的国家正在造成的损害来看，他已成为杰弗逊·戴维斯的继任者。……

从阻止安德鲁·约翰逊的角度来看，我不纠缠于他宣誓就职时在酩酊大醉的状态下公开自我暴露的事情；我也不详细叙述他使国民蒙受以前从未蒙受过的那种感情脆弱的耻辱讲话；我也不倾听任何出售赦免状的报告，或者说个人堕落的

---

① 关于辩论见《国会天地》，第39届国会第2次会议，第407、438—440、461—463页。
② 《国会天地》，第39届国会第2次会议，第468—469页。
③ 《国会天地》，第39届国会第1次会议，第525页。

报告。……这些事情都是有害的；太有害了；但是，在有些参议员看来，它们不能证明我们现在的理由是正当的。

但"总统已经篡夺了国会的很大一部分权力，他使用这些篡夺的权力煽动叛乱精神，重新唤醒即将消失的叛乱热情。""对善良人来说他不仅成为一种恐怖物，而且还是邪恶势力的一根支柱。"这是他严重的、不可饶恕的罪行。……他是一个篡位者，有望成为一个摩西，已经成为埃及法老那样的暴君。

我会被带到一边而完全不考虑补救这种篡夺的办法吗。

雷弗迪·约翰逊严肃地斥责一个参议员偏偏又乘弹劾行动在众议院未决的特殊关头，任意用这样的绰号反对总统。"就那位特殊的参议员而言，美国总统因为他是一个他自己祖国的敌人而受到弹劾，因为他是一个篡位者而受到弹劾……他会受到怎样的审判呢？设想我们都跟着那个权威，来自马萨诸塞的可敬参议员 192
继续前进，表达相同的意见；世人会说什么呢？"①

萨姆纳给那件法案增加的那项条款被否决了，豪重申了他的那个产生内阁官员异议的提议；而且他利用现在第一次公开讨论的理由支持其提议。引述《纽约先驱报》的一个传闻，总统正式提出任命为驻奥地利公使的参议员考恩又被提议担任陆军部长的职务，他说："如果我的修正案被采纳，那么这个部长职务对于劝阻被提到的那位将去奥地利担任公使的先生就不起作用了。""我更愿意看到现任者保持对那个部长职务的控制；因此我不乐意总统未经参议院同意就从他那里得到那个部长职务而把这个权力留在自己手里。"考恩重点是否认这一报道，而来自加利福尼亚州的康内斯，为了陆军部长的利益，有点不满豪传达的那种意见，就是杰出的公民需要该修正案可能提供的任何保护。"我以为，"他说，"了解他或者说了解他品性的人在这儿说他自己是寻求或希望在那里或其他任何地方得到保护的最后一个人几乎是没有必要的，无论在哪里这么说都是没有必要的。"豪抗议说，陆军部长"根本想不到将要提供的那件修正案"，他进一步补充说："我认为美国国会承担的责任重大，如果知道他存在被撤职的可能性，他们断定将要撤职的时候他们会这么做加以预防的。"② 当参议院最终把豪的议案付诸表 193
决的时候，根据 13 票赞成（全是正式的共和党人）对 27 票反对（其中 16 人是正式的共和党人）的表决结果，把斯坦顿留给总统，看总统会不会对他发慈悲。在辩论过程中又添加了若干有关刑事处罚的项目——违法做出任命与免职，接受

---

① 《国会天地》，第 39 届国会第 2 次会议，第 542—544 页。
② 《国会天地》，第 39 届国会第 2 次会议，第 547—548 页。

任何这样的任命，以及从国库为这样委任的任何人支付的任何款项等，都是"严重的轻罪"，可以处以不超过 10 000 元的罚金或不超过 5 年的监禁或同时处以上述两种处罚；这显然着眼于宪法的弹劾条款。此外，现在参议院通过的这件法案在成员结构上主要来自那个委员会。①

众议院这个时候拼命地在重建措施上操劳，参议院的法案直到 2 月 1 日才着手处理。到那一天在内阁成员任期问题上的一个变化支配了多数党许多领导人的情绪。自 12 月 12 日以来，当使总统不依靠他可信赖的顾问的建议在众议院遭到失败的时候，很多事情已经发生了。"哥伦比亚特区黑人选举权法案"被否决了。广泛传播的谣言是，自从那种否决麻烦出现以来，在内阁中斯坦顿终于在那里表明他的意图。对尚未重建的南部实行军事统治眼看就要来临，必须确保伟大的陆军部长留在他的职位上。因此，形成了一个用来剔除那件议案有问题的异议，一个以前曾投票反对那件议案的议员现在也公开在发言中支持它了。事实上，在第一次尝试中，这件议案因为几乎相同的表决结果（76 对 78）未能获得通过；但重要的共和党人现在都持乐观的态度。第二天重新审议这件议案，那个异议被 82 对 63 的表决结果排除了；与这件专一的修正案一起，那件法案也通过了。②

众议院采取新立场迫使参议院恢复争论，埃德蒙兹不仅指出了其存在的不适当的地方而且还要求召开一次协商会议。豪作为众议院的捍卫者挺身而出，主张罢免权没有授予总统，而是授予了弹劾法庭；并且责难第 1 届国会通过他毫不犹豫地称之为"一项不诚实的法规""一项懦弱偷懒的法规"之类的东西。雷弗迪·约翰逊预测，如果这件修正案获得通过，下届总统选举之后的第 1 届国会，如果它的每个机关中都拥有对当选总统友好的多数党，这件修正案就会被废除——真是一语成谶大幅应验了。但是，反对这件修正案最具活力的人正是谢尔曼：

"这是一个包括我的问题，"他说，"不包括符合宪法的法律，只是一个规矩的问题"。"假设原来的某个内阁部长在行政部门继续保留他的职务。这是难以想象的，我承认，因为我看不出任何一个有身份的先生怎样能够做到这一点。或者说任何人怎么能够担任反对他首领意志的那种官职呢；但如果我们通过这件修正案。……我们就迫使总统要保留……任何一个没有礼貌足够引退的人继续任职。"

"我一想到强加于总统一个和他关系不友好的内阁部长就会马上想到强加于

---

① 《国会天地》，第 39 届国会第 2 次会议，第 405、550 页。
② 《国会天地》，第 39 届国会第 2 次会议，第 937、943－944、970 页。

他一个在私人和政治关系上都不友好的私人秘书。"

"任何一个适合担任内阁部长的先生，他受到其长官的暗示，他再继续留在那个职位上使其长官不愉快就必须辞职。如果他不辞职将会指出他已不适合留在那里。我无法想象一个内阁官员将在那里继续保留自己的职务而蔑视和反对其长官意愿的情形；如果这样的情况发生，我肯定不会根据任何特别的或普通的立法保护他留在那个职位上。"①

参议院保持坚定，以 17 票赞成、28 票反对的表决结果拒绝同意谢尔曼的意见。众议院坚持它的修正案，任命一个协商委员会（由申克、托马斯·威廉斯和威尔逊等三人组成）：对此参议院通过任命乔治·H. 威廉斯、谢尔曼和巴卡柳作为回应。18 日晚写出了一份报告，由参议院方面威廉斯和谢尔曼和众议院方面的所有与会者共同签署，反对的努力因此失败了，取而代之通过的附加条件是，内阁官员"应该在任命他们的总统任期时间内担任他们各自的官职，其后的一个月，免职需根据参议院的意见，获得参议院的同意作为必要条件"。众议院的多数派不仅通过了这个明显被认为是他们获得胜利的报告，而且他们还亲自庆贺他们自己特别喜欢的部长获得保险了。在说明那个附加条件的术语后，申克解释说："事实上，这是参议院接受了一个众议院采取的立场。"② 粗略地看它的术语不仅没有人特别仔细检查过，而且它的准确意义忽略了未被注意的东西。在参议院情况不是这样的。第一次审阅它的时候，这个报告不仅被认为是参议院的与会者放弃了该院的立场，同时也引起了很大的义愤。然而，他们的解释澄清了此事。威廉斯指出，该附加条件允许即将就任的总统随意选择他自己的内阁成员，给他一个月的时间组阁，而增加的是他认为无关紧要的问题，例如：

"我毫不怀疑，任何一位有点自尊的内阁部长——我们很难想象任何一个占据那么有责任职位的人没有那种感觉——在总统向他表示不再需要他到场以后还会拒绝总统要他辞职的要求而继续留在内阁里。不用说，不管怎样，规定的作用实际上是很小的，因此我认定，只要总统认为赶走一位讨厌不为人喜欢的内阁部长是适当的，他只需表示这种愿望，那位部长就会引退。"

另一方面，亨德里克斯却持有不同的看法：

---

① 《国会天地》，第 39 届国会第 2 次会议，第 1039、1040、1043、1046 页。
② 《国会天地》，第 39 届国会第 2 次会议，众议院文献第 1340 页，参议院文献第 1514 页。

"一个品质不高的人进入内阁后会说，如果总统希望他离开，'国会说我可以留下，因此我会坚持下去。'真正应该被驱逐的人也是正想坚持待下去的人。当然，君子是不会赖着不走的。"

197　　谢尔曼的言论尤为引人注目。他为同意那个报告而向参议院道歉，他说他这样做也是"很不情愿的"，但他托称众议院与会者不仅"很顽强"而且"那件法案总的意图是那么重要"以致他认为"不应该因为枝节问题上的争执而受到危害"。他继续说："我认为在他的长官希望他去职以后，任何一个君子，任何一个有点荣誉感的人，绝不会再继续担任内阁官员，因此就总统而言，只要有丝毫的暗示总是能够确保某个内阁官员辞职的。"

杜利特尔击中了问题的要害：

"我希望调查这个委员会会议炮制出来的最不可思议的东西，该委员会完全实现不了他们通过那件法案的条款以及他们使用的术语图谋的东西。我料定它是针对行政部门首脑的，要约束他以留住他的某些内阁成员，因为在讨论这件法案行将结束之前就公开宣称，承认现在的最高行政长官有权罢免名单上提及的内阁成员将是无法忍受的。现在，这个方案根本没有影响到那些成员。"

他然后宣读那个附加条件，进而继续说道：

"现在，让我们来看看事实吧。陆军部长是林肯先生在他的第一任期内任命的；以后他再也没有被任命过。……林肯先生在他的第二个任期内没有为他做过任何任命，而他则继续担任陆军部长。约翰逊先生没有对他做过任何任命，但他
198　已经继续担任了陆军部长。海军部长如此，国务卿亦是如此。内政部长、邮政总长、司法部长固然是约翰逊先生自总统职务传给他以后任命的；依据这个法律条件，内政部长、邮政总长、司法部长必须在约翰逊先生的任期内继续供职；但国务卿、陆军部长、海军部长依照规定的条件，明天就可以被他免职。"

不是个别参议员质疑这种解释的正确性。谢尔曼非常强烈地否认协商委员会具有任何像杜利特尔强加于协商委员会的那种目的：

"我说，参议院还没有以任何人或任何总统为目的的立法，因此他（杜利特尔）依据假设的东西着手是不正确的。我们没有为了保留陆军部长、海军部长或

国务卿而制定法律。"

杜利特尔在这一点上插嘴说他在辩论中听说，"现在的最高行政长官有权根据名单罢免陆军部长将是不能容忍的。"

谢尔曼因此坦言，"某些参议员可能有这样的目的。"但是，他继续说：

"由两次表决形成的异议显示，参议院没有这样的目的。事实证明这一规定并不适用于当前的情况，它的语言是那么构成的以致不适用于现任总统。那位参议员亲自说明那一点，真心地指出，它不会阻止现任总统罢免陆军部长、海军部长和国务卿。而且我认为这些先生中要是随便哪一个在人品方面如此不受人敬重，以致他担任的职务在美国总统礼貌地暗示他的服务不再需要以后，作为一个参议员，我可以肯定会同意随时罢免其职务，并且我们所有的参议员都会如此。"

由于这个解释这么无异议地强加于那个附加条件之上，会议报告星期一（2月 18 日）通过了，该法案也送交给总统了。①

两天之后沿着同一方向思考过的两件主要法案中的另一件法案正如我们说过的那样，必须完成多数党所承担的任务。《重建法》和本书主题的关系不如《公职任期法》那么密切，它的规定和要求对它通过的记录仅作一个简要的阐述。2月 6 日，联合委员会公布了一件法案，在清除掉十个仍然被拒绝接纳州的"假州政府"以后，把这些"所谓的州"划分为五个军区——弗吉尼亚为第一军区；北卡罗来纳和南卡罗来纳为第二军区；佐治亚、亚拉巴马和佛罗里达为第三军区；密西西比和阿肯色为第四军区；路易斯安那和得克萨斯为第五军区——每个军区由一位军队的军官统治，要求军官的军衔不低于准将，拥有无限权力，而每位军官都由那位五星上将指派。这件法案在经过一场尖锐的斗争后才于 13 日被众议院通过。参议院采纳了一件在这些方面不同于原法案的替代品：一、十个州政府用"不合法的政府"称呼代替"假州政府"。二、总统指定军事指挥官，而不是五星上将指定军事指挥官。三、增加一项规定列举在必须采取连续步骤之前，十个州中任何一个州都能避免军事统治的束缚而恢复他们在联邦中的地位，具体规定如下：1.《第十四条宪法修正案》必须成为美国宪法的一部分。2. 州宪法必须由不分肤色的所有成年男性公民选举出来的代表大会制定，那些因为叛乱和重罪被剥夺公民权的人除外；并且这部宪法必须保证黑人成年男子的选举权但可以

————————————————

① 《国会天地》，第 39 届国会第 2 次会议，第 1515—1518 页。

剥夺参与叛乱的白人男子的公民权。3. 宪法必须提交给同一类型的选民批准。4. 如果获得多数批准，它必须提交给国会审查。5. 如果国会批准，该州必须于当时认同《第十四条宪法修正案》，由于它是一项规定，实际上，使所有的官职，无论州内官职还是联邦官职，南部叛乱的民众领导人没有资格担任。6. 这些州选举产生的参议员和众议员必须能够进行"绝对忠诚"宣誓。

多数人是赞成军事统治的，纯洁又简单，并且反对向迄今任何"假装的州"指出各种逃避的办法，众议院拒绝同意指出的那些逃避办法；参议院坚持其替代品，还拒绝协商。整件法案由于这种争执陷入危机之中，众议院勉强接受了减轻处罚的部分，增加了两处修订，然而，其条件还是非常严厉的，即：1. 附加条件规定"依据拟议的《第十四条宪法修正案》被取消担任官职与基本公民权利的人，他们作为大会成员为任何一个叛乱州制定宪法绝不是符合条件的，任何一个这样的人投票选举这种大会的成员也绝不是符合条件的"。2. 一件修正案规定，存在于十个州的任何一个文职政府直到它们被国会承认为止仅是临时的，而且随时可被美国废止、取代或改组；但在此期间，在这些政府统治下进行的所有选举中，除了像现在这件法案规定的那样办理之外，禁止任何人投票，禁止任何人担任官职。参议院最终同意了众议院的修正意见，通过了这件法案。①

参议院授予总统而不是授予五星上将指定军事指挥官的权力，没有把五星上将的指挥部固定在华盛顿，没有规定总统发布的一切有关军事行动的命令必须通过该军官发布作为《军队拨款法》的一项内容，众议院可能不会同意参议院的修正案；此外，"如果没有参议院先行批准，五星上将不得被免职、停职或解除指挥权或指派别处的职责"；违反本项规定的所有命令都是无效的，发出这些命令的官员将被宣布犯有轻罪，而且传达这些命令的任何一位军官将会遭到监禁。真是一个更加无法想象的明显违反宪法的实例啊。它是一个使他的部属不受其上级官员约束的尝试，限制了那位官员由宪法明确规定作为军队总司令的权力，而实际上把参议院与那个五星上将联系在一起。可是，这一项规定得到了出席会议的每一个共和党参议员的选票支持，享德森除外。含有这种攻击他特权的法案在这么晚的时候才送达到总统那里以致他可以通过拒绝签署的办法阻止其成为法律。但是，因不愿士兵薪酬的拨款失败，他觉得被迫签署这件法案是值得的，然而，伴随着他签署一起的是抗议这一项条款"使他丧失作为宪法规定的军队总司令的

---

① 《国会天地》，第 39 届国会第 2 次会议，第 1037、1215、1459、1469、1340、1570、1399—1400、1645 页。

作用"，并断言"政府年支出预算案也不适当"。①

当《公职任期法案》到达总统那里时，他把它交给内阁审议，内阁的每一个成员都宣称它是违宪的；而且没有一个人比陆军部长更加重视这个问题。要点是有疑问的，这是理所当然的，毫无异议的，斯坦顿既然不在这件法案的保护范围内，由林肯任命的其他任何一个内阁成员自然也不在这件法案的保护范围内。总统对斯坦顿显得充分掌握宪法问题造成了那么强烈的印象以致他要求这位陆军部长准备起草否决通知书。这位官员托称身体不行，拒绝接受起草否决通知书的工作，但宣称他愿意帮助准备那份文件。否决通知书实际上是由西沃德在斯坦顿的协助下写成的。这是一篇平静而透彻的评论，介绍了第1届国会的会议录和决议，回顾了从那个决议之后到现在所有政府部门的一系列的先例；然而没有耽搁片刻这件法案就推翻总统的否决又被通过了。②

《重建法案》，总统本来可以使用搁置权，通过简单地把它放在自己的口袋里就能够使它无法生效，但是，与他的敌人期望的相反，他决不利用这种方法，而是在给参议院发送《公职任期法案》否决通知书的同时他也给众议院发送了《重建法案》的否决通知书。众议员们在听到宣读的那个通知书时没有心情鉴赏它的作者那种有雅量的自我克制。就多数党来说，前提呀，论据呀，结论呀，语气呀，都不亚于一种可弹劾的罪行。每一个段落都构成严重的轻罪。我们感谢为弹劾审判提供了这样的咨文，《公职任期法案》的否决通知书是西沃德在斯坦顿的帮助下写成的。我们感谢弹劾委员会从作者嘴里逼出来的那条消息，《重建法案》的否决通知书最初是由耶利米·S.布莱克起草的，然后由安德鲁·约翰逊进行过彻底的修改。布莱克是他那一代人中造诣最深同时也是最敏锐的律师之一；此外，他也是一个最有才气的辩护人——在陪审团面前和在全体法官面前都显得有才气。他既是著名的法官又是著名的律师，当他在布坎南总统的内阁中担任司法部长和国务卿的时候，在一个危急的关头，他表现出了一个政治家的勇气。但是，他作为一名律师、法官和政治家是著名的，他作为一个有争议的作家却是最

203

204

---

① 鲍特韦尔先生声称以草拟这一项规定的荣誉而引以自豪，追溯到1866年12月1日，为了应对困扰他们爱国形象的一些由总统提出的黑人计划，根据斯坦顿的命令而草拟了本项条款。鲍特韦尔：《艺术》，《北美评论》，1885年12月；《艺术》转载的内容，刊登于麦克卢尔的杂志，1899年12月。关于这一项条款的记录见《国会天地》，第39届国会第2次会议，第1013、1351—1352、1353—1356、1404页，众议院文献，第1851—1855页，参议院文献。咨文收录在麦克弗森的《重建》中，第178页。

② 总统关于斯坦顿被停职发给参议院的通知，收录于《审判》，第1卷，第148、150—151页；《提供的证词》，《审判》，第1卷，第676页。

著名的。在这个领域，他习惯于一个使人理解的命题，由于平常人考虑不周，似懂非懂，凭着一种在其陈述中看似大胆的行为却变成了绝妙的服务。这宗案子由于相伴而来的干净利落判决，最终因为一个讽刺性的了结达到顶点，人们当作一个完全证明了的真理而高兴，实际上就有了幽默的作用。他凭借单独挥动一下钢笔的示意就完全驳斥了一种对立的意见，这不仅具有机智的效果，而且给予对手免职的同情也被淹没在钦佩这种巧妙的努力之中。他的表述词语是能形成准确而持久印象的。他的讽刺话运用是演绎性的。他辱骂谴责的语言传达那种理性直观的力量。他的推理方式是如此严格正确以致它使雄辩变得向最有说服力方面提升。《重建法案》，布莱克不得不把它视为一个双头怪物，一手拿着出鞘的利剑悬在被征服的南部头上，另一手为她提供双重祸根，授予黑人选举权而剥夺白人的公民权，这是非常适合向他无敌之笔的威力发出最大挑战的一个对象。但是，正

205 如他在委员会审讯中作证所说的那样，如果总统签署了他写的东西，那个否决通知书"将是一个更能引起国会多数派反对的咨文"；"它全部从同一趋势把更加强硬的措辞缓和成相当柔顺的东西了。"① 所以我们面对它的时候，我们就没有"最能创造奇迹的那个机关"的纯品了。我们承认，我们本来想在缓和过程开始之前看到那份咨文。

但真正的咨文并不是读者称作柔顺的东西。这里有一两个样本：

"这些给予指挥官统治每个军区全部居民的权力是一个君主的绝对权力。他纯粹的个人意志将要取代法律。……""不受所在州任何法律的约束，也没有其他管理国民的法律，他可以制定自己需要的刑法；他可以达到历史上所记录的任何类似的残忍，或者他可以保留按照其在不同的情况下出现的个人感情冲动行事的特权。他不受证据规则的约束；确实，《重建法案》根本就没有规定授权或要求他采用任何证据。他因此选择把每一件事情都称作是一种犯罪行为，他宣布所有犯罪的人都被判刑。他不受法律行动要保留所有档案和报告一切案情的限制。只要他发现能够充当牺牲品的人，无须批准，无须指控或能够诉讼的证据他就可以逮捕他们。如果在他处以惩罚之前对他们进行一次审判而不是因为受令才这么做的话，就是出于他的恩典和怜悯才提供审判的。"

206 "这种权力被英国的君主弃之不用的时间已达五百余年。在这么长的时间里，讲英语的居民没有人遭受这样的惩役。它使十个州的整个人口——包括每一

---

① 《弹劾调查》，第271页。

种肤色、性别和社会地位的所有居民以及在其范围内的每一个新来者——地位降低，强加最卑贱而又丢脸的奴隶身份。从来没有一个主人像这件法案这样赋予军官对他的奴隶（既包括白人又包括有色人）拥有如此绝对的控制权。""一个大帝国的统治者有时以父亲般温和控制方式统治他的帝国；但一个不负责任的代理人的仁慈从来没有产生什么向他强索不到的法律。在这样的统治者和遭受他统治的民众之间只可能产生敌意：如果他们抵制他的权威，他就惩罚他们；如果他们服从他也会因为他们的奴态而看不起他们。"

"在这项规定上存在立刻羞辱900万人的一首催眠曲。基于指控之上的东西是那么含糊不清以致几乎是不可理解的，而且发现它是真正基于没有可靠证据之上的。九百万人中听不到一个人为自己辩护。命中注定的当事人代表全都被拒绝参加审判。宣告大量的人员有罪而接下来发生的就是处以最丢脸的惩罚。剥夺他们数以十万计人的公民权利，并使他们全都降格——甚至那些被承认是无罪的人——社会地位从自由民类别降到奴隶类别。"

"这件法案对他们说，先实施戒严法，然后再权衡权衡。当他们做完这项措施要求他们做的一切事情时，在解除他们受戒严法管制之前仍然要继续满足他们无法控制的其他条件，做完伴随着别的事情而发生的事情。另一届国会必定首先批准遵照本届国会制定的宪法，也必定宣布给予这些州在国会两院的代表权。因此整个问题仍然是公开却又没有解决的，必定会再次占用国会的注意力，在此期间，现在普遍存在的焦虑将继续困扰各个地区的人们。"① 207

众议院没有浪费片刻时间就推翻否决通过了这件法案，参议院也仿效它的榜样通过了这件法案。

随着这部法令的通过第39届国会的工作已经完成了。然而，它似乎不愿意停止工作。它继续监视总统直到继任者把目光集中到它注视的目标那一刻。直到另一只手抓住了缰绳，它的手才从缰绳上松开。随着它一分钟一分钟地退出视野，第40届国会一分钟一分钟地越来越清楚地出现了。木槌一击发出一届国会期满的哀伤之声由另一届国会宣布开会的木槌一击发出回响。

"老王晏驾！新王万岁！"

---

① 《咨文》，收录于麦克弗森的《重建》，第166页及以下等等。

新国会人事上的每一个变化都有利于激进派。在参议院，考恩让位于卡梅伦，因此亲约翰逊的共和党人减少到四人；民主党失去了两位参议员（麦克杜格尔和内史密斯），他们的数量减少到七人，其中仅有两人来自梅森—迪克逊线以北的各州（巴卡柳和亨德里克斯）。至于正式的共和党人，康克林取代了过于谨慎的哈里斯；费里取代了过于保守的福斯特；德雷克取代了密苏里州最狂热的激进分子布朗；上届内阁成员哈伦回到了参议院；莫里尔（佛蒙特州），他是上一届众议员，现在与波伦换了个位子，印第安纳州的奥利弗·P. 莫顿接替了莱恩。新州内布拉斯加的两个参议员——韦德鉴定他们是"正当类别的人"——把多数派的人数增加到了42人；由马里兰州的克雷斯韦尔退休造成一个席位空缺，这个数字超过目前成员人数的四分之三。众议院的变化没有那么显著。上述的共和党领导人保留在那里，而亲约翰逊的中间派大体被清除了。出现了一个新面孔——一个一旦见过就永远不会忘记的面孔。宽宽的前额倾斜向上直至光秃的头颅顶部，稀疏毛发构成的缘饰环绕着头颅的下部，双眼斜视且半隐于突出的眼睑下方，尖削的鼻子和强健有力的吸气声伴随在一起，发自脸部双颊的自负得意痉挛性地抖动，倒下来的衣领露出粗大的颈前部，还有凭记忆确定高举右手的姿势；——这些显著的特征证明本杰明·F. 巴特勒到场了。他在议席上出现不是随便说说的。倡导者，党的领导，战士，某种思想的传道人，众议员；无论他试演哪一种角色，他首先是一个政客，也始终是一个政客；而且，根据他变换旗帜的次数且又出乎意外来看，虽然他类似三十年战争中曼斯费尔特这类人，但目前他却是最忠实的党徒。没有任何东西使他中止。按照那个术语的词源意义，他生来就是激进分子。在他是民主党的激进分子期间，他支持杰弗逊·戴维斯胜于支持道格拉斯。作为一个军事指挥官的激进分子，他通过"走私"这个词语解决过逃亡奴隶的问题。作为执行新生的共和党政策的激进分子，他要求立即弹劾安德鲁·约翰逊，审判期间暂停约翰逊的职务进而迅速将其罢免。可以说，仅仅出于这个原因，他加入了弹劾机构；而且热心于自己抓紧进行的起诉，他将与史蒂文斯争夺领导的荣誉，把阿什利从他自我选择的高位上驱逐出去，并在最后一场成为这个戏剧的主角。民众普遍厌恶罢免他们最高行政长官的威胁如此长时间笼罩在他们自己头上，这种情绪正在日益增长。国家的财政受到了严重影响；工业部分瘫痪；商界人士时常出现不安仿佛革命即将来临。上届国会的那个委员会形成的没有说服力的决议加强了正在传播的那种信

念，整个行动既愚蠢又无用。这种感觉状态或多或少地影响了新的众议院，多数党的许多议员听说开始玩弄的那个狂热的阴谋会使党衰弱的浩劫伴随发生而暗自高兴。然而，当这个行动的领导人大声主张必须去掉白宫里那个叛徒时，在大多数情况下这样的人是沉默不语的。

在会议的第三天，一个决议被提了出来，在开会期间和休会期间继续弹劾调查。阿什利，感觉对他珍爱的嗜好越来越冷淡，在他的讲话中，与其含沙射影地说约翰逊是一个与暗杀其前任有关系的人，不如说是支持这件议案。"他是通过暗杀继任总统职务的"，他说。他暗指"那个已经偷偷逼近人们头脑的模糊猜疑，约翰逊在暗杀阴谋中是同谋"以及"这种情况呈现出死亡与背叛之间不可思议的关系"。他号召民众"宣告今后当选的总统或副总统绝不应该在就职典礼上显示自己醉酒；决不允许总统把白宫变成盗贼和赦免状经纪人的巢穴；也不应该准许他从白宫的台阶上用粗俗的、煽动性的语言向醉酒嚎叫的乌合之众发表演讲"；要抗议"像去年那样，再次进行醉酒竞选之旅"。"国民痛苦地向国会大声抱怨，要求把他们从代理总统带给他们的羞愧和耻辱中解救出来。他们要求，把给我们国家的历史玷污了最肮脏污渍的这个讨厌恶魔免职。"① 进而他根据公众报告作出结论，任何持有"法律意义上趋于显示这个人罪行的文件档案或事实证据的公民和外国人"，都要带到委员会来，警告他们那些人，因为他们隐瞒证据，因此他们变成了"这个人犯罪行为的帮凶"以及"他犯罪过程中的合作者"。他超出分寸这么远以致引起议席上同志们的斥责，最后议长本人也亲自斥责他。他的一个共和党同僚那么反感以致谴责"整个弹劾计划是一件彻头彻尾的荒唐事"，断言"至今尚未证明最高行政长官的哪一个行为构成重罪或轻罪"并且还向任何一个"回答这种断言的人"挑战。他说得有点过分。他告诫说："凭借可能会得到的某些证据进行弹劾，那是没有指望的"；总统是一个"障碍物"，这就足够了，罢免他的职务是共和党的职责。巴特勒立刻接受了这一挑战，宣称当最后报告产生的时候，"整个众议院的绝对多数将会赞成弹劾安德鲁·约翰逊"；"粗俗的名声"，"处理不当的伪劣报告"在弹劾案中有足够的证据；"如果任何一个人妨碍我国民众争取荣誉、光荣、和平、团结、幸福、自由和法治的伟大进军，"这就足够了，"必须把他从道路上清除掉"。在一次把这个决议放到桌面上进行测试的表决中，在所有共和党议员中投反对票的只有五个人，他们根本就没有投票。因此调查继续进行。②

210

211

---

① 原文如此。
② 《国会天地》，第40届国会第1次会议，第18—25页。

　　第40届国会第1次会议一直持续到3月30日，其主要事情是补充一个忽略之物，在《重建法》的那一项中它谴责被拒绝接纳的各州据以逃脱军事统治还能恢复他们在联邦中地位的办法。这个办法随之被取消了，但任何地方都没有指出这个办法是怎样开始运用的。由可靠的选民选出制宪会议的代表，但是，关于什么样的权威人士召集制宪大会和领导选举，那一项没有记载相应的规定。毫无疑

212　问，这个遗漏是有意图的。它是那项规定制定者的设计，根据它的条件概述的方法不应强加于不情愿那么做的团体，但作为一个恩惠拿出来让他们选择接受或者不接受，因而在缺乏任何法令指导的情况下，流行的推定是，已提供的那部机器由现存的州当局启动胜于军事指挥官启动。此外，上届国会中的许多激进分子预料南方甚至宁愿接受戒严法剥夺白人公民权，授予黑人选举权，也倾向于不履行法律责任，因为他们仍然不准备在任何基础上重建。和萨姆纳的观点一致，他们需要时间。但是，新国会的多数是下定决心的，必须立即对恢复联邦做些事情；会议的大部分时间花在编制补充法案上，指导军事指挥官们于1867年9月1日之前在他们各自的军区要根据这部法令促成有资格投票选举的人在那些州的每一个县进行登记；登记以后还要确定一个选举制宪会议代表的日期；任命胜任采用测试誓言宣誓的选举检查员；还有，在宪法制定以后举行一次批准宪法的公决；如果宪法获得批准，将其发送给国会。该法案的一个附加条件获得了通过（星期二，3月19日），附加条件和法案本身和将要产生的影响相比引起了更多的讨论，

213　尽管大多数的选票赞成召开一次大会，但是，除非大多数登记的选民在选举中投票，要么赞成要么反对，否则大会就无法召开；除非所有登记选民至少有一半在这个问题上投票，否则绝不应该认为宪法已经得到批准。①

　　等待不可避免的否决的时间间隔被一个有关弹劾行动的截然不同的有趣事件弄得活泼起来了。众议院在争论一件不考虑忠诚还是不忠诚就对南部的特困人员给予帮助的法案，约翰·A. 宾厄姆也以他惯有的热情给予支持；而且在这样做的过程中无意间漫步到了议院的民主党一边，那时反对该法案的巴特勒却说出了这样一番话，来自俄亥俄州的那位先生"不仅身体恢复到另一边去了，而且精神也恢复到另一边去了"。这个可原谅的讽刺话刺到了宾厄姆的敏感处（应该记住的是，他因自己在对被说成是暗杀林肯总统刺客的审判中担任军法官的特别助理而闻名），而且还将记住，他无情地指控过这位没有拿下费希尔要塞的将军：

---

① 麦克弗森：《重建》，第102页。

"我很想说，已记录他50次投票支持杰斐逊·戴维斯，就是这次叛乱中的首要叛国者，他支持这样的人作为美国总统候选人，现在又试图通过一个污名诽谤我的诚实和荣誉以此着手破坏重建大业，这和一个议员的身份是不相称的。我轻蔑不敬地抵制出自任何人的一切此类意见，无论他是费希尔要塞没接受的英雄还是费希尔要塞已接受的英雄。"

巴特勒的反驳基调是令人钦佩的，效果也是让人折服的：　　　　　214

"议长先生，我从来没有隐瞒过现在提出的这么令人不愉快的事实，战争之前，我，在我党的代表大会上57次投票支持杰斐逊·戴维斯竞选总统。我认为他是南方的代表人物，我并且希望通过对他的提名来防止预示分裂的危机发生。我遭到了失败，分裂产生了。我和来自俄亥俄州的这位可敬的议员之间的区别是这样的：当杰斐逊·戴维斯在联邦之内，担任美国参议员并声称是一个联邦拥护者的时候，我支持他；但他现在支持他的时候，他是一个叛国者。他刚刚脱离联邦我就离开他了。"

"那位先生发脾气攻击我，为的是让我不对我国的敌人再做任何伤害。我答应这件事。我尽力做到，尽我最大的努力来做。但其他更有能力的人还会再对敌人发起攻击；而且没有人比我更乐意为他们的勇气、判断力和行为给予最热烈的喝彩。可我会因为不能再做这样的事情而感到非常懊恼；但如果在战争期间来自俄亥俄州的那位先生和我在那个方向做得多一些，我会高兴地承认他的贡献。但是，我知道只有一人因那位先生的英勇而蒙难，是一个吊在绞刑架上被绞死的无辜妇女，人称萨拉特夫人。在我看来，如果他和他现在的合作者能够记住一个在血泊中的妇女没有足够证据而被特别军事法庭审判定罪，我也能记住费希尔要塞。"

这个突然的打击使宾厄姆一时目瞪口呆。他失态了，他惯常的雄辩把他抛弃得那么远以致他觉得以后必须改变那个正式记录在案的评论；几天以后，特许为　215
巴特勒提供一个详述他指控理由的机会。那本布思在逃走期间写下的日记，军法官在特别军事法庭审讯之前没有看到过，从那时到现在被隐藏起来了，司法委员会在处理弹劾调查的过程中终于发现了它。从它残存的部分可以看出缺少的几页是写过字的，被撕去的几页——引起了怀疑，隐瞒日记本的同一个雇员担心它的内容完全暴露就可能使它残缺不全。巴特勒现在极力主张，这本日记，如果不是合法的证据，在审判中变成两个理由是符合道德的：1. 它证明曾有过一个绑架总统的密谋，只是在最后的一刻改变成了一个谋杀的阴谋；因而"如果萨拉特夫人不知道目的改变了，就没有证据证明她知道在什么情况下实行暗杀"。2. 为了能够"找到布思的所有帮凶是谁；为了找到是谁使布思的目的由绑架改变为暗杀；是谁能从暗杀中得利又是谁无法从绑架和诱拐总统中获利；如果那把刀制造出一个职位空缺来，是谁指望通过布思继承林肯的职务呢，因此国民有权了解那个重大罪行的每一个细小的证据"。"谁强夺了那个日记本！"他突出重要性地查问。"谁隐瞒了那个证据？当他的口袋里装着那本至少记载了这起案件中主要同谋的想法和目的的日记是什么时，是谁造成一个无辜妇女被绞死呢？"引述他称之为"这种明显是在布思死亡之前仅几个小时的时候写下的最值得注意的句子"，"我五次试图渡过波托马克河，然而没有成功。我打算返回华盛顿去自首，亲自澄清这一滔天罪行"；他继续说："怎样为自己辩白呢？通过揭发他的同伙吗？他们是谁？如果以前那个日记本没有被强夺的话，在它落入政府手中以后，是谁把它夺去了呢？"①巴特勒通过指控使那个日记本残缺不全是为了掩盖安德鲁·约翰逊已经回答了这些问题，他认为约翰逊是布思的帮凶。"这样一种指控，"宾厄姆说，使用据报道是格兰特将军运用于巴特勒将军的一种轻蔑评论，"只符合来自一个生活在瓶子中用勺子喂养的人。"

总统没有让众议院久等。"补充法案"通过四天以后，否决通知书就到了。采自那篇咨文的一段摘录就足够了：

"如果我预想一下我们南部数百万同胞命运的话，除了强加于他们自己这种恐惧而又未经证明过的实验完全没有留下别的选择，赋予所有黑人选举权而剥夺白人公民权，或许差不多是全部白人的公民权吧，或无限期地服从严厉的戒严法，没有一点纯粹自由人的特征，这就剥夺了我们联邦宪法提供的一切神圣保证，进而甚至用更严重的不公正相威胁，如果任何更糟糕的条件是可能强加的条件，在我看来，他们的条件对于任何可能被征服的民众来说都是最糟糕的。"②

参议员奈断言这是"曾经有过的最奇怪的一篇咨文"。③ 国会两院都不重视它，并且没做任何评论就推翻总统的否决而通过了这件法案。

开会的事情决定了，在休会的问题上多数党内部爆发了愤怒的争吵。首先爆

---

① 《国会天地》，第 40 届国会第 1 次会议，第 262－263、363、364 页。
② 麦克弗森：《重建》，第 178、180 页。
③ 《国会天地》，第 40 届第 1 次会议，第 353 页。

发争吵的是众议院，当布莱恩提供了一个 26 日（星期二）休会的决议时，却又要在星期一开会，11 月 11 日。巴特勒提出反对意见："第 39 届国会通过安排本次特别会议曾表示过——安德鲁·约翰逊是个有害的人，众议员和参议员应该坐在这里开会讨论处理他的行为"；而且，最重要的是，弹劾问题不应拖延八个月之久，而应该立即设法解决。布莱恩回答说弹劾并不是普遍需要的事情，在我国公众的心目中这个问题已经解决了。史蒂文斯因为"在一些地区日益倾向于"弹劾而受到责备，自从参议院议长选举以来，反复声明他记得听说布莱恩在众议院宣称："在本届国会将不会有弹劾发生。我们宁愿有总统而不愿有摇摆而又犹豫不决的本·韦德。"这样的表态造成两个议员之间发生了激烈的口角，布莱恩坚持他的话是在私人谈话中说的，仅针对这种结果，费森登是担任美国总统的更稳 **218** 妥的人选，并且决不把贬低的评语转达给韦德；史蒂文斯刻薄地重申，费森登的名字不要提了，这个声明正是他所用的措辞，是在参议院临时议长选举后发表的，在通常向众议院议员发表演讲时他又重申了这个声明。[①]

参议院的纷争同样激烈。特朗布尔提出了合乎习惯的决议案，下周星期二到 12 月的第一个星期一这段时间休会，这是宪法确定的时间。德雷克提出修正意见，安排 10 月 15 日星期二为会议开幕日，这个意见接着也被否决了。萨姆纳然后提出，参议院议长和众议院议长，在下周星期四让各自的议院休会直到 6 月的第一个星期一，"而在那一天，除非另有通知，他们再让各自的议院休会直到 12 月的第一个星期一为止"；然而他的议案只得到了十四票支持。耶茨是最激烈反对长期休会的。国会的职责就是监督总统。"他是不受信任的。他将会反对我们的法律。"他宣称，"无论是谁，是美国总统还是其他任何人，只要他阻挡我国民众争取统一、荣誉和光荣的道路，就应该把他从道路清除出来。我不会说怎样清除。"奈警告参议院，美国最高法院可能在下个月裁决重建措施违宪，国会全体 **219** 议员那时会在什么地方，直到 12 月为止他们能够集合吗？威廉斯刁钻地评论说，国会凭借继续开会控制不了总统。"我们凭经验知道，不管国会是不是在开会，总统都会按照自己的意见，认为怎样正确就怎样做。"但是，赢得这场过激争论的是萨姆纳。他用无所顾忌的直率和精准的公正为他的意见好好地打扮一番，说去说来离不开反对休会。有"两个重要事实明明白白地摆在他的面前"。第一，"我们的总统是一个有害的人"——"是给国家造成数不尽灾难的始作俑者"。"探索历史"，这个未来审判总统的法官继续说，

---

① 《国会天地》，第 40 届第 1 次会议，第 315—317 页。

"我敢肯定，你会发现没有一个统治者在同样短的时间里对他的国家做出过这么大的损害。他独自站在有害的恶神里面。古代或现代都没有像他这样的人。他独自一人站在邪恶势力里面，他也是以他采用的感情脆弱而又疯狂的方式独自一人站在邪恶势力之中的。

"……现在我问问国会能悄悄投票回家而让这个坏男人不受任何干涉而为所欲为吗？"

第二，他通过《哈珀周刊》上的一幅雕刻图画阐明了另一个"事实"，图上画的与他对其描述的是一致的：

"约翰逊总统被描绘成了一个古罗马皇帝，伴以皇帝般炫耀在竞技场里指挥，还有可信赖的顾问簇拥着他，其中很容易辨认出来的是国务卿和海军部长，他们所有的人心安理得地观看下面的大屠杀。受害者是黑人，他们像古罗马角斗士那样公开表演决斗残杀的日子却变成一个'罗马节日'。在这幅图片下方写着'约翰逊追随者的圆形剧场，集体屠杀新奥尔良的无辜者，1866 年 7 月。'此碑文讲述了一个可怕的故事。大屠杀是在总统支持下进行的。他的总统权杖就是法律。按照他的意志执行法律就会鲜血逆流，人们倒下而死亡。……整个国家就是一个约翰逊追随者的圆形剧场。"

然而萨姆纳，尽管他有演说家的名声，是他那一代的伟人之一，但在参议院，他的影响是很小的；特朗布尔提出的决议案以 29 票对 16 票的表决结果获得了通过。[1]

然而，这并不是事情的结局。威尔逊提出复议，众议院也通过一项决议，"除非参议院议长和众议院议长在确定的时间之前十天通过发布联合声明宣布没有必要开会，否则应在 5 月、6 月、9 月和 11 月的第一个星期三再次集合"，司法委员会奉命调查国会是否有权把这样的权力授予这两个主持会议的官员；但该委员会逃避宪法问题，公布一个不定期休会的简单决议案。两个修正案提供出来了——豪提出的修正案休会到 6 月，除非另有通知休会到 12 月，德雷克提出的修正案休会到 6 月，那时如果出席会议的议员没有达到法定人数则休会到 9 月，到那时出席会议的议员还没有达到法定人数就休会到 12 月；但两个修正案都被

---

① 《国会天地》，第 40 届国会第 1 次会议，第 303—308 页。

否决了。萨姆纳提出了一个限制条件，参议院议长和众议院议长在 12 月以前可以随时通过公告集合两院议员开会，不过它仅获得 15 票支持。无确定日期休会的决议被参议院再次通过了。除非主持会议的官员宣布没有必要，众议院把它送回去修改以便为两次中间会议作准备。谢尔曼认为国会可以授予主持会议的官员"指定我们开会时间的权力"。但简单说来，巴卡柳论证了那种权力为总统专有，埃德蒙兹同样作了论证，意见那么系统以致每一位参议员信服，萨姆纳除外，他的辩论习惯是悄悄地把一个无可辩驳的论点忽略过去，而用增大的强调重申被反驳过的命题。两院于星期五最终达成一致，一直休会到 7 月的第一个星期三，"到那个时候点名，各院主持会议的官员应相互告知对方是否有足以达到法定人数的议员出席会议，如果两院显得不足以达到法定人数，他们应该使两院不定期休会。"①

在这漫长的斗争中，弹劾的主题频繁地被冲淡，赞成这个行动的议员反对无限期休会，反对这个行动的议员，赞成无限期休会。调查在艰难地进行，一个应时的证据在会议期间出现在司法委员会的前面。总统的银行账户受到了仔细检查；受到调查的报社记者将和总统会见；新奥尔良暴乱也被谈及到了；巴特勒将军对这个发现兴高采烈，他认为，为了使他们能够充当支持总统政策的选民，赦免约两百名逃兵，这是一桩逃避不了的罪行。但日益变得明显的是，韦德作为明确的继承人当选给弹劾造成了致命的打击。除非发生某些事件重新把激情点燃，否则它必定最终渐渐止息。巴特勒关于布思日记的惊人审问使正在减少的活力恢复了片刻。委员会要求斯坦顿和霍尔特在毁损的几页前面做出解释。② 传闻说，调查委员会的一些成员寻找监禁约翰·H. 萨拉特的单人牢房以便前去劝诱这个囚犯，确定能否把总统牵连到其中。但是这些间歇性的努力只有一点点儿帮助。真的，正如布莱恩说的那样，共和党中的保守分子宁愿和安德鲁·约翰逊在一起忍受所经历的种种烦恼而不愿和韦德在一起忍受其无缘无故对人突发大怒。在休会的前一天所做的最后努力表明，这个行动仍有一些生命力。堪萨斯州的克拉克提交给众议院一份长篇幅的序言叙述了调查委员会已经完成的工作，并且宣称国会排除笼罩在民众头上的弹劾总统的气氛是危险的，还提交了一个决议案，为了遵循指控总统的调查委员会的报告行事，国会休会直到 6 月的第一个星期一为止。该委员会的一位成员表示，调查委员会已经决定分散行动直到 5 月 1 日它打算继续作出它的努力为止。巴特勒对赦免逃兵有了最新的发现。史蒂文斯做了惊人的评论：

---

① 《国会天地》，第 40 届国会第 1 次会议，第 352－360、401－402－408、438－441 页。

② 《弹劾调查》，散见于各处；《国会天地》，第 40 届国会第 1 次会议，第 285、408 页。

"过去的三四个月除了调查委员会想把弹劾掷出门外仅仅装成在从事弹劾工作的表现之外，我对其正在做的事情感到满意。我不相信他们曾经打算仅仅装装弹劾的样子，我也不相信他们现在打算这么做。"

众议院用克拉克的决议案取代了埃德蒙兹的决议案，并把那份序言放在桌子上研究。① 反对任何休会的萨姆纳预计会有一次七月会议和一次"事务"会议；他的预言应验了。具有使敌人失望的机敏总统早在3月11日就根据《主体重建法》指定了军事指挥官；斯科菲尔德将军仍然留在第一军区；西克尔斯将军留在第二军区；托马斯将军被分派到第三军区但他拒绝到任而由波普将军代替；奥德将军负责第四军区；还有谢里登将军继续掌控路易斯安那和得克萨斯这两个州，现在把第三军区的佛罗里达州转隶于第五军区。关于军事指挥官的权力出现了严重的问题，与文职政府有关的权力仍然允许存在，还有登记员的职责，两种权力都要依照《主体重建法》和《补充重建法》加以行使；而这些事情大量地涌来成224 了总统的负担，继而又经过总统波及到司法部长。在5月的后半月时间里，司法部长写的一个意见认为，根据《补充重建法》，登记委员会无权对申请人进行审查，调查他的资格问题，规定他愿意根据法律要求宣誓；谢里登在一封写给格兰特的信中把这个解释描绘成"为伪证和欺骗开放在其上面旅行的广阔铺石大道"。6月12日，司法部长就一个更深远而又重要的问题发表了不同的意见。他得出的概括性结论是，直到重建的过程完成为止，这两个法令都期望两种形式的政府并存，一种是包括在军区内的各州文职政府，迄今被看作是拥有自治权力的普通机关；另一种是军政府，它将在适当的场合另外形成政府的助手和补充。作为这个主要结论的引申，司法部长认为：1. 这些可质疑的法令在缺乏任何授权的明确规定时，军事指挥官没有权力撤销或暂停这些州政府的任何文职官员，更谈不上任命文官取代他们的地位，所有行使这种权力的尝试都是无效的。2. 军事指挥官没有任何立法权力。即，不能发布法令和赋予它们法律效力。总统在一系列发送给军事指挥官的指示中体现了这两方面意见的主旨，北部公布的政治口号认225 为，国会那么仔细拟定的重建方案被背信弃义的总统和他那老谋深算的司法部长阉割了。报信者飞奔前往东部、西部、北部和南部特意召集议员；而在7月炽热的日子里他们群集到首都来使各院出席会议的人数达到规定的法定人数。为了推

---

① 《国会天地》，第40届国会第1次会议，第446—450页。

翻司法部长的论点他们仅仅花了一个星期就通过了《第二补充重建法令》，宣布其他两个法令的真正意图和意思是在十个州允许暂时存在的文职政府在各方面都隶属于军事指挥官；授权军事指挥官暂停或罢免这些州的所有官员，从州长或立法委员下至治安官或市议员，任命某人替代等等；从而使已经制定的这种性质的法令生效。它进一步规定，申请登记的人对登记委员会宣誓不是决定性的，除非满足了申请人根据国会法令具备选民资格的条件，否则登记委员会不必予以登记；而且这些委员会有权修改名单，剔除或添加任何一个人的名字，一方面，他们能够确定任何人拥有的资格是通过不正当的途径取得的，另一方面，或者确定任何人本来就应该具有选民资格；军事指挥官和登记委员会不必考虑美国任何文职官员的意见。①

否决这一措施的咨文激起了愤怒的躁动。在以前许多这种性质的咨文中，当总统坚定地提出反对的时候，没有什么能比得上发表一份抵制国会最后行动的声明了。然而现在，当那个机关的重建政策的胜利显得确定而总统的控制力处在最低潮的时候，约翰逊第一次听到了清楚的蔑视音符，通知对方，服从行政官是有某种限度的。

"在不到一年的时间内"，这个消息如此不胫而走，"国会立法试图剥夺政府行政部门的一些基本权力。宪法和誓言里面规定，要视法律被忠实执行的情况授予总统相应权力和义务。为了实现这种权力，'宪法'为他提供了精选的代理人，使他们受他的控制和监督。但是，在执行这些法律以后，总统的宪法义务仍然存在，但履行宪法责任的权力被有效地剥夺了。

"至于任命权，将使军事指挥官代替总统，五星上陆代替参议院；就总统来说，在法律的幌子下，任何维护自己宪法权力的尝试可能会正式遇到抵制。他担心的是，这些寻找此类法律给予权威而不是'宪法'字面意义给予权威的军事官员，除了军区指挥官和五星上将之外将不会承认任何权威。

"当我拥有美国最高行政长官权力的时候，当赋予我的职责是要确保所有这些法律完全忠实地得以执行的时候，对这项拟议的法规如果没有其他比这更好的反对理由，这就足够了。我绝不能心甘情愿地放弃赋予我履行这种职责的重托或权力。我绝不能作为自己同意负责忠实执行法律而同时向其他任何一个行政官员交出与我的职责共存的重托和权力，无论其职务高低，也不管其属于什么行政官

① 麦克弗森：《重建》，第335页。

员群体的成员，我都不会向他屈服。如果宪法赋予总统履行这种职责的重托被收回而赋予一个下级官员，责任在于国会赋予那个下级官员不符合宪法的权力，责任还在于这个官员使用不符合宪法的权力充当履行这种职责的人。"①

史蒂文斯傲慢地建议众议院最好通过这件法案，然后回家"以便调查委员会如此勤勉地忙于为弹劾总统作准备，在尽可能最短的时间内完成他们的工作"；但鲍特韦尔先生不能允许一言不发就让这种叛国的声明传播到国民中间：

"这个文件的语言使我充分弄明白了它的含义，的确，我以前只是有一点点儿怀疑，通过媒体把来自这个男子的压迫已经放在 1200 万民众的身上，只因被总统在这个文件中徒劳抗议的这些措施暂时免除了，除了陈述独自存在于本众议院的那种伟大权力之外没有得到一点安慰，因为疏于行使那种权力，依准确估计来看全国民众将会支持我们。如果我们不愿根据总统在全国民众以及全世界人民前面所犯的罪行和不良行为而传讯他，后人因为没有受到我们这样似乎要被控制的担忧胁迫，体会不到我们内心的感受，可能会对它提出脱离实现情况的无情裁决而反对我们。"

兰德尔起身讲述"马萨诸塞州弹劾案"，他对弹劾的叫嚣没有信心。"先生，你们不想弹劾，因为你们不敢做。"巴特勒承认该项指控："我们不敢在这方面尽我们的职责。作为其中一个，我带着羞愧和疑惑的表情向全体国民承认该指控是实情也是正当的。"调查委员会的成员威廉斯叫道："在像通敌那样泄露的胆小建议必定要停止支配我国立法大会的时候，弹劾会有一个机会。在我们的历史上国家的最高行政长官第一次跨入它那宏伟的会议厅，就在我们的跟前以蔑视的方式挥动他的权杖。因而我认为这个机会现在已经到来了。"申克附和道："以附上总统名字形式的咨文在我国定期刊物上公开传播，足够的记录使我相信，他已经充当了敌视政府并列的分支机关，敌视我国正确章程的作用，这相当于一桩严重的政治罪行，因此他可能是，如果我们忠于我们的职责，他由于拥有那个职务而已经堕落了。"史蒂文斯，以他独特的方式，终止了这种狂怒："依据我同意脾气好的同事（兰德尔）的看法，你们不能弹劾美国总统。……当号召弹劾的时候，那里有看不见的代理人在起作用，无形的力量在国家的各个地方施加影响，它不仅

---

① 《咨文》，刊登于《国会天地》，第 40 届国会第 1 次会议，第 741－743 页。

能而且也会保护那种人免除一切危险。我尽了一些努力观察众议院和参议院的形 229
势，完全可以肯定弹劾的力量不充足的，首先是不愿弹劾的人在这里预防弹劾的
投票表决，其次，如果弹劾被表决通过他们就会在别处防止定罪。"众议院那时
通常通过压倒性多数推翻否决。[①]

在参议院宣读那份文件时没有激起这样的勃然大怒；但是，当休会问题被促
请考虑时，某几个参议员被压抑的怨恨却迸发出来了。众议院已经送交给参议院
一个决议，确定 11 月 13 日作为国会休会的日期，谢尔曼对它提出了修改意见，
规定无限期休会；而萨姆纳开始反对这件议案：

"在听到今天的消息后国会怎么……可以静静地表决回家而丢下这个岗位的
职责不管直到明年冬天吗，根据我的理解。……这个文件从头到尾都是挑衅。
……当我听到这种要求时，它是要使垂死的叛乱复活呀，我觉得必须做两件事情
中的一件事情；要么必须罢免文件作者的行政部门的主席职务，要么国会必须持
久地开会以监督他抵制他。可供选择的办法就是这样。一个办法失败了，另一个
办法必然得用。……毫无疑问，它属于另一个议院发起的行动，应该使总统在你
们的法庭里。但直到那时为止，关于他的行为，自由地表达自己的意见是每一个
参议员的权利和义务；对于这种言论自由的范围也不会有任何限制，它和人的思
想一样宽广。未来的职务绝不能成为现在的一件紧身衣。因为总统可能会受到弹 230
劾，不要强迫参议员们对他保持沉默。我们的宪法决不允许存在这样荒谬的罪
行。……如果我具有一些说服能力的话，我会把它们全部用来劝诱你们不仅要继
续充当宪法的捍卫者，而且还要成为一支叛乱各州的警察部队。……此刻坐在你
们的席位上，你们是一支强大的警察部队，响应将军或公民的号召，你们也是令
那个坏蛋总统感到恐惧的人。"

谢尔曼没有重视公开指责的参议员和不偏不倚的法官之间的差别体现于同一
个人身上。"在我看来，"他说，"这是一件非常奇怪的事情，一个法官仅仅根据
他关于总统可能被罢免的投票表决就可以宣布他必定被罢免。……我们，法官
们。该不该……事先决定，总统应该被罢免吗？"巴卡柳的斥责更直接："依照我
说，来自马萨诸塞州的这位参议员不仅忘记了他的听众而且也忘记了他讲话的地
方，在他现在作为意见向我们发表的言论中……缺乏对我们的政治体制和我们国

[①] 《国会天地》，第 40 届国会第 1 次会议，第 743—747 页。

家宪法的尊重，也就是不尊重我们赖以聚集到一起的基础，不尊重美国民众合理而又公正的意见，我们应该克制自己，不要对不归这里管的问题以及不能由这里提出的问题发表意见，除非众议院把它带到这里来，关于众议院的行动我们决不控制。"对于这样的训诫，来自马萨诸塞州的那位参议员是绝对不会受其影响的。他回答说："那位参议员说那个问题不归这里管；换句话说，这不是讨论总统的
231 时机。……如果他是总统，我们必须继续留在自己的岗位上，恰如格兰特在拿下里士满之前继续留在他的岗位那样。……因为我们有杰斐逊·戴维斯的继承者处在总统的席位上这个问题，因此国会必须顶住。简单地说，这就是我的意见。"①

两院通过协商委员会达成协议，休会直到 11 月 21 日为止，这第二次会议就于 7 月 20 日闭幕了。

———————————

① 《国会天地》，第 40 届国会第 1 次会议，第 732—734 页。

第三章　埃德温·M. 斯坦顿

1867 年 5 月 13 日，杰斐逊·戴维斯在他的律师查尔斯·奥康纳和乔治·谢 **232**
伊的陪同下，在里士满美国法院里接受审判。在当作战俘被囚禁两年以后，依照
人身保护令，他从门罗要塞提来交给文职当局，以涉嫌叛国罪对他提起公诉。美
国联邦地方法院法官（安德伍德）开庭审理这起案件，而审判长蔡斯直到下周才
能离开华盛顿，因此缺席。在大多数情况下，激进分子会轻视这个著名的俘虏。
鲍特韦尔先生渴望通过特别军事法庭把他当作暗杀林肯的主谋判处死刑。史蒂文
斯，他同样宣称，"将组织一个军事法庭。……把他和他的全部内阁成员告上法
庭，对安德森维尔和索尔兹伯里谋杀承担责任。"洛根在众议院里说："要是我捕
获到杰斐逊·戴维斯并让他由我处置的话，我将组织一个能干的军事法庭，为他
提供一个公正的审判，作出一个正义的判决并且立即执行。"奈伊在参议院里说：
"要是采用我的办法，不管我怎样审判杰夫·戴维斯，我都要绞死他。当两支伟
大的军队，谢尔曼将军率领的大军和波托马克大军，在这个城市退出战斗的时 **233**
候，我要让他们形成一个中空的方阵，并在那里绞死他，全世界的人都会说阿
门。"① 但是在法庭上却听不到一句耳语私议这些如此可怕的指控或嗜杀的方法。
奥康纳宣布被告关于控告审判要做的辩护准备完毕，威廉·M. 埃瓦茨宣布，起
诉方美国没有准备好，同意把审判推迟到 11 月进行，保释金确定为 10 万美元。
格里特·史密斯、霍勒斯·格里利、霍勒斯·F. 克拉克（科尼利厄斯·范德比
尔特的女婿），这三个人跨步前去签署那份保释合同文件，南部邦联的前总统徒
步出来走进这个城市的街道，不久前他还是他们首都的一个享有自由的人。

这个事件有助于加快逐渐低落的弹劾行动。调查委员会在开会，5 月 16 日
重新集合在一起，当这次政府同意释放那个首要叛国者时，正在秘密地搜寻怀疑
安德鲁·约翰逊在某种程度上是杰斐逊·戴维斯同谋证据的人，仿佛遇到突然闪
过的一道光线照在他们正在追踪的路上以帮助他们找到有关的材料。已被传唤的
几个内阁成员是西沃德、斯坦顿和斯坦伯里；后来，还传唤了首席大法官蔡斯、
埃瓦茨，法官安德伍德和地区检察官以及霍勒斯·格里利。但他们的证词都是令

---

① 《国会天地》，第 40 届国会第 1 次会议，第 546 页。《国会天地·附录》，第 40 届国会第 1
次会议，第 16 页。《国会天地》，第 39 届国会第 1 次会议，第 2527 页。

人伤心的失望。到目前为止，非但不能把总统牵连其中，反而尤其显得相反，他
234 是急于起诉的唯一官员；没有插手操纵延期和生病拖延。西沃德呢，他的疤痕是
看得见的证据，他至少与暗杀阴谋没有牵连，告诉调查委员会，像康诺弗这样的
专业证人落得个声名狼藉的下场，不可能当作布思与佩恩的共犯对戴维斯提出控
告。斯坦顿，这个宣布提供十万美元悬赏捕获戴维斯这类帮凶的发起人作证说，
是他自己建议重新采用人身保护令的。斯坦伯里发誓，在他的部门除了叛国罪的
指控，绝没有证据证明其他任何控告；而且在他看来，在平定叛乱以后，应该停
止以叛国罪起诉。① 阿什利用他支持的证据给调查委员会带来了安慰，拉斐特·
C. 贝克，自从他最后在听证席上露面以来，就一直在寻找那个名叫亚当森的人，
其自称是安德鲁·约翰逊写给杰斐逊·戴维斯信件的持有人。他带来了让调查委
员会高兴的消息，虽然他不能找到亚当森，他偶然遇见了一个被称为哈里斯夫人
的妇女，她听说过那些信件，贝克认为调查委员会可以用与受益价值相等的回报
诱导她出庭。他还作证说，布思的日记直到交给陆军部长时，一页也不缺，没有
出现残缺的东西，那个日记本是完好无损的。② 他被送到自己乐意前去寻找哈里
235 斯夫人的路上，最终证明和类似熟悉的甘普太太一样，是一个虚构的人物。调查
委员会还审了美联社驻华盛顿的代理人，总统"发表政见巡回旅行"时他随行
报道总统的讲话，以及当它的成员听到他讽刺国会的排练和他威胁忠诚的官员
时，他们在那令人难忘的旅行途中不太满意听到说总统"没醉"或者说"喝兴奋
了"。③

6月1日（星期六），调查委员会停止处理证词，接着在星期一进行一次表
决。由获得多数的一方决定"从摆在他们面前的证词来看，美国总统似乎没有犯
下类似需要众议院行使弹劾权那样的重罪和轻罪"。五个投票赞成的是威尔逊
（主席）、伍德布里奇和丘吉尔，他们是共和党人，马歇尔和埃尔德里奇，他们俩
是民主党人。四个投票反对的是鲍特韦尔、托马斯、威廉斯和劳伦斯，他们全是
共和党人。④ 委员们然后解散，但突然召集7月会议把他们带到一起匆忙地准备
他们提交给众议院的报告。因为总统最近干涉重建，调查委员会的少数派比以往
更加被激怒了，也比以往更加彻底地确信罢免总统的必要性，抗议在新的进攻关

① 《弹劾调查》，第 644 页及下文等等，第 554 页及下文等等，第 397、371、544、578、778
页。
② 《弹劾调查》，第 449 页及下文等等，第 458 页。
③ 《弹劾调查》，第 525—528 页。
④ "众议院少数派关于弹劾的报告"。见《国会天地》，第 40 届国会第 1 次会议，第 811 页。

头得出一个有利于敌人的结论，还要求重新开始调查那件事情；——已经承认的　236
事情。他们另外传唤的第一个证人是安娜·萨拉特，那个曾经跪着乞求接近总
统，为她被宣判有罪的母亲哀求延缓几个小时执行死刑的那个女儿，然而哀求是
徒劳的。军事法庭就坐落在那个城市里，她的弟弟依照在暗杀中与他母亲同谋的
控告而受到审讯，而且就在那个女儿在军事法庭审讯中作证的时候，政府的证
人，维琪曼，正在法庭里为他的儿子尽最大的努力，他如此成功地为那个母亲尽
了努力。在逮捕她的时候由政府查获的萨拉特夫人的文件已交付给了她的那个女
儿，鲍特韦尔先生问她，在那些文件中间是否有布思的什么信件，从而暴露了归
还那些文件的动机，这使他原先的认识看起来显得过于多疑了。文件证明是纯粹
商业性质的。证据证明她从来没有见过一封 J. 威尔克斯·布思写的信件；她从
来没有去向总统申请归还那些文件——她去总统家里只有一次，除此之外就再也
没有去过他家，她带有可怜意味地说。她从未看到谁和总统谈话。"我也不想见
到他。"她补充说。①

　　坚定的少数派在进行调查期间有时继续传唤召见证人直到 7 月会议开始为
止。7 月 1 日，一件证物露了出来，根据鲍特韦尔先生的意见至少补足了约翰逊
邪恶的分量。斯坦利·马修斯（后来成为美国参议员和美国最高法院陪审法官）　237
作证说，早在 1865 年 2 月，在辛辛那提，安德鲁·约翰逊，那时还是当选副总
统，他在前去就职的途中就做出这一预言："我将告诉你们的是，要是这个国家
能够得以拯救而永存，这就必须通过从前的民主党才能做到。"② 詹姆斯·斯皮
德从他的隐居处被传唤来，期望他能把他已经与之分离的长官牵连到其中；但
是，从显示的任何事情来看，他同样总是处处维护总统。调查委员会找到了那个
男演员，布思在暗杀的前一天下午把他用作辩护的信件交给了他，但那天夜里他
在恐惧中销毁了那封信。他对那封信内容提供的口头转述没有提到安德鲁·约翰
逊，言外之意分明还在为萨拉特一家开脱罪责。③ 尽管调查委员会致力于这个方
向的努力没有成功，但 7 月 8 日巴特勒在众议院提出了几个决议，规定成立一个
特别委员会来调查"所有与最近去世的总统遭到暗杀有关的事实及详情"，还要
调查建议大赦令和特赦所有人的命令相关的事实与详情，为弄清楚那个大阴谋提
供证据。众议院打破惯例采纳了这几个决议，并且指示司法委员会，把与这个问
题有密切关系的证词交给这个被恰当称为"暗杀委员会"的精选机构，巴特勒被

① 《弹劾调查》，第 777－778 页。《比较审判萨拉特》，第 1 卷，第 391 页。
② 《弹劾调查》，第 780－781 页。
③ 《弹劾调查》，第 782－788 页。

238　任命为该机构的主席，保持他创设的这个机构存在一段时间。偶尔听说他们徘徊在国会大厦的周围，但它从未提出过一个报告，"弹劾审判"把它吹到九霄云外去了。① 最后在司法委员会前面宣誓作证的证人中有一个人是格兰特将军，似乎是由民主党议员传唤来的。他证明总统和他的内阁以及他本人在重建问题上的行动是和谐的。鲍特韦尔先生试图从这个证人身上得到一些证明总统密谋承认由南部当选议员和北部的民主党人组成的一个国会，已经向他建议动用军队实现这个目标的证据，但格兰特没有使他的意图得以实现。②

　　当议员们夏季散去的时候，他们用希腊神话百眼巨人阿耳戈斯那般机警的眼睛仔细检查总统的整个路线和每一个行动，不允许放过最轻微的过错。除了要打印证词、报告结论之外，没有留下什么要做的事情。真的，还留着一个小缺口哟。拉斐特·C. 贝克在最后时刻未能出现，无论带着他讲的哈里斯夫人还是未
239　带着哈里斯夫人，他都没有出现。特别委员会主席从众议院获得了逮捕他的许可证。派往纳什维尔寻找亚当森的特使带着消息回来了，他未能发现这样一个人的蛛丝马迹，亚当森受命去跟踪哈里斯夫人，其人的外表贝克已经向他详细描述过。他愤怒地回来了，认为自己上当受骗了，并直率地相信自己的印象："她是一个神话，并不存在这样一个女人。"如果贝克被抓住，这个缺口就填补上了，开始具有如此喧哗嘈杂的声音但没有多大意义的威胁物——调查据说要结束了。③

　　考虑到安德鲁·约翰逊是多么好斗而又不服输，值得注意的是他迄今多么小心机智地控制自己的固执行为以便不给其众多的对手提供把柄，把一切建立在提防被赶下台的问题上。他这么有魄力而倔强地宣告那几件法案违宪，尽管他急于把一切有争议的事项提交给最高法院的特等法庭，国会却阻塞了通达那里的途径，但是，在那些法案一旦推翻否决获得通过的时候，他就得实施它们。然而，正如他在自己最近的咨文中明确表示的那样，停止服从的一刻到来了。无论如何他决不会容忍凭借立法的暴力夺走他"保证那些法律得到忠实执行"的职责再托

---

① 《国会天地》，第 40 届国会第 1 次会议，第 515—517、522 页。

② 《弹劾调查》，第 825—836 页。鲍特韦尔先生 1885 年 12 月在《北美评论》上发表文章提供了一个说明，他说总统向他指出，"1866 年夏天或初秋约翰逊对他（格兰特）说，'如果我遇到国会找麻烦，你将支持哪一方？'格兰特对此回答说，'那将取决于法律支持哪一方。'"鉴于这个陈述，1867 年 7 月 18 日的记录引起了他的注意，鲍特韦尔先生在出庭作证时向格兰特将军提出下列问题："你随时都能听到他（约翰逊）注意国会和行政部门争论所做的评论吗？"格兰特回答说："我认为不是这样的。"《弹劾调查》，第 834 页。

③ 《弹劾调查》，第 858—859 页。《国会天地》，第 40 届国会第 1 次会议，第 757 页。

付给某个级别低于他自己的官员。宪法清楚地确定他是武装力量总司令，因此，240只要他继续担任自己的职务，他决心充当总司令。通过三件连续的法案，国会已经确定，南部十个州将置于军队的绝对控制之下。代表这十个州的文职政府，总统已经作出努力减轻对其施加的惩罚，作为报复，国会只好把军事统治的镣铐固定得更紧。从那以后，军队绝对的管制是不可避免的，他现在决定，那种统治应该由以他为总司令的军队来实施。如果他职务上的誓言约束他去执行那三部可恶的法令，而且还要在执行的过程中主持他憎恶的军事统治举行就职典礼，因而那种统治，在任何情况下应该通过宪法规定的领袖发出指示，在实施的过程中尽可能温和一些，不受下属权力机构的干涉，而由每一个下属官员按照法律的字面意义和精神实质执行。这样执行的重大决定首先涉及的是杜绝违抗命令可供选择的办法，就五个军区的指挥官来说，要么流放提出抗议的人、顽抗的人；要么任命一个更听话的官员代替其他工作领域不听话的指挥官。其次，它涉及更深远意义的东西。这意味着最终由总统实际上承担法律上属于他承担的职责，就是完全控制陆军部。

在陆军部的最前面存在一个显赫的人，他延长了自己在内阁中的存在，对他的朋友和他的敌人都像一个谜。事实上，埃德温·M. 斯坦顿的性格和职业生涯 241 都笼罩在谜团中以致我们被迫中断我们的叙述，因为未来他将要扮演一个非常突出的角色，如果可能的话，这里要对此人进行一些适当的了解。要做到这一点是极其困难的，因为有个奇怪的现象在研究者眼前交替地出现与消失，就像存在两个斯坦顿似的，时而混合，时而分离，此斯坦顿是彼斯坦顿的直接对立物。听赞美他的人一起朗诵他们的颂词，我们看到了一个比老皮特更伟大的陆军部长；比卡诺更娴熟的胜利组织者；是一个终身憎恶非洲裔黑人奴隶制度的人；黑人选举权的先驱倡导者；继续参加分裂者秘密政务会的一个正统的捍卫者，他最初秘密地设置障碍，最后公开地挑战，使主要变节者的阴谋诡计前功尽弃；直到最后倒在他无比努力工作的重压下，为他的国家做出自我牺牲，成为共和党的烈士。听诽谤他的人发表意见，我们看到了一个不知疲倦的、忙乱的部长，正在通过行为粗暴、管理严厉来弥补他的胆怯想法；终生的伪君子，呈现他偶然遇到眼下的色彩栩栩如生的那种政治氛围；在向另一个党诋毁一个党的政策时却成了该党奖品的接受者，通过对一方表白过分的感激之情又对另一方伪称揭露有价值的秘密而同时求宠于双方的领导人；这样的一个内阁官员，对上级或平级拍马屁到了卑躬屈膝的地步，而对下级傲慢专横到了侮辱激怒的程度；除了贪求官职和那个官职 242 赋予的权力之外决不利用高尚的动机进行管理；一个吸吮他长官的血液维持生命直到最后他仅保留的那只手被折断才放开的寄生官员；最终，到了他早先的朋友已经把这个被发现的叛徒抛弃，而他的新朋友也不再用他作为侦察间谍的时候，他就被抛弃在荒芜的海滨，留在那里无限失望地死去，可以说，这是他自己一手造成的。

如果我们清除掉这些当作混乱想象力或患病视神经创作的肖像，并求助于严格的历史观，但类似的双重图像仍在影响人们的视觉。我们现在追溯到的那个时期，在历史的那个时代出现了两个不同的斯坦顿，同样，高深莫测的斯坦顿或公众记录的斯坦顿，还有神秘的斯坦顿或私人小圈子里的斯坦顿。他在世人面前采取的态度，他公开的政治合作者，他担任的各种官职，显示一个斯坦顿是某种政治信条的信徒，某种政治政策的支持者。他似乎是秘密地和他们一起崇拜一个教派的极端分子，他们意见一致，显示另一个斯坦顿完全是他们自己中的一员。而且，在这两种形象之间作出选择甚至更难，在和约翰逊总统关系破裂之前，那个人自己与他可公开的立场，或者他秘密的兄弟所证实的主张一种性质相反的公开可信的意见，这两方面的具体情况都没有记录在案；然而的确存在的，到处都有他与任何这样秘密交谈不一致的意见。事实上，斯坦顿和极端激进分子交流的事实完全得不到直接来自于他本人可信证词的支持，但是，除了外部的环境之外，了解这样的事实就只能完全依赖于极端激进分子他们自己的证词。由于存在这些对这个人做任何总结性描述的可怕障碍，我们通过让一方证人与另一方证人都代表他们自己讲述的办法以避免把他留在记忆中的朋友责难，我们就能够更好地达到我们的目的，而读者也能得出自己的结论。

埃德温·M. 斯坦顿由于好斗的行为和咄咄逼人的口才，运用这来充当那些著名的刑事律师，詹姆斯·布雷迪和约翰·格雷厄姆合作者的时候，他的名声第一次上升，可谓声名远扬，天下闻名，那两个律师是那个因犯个人的热心朋友，斯坦顿在审判菲利普·巴顿·基谋杀案中为丹尼尔·E. 西克尔斯辩护。杀人凶手就在国家的首都街头犯罪；受害者是哥伦比亚的地方检察官；犯罪者是众议院的一位卓越议员，当过公使馆的秘书，当时美国驻伦敦的公使是詹姆斯·布坎南，他现在是美国总统；激怒的原因是凶手的妻子受到诱惑。审判于1859年4月4日开始，同月26日以判决被告无罪结束，由于这些情况的审理吸引了全体国民的注意力。斯坦顿在当天的报纸中被描述为，在囚犯的被告席那里他就像一头发狂的狮子似的，在与法官们进行激烈的辩论中斗志旺盛。就他向法院发表的一篇演讲来看，事情是这样的，对方的辩护律师在解释他先前的评论中把他的话分析为谴责奴隶制度，他认为斯坦顿的话是在谨慎地声明："他的血管里具有蓄奴父母的血液；他的父亲是北卡罗莱纳人而他的母亲是弗吉尼亚人。"这个时候，他是一个在华盛顿的执业律师，两年前从匹兹堡和他的靠山同时也是他的朋友耶利米·S. 布莱克一同迁移到这里来了，布莱克放弃了宾夕法尼亚州最高法院法官的席位，成了布坎南总统的内阁成员，担任司法部长。布莱克为他提供了重要而又赚钱的工作，为政府辩护反对加利福尼亚金矿工人过高的索赔，他在该州度过了 1857 年至 1858 年的冬天，代表政府从事指定的事务，就是加利福尼亚州的土地案件。按照他尊敬的朋友和雇主证词的说法，此时，"他使自己看起来是一个最出类拔萃的民主党人。""在布坎南政府和废奴主义者以及他们盟友的所有冲突中，斯坦顿是令后者目瞪口呆的对手。他总是在堪萨斯问题上发表意见，是不忠于'莱康普顿宪法'信徒的一员。""对布坎南先生本人和他的内阁成员，他付出了极为专心的奉承，用各种方式显示他的热爱，有时向拍马屁边缘走得稍微近了一点。"还是那句话："我们是亲密的朋友，我认为我非常了解他，我们就像一个人似的，如果他了解了另一个人……我使他在业务上取得进步，从而使他的前途更加美好，但要是他那样什么也得不到，他就不会提供同等的服务。"在西克尔斯案审判之前的一个月，邮政总长阿龙·V. 布朗去世，布莱克"恳切地推荐他"去填补那个空缺职务，然而，那个空缺职务却由约瑟夫·霍尔特填补了。 245

　　在 1857 年至 1859 年当斯坦顿进入公众视野的时候，他年富力强，拥有非常强的能力，情况就是这样。证词与这个短时期的情况是一致的。说到他以前的职业生涯，证词与实际情况不一致达到了非常令人吃惊的程度。斯坦顿于 1814 年 12 月 19 日出生在俄亥俄河右岸的斯托本维尔，就是城南，俄亥俄河弯曲转折环绕的那片楔形土地的顶点，被称为"锅柄"，这里是弗吉尼亚州插入俄亥俄州和宾夕法尼亚州之间的地方，斯坦顿是注定要从三个毗邻州的每一个州都获得利益。俄亥俄州为他提供了官职；弗吉尼亚州为他提供了一起"威灵桥案件"；宾夕法尼亚州为他提供了使他在专业领域出众的职业。我们已经涉及了他青少年时期不祥信息的起始点。亨利·威尔逊和那位资深的废奴主义者塞缪尔·梅叙述他在以后的日子里的情况时告诉他们，当回忆他童年时期的时候，本杰明·伦迪，废奴主义早期的倡导者，加里森的先驱，是他家的访客，频繁造访他的父亲，和他父亲这位从前的北卡罗莱纳人进行了长时间的谈话，而这位男孩斯坦顿就坐在伦迪的大腿上，深受他启发性话语的吸引。早期的教育所产生的影响必定随着时 246 光的流逝而淡化了，因为按照另一位资深的废奴主义者西奥多·D. 韦尔德的说法，当他"在 1835 年初春时节"来到斯托本维尔开设"一个奴隶制度讲演录的讲座"时，他被告知"一个年轻的律师将要答复"他。那位年轻的律师斯坦顿听了韦尔德的第一讲和第二讲，而且做了笔记，但是，尽管每讲结束时都要求提出反对的理由，他都没有回应。第三天早上发现镇上那个民主党的年青支持者斯坦顿在他的寄居处寻求那个资深的传教士，承认："他打算战斗"，但又说："他的枪被卡住了", 还承认自己是一个叛依者。在韦尔德35年以后写下的语句中这样叙述道: "接着进行了半小时的谈话, 在这期间他的诚恳、率直、自主意识、道德感悟能力和敏锐的智力都给我留下了非常深刻的印象。"这个年轻人斯坦顿在第二年迁移到毗邻县的加的斯有关的背叛是多么不光彩哟; 但他对那几个废奴主义者的谈话必定还是一个深奥的秘密, 因为到了下一年斯坦顿就被民主党选为哈里森县的检察官了; 在担任任期两年的检察官届满以后他回到了他的家乡。斯坦顿公开支持民主党仍维持到1842年, 当时州议会"通过严格的党内投票表决"选举他担任法律书记员的职务, 他在那个职位上干了三年; 首席大法官蔡斯还作证说, 在他当选的前夕, 蔡斯正积极从事组织"自由党"的活动, "斯坦顿先生

247 在哥伦布的街道上同他说话, 他说他与蔡斯刚才提出的反奴隶制观点完全一致", "还希望他很快能在蔡斯的身边站一个位置"。正如亨利·威尔斯所说的那样: "尽管他从未那样做, 而且还继续和民主党一致行动, " "然而他总是和蔡斯先生保持着亲密的关系。"在担任法律书记员届满以后, 他开始忙于著名的威灵桥案件, 代表那时在民主党控制下的宾夕法尼亚州; 这件事情的发展允许他作为一个律师进入美国最高法院成为必要的前提, 这发生在1849年, 他迁往匹兹堡以后接着就是频繁地出现在华盛顿最高土地法庭的前面。他和法官布莱克的亲密关系现在开始了, 他成了布莱克的热心崇拜者、忠实的追随者和能干的助手, 正如我们已经说过的那样, 由于布莱克, 他最终迁移到华盛顿。他们的亲密关系开始建立起来了。提起这第二个时期的斯坦顿, 布莱克法官说:

"在我们中间, 他的政治原则被认为和他的名字与职业一样, 是众所周知的。他决不允许他的忠诚受到片刻的怀疑。……他谴责废奴主义者虚伪、堕落、敌视'宪法'、非法漠视州权和个人权利, 这种谴责是毫不留情的。因此, 他赢得了民主党的信赖。凭着这样的职业信用, 我们促进他的事业, 给他提供了官职、荣誉和好运。""对于那些给予他大力支持的人来说, 无论在政治上还是在个人关系上, 他似乎都是既可靠又真诚的朋友。"

248 另一方面, 查尔斯·萨姆纳证明, 在1851年, 他由蔡斯先生介绍给斯坦顿先生做了朋友, 认识萨姆纳使他非常高兴; 虽然他们很少见面, 但"每当相遇的时候就像朋友一样"; 那是在1854年6月, 在辩论交出逃亡的奴隶伯恩斯的问题上萨姆纳受到"参议院内奴隶主们"的攻击, 斯坦顿因此变得"兴奋了", "后来很同情地谈到了这一事件"; 并在当天晚上出席了资深废奴主义者甘梅利尔·贝利博士在家里举办的一次聚会, 贝利是《国民时代》的主编, 在首都这份报纸被

称为反奴隶制的机关报，"当他详论某些参议员的行为时"，正如威尔逊记录的那样，他是那里的一个常客，"经常见面并和反奴隶制的人士联合在一起"。

在公共事务方面我们现在朝着一个历史的紧要关头前进的时候，每一个公众人物的政治原则似乎不能成为一个悬而未定的问题。1860 年的总统选举即将来临。共和党在整个北部不仅是团结的而且也是欢欣鼓舞的。民主党因分裂为两派而感到沮丧。联邦显然处于危险之中。斯坦顿 1859 年和 1860 年自始至终都不断地与在最高法院审判中处理案件的司法部长布莱克往来。按照这个官员的说法，"1860 年他认为拯救这个国家依赖于布雷肯里奇希望甚微的当选，他为此孤注一掷地帮助其竞选。"在竞选活动结束以后（11 月 20 日），司法部长提供给布坎南总统的意见是，当美国政府有权在每一个州的任何地方执行针对个人的联邦法律时，要掌握或取回联邦财产，还要集中国家的收入，但无权对一个州发动战争强迫它留在联邦之内——这一意见得到了每一个内阁成员的同意，其主旨被合并到总统的咨文之中，它在整个北部引起了这么广泛的批判。这个意见的起草人说，斯坦顿先生"过分地、不恰当赞扬地"认可它；"他以很多方式对这个年度咨文予以支持；1861 年 1 月 8 日那份特殊的咨文添加强调表达的相同原则，在它被送交国会之前小心地向斯坦顿反复读了几遍，并得到他的完全赞同。"他补充说，这方面的证据"既有直接的又有间接的，既有口头的又有文件形式的，而且其中的一些是斯坦顿先生本人的笔迹。"可是，亨利·L．道斯写道，斯坦顿在林肯手下成为陆军部长以后，告诉他和沃什伯恩先生、布坎南总统在写他的年度咨文之前派人去叫他"回答问题，'能强迫一个州吗？'他斗争了两个小时，最后分开了，但具有脱离成分的种种异端邪说已经充满年老快要垮掉的那人头脑"；而且，按照总统的要求他准备好的支持那种权力的意见要插入即将使用的年度咨文中；它是这样插入咨文的，但"在国会开会之前的两天"他不在岗位上，"叛国者害怕了"，总统进来把它擦掉并且"把它插到相反原则的位置上"。几乎没有必要说这样一份文件或一份咨文的草案带有这样的意见，布莱克，那时的司法部长，按照他自己的说法是从未听说过这种事，考虑到布坎南总统的个人性格和公务习惯，在那个时代众所周知的情况下，他嘲笑产生任何这样的想法是完全难以置信的。"在对这个问题所做的所有讨论中"，他说，斯坦顿"没有一次明确表示在他和行政部门成员之间存在，或者曾经存在过丝毫的差别"。

国会在 12 月 3 日开会，第二天年度咨文送来了。8 日，佐治亚州霍维尔·科布，国家的财政部长辞职了，马里兰州的菲利普·F．托马斯被任命来接替他的职务。15 日，刘易斯·卡斯，国务卿（通过注明日期是 12 日的一封信）辞职了，不是因为那篇咨文的学说，而是因为总统和其他内阁成员不同意他要求立即发送援军到在查尔斯顿港的那个要塞的权宜之计。司法部长布莱克因此得以晋升接替他的职务，而且在 20 日，就是南卡罗来纳州通过她脱离联邦法令的那一天，埃德温·M. 斯坦顿被任命为司法部长。关于这一任命布莱克法官说：

> "我努力了很长时间，终于成功了，要清除布坎南先生和其他人对他的偏见，因为我认为他们是不公正的，因为我不便说总统不会相信我无限信任一个人。……
251 我促成他被任命为司法部长，因为我知道（或以为我知道），我和他在所有问题上是完全一致的，因为我确信他不仅能够忠实地处理那些问题，而且处理的技巧也是极其精湛的。然而，虽然他不欠我的人情，但他热情外露的天性驱使他以最夸张的语言来表达他的感激之情。……他有时用夸张表示感谢和友谊来控制我。"

布坎南在写给他的侄女注明日期为 1862 年 1 月 16 日的一封私信中，就斯坦顿被林肯总统任命为陆军部长一事，他写道：

> 由于斯坦顿的专业经历和法官生涯，加利福尼亚案件尤其是那么密切的相联以致他能在最高法院毫不拖延地进行法律诉讼，当布莱克法官升迁为国务卿时我任命斯坦顿为司法部长。他是一个可靠而又有实践经验的律师，头脑清醒而坚定，尤其是在新奇案件方面他是相当杰出的。他不精通公法、商业法或宪法，作为一个全国闻名的律师，由于他的专业职责从未导致他做这些研究。我相信他是一个完全诚实的人，而在这方面他有别于——他几乎从未参加过内阁政务会议，因为他的职务并不要求他这么做。他总是站在我一边，令人作呕地奉承我。[①]

安德森少校从莫尔特里要塞转移他的部队到萨姆特要塞提供给陆军部长弗洛伊德，这位部长以此为托辞递交了由总统以其他理由已经要求得到的辞呈，在此
252 之前，新司法部长对他的职位几乎没有兴趣；接着约瑟夫·霍尔特邮政总长晋升接任弗洛伊德的职务。汤普森，内政部长，在 1 月跟着也辞职了，他的职位没有填补；托马斯的职务由约翰·A. 迪克斯在 11 日继任。因此，这个时期的大部分时间直到 3 月 4 日，在此期间，斯坦顿是布坎南的内阁成员，他的同事是布莱克、迪克斯、霍尔特、托西和霍雷肖·金，副邮政总长，代理霍尔特的职务；他们全部都是粘性各州的公民，他们每一个人带有坚定而又令人无比信服的证据，

---

① 乔治·蒂克纳·柯蒂斯：《布坎南传》第 2 卷，纽约：哈珀兄弟出版公司，1883 年，第522 页。

令人印象深刻的尊严，明智谨慎，开明的政治才能，强烈的爱国主义是他首要的东西。布莱克谈及他与总统及内阁成员有门徒、被保护人等关系，具体如下：

"斯坦顿先生在成为内阁一分子前后和全部行政官员在每一个基本原则的问题上是完全一致的。他无限信任正在和他一起共事的人。他自称从严格意义上讲无限地爱慕他的长官和一些同事；他热心与任期内留下来坚持工作的所有人，还有不留下的汤普森保持友谊。""在这些斯坦顿那时不得不与之往来的人面前他绝不是一个暴怒的人。他平常的语言是恭谦的，他的举止大体上也是得体的，他在政务委员会的行为和傲慢是完全不沾边的。""他与同事们保持着持续的兄弟般的关系。"

此外，说到斯坦顿进入内阁，他说：

"他的语言洋溢着感激之情，他说的全是他个人忠于长官和同事的热诚；他 253 完全赞同他们的看法，在保证和平的同时必须保持国家的统一。

"为了托西先生的面子，斯坦顿先生没有说过只言片语谴责他作为海军首脑的职务行为，还向总统或内阁表示毫不怀疑托西的智慧，更不用说他的诚实。他每天遇见托西总是带着一副友好的笑脸。"

每个人假如充当这件事的法官应该作出怎样判决呢，他向西沃德先生表示，和西沃德自己陈述的完全一样，"对仍然保持与他联合直到那届政府任期结束的总统和各部门首脑的忠诚完全有信心。"

可是西沃德写道：

斯坦顿先生上任以后就立即亲自到我家里与我进行直接沟通，为此目的还雇用了沃森先生。此后直到就职仪式结束为止，我们对当时正在解决的公益事业讨论能够提出什么问题或应该提出什么问题，每天我要么在早晨要么在傍晚要么早晨晚上两次通过同一个中介和斯坦顿先生交换意见。沃森先生经常给我带来斯坦顿先生写的建议而带着我写的建议返回到斯坦顿先生那里。……一天，当我从国会大厦乘车通过 F 大街时，我遇到了步行的斯坦顿先生。我们彼此认出了对方，赶忙解释我们之间的关系……发生过的关系。我们很快地分开了，站在我的角度来看这种动机，我想他是避免公众议论当时的情形。直到布坎南先生的总统任期届满 254 以后，这是我记得和斯坦顿先生唯一一次相遇的机会。

萨姆纳也写道，在1861年1月份，依靠追忆他们先前的友谊，他到斯坦顿的办公室去拜访司法部长寻求信息和建议。

"在里面的一个房间内，他和蔼地接待了我，见到我似乎是高兴的。环顾四周见房间里有人，他低声说，我们必须单独在一起，然后进入前厅，那里也有人，再进入下一个房间，进入接待室，发现那里也有人，不停地转换房间，在那个时候，发现每一个房间里都有人，他最后开门进入走廊，在那里他开始了最真挚的谈话，说他必须单独地和我在一起，在他的办公室这是不可能，他受到了南部叛国贼的监视，我的访问被监视者发现后，监视者会立即向其同伙报告，当他告诉我他把这种情况看作是那种可怕的事情时，他通过建议那天夜里一点钟访问我的住所而作出了与我见面深入交谈的决定。""那天晚上一点钟他来了，单独和我在一起待了一小时"描述"南部领导人""要获得国家资产和国家档案文件，以便他们自己能取代现有政府"的"计划"。

然而，斯坦顿从来没有向总统或他的任何一个内阁同事透露，他日常与即将
255 上任的国务卿交流，或在夜深人静的时候，自己身为行政部门的一个成员，却向该部门的一个最重要的敌人吐露"南部领导人的计划"。

按照亨利·威尔逊的说法，"他让自己与国会中的共和党人交流，使他们充分了解行政部门政务会议上发生的一切事情。"他"这么急于阻止那些共谋者，以致他和"威廉·A.霍华德和亨利·L.道斯做了安排，特别委员会的激进成员被任命去"调查叛国阴谋及其合谋者"，通过特别委员会告知他们"发生的任何趋于危害国家的事情以及他期望通过即将上任的行政部门的朋友挫败的事情"。"他认为，海军部长托西先生对国家是不忠诚的，而且应该逮捕他。"保安委员会由激进分子组织起来了，威尔逊和科尔法克斯是该委员会的成员，当时，威尔逊结识了斯坦顿"并和他协商，还从他那里得到忠告和建议。他几乎每天也在和国会两院的议员磋商"。按照霍华德的说法，是斯坦顿写的那个决议，规定由他在1861年1月提出成立保安委员会（第二天任命了这个委员会），协商中的条款直接针对内阁部长；而且根据道斯的说法，是斯坦顿促使那个决议谴责托西。霍华德作证说：

"我认为我在1861年1月1日到3月4日之间的任何时候都没有看到过斯坦
256 顿先生；但我想我接到他来信的次数比那两个月的天数还多。……信息是通过从某些内阁部长那里直接飞到保安委员会屋里的'鸟'带给我们的，因此我们被这种调查愚弄了"（以致接受那位海军部长提出的海军军官辞职的请求，而且还闹

出在他们提出辞职之前就已经提前接受了辞职的笑话，为此海军部长最终受到了众议院的谴责）。"我们不止一次地被告知，可能不得不以叛国罪逮捕某个内阁成员。我们曾经被告知，可能不得不在一个小时内逮捕他，但要等到我们再次听到情况通报为止。消息继续传来。这些消息当然来自于某个内阁成员。"

按照道斯的说法：

"一些共谋者的最重要的秘密计划已经暴露，并且利用斯坦顿先生向保安委员会传达的消息挫败了这些计划。""保安委员会的一个成员曾经利用路灯的光看到了这些字："那个部长是一个叛国贼，肯定无疑。他今天在内阁宣布，到了交权的那一天，他不想把这个政府完好地交到黑种共和党人手里。立即逮捕他，否则一切都完了。'那份文件又送回到它的秘藏处，但那个部长，虽然他走在街上不受干扰，可从那时候起他受到了监视。"

记住托马斯于1月11日辞职以后，内阁组成人员除了托西没有其他涉嫌官员。[①]

根据这些如此惊人不一致的陈述甚至意见相反的陈述，读者将充分领会斯坦 257 顿本人的少许言论。布坎南的行政部门任期届满以后，和他一起坚持到最后的每一个内阁成员继续保持与这位前总统友好信任的通信。斯坦顿继续居住在华盛顿，并且在3月10日给身在惠特兰的前长官写信，为他提供"我在华盛顿掌握的公共事务动态的全部信息。"他指出：

"在火车站，在你离开的那天下午，我与霍尔特先生和托西先生分手了，此后我还没有看到过他们。"说到在他的继任者被证明合格之前，应西沃德先生的要求，他已经草拟了提名克里滕登为"美国法院法官"的信函，他指出，"一般的理解是，这个提名将不会"呈报上交。"传闻是革命的黑人反对这个提名，许多民主党人也反对，而且霍尔特先生将得到提名。现在他似乎是与共和党人要好的首要人物。西沃德先生给他提供了"斯科特将军在霍尔特先生关于安德森少校

[①]　我在上文中叙述的有关斯坦顿的陈述和摘录的引用语，除了另外指明出处的之外，主要引自于：1.亨利·威尔逊1870年2月和10月发表在《大西洋》月刊上的论文；2.布莱克的两封回信。1870年6月和1871年2月首次刊登在《银河》杂志上，接着又被收录到"布莱克的演讲词及散文集"中；3.《审判西克尔斯》（小册子）。

和萨姆特要塞关系报告的一些评论"，促使他获得许可向迪克斯将军揭示它们的"显著特点"，如果可能的话，还要为他的眼线通信人获得一个副本。然后他继续指出它们中的"错误"；在其余的人中，托西先生不想前往布鲁克林也不愿去查尔斯顿，同时他说："我的理解是，托西先生想去布鲁克林。""但是，斯科特将军和霍尔特先生首选"派遣"西部之星"，"并且制服了托西先生"；进而又申辩说"托西先生提出了关于提供船只这样的困难，放弃给安德森少校解围。"他进一步写道："西沃德先生对我讲过林肯先生和他的内阁，当这个问题被提出来的时候"（即，斯科特的观点）"想要我入阁，还有霍尔特先生。我告诉他，如果上届内阁的所有成员都被要求入阁，我不会提出拒绝，但我认为除非全部参加新内阁，否则这是不适当的。他当然说邀请会扩展到所有的人。"接下来谈到另外一个话题，他写道："我感到非常满意的是安德森少校将被撤回来……根据这里占上风的基调我也深信，这里一点也不打算尝试任何强制措施。继承您避免冲突政策将是现任行政部门的路线。"

在注明日期12日的下面他写道：

现在这个城市的普遍印象是萨姆特和皮肯斯都将被放弃。……不出90天就会把弗吉尼亚州送到联邦的辖区之外，马里兰州也会接着步其后尘，这不会让我感到吃惊。林肯以及他在白宫的家人被描绘成因道格拉斯参加新的行政部门保卫战而非常得意，沾沾自喜。

在注明日期14日的下面，他在最高法院的房间里写信说：

如果最高法院以任何方式重新召集起来，它的组织形式会有相当大的变化。……林肯可能会（如果他的政府继续存在四年的话）做一次改变，这将会影响这个'法院'的宪法理论学说。

在注明日期16日的下面写道：

行政部门天天都提供不了任何稳定的政策或和谐一致行动的证据。西沃德、贝茨和卡梅伦形成一个派别；蔡斯、韦尔斯、布莱尔形成反对派；史密斯脚踏两只船，而林肯有时站在这一边，有时又站在那一边。不存在一致的事情。……我不相信会有进一步攻击你的企图。……他们现在感受到环绕着你的困窘事件；无论说什么反对你的话，必定就像反对他们的意见一样报应在他们身上。而且在为他们的行动提供的理由中，他们必定以萨姆特为例展示控制你的根据。

他在同日的另一封信中写道：

我认为不会就萨姆特要塞问题有任何攻击你那个行政部门的重大努力。就他们来说那将意味着强制性的政策以及对你采取和平措施的敌意。斯科特将军的言论倾向归咎于托西先生而不是别的任何一个人。而且如同霍尔特先生和斯科特将军同意所做的每一件事情所写的每一件东西一样，他们也会同意保护你的。

我会常常给你写信通报正在发生的一切事情。

他 4 月 3 日写道：

托西先生上周离开了这里。过去两三天这里一直有一种谣传，将会有一次加 260 强萨姆特要塞的努力，尽管一切情况都已经说了；但我不相信它的每一句话。……行政部门第一个月似乎已为你的政策提供足够的辩护，而且还要另外提供各种各样不需要辩护的理由。

10 日：

我送你一份斯科特将军的意见及其他相关信息。格温医生刚刚从密西西比州回来。他非常有信心地说到南部邦联的稳定性及其力量，明显是强烈地同情他们。

那些看法怀有攻击华盛顿的敌意。但我认为这种看法和促使林肯慌忙从哈里斯堡赶往华盛顿的谣言一样是毫无根据的。

时针已经过了 12 点钟："可以肯定的是，行政部门受到某些原因的冲击是恐慌的。……现在报道说……对萨姆特的连续攻击已经开始了。正在委派给士兵们各种职责的任务。"

11 日：

最近两天在城里出现了广泛的'服兵役'活动。……忠诚政府的感情在这个城市已大为减弱。许多人支持在你的那个行政部门领导下的政府而拒绝登记入伍。许多登记过的人已经收回了登记，并拒绝宣誓。当局并没有获得这里人们的

信任和尊重。没有一个内阁成员或主要官员得到房子，或把自己的家人带到这
里。西沃德'当他应该继续在内阁工作时'租用了一套房子，但还没有启用，他
的家人也没有来。他们的一切行动都显得他们已经打算要立即准备'急忙逃走'
似的——他们的任期就像是在沙漠荒原上生活的贝都因人似的，不知何时人就走
了。……而且除此之外，不信任林肯个人及其内阁直率和诚实的强烈感情已经出
现了。如果他们只不过保持沉默与秘密的话，可能没有抱怨的理由。但据说已经
发出保证，发表了与南部现在发生的事实真相相矛盾的声明，以致没有人带着尊
重和敬意谈及林肯或他的任何一个内阁成员。

第二天：

我们只能听任战争向我们逼近。……这里的许多人具有这种印象：第一，增
援的努力将是一次失败的尝试；第二，从这时起在不到二十四小时的时间内，安
德森将会投降；第三，在不到三十天的时间内戴维斯将占领华盛顿。

5月16日，他写道：

对F. W. 西沃德先生关于"谈判"的嘲笑（评论"这种事情的时代自3月
4日起已经结束了"），如果存在一种独立的压力和一个允许讨论这种事情的焦虑
时期，这将是值得反驳的。而且在我看来，如果他们如同声称的那样，西沃德先
生和林肯行政机关说到有关你的那个政府任期内的任何谈判时都不会发表轻蔑的
意见，由西沃德先生通过坎贝尔法官和纳尔逊法官与南部邦联专员进行的谈判也
许会在某一天被公之于众。……怎样描述也无法向你传达在巴尔的摩暴乱以后，在
通信重新开放之前这里蔓延了几天的恐慌。这被通过街头传播的林肯的惊恐报道加
剧了。……在目前的形势下，我不想离开家里，否则我就会去拜访你。

6月8日，他写道：

迫在眉睫的危险征兆一消失，行政部门刚从恐慌中恢复过来，对于重大的全
国行动提出尽可能严格的共和党监督的决定就变得明朗起来。在做了几个民主党
人的任命以后，例如巴特勒和迪克斯，其他的一切事情排他地致力于黑种共和党
的利益。……迪克斯将军告诉我，他已受到卡梅伦如此恶劣的对待，行政部门的
总方针也那么令人反感，他打算立即辞职。……真的，最近四个星期各种事情的

进程就是这样以致引起对政府每一个部门都不信任。

在 7 月 16 日，关于布坎南撰写自己行政部门的"历史短剧"完稿并且已经发送给其内阁成员一事，斯坦顿写道：

昨天晚上布莱克法官和迪克斯将军在我家会面，和我们一起探讨了这件事。我们一致认为，现在出版将不能实现令人满意的效果。公众的情绪太激动了，等等。在我看来，对这样出现一个没有全国影响的例外事件相关联的时期内发生的各种事件所做的叙述显然是清楚而又准确的。……

然而，就你的行政部门而言，关于萨姆特和皮肯斯两地的政策被林肯自就职　263执政 40 天以来其行政部门所实行的路线证明是完全正确的。

我认为公众将倾向于完全公正地评价你避免内战灾难的努力。……迪克斯将军还在这里。他一直受到本届行政部门不体面的对待。

他注明日期 7 月 26 日关于布尔河惨败的评论可能近乎一致：

周日可怕的灾难几乎没法让人提及。本届行政部门的无能在这次大灾难中达到了顶点；绝对不要忘记难以恢复的灾祸和国家的耻辱将要加在破坏所有和平追求之上，因而导致国家破产，作为林肯"操控这部机器"五个月的结果。……陆军部和海军部发生某些变化是不可能的，但直到杰夫·戴维斯排除了全部顾虑为止，没有哪一个部门能超越这两个部门。现在看来，攻占华盛顿是不可避免的事情。……当林肯、斯科特与内阁争论谁有过错的时候，这个城市是没有防备的，而敌人即将到来。麦克莱伦将军昨晚到达这里了。但是，如果他具有恺撒、亚历山大，或者拿破仑的能力，他能成功完成什么呢？斯科特的嫉妒，内阁复杂的事情，共和党的干扰，他能够不受到阻挠，走好每一步吗？[①]

在读了上述的摘录以后，将更容易相信布莱克法官的陈述：

"当战争开始的时候他的（斯坦顿的）民主党党籍并没有终结。1861 年夏　264天当'违反宪法原则'"（的共和党）"开始实际执行诱惑天真的公民，压制言论

----

① 前述的摘录取自柯蒂斯的《布坎南传》第 2 卷第 27 章。

自由，对新闻界加以束缚时，他和全国任何一个民主党人一样用大量的精力祈求上帝报复，对那些罪行的首犯绳之以法。仅在任命他为陆军部长之前一个短暂的时间里，他热爱的自由和法律的正义驱使他用恶毒的咒语诅咒林肯先生本人。他用贬义的名字称呼他，如果不用'弄脏他增建物配房的猪之类短语'称呼他的话，就用猿、猴称呼他。"①

我们看到这个双重人物下一个瞬间是 1861 年 12 月国会开会前夕，当我们发现他"诚挚地赞同"卡梅伦部长的年度报告中"建议解放和武装奴隶""重要的一段话"，那个内阁官员认为这是"一个敏感的问题"——如今向前走得太远了——秘密地递交给了"他的几个朋友"，除斯坦顿外他们所有的人都"不赞成这个政策"，按照卡梅伦的说法，如此明确表示的是两个人，斯坦顿"拿起他的笔，修改一两个句子，评论说他将把它修改好以致律师不会对它挑剔"。我们被告知，这"重要的一段话""和林肯先生的意见不一致，而他需要用它对叛乱起抑制作用"。因此在第 2 年 1 月卡梅伦被温和地挤出内阁的事情发生了，从前布坎南行
265 政部门的司法部长依照陆军部前任部长的建议担任林肯内阁的陆军部长，他的激进主义，对总统来说虽然迄今还太强，但他还是如此挚诚地分享了斯坦顿的激进主义。当那个任命归属尚且待定之时，卡梅伦为受邀请的参议员钱德勒和韦德提供早餐祝贺他预期的接任者。钱德勒以前"从来没有见过"这个未来他特别喜爱的人，而韦德则是喜欢一个"相识已久的熟人"；但两个都"对这个任命建议满意"，如果提供满意的表示，他们最谦虚的客人似乎"不愿意给予"他们"自己将会接受的理解"。按照卡梅伦的说法，林肯总统同样"不情愿，但听我解释了一段时间后，他让步了"。当提名埃德温·M. 斯坦顿任陆军部长在参议院宣布时，萨姆纳立即站起身宣称，"据我所知，他是我们的人。"②

就我们的目的来说，论述实际冲突年代他的仕途经历是不必要的。他以卓越的能力，果断的精神履行难以承担的职责是不容置疑的。但要像老皮特那样称他是一个伟大的陆军部长还是明显有些言过其实。他的立场和一位在指挥一场伟大的战争中制定和执行国家政策的伟大政治家的立场毫无共同之处。法国"胜利组织者"赢得这个称号更多的是凭借不同军队的战略组合而不是凭借迅速地提供战争的力量源泉投放更多的军团，他还没有上升到与此相同的档次。斯坦顿的努力

---

① 《银河》，1870 年 6 月。
② 引自威尔逊 1870 年 10 月发表在《大西洋》月刊上的一篇文章。

局限在本属于他那个部的常规工作范围内，他以无节制的精力推动工作的前行，266 在他与下属或足够不幸与他发生冲突的那些人的关系中，他的努力时常明显地退化成残忍的行为。

格兰特将军在他的回忆录中，把林肯和斯坦顿作了对比，他说：

他们除了每个人都拥有雄才大略之外，彼此的每一个特点几乎都是完全相反的。林肯先生通过让他们觉得为其服务是件快乐的事情获得了笼络人心的影响力。……让别人失望就会使他忧伤。然而在公共职责的问题上，他有他希望得到的东西，但采用最轻微的令人不快的方式来实现自己的目标。除非遭遇到抵制，斯坦顿先生从来没有质疑过他自己的指挥权力。他绝不倾听别人的真实感受。事实上，在他看来，失望比满足更开心。如果不对他提出忠告，在承担总统职责方面，或者说在代行总统职责方面他显得毫不犹豫。如果他的行动维持不下去，他会改变他的行动——如果他发现此事将受到跟踪调查直到他改变自己的行动为止。格兰特还进一步指出："这位部长很胆小，当通过对守卫邦联首都的军队发起进攻行动试图保卫自己首都的时候，对他来说要避免干涉保护自己首都的军队是不可能的。他能看到我们的弱点，但他无法看到敌人面临的危险。如果斯坦顿先生一直在战场上，敌人就不会处于危险之中。"[1]

虽然斯坦顿经常显得是他伟大上司的一个眼中钉、肉中刺，尽管如此，在他三年服务期间和超期服务期间，他在总统扩大声望的圈子内注意到了自我保护。他没有追随他早年的朋友和现在的同事蔡斯，也没有进入公开不满的状态。事实 267 上，在自由民局创建时，财政部和陆军部之间似乎已经在进行一种必然的竞争；萨姆纳支持把自由民留给蔡斯照顾，而威尔逊仍然依恋于斯坦顿具有"强烈而充足的爱国主义"，其孩童时期，坐在伦迪的膝盖上，然而长成一个小伙子的时候，就折服于废奴主义者韦尔德的意见。他是否背地里让韦尔德和亨利·温特·戴维斯确信他同情他们在1864年所做的反抗，我们迄今还没有私人信件或回忆录作为证明，但就他的公开行为而言，他坚定支持林肯的重建计划。我们知道，他仍然保持了那个追溯时间那么久远的秘密联盟；林肯逝世以后的那个星期日晚上，正如我们已经看到的那样，他和萨姆纳、道斯、科尔法克斯、科沃德和其他几个人举行了一个秘密会议，宣读与重建相关联的"尚未成熟的内阁文件"，允许萨姆纳和科尔法克斯插

[1] 《格兰特自传》，纽约：查尔斯·L. 韦伯斯特出版公司，1885年，第2卷，第536—537页。

入斯坦顿已准备提交给内阁令他们满意的"一段关于选举权问题"的行政命令。①

这个变化多端的人物就是这样，他历经国会和总统之间以及随之发生的党内公开分裂的尖锐斗争的一切变迁，到目前为止设法保住了他在陆军部的首脑地位。

268　说他反对过总统在南部各州重建或南方民众和解问题上采取的哪一个步骤都没有证据。激起激进分子愤怒谴责，最终激起弹劾威胁的每一项措施，显然都得到他的支持或不反对的默许。即使在 1866 年 2 月由于总统的讲话，共和党和总统的决裂公开化以后，没有任何事情显示他采取不与他长官站在一边的立场。他尽可能以内阁官员秘密为由不表明态度，但同年 5 月由约翰逊俱乐部举行的一次小夜曲迫使他与其他内阁成员在某种程度上表态。他做的发言是精心准备的——其实就是把已经写好的东西拿出来念了一遍。他说，他起初倾向于把某种形式的黑人选择权纳入重建措施的观点，但他放弃那种倾向而对总统的计划给予"诚挚的默许"。他不赞同联合委员会制定的《第十四条宪法修正案》，因为第三部分（剥夺几类白人公民权直到 1870 年为止那个特定的时期）。他建议批准"自由民局法案"，但它现在被否决而废弃了，因此，它已不再是一个争论的问题。相反，《民权法案》现在成了一部法律，因此，它当然没有争论。虽然他不会赞成联合委员会的方案，但他承认国会是最后的裁决者。② 在弹劾委员会揭示前两年同样的事

269　态之前，他的证词表明，就他而言，对行政部门的路线完全没有反对意见。很显然，无论他的真实感情是什么，他必须有效地不让人知道一切严肃持续的反对理由，否则他很早就可能被总统免职了，一直到《公职任期法案》获得通过为止，总统拥有无可争议的权利，免除那个团体反对他政策的内阁官员。约翰逊似乎从来都不喜欢他，不信任他已有很长一段时间了，并可能已经怀疑他与自己的对手有秘密交往。但只要没有公开地谴责他的政策或辱骂他本人，他就不愿使林肯内阁的任何成员感到不安，也不愿把他遭暗杀的前任任命的任何一个现任官员赶下台。在 1866 年夏天，丹尼森、斯皮德和哈伦觉得他们想要与他们的长官达成协议，而他们的长官却不能克制地反对他们再继续干下去，因此，他们一个接一个地自动退职了。但斯坦顿则继续往下干。即使直到《公职任期法案》最近获得通过的一段时间，他至少还必须保持他默认行政部门路线的态度，还有与总统保持友好的态度，因为他论证那个法案违宪清晰，结果要求他写那个法案否决通知书附加的公文。然而，尽管这一切，从他的任期一开始，他似乎已经取得那些人的

---

① 本书引言第一节，英文原著第 15 页。
② 《约翰逊的演讲》，它发表在华盛顿的报纸上。见《国会天地》，第 39 届国会第 1 次会议，第 2960 页。

信任，而那些人又是什么人呢，那些人实际上都是正在用最刻薄的侮辱性词语攻击他长官安德鲁·约翰逊的人。激进派把他看作是在敌人阵营里值得信赖的前哨。他表面上和那位'变节者'一致似乎根本没有使他们烦恼。他们恳求他留下来。他们不赞成他辞职。他们平常担心他被解职。为了他能留在那里他们必须劝告他假装默许他们憎恶的政策。原林肯内阁的成员西沃德继续留任，还有韦尔斯和麦卡洛克；但他们都没有留下疑似对长官不忠诚的空间，他们每个人都是激进分子辱骂的对象。唯独斯坦顿，在总统的内阁会议桌旁和他们坐在一起，和他们一起投票表决，但继续与行政部门最无法和解的对手保持关系，是一个最难对付的人物。他的秘密盟友在《公职任期法案》的第一项内容中设计了那个附加条件，以迫使总统在他当家的官僚家庭之中保留他们的间谍；并且只要《公职任期法案》成为法律，他巧以顺从的态度就要经历一个变化。他戴了两年的面具要逐步地拿开。他让总统和他的同事知道，他不会跟他们一起去支持否决《主体重建法案》，他早年的朋友和恩人布莱克法官起草了其中的一些最激烈的段落。《第一补充法案》通过以后，他反对的声音变大了。他觉得他的立场更坚定，在争论中他变得更加目中无人，他的方式更具有进攻性。赞同司法部长提出的意见，在 6 月 21 日的内阁会议上解决行政部门的路线，还促使全体国会议员从全国各地匆忙赶来参加 7 月会议，他坚持那一个不妥协的反对意见。当国会送给总统《第二补充法令》时，他认为作为反叛的担保，南部要完全屈从于军事控制之下。内阁的和谐结束了。总统开始提出暗示，他政策反对者的适当位置应在行政部门核心集团的外面，激进分子信赖的奴仆不能总是用他自己的名誉扮演总统机密顾问的角色。但他很快就察觉了那些暗示，在这种微妙的关系中那些暗示要是在以前还是有效的，但在这种情况下，对这位官员的效力已经不复存在了。使人不愉快的发现渐渐使他想到，他对其完全失去信任的一个机密顾问竟然梦想不到地要大胆否定众所周知的他自己关于《公职任期法》的观点，而基于利用《公职任期法》规定的庇护，把他令人不快的存在和对抗性的原则强加在行政部门的政务会议上。当它们的法律效力溯及较晚日期发生的事件按较早日期发生的事件对待的原则这样得以通过的时候，只会出现一个跟约翰逊这样一个人发生争执的事情。在他随后和参议院的交流中，他平静地说："我已经得出了结论，该是斯坦顿先生从我的内阁退出的时候了。应该存在于这样一种关系之中的相互信任与一致已经没有了。"谢里登的行为也继续与总统的指示南辕北辙，而且那个指挥官在 7 月 30 日通过一个庄严的布告免去由重建的得克萨斯州民众选举的州长思罗克莫顿的职务，同时任命被击败的州长候选人皮斯接替他的州长职务。1867 年 8 月 1 日，在一次私人会见中，总统告诉格兰特将军，他再也不能容忍斯坦顿继续留在他的内阁之中，并且正在考虑免除谢里登的职务。格兰特尽力劝阻他，尤其是为了他最喜欢的下属谢里登，会见结束之后的当天，在给总统的私人信件中，格兰特抗议撤销"非常能干的第五军区司令"的职务，而且表示他不赞成以这样的措辞罢免斯坦顿，"如果参议院不同意的话，违背他的意愿将其免职也不可能实现。……毫无疑问，政府的立法部门企图凌驾于总统的罢免权之上任命内阁部长，不难理解"那部法令"特别想保护那个陆军部长"。[①] 这封信，用这么绝对的语言表达，并由全国最有名望的人物签署，不会没有作用的，而且总统也犹豫了，感到极度的为难。8月1日（星期四）是那封信注明的日期。5日（星期一）出事了。

约翰·H. 萨拉特谋杀亚伯拉罕·林肯案的审判于1867年6月26日（星期
273　一）在华盛顿开始，陈述于7月26日（星期六）结束。8月1日，因犯的一个律师梅里克先生正在请求与陪审团谈话。自从萨拉特夫人的案子宣判以来，特别军事法庭审判她的五名法官已经用一份陈情书向总统建议对死刑判决实行减刑的谣言正在满天飞。虽然包括陪审团的几个结论、法庭的判决和总统的批文等权威报告并附有专职官员对其准确性开具的证书已经全部印制出来了，但不曾出版过这样的文献，谣言仍然继续留在人们记忆中。针对这个传说和这起案子最初起诉时做出使这个问题得到彻底解决的承诺，梅里克先生在他发言的过程中强调这个问题："你们的审判记录在哪里？你们为什么不把它带来？你们最后发现……一份宽恕的建议……总统从来没有看到过吗？"受到这种嘲弄言论的激发，美国最主要的律师爱德华兹·皮尔庞特立即派人去找军法署署长约瑟夫·霍尔特查询原始记录；霍尔特亲自把与皮尔庞特有关的"三位先生"出庭的记录带给他。第二天，资深大律师布拉德利先生，在概述那个因犯的过程中重新提起政府没有起草神秘的文件。因此，皮尔庞特在星期六（第三次）站起来做最后的辩护，他觉得
274　自己必须，不仅必须而且能够，给他对手的嘲笑一个决定性的反击。他清楚地阐述了对手手里掌握的这份记录：

　　当那个记录递交给他的时候，记录的内容是约翰逊总统把那个陈情书交给他的内阁审议，每一个成员都投票认可那个判决，而总统亲手写了指示，还亲手签

---

① 参见收录在麦克弗森《重建》中的信件，第307页注释。可是斯科菲尔德将军指出，按照这封信注明的日期，格兰特将军当时在弗吉尼亚州的里士满，"在他返回华盛顿途中以极其坚定的语言表明他的要求，总统要么撤销斯坦顿的职务，要么接受他（格兰特将军）的辞呈。"《艺术》，"陆军部的争论"，《世纪杂志》，1897年8月。

署了执行许可证。没有其他人接触过这份公文，而当特别军事法庭的一些法官由于萨拉特夫人年龄和性别的缘故建议把对她的死刑判决改为终身监禁可能更好一些时，他签署了就在他眼前的那份宣告她死刑的许可证——而且它就在那里。

当天下午霍尔特法官回来向法庭要求归还那份判决文，像皮尔庞特刚才向陪审团复述和他以前讲述的那样转述它的经过。[①]

星期天早上的报纸刊登了白宫的这份声明，因此，5 日（星期一）上午，总统派人到陆军部长那里查询"那个同案犯的审判结果和判决情况"。当那份公文送来的时候格兰特将军碰巧在陆军部，斯坦顿当场委派格兰特将军负责军法署（霍尔特法官暂时缺席），并命令他把那份记录带给总统。那份文件一到白宫就被"仔细查阅"，总统发现，在特别军事法庭主审官员签名的下面附带有那个记录，霍尔特法官在死刑许可证这个地方写着，当交给总统签署时，随后送来任何文件很可能不为他所注意，而且，作为固有记录多余的一页附在那里非常实在。特别军事法庭的五名法官签署了一份恳求总统的请愿书，考虑到玛丽·E. 萨拉特的性别和年龄，"如果他认为与自己对国民的责任感一致的话"，就对死刑减刑，改判为在监狱里终身监禁。总统立即声明，他以前从来没有见过或听说过那张会飞的纸页。他确信呈送给他批准的时候那份公文没有附带这个记录。他想起了，霍尔特法官在一次私人会见的时候把那份记录带给他并当面写出那个正当理由，要求他签字，然后又把那份记录带走了，因此，霍尔特无疑是实施这种行为的当事人。再者来说，如果军法署长犯罪的话，陆军部长也必定是策划者，或者纵容扣留那份记录，因为他觉得在部门首脑不知情的情况下，一个下属竟敢犯下如此致命的欺诈罪行吗？总统受骗签署一个妇女的死亡令，否则他可能宽恕她而保留她的生命。当他完全知道以前不曾审阅过这样的文件，更不必说那时他的内阁审议这份文件了，接着传唤西沃德、韦尔斯和麦卡洛克（除斯坦顿以外仅剩下的内阁成员）将证明霍尔特编造那个故事的虚假成分。但是，随着这类事情的发生，那些官员的证词受到了皮尔庞特本人不必要地渲染。没有重新提起他在星期六做的陈述，星期一他整天都在继续发表演讲，在星期二（6 日），仿佛在此期间他因错误而受到警告，他好像故意逐词逐句地重复那个陈述，可是，在重复的过程

275

276

---

① 《审判约翰·H. 萨拉特》（官方记录），华盛顿：政府印刷所，1867 年，第 1 卷，第 27 页；第 2 卷，第 1207、1237、1249 页。

中，他完全忽略了那个内阁官员以及在那个内阁官员面前存在的那份文件。①

在如此关键的时刻，斯坦顿会采取什么立场呢，他是否会把他的保护伞抛到处于困境的下属身上，决定支持这个下属，断言"上述的文件"就在总统的"眼前"，我们肯定不知道。但这一点我们非常了解。总统向身为陆军部长的斯坦顿要求得到那份记录，斯坦顿以陆军部长的身份在 5 日上午把那份记录呈交给总统，当天斯坦顿收到下面的书信：

先生：一个高尚人物尽人皆知的考量驱使我不得不说，你作为陆军部长辞职将被接受。

美国总统：安德鲁·约翰逊

277　　他对此立即作出了答复：

先生：你今天的短信已经收到，信中指出一个高尚人物尽人皆知的考量驱使你不得不说，我作为陆军部长辞职将被接受。

作为答复，我很荣幸地说，一个高尚人物尽人皆知的考量，这只是诱使我继续担任这个部门的首脑，使我觉得在国会召开下一次会议之前一定不要辞去陆军部长的职务。

陆军部长：埃德温·M. 斯坦顿②

在陆军部发现编造了这么可憎的一个骗局是总统消除头脑中一切犹豫而驱使自己立即采取行动的"最后一根稻草"，这个推测是不是可靠呢？两个这样的事件如果不是在一定程度上互为因果彼此相关又在同一天发生的话，这将是一个最不寻常的巧合呀。真的，采纳这一观点存在一个严重的缺陷。接下来的 12 月，278　向参议院传达关于斯坦顿停职的原因，总统未能归因于扣压这份陈情书，尽管他的确提到扣压就在新奥尔良暴乱发生之前贝尔德将军发送的电报。但是，我们应

---

① 参见军法署的原始记录。最高法院法官克拉克·赖特写给霍尔特的信包含在霍尔特 1873年 12 月 1 日引用在《华盛顿新闻》上的一篇文章《驳斥》之中，接着以小册子形式重新发表。也见霍尔特 1873 年 8 月 25 日刊登在《华盛顿新闻》上的文章《辩护》，随后也和《驳斥》那样在同一本小册子里重新发表。还有 1873 年 11 月 12 日刊登在《华盛顿新闻》上的安德鲁·约翰逊的答复。《审判约翰·H. 萨拉特》，第 2 卷，第 1321 页。

② 在总统写给参议院关于停职的咨文之中提供了相关资料。《审判安德鲁·约翰逊》，第 1卷，第 148、149 页。

该记住，扣压电报是斯坦顿的行为，他自己承认是那回事，[①] 而扣压这份陈情书，从证据来看，它不是斯坦顿的行为，而是霍尔特的行为。附在这份有罪文书上的记录直到接下来的 12 月还没有归还给军法署，[②] 但是，尽管总统保存了四个月，他却没有采取措施惩罚那个官员。当他不暂停那个军法官职务时他几乎也没有归因于那个军法官的扣压作为他上级长官犯罪的一个理由。大体上说，总统因为同样的理由忽略不提扣压陈情书的事情，就是他不提军法官霍尔特，从着手一场个人争论来看，对于这么一个柔弱的对象被宣告为刺杀他现在坐在其座位上的那个烈士林肯的刺客帮凶当作共犯，予以激烈的手段惩处，出于本能的厌恶扣压陈情书，对于一个处于他那种情形的人来说也是一种自然的事情。

在这个多事的 8 月 5 日，另一件被揭露出来的令人震惊的事情发生了，与这位军法官有关，如果不与陆军部长有关的话，也同样了结了。代理司法部长约翰·M. 宾克利，在斯坦伯里不在的情况下，他把关于赦免查尔斯·邓纳姆，化名为桑福德·康诺弗的报告交给总统批阅。这份公文包括列举留在行政办公室的两个包裹，还谈到了司法部长。第一包裹是 7 月 27 日留下的，并没有人填写它是由四份，或者更确切地说是三份文件组成：1. 参与萨拉特案件诉讼的一个美国律师 A. G. 里德尔写给总统的一封信，注明日期为 7 月 20 日，称赞邓纳姆 279 虽然在监狱里，但在审判萨拉特之前和审判期间他能够提供证言，在"事实和证词两个方面为美国提供很多有价值的信息"以及"要求保护被告证人证据的经过和事实"，还在"传送重要的事实和建议"方面提供服务，因此，写信人指出，"政府受过他很大的恩惠"，并且应该以某种方式记下政府对这些服务的感谢。2. 来自霍尔特法官的通信，它处在同一片纸张上，注明的日期是 24 日，但没有写地址，在那封信中，在表示他同意里德尔先生提出的"查尔斯·邓纳姆的服务具有价值和重要性的看法"的同时，他同样建议赦免他。3. 阿什利写给霍尔特和里德尔的短信，注明日期为 7 月 22 日，建议一份赦免"邓纳姆先生"的请愿书应该由他们准备和签署，请愿书的草稿将用正规要求的短信发送，阿什利补充说："我认为他（邓纳姆）显然有资格获得赦免，我希望你们尽力帮助他。"4. 最后的文稿是寄送给美国总统安德鲁·约翰逊阁下的，注明日期为 7 月 26 日，

---

① 《弹劾调查》，第 398 页。
② 赖特的信件。

署名"查尔斯·A. 邓纳姆"祈求赦免的请愿书。这似乎出自法庭的记录，在最后提到的那个日子，邓纳姆最后提议进一步暂缓判决遭到拒绝，他最终被带到奥尔巴尼监狱。放弃了从他现在的朋友那里得到帮助的一切希望，他突然决定要用

280 一剂他们自己的毒药来对付他们。第二个小包裹是 7 月 30 日由邓纳姆夫人留下的，小包里装的东西是：1. 邓纳姆注明日期为 29 日，并写了发送给总统地址的信件，在信中他谴责阿什利和其他"叛国者和同谋者""穷凶极恶的图谋"，"阿什利一伙人""的邪恶阴谋"，根据这个阴谋，在他们将为他获得赦免的考虑中，他将努力得到安德鲁·约翰逊和布思有联系的证据。他的要求是很明确的。他说，阿什利"认为这将非常合理地证明"四种情况，即：（1）布思数次在柯克伍德旅馆造访约翰逊。（2）约翰逊与布思通过信。（3）用放置在柯克伍德旅馆的武器销售给阿策罗特是一个骗局，是要使它显得副总统想要成为一个受害者，从而转移约翰逊纵容谋杀林肯的嫌疑。（4）布思在 3 月 4 日向其在纽约的亲密朋友声称，他正在和自己结识的副总统一起行动，安排在就职典礼那天杀死林肯，这是对约翰逊那次奇怪行为的解释。邓纳姆毫不犹豫地承认，他确信阿什利"在寻找具有良好声誉与品德的人来证明这些事情不会有什么困难，而且这也和"他"只要这么做就被释放的说法是一致的"。"作为一份证言"他在这封短信中能做的是，邓纳姆告知，因为阿什利和巴特勒的企图，他已经把他们需要的主旨证词的备忘录转寄给一个"值得信赖的朋友"，利用"为他提供的指导获得另外两个牢

281 记住他声明的朋友，并且在派人去取的时候要来到这里（华盛顿）再向他们转述"。而且这两个人，他指出，实际上已经来了，"受到阿什利和巴特勒的调查，并认为具有必需智力和相貌条件"；"已经得到认可"还"介绍给了几个激进的众议院议员"。"巴特勒希望这些人当时就宣誓"，但邓纳姆在他释放之前"不会同意去做那种事情"。与这封信相伴的是 2. 用以训练假证人的备忘录样本（这将在今后弹劾委员会展示它以前提供给他们），3. 阿什利在这种事情上掌握了四封短信，还有 4. 一篇马切特先生的评论。阿什利最后的短信注明的日期为 1867 年 7 月 8 日，他还在短信中写道："如果你能把原稿（即安德鲁·约翰逊写给戴维斯和布思的信件）交到我手里，我就会说，除非你被释放了，否则，如果没有你书面发布的命令，就没有人能够拿走或销毁它们。"

8 月 10 日早晨，上述报告发表在公共媒体上；[①] 可以顺便指出，最后提到的那天下午，萨拉特案件的陪审团，经过三天三夜的商议以后，因意见无法达成一

---

① 见华盛顿当天的报纸。邓纳姆被总统以健康欠佳为由赦免了。

致被解散了。[①]

（从这个枝节上返回到正题吧）但斯坦顿扣压上述报告未公开的原因是，如果存在任何未公开的原因又不做进一步调查的话，它们可能是，这位部长对总统要求他辞职公然反抗的反应本身就是一个充足的理由。正如约翰逊指出的那样："有一件事是肯定的，在这样一些需要考虑的事项中无论多么有说服力……它都是职务上的不正当行为，至少可以说，想在他的上司面前展示它们。……这必定要终结我们最重要的职务上的关系，因为我无法想象居然会狂妄到这种程度，一个部门的头头在做了这样的小动作以后还竟然大胆地到总统官邸的会议桌旁抢占座位。我也不能想象一个总统如此健忘属于他职务适当的尊重和尊严以致忍受与顺从这种侵入。"[②] 即使斯坦顿具有杰出的公务职责感，但事实上并没有迫使他走到不再佯装作为总统的一个宪法顾问那种程度。他坚守在陆军部的办公室，但他在内阁桌子旁的椅子却意味深长地保持不变地空着。就他来说，总统延迟了足够长的时间决定按照惯例完全逐出这个自己承认是他对手盟友的唯一一个内阁成员并寻找一个接任者。意识到按照《公职任期法》的制定者根据该法第一项规定附加条件作出的解释，而且现在显然被共和党普遍地接受了这种解释存在，因此，简单化免除斯坦顿的职务将被公开指责为一种可弹劾的罪行，他利用带有附加条件和规则的《公职任期法》授予他暂停官员职务的权力来尽力避免这样的指控，但他认为，暂停官员职务的权力包括在宪法赋予他的罢免权之中，国会没有权利加以限制。此外，他要找到一个愿意并能够取代共和党人支持的有名望的陆军部长继任者还是非常麻烦的，而且看起来他还认为确保格兰特合作也是不可或缺的。在频繁地与这位将军会见的过程中，他竭力说服将军接受那个职务，使他确信无论如何斯坦顿都不会再留用了。格兰特终于同意了，取而代之的规定是，采用暂停现任官员职务的形式，还有一份证明文件授予他本人临时履行陆军部长的职责。一项谅解就这样发挥作用了，8月12日总统发布命令向陆军部长埃德温·M．斯坦顿提出"依据美国宪法和法律赋予总统的权力和职责"暂停他的职务；还向尤利塞斯·S．格兰特提交了一份证明文件授权他临时代理陆军部长职务。就在同一天，格兰特通知斯坦顿说自己接受了任命，他通过对他接替的那位"曾经履行陆军部长职责"的官员具有的"热情、爱国、坚定性和能力表示感谢"，以此来减轻总统决定对斯坦顿的打击，在收到这两封短信时，斯坦顿给总统写了如下一封通信：

① 《审判约翰·H．萨拉特》，第2卷，第1379页。

② 《咨文》。

依据公务责任感，我不得不否认您的权利，根据美国宪法和法律，没有参议院的建议和同意，也没有合法的理由，暂停我陆军部长的职务。……但因为指挥美国军队的那位将军已被委任为临时陆军部长，已经通知我说，他已经接受了任命，我别无选择，只好服从不可抗拒的力量。①

斯坦顿终于离职了，尽管五星上将上任了，但他只是临时任职。《公职任期法》规定，在依据该法暂停官职的情况下，如果参议院拒绝同意，暂停职务的官员随即恢复他的职务与职权。现在，如果约翰逊随便做的哪一件事情能够以此为基础进行投票表决的话，那就是约翰逊已经暂停斯坦顿的职务，在这种情况下绝不允许他再次进入内阁或进入陆军部重新开始利用其职务进行暗中破坏活动。要使自己相信，他完全掌握了那种形势的支配权，在做了这次人事变动几天以后，他跨步来到陆军部，就要执行的方针路线应对未经参议院同意很可能发生的事情这个紧迫的问题与新部长交换意见。关于这次会见的细节，总统和格兰特将军随后发生了争吵，但实质上他们在一些更重要的特征上达成一致。约翰逊首先表明了他的决心，以防止斯坦顿在任何情况下复职，随后，他询问如果参议院投票表决来恢复他政敌的职务，格兰特是否打算支持他。他会不会继续担任这个职务而迫使斯坦顿向法院提起诉讼，或者宁愿避免不愉快的法律争议，及时辞职为总统用一个甘愿受此烦恼的人来填补那个职务创造条件？按照他自己的说法，格兰特答道，"万一参议院不同意暂停他的职务"，斯坦顿先生"要获得他拥有的职务"，"将不得不向法院提出上诉来恢复他以前的地位"；他补充说，然而，这是"一般原则"，因而如果进一步审查《公职任期法》，他就会"改变他的想法，在这种特殊情况下，他会把实情告知总统"。②

由于格兰特适应于严格的军事服从的习惯，这位符合宪法规定的总司令在未来三个月内，对这一段时间未加抑制的陆军部，他再一次掌握了控制权。一个星期后，这位新部长自己坐在斯坦顿的位子上，总统发给他一道命令委派托马斯将军代替谢里登将军到第五军区司令部任指挥官，谢里登将军调到密苏里军区任指挥官，而且还指示他要下达必要的指令来使这个命令生效。然而，他屈尊自己，只是连同那道命令一起发送一封短信引起某些"暗示"这位部长可能"认为有必要尊重这些委派"。格兰特利用这样给予他的这个机会"敦促以一个爱国者的名

---

① 见收录在麦克弗森的著作《重建》中的信件，第261页。
② 见《格兰特的信件》，收录在麦克弗森的《重建》中，第283页。

誉""不要强调这道命令","表达国民希望不要免除谢里登将军的职务",还表示
"民众的意志就是国家的法律"。"谢里登的免职只能被视为使国会法律作废的一
次尝试。""它将被南部脑筋转不过来的人士解释……为一个胜利。""这会鼓励
他们重新开始相信总统与他们站在一起反对忠诚的广大民众。"托马斯将军也一 286
直反对被分配到任何一个这样的军区。这种直言不讳的规谏没有发生作用。如果
这位部长只要服从命令,他就可能从他的"建议"中受益。耽搁了几天以后,健
康欠佳的托马斯将军提出需要改变原先的委派。但是,8 月 26 日,委派温菲尔
德·S. 汉考克到第五军区司令部任指挥官,调派谢里登将军到密苏里军区任指
挥官的一道命令由总统发布,由陆军部长格兰特予以公布。谢里登接受了这个命
令,把他的司令部移交给低于他军衔的接任者,然后离开了。就在同一天,发布
了一道类似的命令,免去西克尔斯第二军区司令官的职务并委派坎比将军接替
他,坎比将军于 9 月 5 日担任了指挥官的职务。尚待变动的军事指挥官直到 12
月 28 日才开始进行调整,就在那个时候委派米德到第三军区任指挥官,免去波
普的职务,委派麦克道尔到第四军区任指挥官,解除奥德的职务。①

汉考克被行政部门召唤到华盛顿前往他的新军区途中,变成了行政部门的支
持者和民主党人的一头雄狮。在担任指挥官的时候,他发布了自己的第一道将军
令,宣布文职政府高于军事权力是不可改变的原则,从人群的部分保守人士之
中,升高的喊声好像共和国已经再生了,民政事务这种个别行动的壮观景象一时 287
胜过他在战场上取得的一切成就所带来的荣耀。②

---

① 麦克弗森:《重建》,第 300—307—308、345—346 页。
② 《1867 年 11 月 29 日令》,收录在麦克弗森的《重建》中,第 324 页。

第四章　第一次弹劾失败与斯坦顿复职

288　　　1867 年秋天北部各州的选举结果表明，民意的倾向正在强烈地冲击多数党的重建政策。9 月，在最东端的缅因州共和党多数由前一年胜出 28 000 人减少到胜出 1 100 人；在最西端的加利福尼亚州（不过是在春天）选出的州长是民主党人，选出的国会众议员民主党人占三分之二。10 月，宾夕法尼亚州反对派赢得选举的胜利，而在俄亥俄州，虽然共和党州长候选人通过微弱多数成功当选，但选出的州议会则由民主党人占多数，它于次年撤销了批准的《第十四条宪法修正案》，还选出一个民主党人接替韦德到国会去任参议员。更重要的是，选民在该州的边界之内通过五万的选民多数否决了拟议为相当少的黑人赋予选举权的州宪法修正案。11 月，纽约以几乎同样的多数转向民主党。新泽西州走同样的道路，选举产生的州议会撤销了已批准的《第十四条宪法修正案》，还把被驱逐的斯托

289 克顿送回参议院。堪萨斯州和明尼苏达州民众——可靠的共和党州——转向一种反对把黑人选举权的问题直接提交给他们决定的意见。虽然它是政治上的奇数年，结果对国会的构成没有影响，但在举行选举的每一个州，甚至马萨诸塞州的倾向也处在同一方向上。作为总统候选人，政党政策的真正解释者选择的所有想法都被抛弃了，所有的眼睛都转向了士兵，他们虽然是行政部门的成员，但具有令人陶醉的叛乱征服者称号。[①] 另一方面，总统仅把结果视为他惯常信任民众的另一个理由，他在一次讲话中间接提到这件事，11 月 30 日夜晚，他向聚集在白宫前面的人群大声呼喊要祝贺他最近的胜利。"挽救国家现在不幸状况的办法必定来自民众本身"，他说：

　　"按照宪法规定的步骤，目前他们不能撤销令人讨厌的法律，他们不能撤回或限制这种军事专制。补救的办法仍然在他们手中，而且是肯定的，如果不是采取欺诈控制，利用专断权力威慑，或者由于他们职责上的冷漠拖延太久的话。由于对他们的爱国主义、智慧和正直有持久的信心，我仍然希望专制的权杖最终将会被打碎，暴力的铁蹄一定要从民众的脖子上抬起来，一部宪法虽然遭受亵渎，

---

① 　关于选举，见麦克弗森：《重建》，第 372、353—354 页。

但它的原则一定要保持不变。"①

　　对于两天以后相遇的司法委员会的弹劾倡导者来说，这次讲演不过是多了一　290
桩严重的轻罪，还有一份打印的副本被放进证据里面。"他最近讲话的反响"，他
们在报告中说，"仍然萦绕在我们的耳畔"，20 日司法委员会再一次进行投票表
决。记得去年 6 月他们以五比四的表决结果决定反对弹劾。尽管事实是，在少数
派恳求重新开始调查以后，除了格兰特将军不是不利于总统的证词之外没有获得
任何重要的证据，司法委员会现在推翻其决定；一个以前在多数派一方投票的共
和党人现在和他的激进同事结合在一起。改变主张者是来自纽约州奥斯威戈的约
翰·C. 丘吉尔，他从来没有公开解释过他为什么要改变主意。国会第二天开始
休会，给司法委员会提供时间让其在下周星期一作一个报告，并在介于其间的两
个工作日期间，要对阿什利已经检查过的，又经过贝克复审的调查报告赋予一个
合适的结尾。已经自愿返回的逃亡证人被邀请来披露其神秘夫人哈里斯的下落。
他发誓说曾见过她，但他说不出一个有名有姓伴他同行，能够证明其见过她的
人，或者有谁曾在他公开声称遇到过她的地方看到过她进入那里的旅店，或者有
谁在那里看到过她一会儿。他已经要求传唤她到司法委员会来接受审讯，让马切　291
特指认她，但是她没有钱来不了。"要多少钱？"司法委员会的一个成员问道。
"25 000 美元。"贝克回答。"是谁提出的这个条件？""这个女人提出的。"伴随这
个迅速的答复贝克被解雇了。② 阿什利是最后的证人，好像由司法委员会的民主
党议员进行传唤。他承认从弹劾行动开始他就抱着这样一种信念，安德鲁·约翰
逊与亚伯拉罕·林肯遇刺有牵连；他曾向众议院的一些议员指出，他有证据证明
约翰逊具有那种行为；他认为存在安德鲁·约翰逊写给杰斐逊·戴维斯和布思的
信件能够确定那种事实；从调查开始到现在他一直在忙于努力找出那些信件获得
合法证据以提交给司法委员会讨论；他已经雇用马切特；他日日夜夜在监狱里反
复与康诺弗－邓纳姆进行谈话；在定罪以后，他反复地要求法官延缓执行判决直
到可以提出赦免申请；他支持罪犯向约翰逊总统申请赦免以便那个罪犯可以用作
证人来控告谋杀他前任的那个同案犯。由邓纳姆在去年 7 月装入他的请愿书里，
以后又在代理司法部长的报告中还出现过的那份备忘录，指导把它拿出来作为证
据展示。③ 开头是：

────────────

① 《讲演》，见《弹劾调查》，第 1175 页。
② 《弹劾调查》，第 1193 页。
③ 《弹劾调查》，第 281 页。

292　　　"在林肯和约翰逊的就职典礼前不久，后者通过布思或者与布思有关，送几封信给南部邦联，其中一封信打算送给杰斐逊·戴维斯。"接下来这些信件被一个"带着 J. P. 本杰明的几封信"回家的名叫艾伦的人送往里士满，"封着的交给布思"。艾伦把那个包裹递给布思，他拿出一封"写有'美国当选副总统安德鲁·约翰逊收'"的信，要求艾伦带着一个朋友一起去递送这封信。艾伦和那个朋友都能带到这里来。有两个前叛军士兵，一个名为道森，他能够作证，他们在布思"近似加勒特①那样"死亡的前两天遇见过他，他告诉他们，他已经"杀了林肯，从而制造出了一个优秀的南方人总统"。道森相反地回答说："如果他指的是他制造出了安迪·约翰逊总统，他可能为南方做了最糟糕的事情，因为他的观点比林肯更极端，是南方更大的敌人。""布思回答说，这是一个错误，约翰逊作为一个候选人及求职者不得不说很多事情，但作为总统，他高兴什么就做什么；他注定要成为南方人的朋友；并且说，如果他背叛他（布思），他会比哈曼②吊得更高。"

　　　阿什利解释了他所谓的"有关这种事情的理论"：

　　　"我始终认为，哈里森总统、泰勒总统和布坎南总统都是有害的，而且是因为把副总统扶上总统的位置这个明确目的而变得有害的。在头两个例子中它是成293功的。布坎南先生有这种企图然而失败了。泰勒先生和哈里森先生成功地把副总统扶上了总统的位置。然后，林肯先生被暗杀，而且从我的观点来看，我可以得出一个保持中立而又持不同观点的人无法得出的结论。它不等于合法的证据。"

　　　"问：你的意思是说，你形成了一种意见并把它向国会议员作了表述，存在涉及约翰逊先生的证据是不合法的证据吗？"

　　　"答：是的，先生，它使我相信。"

　　　"问：向司法委员会指出你知道的任何证据或事实，在任何程度上都要倾向于把暗杀事件扣在约翰逊先生头上吗？"

　　　"答：我绝不会从司法委员会撤回我认为是证据的任何东西。"

---

① 加勒特是背景设定在神秘中世纪的剧目——《神偷》的主角，是一个艺高胆大的小偷，在他四处搜索宝物的同时也阻止了邪恶集团的阴谋。

② 哈曼是《圣经》里的人物，波斯王亚哈随鲁的宰相，阴谋杀死所有犹太人，于是人们将哈曼吊在他为末底改所预备的木架上。

"问：那么像以前一样，你现在声明，你知道没有其他证据能够证明那种事实吗？"

"答：目前我能让司法委员会知道我确信没有，或者我应该让司法委员会知道真实的情况。"①

周一，司法委员会搜集到一起的浩繁混杂的证言附加三份报告提交众议院审议。多数派的报告建议通过一个决议，表明安德鲁·约翰逊，美国总统将因重罪和轻罪受到弹劾。少数派，其中有两个共和党人，该派的报告建议通过一项决议，表明司法委员会免除进一步考虑弹劾的责任，这个问题将放到桌面上审议。民主党成员的报告同意他们少数派合作者尊重法律和事实的意见，但不赞同共和党少数派决定宣告谴责总统的政治行为。② 至于调查的彻底性没有争议。多数派 294 报告说，司法委员会"已经不遗余力以使他们的调查尽可能全面，不仅在公共档案文件中调查，而且在下面的种种迹象中调查，好像期望另外无意中发现任何值得调查的重大问题"。少数派中民主党人的报告宣称：

已经撒出了搜索大网要迅速地获取全国各地的每一个恶意传闻，以及所有传播和诽谤到细节的卑鄙歹徒，道听途说或以其他方式获取的，都已获准显示并放置在用于人类娱乐的记录上。间谍已被送往全国各地去寻找可以抹黑我们国家总统名声和人品的某些东西。未受处罚的恶棍提供了难以置信的信件和文件信息。……最臭名昭著的人物，L. C. 贝克将军，警探头子，甚至厚颜无耻地通过在总统官邸的高墙内安置间谍来凌辱美国民众；总统家中的秘密，总统的私生活和习惯，内心的大部分想法，这些都不再认为是神圣的或免于侵犯的；他的家庭成员已经受到审查；为达到他控告总统犯有臭名昭著罪行的目的，主要的起诉人毫不犹豫地钻进令人作呕的地牢结交被定罪的重犯。

有99个证人在多种主题上宣誓。但是，就像少数派中那两个共和党人的报告指出的那样："许多事情……无论怎样都是没有任何价值的。其中很大一部分 295 纯粹是道听途说的，证人的意见，完全与这个案件无关的绝不是少数。其中只有零星的意见可用于这个在参议院前面审理的案件。"

关于这个案件的法律问题，共和党的多数派和共和党的少数派之间存在很大

① 《弹劾调查》，第1204、1194页及下文等等；第1198—1199页。
② 这几个报告是附加在《弹劾调查》的证言前面的。

的意见分歧。多数派坚持的主要法律主张是，根据美国宪法那一项的规定，"总统……因为叛国，贿赂，其他重罪和轻罪，依据弹劾和有罪判决须罢免职务"，"涉及篡夺权力和屡次违反法律"的乱政行为，尽管依据美国保证的律例没有可起诉的罪行也是可弹劾的。共和党少数派支持的主要法律命题是除了宪法本身规定的两个罪行之外，不仅依照普通法而且还要依据一些美国现有法规，除非同时犯有可起诉的罪行或轻罪，否则就没有可弹劾的罪行。总之，在审判总统时精辟地阐述了这个问题以后，后者的主张现在被认为是太狭隘的。在采用这些议论中的词语的时候，美国的法规制订者还没有制定相关的法规，美国法律没有针对叛国或

296 贿赂罪行的条文，当然也没有定义任何其他的罪行或轻罪。尽管如此，宪法的制定者预料到叛国是一种重罪，贿赂，如果起初不是一种重罪的话，也是一种严重的轻罪；他们这样做是因为他们熟悉普通法和几个州的法规。因此，当他们使用短语"重罪和轻罪"时，通过将来的联邦法规定义重罪和轻罪是什么也不具有任何预见性的先见之明。但根据普通法和几个州的法规即使在那个时候也具有重罪和轻罪的知识。此外，少数派的这个看法必然导致一个最危险的结果。鲍特韦尔先生，他做了为多数派报告辩护的发言，指出这值得注意的用词今后是什么呢：

假定对于可能犯有的罪行总统或任何文职官员，除非依据美国的法律已经预先宣布这样的罪行是可起诉的重罪或轻罪，否则不可能施以弹劾。然而另一方面会不会进一步假定国会可以依法宣布一种行为是按照普通法的原则而判定为轻罪，根本不具有犯罪的成分或性质，而且依据禁止做的事情进行弹劾然后罢免美国总统的职务呢？[1]

但是，尽管少数派的法律主张过于狭隘，多数派的法律主张，像它所做的那

297 样，篡改"重罪和轻罪"这几个词的完整、准确而又清楚的含义，从而使无论依照普通法还是依照法规都根本不可起诉的罪行变得可以弹劾了，是一个过于宽泛的范畴。他们遵循相同思路的意见，运用同等效力也适用于他们自己来反驳他们对手的极端结论。该宪法的框架，正如麦迪逊叙述的那样，在制定宪法的大会上那几个词的记载似乎存在确定无疑的争论。起初提出的主张是使总统"因不当或腐败行为"或"因渎职或失职"在弹劾和定罪的基础上可以免职。随后，该条款做了修改以致理解为"由于叛国，贿赂或贪污"，最后只局限于"叛国罪和贿赂

---

[1] 《国会天地·附录》，第40届国会第2次会议，第57页。

罪"了。当它再次拿出来审议时，随后被这样修改了。梅森上校提议加上"行政失当"。麦迪逊反对说，如此模糊的一个术语等同于任期限于参议院高兴的时间，梅森收回那种措辞，用"其他重罪和轻罪替换那种陈述"，大家同意了这一点，而在总体修改中的最后三个词汇被看作是多余的，因而又被删除了。① 这样，如果一项宪法规定的任何解释诉诸它的起源和酝酿曾经有效的话，在宪法中使用的短语"其他重罪和轻罪"必须保持仅意味着这种职务上的不当行为被看作是构成普通法相同程度的重罪或严重的轻罪，分别比照叛国罪或贿赂罪裁定。

　　现在，法律上的问题就到此为止。来谈事实，根据多数派报告（由威廉斯起 298
草）"控告非常突出的一点"是"篡权"，借此重大图谋以"掩盖依照他（总统）自己的意志重建叛乱各州被打碎的政府，为了各州负有陷于叛乱责任的重要罪犯的利益……通过赦免他们的罪行，归还他们的土地而加速他们的回归——他们的心顽固不化，他们的手还沾满着我们民众的鲜血——如果不完全控制他们徒劳努力摧毁政府的行为，他们就可能再一次回到使人窘迫进而公然反抗的状况。它是围绕这一点，作为所有特别的行为都是行政失当这个中心思想的补充……将发现是受到吸引的"。然后接着提出这些控告条款：第一，总统向叛乱者交出了在他们各州存在的"配有昂贵设备的""铁路系统"，还向叛乱者归还了大量被缴获和遗弃的财产；违反了《没收法》。第二，总统滥用赦免权。例如，1. 总统和国务卿的电报许诺赦免遵照总统文告召开制宪会议的代表，以便使他们有资格当代表；2. 西弗吉尼亚州的逃兵事件，已经提出把它提交仲裁。② 第三，总统没有执行处罚叛乱者的法律。"关于叛乱领导人本身的情况，司法委员会对沉迷于任何 299
专门的评论是否适当或必要的问题没有达成一致意见。"但赦免克莱门特·C. 克莱，不赞成提及公正地指控戴维斯犯有共谋暗杀罪。第四，滥用总统的委任权和与之相伴的罢免权。报告承认"我们最近三十年的历史上"一直实行这样一种"滥用"，怎么突然一下就变成一种可弹劾的轻罪了呢，试图通过环境来解释它，即"没有一个党代表现任总统的意见，除了叛乱各州之外……已经感受到他在一次公开演讲中毫不犹豫地宣布：'如果你们支持我，我会把他们（国会的那些掌权朋友）尽快地踢出去，'"而且从那时到现在一直在这么做。他还拒绝向参议院传送在休会期间提名填补空缺职位的人员名单，反而在参议院休会时重新任命被其否决的人。他违反国会的一项法令，允许他的临时州长和税务官员不进行测试

---

① 《埃利奥特辩论·附录》，费城：利平科特出版公司，1876 年，第 340、507、528 页。比较格罗斯贝克的意见，《审判约翰逊》，第 2 卷，第 190 页。
② 见本书第二章，英文版第 222 页。

誓言宣誓就在南部履行其职责。第五，总统滥用否决权。"这种权力已经被系统地用来摧毁民众的意志，实现总统的罪恶图谋"，行使明确授予总统的一种权力通过这样的断言就转变成一种重罪或轻罪。和科罗拉多当选参议员的商谈被当作证据引用。① 第六，总统干预选举营私舞弊。在这个题目下面详述费城会议和其他别处的官员尽力支持总统的政策而"摧毁国会的意志"；总统 1866 年 2 月 22 日的演讲，直到刚刚过去的 11 月 13 日的讲话；他劝阻南方民众批准《第十四条宪法修正案》；孟菲斯暴乱和新奥尔良暴乱，要是没有一件事实证据的话，就断言总统是有责任的。

300

像这样的回顾汇集在报告中的事实里面，指控的主要罪行以及所有极为着重控告的派生罪行——归还财产，大规模的赦免，免除测试誓言——发生在 1865 年 12 月第 39 届国会开会之前，也是在弹劾行动开始之前的一年，不，是在总统与国会之间公开决裂出现之前的一年所犯的罪行。很少着重控告那次著名的旅行期间发表的言论，虽然这些都是真正导致现在检举的原因。可是没有说过一句不执行"自由民局法案"或《民权法》的话，也没有在任何场合做过一次特别的谴责说不执行"重建法"。总统将要受到惩罚，不是因为他在战斗中做了什么，而是因为他在战斗开始之前做了什么。这起案件甚至存在一个整体行动变得滑稽可笑的方面——一个司法委员会中的民主党少数派唤起了值得注意的方面。"总统受到了严厉的弹劾"，他们说，通过继续执行国会敌视的重建政策"使自己扮演反对国家忠诚民众的角色"，"当国会本身追求一项总统敌视的重建政策时他就遭到从缅因州到加利福尼亚州全体民众尤其无言以对的、极其愤慨的谴责和非难。"事实上，萦绕在鲍特韦尔先生思想中的一桩"特别罪行"甚至是约翰逊担任副总统之前所犯的。正如他描述的那样："杰弗逊·戴维斯还在里士满。李的军队威胁着联邦国家的首都。安德鲁·约翰逊为了宣誓就职正在接近首都。首都仅有一支得到加强的完备部队。他那时宣称，除了依靠老民主党之外，国家就不会得到拯救。""那种不经意的表达透露出他从那时到现在的秘密方针。"即使在他成为总统之前，除非他已经预见到他的前任将被暗杀，否则在那个时候他没有理由认为他会在很大程度上成为总统，他处心积虑地萌生出使国民依附叛乱者和"老民主党"的方案！② 鲍特韦尔先生从来没有忘记这件事。将近二十年以后他还引以为证以此解答约翰逊后来的整个职业生涯。③ 威尔逊，在他给鲍特韦尔先生的答

301

① 见本书第四章，英文版第 91 页。
② 《国会天地·附录》，第 60 页。
③ 《北美评论》，1885 年 12 月。

复中，当他说那种评论非但不是约翰逊的一桩罪行，反而显示出"在我们选举约翰逊作为我们的副总统候选人^①的时候……我们犯了一个可怕的错误"。这就把 302 这件事还原到它实际具有的真正意义上来了。

再没有什么指控比多数派对少数派所作的共和党报告（詹姆斯·F. 威尔逊所写的）所起的作用而提出的指控更能够被完全驳倒。就后者所显示的敌意而言，信中指出：

多数派的报告对于总统的各种推测作出了十分肯定的决定，对于各种疑问关上大门，坚持认为像这样摆在我们面前的凭借没有一点儿证据支持的证词所确立的事实根据将会被我们国家的任何法庭所接受。我们不能赞同这一切，也不能赞同该报告的情绪和精神。

再说：

所有涉及未受审理的证词，还有准予保释杰斐逊·戴维斯，暗杀林肯总统，J. 威尔克斯·布思的日记，他的埋葬地点，从事赦免经纪业，所谓的总统和杰弗逊·戴维斯先生之间往来的信件，对一个读者来说，这些可能是很有趣的，但就这起案件的判决而言并不具有丝毫的重要性。尽管如此，这种不相干的事情大多已经混杂在多数派的报告之中了，而且已被用于加强它的真实意味，强化它的基调。

谈到主要的指控，威尔逊利用一个完整的归谬法把它清除了，这与曾经获得过如愿以偿的效果是一样的。在他的报告中大量引用斯坦顿、西沃德和格兰特的证词，再通过简单地混编，他表明，在行政部门重建政策的最初阶段，国会议员还没有召集到一起的时候，在它的执行过程中，行政部门就像一个整体一样行 303 动；在所谓的篡权过程中，内阁的所有成员以及那个五星上将都是自愿的参与者，那么，如果总统在这件事情上犯有重罪或轻罪，他们全都和他一样有罪。对于鲍特韦尔先生来说，他想象中的安德鲁·约翰逊就是一个道德败坏的怪物，他在众议院发表演讲，通过描述约翰逊还具有类似一个怪物的能力，因而要竭力对付他；声称在开始的时候他的内阁官员"不了解总统的人品、能力和意图"，以此为他们申辩；更进一步地说，总统的"能力还没有被国民充分了解。间或言词

---

① 《国会天地·附录·威尔逊的讲话》，第 40 届国会第 2 次会议，第 64 页。

激烈，方式轻率，行为冲动，时常进行不明智的激烈辩论，在任何情况下他仍然受到从不放弃的持久目标所鼓舞，然而却寻求通过转弯抹角的隐蔽手段以及公开和直接方式实现他的人生目标"。① 但威尔逊已经预料到这个答辩可能会被当作一种完全禁止翻供的言论。他列举了联合委员会的重建报告，鲍特韦尔先生本人是它的成员，追求总统和国会之间关系决裂有很长一段时间了，而且就在那个时候这桩"篡夺"的重罪达到了极点，在那里的十二个共和党成员不是"没有考虑到他采取行动的特殊情况"，谈及民众构建某种形式政府的权力时说："通常这种权力来自国会；但是，在特殊情况下，假如他在这方面行使了这种权力，你们的委员会不想批评总统的行为吧。""虽然我们一时没有任何这样归咎于总统的图谋"（即，多数派的报告试图强加在总统头上的正好是相同的图谋）"但欣然承认他非常爱国的动机，我们不能不警告要把它看作是对共和国充满如此危险的一个先例。"他接着表示，作为补救措施，完全不要去想弹劾；但联合委员会方案先假定依据那种政策重建各州的合法性，现在断言是篡夺国会权力，因而"建议用组织同样的政府……推行总统的政策，作为一种确保它自己成功的手段"。此外，国会到现在也没有宣告这些政府无效，但得到国会的默许，"这些州的事务，在军队的监督下，现在通过临时政府这个机构管理"。总之，即使现在称之为弹劾的团体，在总统"大规模的篡夺"行动中多少也是他的帮凶。

主要指控被推翻了，附属指控必然随之化为泡影。正如该报告指出的那样，"如果控告的较大事情不构成犯罪"，"控告的较小事情就不能上升达到那样的重要性"，但那位勤劳的主席，仍然煞费苦心地争取他们，逐一为他们提供解脱。第一项指控——归还叛国者的财产——按照这些意见处理：1. 如果任何犯罪行为与这件事情有关，根据斯坦顿本人证词的说法，陆军部长和军需总监是主要的参与者，是罪犯而不是主管人，直到显得"在任何值得考虑的程度上不对这个主体给予他的个人关注，涉及像田纳西州铁路这样的事情除外"。2. 在司法部长斯皮德看来，一个公司不能犯下叛国罪行，因此，其财产不受《没收法》支配。3.《没收法》是战时措施，而且司法部长斯皮德和斯坦伯里都劝告总统，战争现在结束了，继续实施《没收法》是不适当的。4. 大赦宣言随带归还被赦免罪犯的财产；而这个宣言是依据国会的一件法案颁布。第二项指控，即：滥用赦免权力，现在完全无力维持了，是很容易推翻的。"总统在众多的案件中使用赦免权力是尽人皆知而又臭名昭著的事实。但这个事实仅证明了一件事情，即在美国有

---

① 《国会天地·附录》，第 60 页。

很多人犯了罪。"西弗吉尼亚州逃兵案件终于得到详述了；可以发现，他们开小差实际上是那种——因在山里迷路点名时他们不在，但他们尽可能快地回来归队了，而且从那以后整个战争期间都在部队服役。为了显示多么重大的一项指控可以低声地调查而渐渐变得声息皆无，详述一会儿赦免一个名叫乔治·W. 盖尔的人可能不会被认为是扯到枝节上了。亚拉巴马州出版发行的报纸《塞尔玛快讯》，1864 年 12 月发布了一则匿名广告，标题写着："3 月 1 日需要 100 万美元才有和平"；广告中出价的 100 万美元是南部邦联提供的，要在 3 月 1 日那一天"促成把亚伯拉罕·林肯、威廉·H. 西沃德和安德鲁·约翰逊等人杀死"；将提前支付 50 000 美元，那个登广告的人承诺为此事捐献 1 000 美元。林肯总统被暗杀之前，没有多少人注意这个引起嘲笑的纸片，但那个悲剧事件发生后人们突然觉得它有一种可怕的意义。血腥的报价在军事法庭的前面很大程度上象征受审的几个被告刺客作为布思和南部邦联领导人之间连接的一个环节。那则广告的实情很快被查清楚了，盖尔是广告的罪恶作者，他被捕了，并指控犯有共谋罪。当弹劾案的调查人员无意中发现这个事实时，这个"恶棍"已被他曾提议暗杀的一名男子赦免，安德鲁·约翰逊在无声的恐怖中举双手投降了，他纵容刺杀他自己的那个人，疯狂的怀疑再次怒火中烧。然而，冷酷的事实把一个粗制的灭火器放在这些耸人听闻的想象上面。1866 年 9 月，盖尔为自己恳求赦免；他被排除在大赦之外的唯一原因是大赦宣言发布的时候他处在军事法庭的监管下。就职业来说他好像是一个律师，他年老体衰不说，妻子和三个女儿还依靠他来扶持；他曾同情援助叛乱但没有上过战场；他是一个免于法律责任、不令人讨厌的人，完全没有能力对任何人造成人身伤害，而且登广告的时候他不可能为已指明的目的或任何其他目的筹集 1 000 美元，那则广告是一个"纯粹故意误导的传闻"，盖尔是在酒力的支配下写的那则广告，为了消遣刊登的。赦免他是由近期驻扎在亚拉巴马州达拉斯县联邦军队的几个官兵以及亚拉巴马州卡霍巴共济会的哈特维尔·查普特建议，由亚拉巴马州的州长和参众两院的议员以及亚拉巴马州的法官和律师业界的主要成员推荐；斯坦伯里在这些建议信的基础上批准的，最后由总统在 1867 年 4 月 27 日准予赦免。证明为正当的行为是如此的完整以致在多数派报告中不仅没有直接提及这个赦免，间接也没有一个字提到这件事；不过，这则醉汉假装勇敢而又令人好笑的广告甚至在目前有时仍然被严肃地引用，作为暗杀阴谋宽泛的、预示性的证据。[①]

[①]《弹劾调查》，第 564 页及下文等等。军事法庭的成员 T. M. 哈里斯将军：《暗杀林肯案》，波士顿：美国国民公司出版，1892 年，第 149、150 页。

第三项指控——不执行处罚反叛分子的法律——少数派报告不屑一提。第四项指控——出于政治原因任免官员——诉诸于以前行政部门的作法作出了答复。"共和党没有沿用这种做法吗？是现在首先发现它是一种犯罪行为的吗？"至于疏忽没有向参议院发送提名，少数派说："证据并不支持这项指控。"至于任命不能采用测试誓言宣誓的南方人，财政部长的证词表明，没有任命一个积极鼓动或参与叛乱的人，也没有任命一个以任何方式被认为要对叛乱负责或赞成叛乱的人。没有找到胜任严格意义上采用测试誓言宣誓的人，行政部门利用那些实质上忠诚的人；相信国会免除责任的保障行为。第五项指控，关于滥用否决权，议长本人满足于科罗拉多情形的评估，指出否决尚未被推翻，因而在这个意义上认为国会本身是赞成否决的。如果当选参议员答应支持他的行政部门，无论总统对该法案予以批准还是不予批准都是无关紧要的，因为那份契约，即使它可以被称作是不诚实的，反正没有签订。第六项指控也是最后一项指控，即：干预选举，他评论说，根据一些人对上述一次或多次干预选举的理解，不必做进一步的评论。改变方向到一边的共和党少数派宣称，"这个案子不以事实为依据，也不以法律为准绳进行处理的时候，从政治的观点来看控告是成功的"，而且还附带谴责总统"辜负安排他掌权的那些人的信任"，"与他们的敌人联合"，这样的做法最后削弱了他们那个结论的说服力。

关于这几份报告的讨论一直推迟到定期会议的第三天，两院没有什么重要的事情要做；然而，他们不会无限期地推迟讨论时间，因为担心一个"休假"——一个被理解表示一次定期会议结束和另一次定期会议开始之间的间隔时间，这期间总统可能会用他委派的人填补空缺，直到下一次会议结束才可能结束任期；因此，他们延期到例会开始的那天，会议开始的那个时刻——12月2日（星期一）中午12时。总统的年度咨文清楚地表明，就他来说，悬而未决的弹劾没有什么可怕的。没有一个前人发出过这么炽热的战斗激情，以后也没有人创造这样的先例在论战中坚持一个如此固执的决定。迄今考虑到它的行动方针带来的灾难性后果，就得赶紧追溯它的各个步骤，语气庄重、态度谦恭，可是在主题里面却使用令人气恼的方式向国会发表劝诫性的讲话。"这是一个让人感到极度苦恼的根源，"总统评论说，"在遵从宪法强加于他的义务方面'有时向国会提供联邦状况的信息，'"他"不能传达任何明确的调整以使美国民众满意"。"相反，直率迫使我宣布，现在没有联邦，我们的前辈想使我们与他们一样理解这个专用名词。"他沉着地建议"废除国会把南部十个州置于军事管制支配下的法令"。他故作姿态，希望多数党通过"平静地反省"变得相信这些法令是直接违反宪法的，在此情况下，他"不怀疑"他们"将从法学教科书上直接地发现那些法令违反了宪法"。总统然后警告国会，那些措施必然需要巨额支出：

这将需要一支强大的常备军，而且在黑人政府建立之后，要维护它们至高无上的权威，每年的花费可能要超过两亿美元。这样扔掉的一笔钱，如果使用得当，形成偿债基金，在不到15年的时间内足以还清整个国家的债务。希望黑人自己保持他们的权势是徒劳的。如果没有军事力量，他们是完全没有能力约束被征服的南方白人。

这是他第一次提出一个充满危险的问题：

总统"维护、保护和捍卫宪法"的职责需要多大的努力用于反对国会违宪的法令是一个非常严肃而又重要的问题。……在国会那里按照宪法的形式由最高立法机构通过的一部法令……执行者抵制它，尤其是在当事人情绪激动的高潮时期，在政府两个分支部门各自的支持者之间可能会产生暴力冲突。这简直就是内战；而且作为最大灾难的补救措施必须诉诸于内战。

实际上，这种情况可能会发生，在这种情况下总统将被迫坚持他自己的权利，而且会不顾一切后果地维护那些权利。如果国会通过一部与宪法明显冲突的法令，要是执行的话，就必然会对政府的组织结构产生不可弥补的直接伤害，设想要是没有他们选出的保护者利用职权提供帮助，对于它强加的错误就没有司法补救措施，民众也会丧失保护自己的法律权利；举个例子来说，如果立法部门通过一件法案，甚至通过所有的法律形式来废除一个并列的政府部门；在这种情况下，总统必须履行他职务的崇高职责，不顾一切风险拯救国民的生命。①

就全体参议员的心情来说，这样严厉的意见太过分了。德雷克提出一个联合决议，谴责咨文中规定的规则，"当任何法令由国会两院推翻总统的反对意见通过时，在没有国家的最高司法部门带有任何违法意思判决的情况下，他随后却公开谴责其违宪，这种做法是违背公务活动得体要求的，是违背官职道德义务的，证明参议院和众议院一方是正确的，参议院和众议院一方要求对这种行为进行明确的谴责"；并针对总统的咨文发表讲话。德雷克在讲话中说明他自己对于崇尚礼仪的想法，从一个并列的政府部门到另一个并列的政府部门，通过把总统称作

---

① 《国会天地·附录·咨文》，第40届国会第2次会议，第1页。

"蜷伏在我们国家起伏胸脯上的梦魇"。霍华德把那篇咨文谴责为"一个对国会及通过选票和言词赞成《重建法案》的每一个国会议员罕见的、最不道德的诽谤"。萨姆纳也把那篇咨文谴责为一种诽谤，甚至更加严重："这是一篇煽动性咨文，打算再一次激发叛乱并挑起内战。……这是总统和以前的叛乱者之间直接联合的证据。"而且两位参议员都反对依照惯例刊登发行那篇咨文的行动。①

在众议院，这篇咨文激起了即将消失的弹劾，使它显得有了一些活力。只要咨文的挑衅口气鼓起保守派议员的浑身勇气，一切都还是顺利的！当这件事在众议院被提出来时，鲍特韦尔先生正在进行显示出自己才能的讲演，告诫他的议员伙伴批准他认为唯一能使共和党安全的权宜之计。他告诫他们说："我们并没有看到这场斗争结束了"，而且指的就是那篇咨文预示如果主要变节者不被罢免就会出现"内战"和"自相残杀的斗争"。但它是无用的。自从韦德当选为法定的继承人以来，行动已经有了旗帜；司法委员会在 6 月进行了不利的表决，共和党议员的不同报告宣告弹劾失败；选举给了弹劾致命的打击；而且威尔逊在与鲍特韦尔先生辩论的发言中，简单地宣布结束弹劾。他驳回了后者在下列言语中的悲观预测：

"我们是因为总统未来可能会做的事情而弹劾他吗？难道我们的恐惧构成总统的重罪和轻罪吗？是不是超出了这起案件的记录我们将会迷失方向，依据未来的可能性就觉得我们应对它作出判决吗？这甚至会导致我们超越全体众议员的道德心。"

"先生，"他总结道，"在这种严肃重大的诉讼中我们必须受一些规则指导，这是某种更确定的东西，比由于一桩特殊的罪行不可能起诉总统更加确定无疑。如果因为一桩特殊的罪行我们不能起诉他，我们为什么要继续反对他呢？是因为像我们这样拥有司法委员会向众议院报告的卷宗浩繁的证词那一捆笼统模糊的东西吗？如果我们不能在文件上注明具体的犯罪行为，我们将怎样把这起案件带到参议院去进行审讯呢？"

在结束讲话时，威尔逊提出把整个事情搁置起来，他已经使众议院赞成他的意见。但是，在部分议员阻碍议案通过两天之后，那些弹劾者迫使多数人同意，直接在弹劾或不弹劾问题上投票表决，以致暴露不履行承诺、故态萌发的人；投票表决的结果是 57 票赞成，108 票反对，反对弹劾的多数派多出了 51 票，多数派报告的决议因此遭到否决。那些投赞成票的人当然全是共和党人。那些投反对票的

---

① 《国会天地·附录》，第 40 届国会第 2 次会议，第 101—102、20 页。

人，其中 41 人是民主党人，另外 67 人是共和党人，这些人中有一些是众议院最能干的人——宾厄姆、布莱恩、加菲尔德、道斯、斯伯丁、沃什伯恩和威尔逊。[①]

然而，这次失败首要且又直接的原因，正如最后努力的成功显示的那样，不是指控的不确定性，不是证词的脆弱经受不住辩驳，不是任何挥之不去的正义感或司法公正，而只是有充足的理由担心，如果要尝试革命性的补救措施，在参议院这注定被认为是灾难。加菲尔德在几个星期后透露了至少支配一半共和党议员投反对票的动机，他承认自己：

"当弹劾总统的建议提交众议院审议时……我投了反对票，不是因为我不相 314 信他的行为应该受到严厉谴责，而是因为我相信这种尝试是不可能成功的。……在我看来，这明显是一场无休止的斗争；在对这种审判作出结论之前总统可能会依据任期届满同意去职。因此，不愿意把国会的注意力从它的立法职责转移到这种斗争上来，也不愿意最终遭到挫败，我认为最好投票反对那些决议，然后我就这样做了。"[②]

中立者的这种心态是众所周知的，因此，坚定的弹劾者集团尽管失败了，但他们并没有放弃希望。他们时常出现分离在一边的斯坦顿周围，他因被强制退职正在生闷气呢。他们认为可以确定的是，应该突然显得好斗来压倒警觉的总统，提供有针对性的理由，从而使胆小的人不再退缩不前。"给我们提供一桩具体的罪行！"他们喊着："无论犯的什么罪，只要它是具体的就行！"

在众议院否决弹劾五天以后，总统把他暂停陆军部长职务的原因送交参议院。就他来说，这份咨文对情况做了很有说服力的介绍，在分析斯坦顿的两封狂妄短信方面尤其热心和严厉，涉及与拥有六名激进分子而仅有一名总统的朋友（杜利特尔）组成的军事法庭的通信，还有和霍华德的交流，霍华德是六个激进 315 分子中最强硬的一个激进分子，委派他的任务是反驳总统的"理由"，为这位暂停职务的官员辩护。在此期间，总统忍不住沉迷于一种他必然知道的愿望，这使他对军事法庭的看法更加不好。去年 7 月，众议院通过表决而感谢对总统极不友好的军事指挥官谢里登、西克尔斯和波普。现在，总统讲究形式，发送一份汉考克将军发布的那道著名将军令的副本，接着指出"尊贵的荣誉属于波托马克河以南的最高统帅部的最优秀的军官，他自内战结束以来以军事命令的形式表达了高

---

① 《国会天地》，第 40 届国会第 2 次会议，第 68 页。
② 《国会天地》，第 40 届国会第 2 次会议，第 1560 页。

尚的意见"，"恭敬地建议国会，某种公开赞誉汉考克将军的爱国行为如果不应归功于他的话，就应归功于全国的法律和正义之友。在这样的时刻，就他这样的行为来说，它仅适合于高尚应该得到维护，美德应该得到颂扬，因此它的价值应该作为国民不能失去的一个榜样。"①但感谢汉考克的决议可能得不到审议，国会两院在共和党号召明年5月20日召开全国代表大会提名总统和副总统的候选人而造成的震动中去度例行的假期休会了。格兰特显然是一个前途远大的人，那些仍然不满他明显亲近行政部门的激进分子受到驱策，在他们中间嘀咕自己还未确定的候选人蔡斯的名字。

316　　由于某种原因——可能是休会期间汉考克的惊人行为，或麦卡德尔案件涉及《重建法》是否合宪的问题，最高法院刚刚肯定对其拥有司法权——多数派在一种闷闷不乐的情绪中重新集合起来。保守派和激进派之间的区别似乎消除了。许多议员公然后悔自己投票反对弹劾，还愿意接受任何弥补自己错误的机会。众议院立即指示探讨一种上策，剥夺总统派遣军事指挥官的权力并把它移交给五星上将，或由五个军区组成一个军区，使整个地区隶属于单独的将军司令部。感谢汉考克的联合决议即将提出，格兰特早年的朋友，现在被认为是其代言人的沃什伯恩一直表示反对感谢汉考克，他投票反对过弹劾，通过提出"完全谴责美国代理总统安德鲁·约翰逊"罢免谢里登的行为，并感谢格兰特将军因为他写信抗议撤销谢里登的职务，还提出抗议计划免除斯坦顿职务的决议，作为替代感谢汉考克的决议，从而把自己的心态变化显露出来了；众议院搁置了感谢汉考克的决议而毫不延迟地通过了沃什伯恩提出替代它的那个决议。②

　　1868年1月10日（星期五），军事事务委员会（已经通过了霍华德写的暂停317陆军部长职务的报告）把它提交给参议院审议。在每一点上它都有利于被替代的官员而不利于他的长官。实际上，它反复灌输那个法律原则，一个内阁官员与其说是总统依赖的官吏不如说是国会依赖的官吏；不应该承认总统的这种特权，仅仅因为他们之间的友好关系乃至个人交往不再可能得以维持，就暂停像陆军部长那么接近他的官员职务；一个下属对其上级官员傲慢不是该官员的不当行为；重要官员背叛自己的党而维持政务会的和谐是根本不值得的，一个忠实盟友，身处叛变总统当家的官僚家庭之中，这对一个爱国的国会是一种经常存在的帮助。保护陆军部长彻底免受明确提出的在新奥尔良暴乱前夕扣压消息的指控。在另一方面，它明确承认在否决《公职任期法案》时，斯坦顿"认为那部法令违宪"，同

---

① 《国会天地》，第40届国会第2次会议，第256页。
② 《国会天地》，第40届国会第2次会议，第331—332页。

时和陆军部长想到的赞美之词结合起来承认，这同样还是服从；也没有明确否定总统的声明，斯坦顿联合林肯任命的其他内阁成员，假设他们不在这部法令的保护范围之内。事实上，这个报告完全忽略了一点，好像只可能存在一种解释总统没有对它产生任何疑问是理所当然的。参议院放弃了通常的休假直到星期一以便明天考虑那个主题。谣言，万一产生一个不利的决定，总统将把整个问题抛给积极参与活动的法庭，而他的对手急于阻止他实现任何这样的目的。我们应该记住，他的整个行动计划依赖于他和夏天暂停斯坦顿职务以后不久进入内阁的格兰特之间达成的谅解；在这个关键时刻，毫无疑问，他绝对依靠实现格兰特二中择一的承诺——自从作出承诺以来多次加以重申，而且那个承诺以这样或那样的方式得以实现，使他还能继续控制局势。另一方面，格兰特将军同时受到更接近于《公职任期法》条文解释的影响，正如他自己声称的那样终于得出结论，他"若在参议院一旦恢复斯坦顿职务时拒绝立即让出陆军部长的职位，这不可能没有违反法律"。这其中的结论是，如果格兰特在以前任何时候达到了违反《公职任期法》的程度，他没有向总统传达说明。正如他所说的那样：

"获悉：本月11日（星期六），参议院开始研究暂停斯坦顿先生职务的问题……我去总统那里唯一的目的是让他知晓这一决定，而且这么做也使他知道了。……然而，总统……声称，他是依据宪法赋予的权力暂停斯坦顿先生职务的，而同一权力并没有妨碍他作为一种礼貌的行为向参议院介绍他暂停斯坦顿职务的理由。他是依据宪法赋予的权力而不是依据国会的任何法令任命我的，我不能受那部法令的支配。我指出，那部法令违宪还是没有违宪，直到被适当的特等法庭把它取消为止，我才不受它的约束。费了一个小时或者更多的时间，各自都在重申自己对这个问题的看法，直到天色已晚，总统说他还会见到我的。"

因而告诉总统他已经"改变了自己的想法"，他良心上也不能在法庭上参与测试这个问题的计划，格兰特并没有沿着其他可以另外再选择一条谅解之路而行，没有把他的职务交给总统掌握。事实上，他坚持认为，除了告知总统他将不会在其帮助下坚持反对斯坦顿之外，根本不存在这样的选择，就他来说，他已完全遵守了那种谅解，尽管结果让他在斯坦顿的帮助下违背了总统的意愿。他否认说过"如果自己不抵制斯坦顿复职就答应辞职"，但他承认，在他们的第一次谈话中，"要缓和矛盾"，"总统可能把这句话理解为"他要作出这样的承诺。总统这样理解是完全清楚的，因为要不然，他对通过与他的被任命者达成的有条件谅解来实现他的目的就将一无所获，反而完全留下来受那个人将来反复无常的支配。甚至就在这次谈话中，因为出现了格兰特自己的说法，总统在遵守一部分谅解时只限于同他下属的顾忌作斗争，显然不怀疑万一他在这条路上不成功，他那个谨慎的被任命者通过遵守其他部分的谅解将使他能够找到一个更为顺从的傀儡。

320　　必须承认这是非常不同的，总统给这次谈话赋予了一个更合乎逻辑的样子。他指出，在自由讨论《公职任期法》的规定以后；——在其他的一些事情中将军对自己受到罚款和监禁处罚的影响感到厌恶，那么总统答复说那部法令是明显违宪的，不要担心它的惩罚，而且他本人也乐意那么认为；——格兰特，像以前他们在第一次会议上那样，同意他"不仅会在参议院对暂停斯坦顿先生职务的问题采取最后行动之前及时把那个官职完全归还给总统，让他能够任命一个继任者，而且还会继续担任它的首脑，等待通过司法程序对那个问题作出裁决；会谈以达成这种谅解结束，星期一将进一步商谈，那时格兰特将决定他接受哪一条路线。即使按照格兰特自己的说法，也可以推断出他在这次会谈中优柔寡断，至少可以推断出格兰特对作出任何共同决定都举棋不定，犹豫不决，双方还计划了下一次见面，尽管将军否认他明确同意星期一再次去见总统。①

　　当这次谈话正在进行的时候，军事委员会关于暂停斯坦顿职务的报告正在由参议院行政会议审议。共和党参议员，好像决心要在那天结束这件事情似的，静
321　静地坐在那里，让另一方继续讨论。但狄克逊身体虚弱，虽然与他的同事们谈话，但显然是迫使他们最后同意辩论一直延期到星期一进行，那天（13日）由埃德蒙兹提出了一个预示不祥的决议，在参加秘密会议以前，要询问有关弹劾案件及弹劾暂停官员职务的程序规则，这表明谣言四起，总统打算不理会参议院相反的决定，并且一些权威人士还可能暗示，格兰特和总统星期六会谈的一些重要的细节在整个星期天一直不断地传给共和党参议员。在通过埃德蒙兹的决议案以后，参议院匆忙召开行政会议把尚未决定的事情处理完。六个多小时都用在讨论上，只要突然出现颂扬斯坦顿时，多数党在一定程度上放弃他们沉默的策略，说到对斯坦顿的赞颂嘛，有人指出费森登是慷慨的。然后进行不同意斯坦顿停职的投票表决——35票赞成，全是共和党人，包括费森登、福勒和特朗布尔等七个后来判定"无罪"的人，6票反对，全是民主党人或亲行政部门的人。54名参议员中有一个空缺席位（马里兰州的托马斯，被拒在外），另外还少了12票；五人属于反对派而七人属于多数党。这七个人是，两人（亨德森和范温克尔）和两个

_____

① 关于格兰特的信，见麦克弗森的《重建》，第283页；关于总统的信，见《重建》，第284页。

赞成不同意斯坦顿停职的反对派参议员配对；三人（格兰姆斯、斯普拉格和耶茨）缺席；还有一个（罗斯）没有投票。剩下的一个是谢尔曼，他的困境一定是令人苦恼的。[①] 在辩论《公职任期法案》时他提出的具体情况是当一个内阁官员 322 "担任官职超过自己保持总统完全信任的那一刻"，那时"一个内阁官员和总统的个人关系变得不愉快以致他们完全无法相互交往了"；他说他无法"想象"的就是这种情况，他宣称，在这种情况下，"将会很快想到给总统强加一个私人秘书那样的事情"，他"不会投票支持保留他"，"任何一位适合成为内阁部长的先生，当他收到其长官暗示他再继续担任那个官职，长官就不愉快的时候，就必定会辞职"；然而，"要是他不愿表示他不适合在那里的话"——正是这种想不到的加重因素现在摆在他面前。他因为非常羞愧而不能投票赞成不同意暂停斯坦顿的职务，从而迫使他去支持他不乐意同他相处的主人呀；看来，他仍然不能壮起胆子断然地维护总统，故而保持沉默。[②]

表决这天（星期一），格兰特将军无论是不是答应过去，他都不去拜访总统继续星期六未完成的谈话，但他派遣星期六晚上一直在与雷弗迪·约翰逊接洽，对这种错综的关系做了一些这样调整的谢尔曼将军，代替自己去敦促总统提名俄亥俄州州长考克斯担任陆军部长，"从而解除所有的困窘"。那天晚上大约九点钟，参议院行动的正式通知传达给了斯坦顿、格兰特和总统等人。星周二（14 323 日）清晨临时陆军部长去了陆军部大楼，走进他的房间，"从里面把一扇门闩上，从外面把其他的门锁住，把钥匙交给陆军副官长"，横穿马路步行回来走到街道对面他原来的住所里。斯坦顿肯定已在大楼里，因为那个代理陆军副官长"然后上楼"把钥匙交给了他，他立即长驱直入空置的公寓住宅，并派人给五星上将送去一封简短的信函说"他想见他"。[③] 这两个下属都显示出丝毫不关心他们的上级官员在这个事件中的意愿可能会是什么呢，也丝毫没有意识到在这种前提下总统有什么管辖权。斯坦顿从不冒险参加内阁会议，进入白宫，也不在他得罪的长官跟前露面。他甚至认为没有必要向总统通报其勤勉的顾问再一次担任了那个官职。格兰特更是小心谨慎，在当天上午派人向总统送交一份书面通知，告诉总统

---

① 《表决》，见麦克弗森的《重建》，第 262 页（关于维克斯的过失）。

② 见本书第二章，英文版第 194—195 页。

③ 1. 格兰特的信件，见麦克弗森的《重建》，第 283 页；参看约翰逊的信件，第 285 页。2. O. H. 布朗宁的信件，见《国内税收》，也见麦克弗森的《重建》，第 289—290 页。参看《谢尔曼将军的回忆录》（第 4 版，两卷，合装本），第 2 卷，第 420—422 页；乔治·康登·戈勒姆：《斯坦顿传》，第 2 卷，波士顿：霍顿·米夫林出版公司，1899 年，第 428 页。

在收到参议院行动的正式通知以后，他"作为临时陆军部长的作用终止了"，[①]信使携带那封短信附加口头答复回来了，总统希望在那天中午举行的内阁例行会议上见到他的临时陆军部长。当格兰特进来坐在他常坐的座位上的时候，除斯坦伯里之外内阁成员全都到会。安德鲁·约翰逊坐在桌子的最前头。从国务卿开始，按照他们的顺序他习惯地继续指名询问内阁各部的负责人，轮到陆军部，询问格兰特部长他有没有什么事情要提出来。格兰特抗议说，他不是作为一个内阁部长出席的，而是接受总统的邀请与会的；接着又叙述了由于参议院的行动他所做的一切。总统于是提出以下几个问题质问这位将军：第一，"在你被任命为临时陆军部长不久，难道你没有同意要么继续做陆军部的首领，等候参议院不同意暂停斯坦顿先生职务，随后可能发生的任何司法诉讼吗？如果你不希望卷入这样的争论，要么，通过预测参议院这样的行动及时把我任命给你的官职还给我，就那个官职来说，难道你没有同意把我放在我任命你以前同样的位置上吗？"格兰特承认有这回事。第二，"在我们星期六交换意见时，在为了避免误会我要求你说出打算做什么的时候，难道你没有提到我们以前的谈话，说从那些谈话中我理解你的立场，你的行动将和已经达成的谅解保持一致吗？"对于这个问题格兰特做了肯定的回答。第三，"对星期六我们会谈得出的结论要是不明白，星期一在参议院采取最后行动之前我们将再次交换意见，是不是这样说的？"对于这个问题，格兰特将军回答说，是这样理解的，但他没有想到参议院会这么快就采取行动，而且在星期一，他一直忙于同谢尔曼将军交换意见以及处理许多小事情，并且期望谢尔曼将军就陆军部的事务拜访总统。[②] 这次谈话"双方都是恭敬礼貌的"，[③] 而且这次会议似乎没有发生口角或敌意就结束了，第二天的出版物上刊登了上述说过的内容。那天——15日（星期三）——格兰特将军在谢尔曼将军的陪同下与总统会见，在此期间格兰特抱怨报纸对他作了那么过分不公正的报道。他还表示：要么像他自己说的那样，他认为斯坦顿将会辞职，要么像总统说的那样，他将敦促斯坦顿辞职。18日（星期六），谢尔曼将军致函总统指出：

在我们会见以后和（格兰特）将军谈话时，（15日的谈话）其中我提出在星期一早上和他一起去跟斯坦顿先生说，他应该辞职是我们共同的意见，由于他去里士满而我去安纳波利斯，结果发现这是不可能的。将军提议采取这样的行动。

---

① 麦克弗森：《重建》，第 262 页。
② 格兰特—约翰逊之间的通信，见麦克弗森的《重建》，第 285—286 页。
③ 西沃德的信，见麦克弗森的《重建》，第 291 页。

他明天会去谒见您，并提议去跟斯坦顿先生说，为了更好地服务于国家，他应该辞职——今天是星期天。星期一我会去谒见您，如果你觉得有必要，我同样会去——拜访斯坦顿先生告诉他，他应该辞职。如果他不辞职，策划下一步行动措施 326 的时候就要来了。与此同时也是凑巧，完全不存在使某些事情突然发生的必要。

　　19 日（星期日），格兰特因此谒见总统提出了谢尔曼将军描述的那个意图，而总统利用这个机会给他提供了口头指示，除非他有根据总统指示发布的通知，否则不要服从斯坦顿作为陆军部长发布的任何命令。格兰特随后前去劝说斯坦顿，提醒他应该辞职，却发现"任何这样的劝说对他都是无用的"；第二天他启程去了里士满。到目前为止，总统和将军之间存续的彬彬有礼关系似乎一直没有中断，尽管是挂羊头卖狗肉，总统认为自己是受害者。一方面，或将军抱怨由于发表他在内阁的正式谈话对他"不公正"，另一方面，总统觉得"充分正确"的理由向出席会议的五位内阁部长中的四位提出后，他们"赞同它大体上准确"。实际上，依据那时指挥弗吉尼亚军区的斯科菲尔德将军回忆，格兰特就在这次访问的时候对他说，斯坦顿的行为已经变得不可忍受，并且使用语势强的术语宣称他打算向总统要求，要么免除斯坦顿的职务，要么接受他自己辞职。[①]

　　事情可能就是这样的，在格兰特从里士满回来以 327 后，他对总统几乎立刻做了第一个明确无误的敌对行动，而且还明显地与斯坦顿及其盟友相呼应。24 日（星期五），他发了一封信，地址注明华盛顿，向总统要求拥有书面的东西作为他上周星期日收到的口头指示的依据，不理会斯坦顿的命令，在这一点上是没有异议的；27 日（星期一），斯波尔丁，近来处在弹劾前列的一个强劲的反总统人物，在众议院提出要主动提供一个指导重建委员会的决议，询问"已经形成了什么联盟或企图形成什么联盟来阻挠法律的正当施

---

① 　关于第 15 次会见及约翰逊的信件，见麦克弗森的《重建》，第 286 页。《谢尔曼将军的回忆录》（第 4 版，两卷，合装本），第 2 卷，第 423 页。关于谢尔曼将军的信件，见《谢尔曼将军的回忆录》（第 4 版，两卷，合装本），第 2 卷，第 423－424 页；参看《国会天地·书信集》，"摩根（俄亥俄州）的演讲录"，第 1555 页。关于 19 日的会见，见 1868 年 1 月 24 日邀请格兰特，麦克弗森：《重建》，第 283 页。还有格兰特的信件，见麦克弗森的《重建》，第 286 页。见斯科菲尔德：《从军四十六年》，纽约：世纪出版公司，1897 年，第 413、272 页注释。

行"——一个决议生效，正如后来公认的那样，"利用提到的与格兰特将军争论的事实重新开始控告总统"——这是在中止那些规则的情况下被仓促通过了。①28 日（星期二）格兰特致函总统说，在他们的公务交往中第一次露出了冒犯的意图。重申他要求作出书面指示，并且宣称他打算"在收到书面指示以前""暂停按照口头指示行动"，他补充说：

328　　　最近两周通过新闻媒体传播或在总统的办公室，或在内阁会议上我与总统进行的个人谈话，声称消息来自于总统，由于许多纯属误传的东西正在影响我的个人荣誉。我不得不请求得到书面指示。因为书写的东西不容易产生误解。

他然后提供了他声称的那些谈话真实情况的叙述，这种叙述和总统的叙述两者之间的不同之处我们已经作过充分的说明。说到星期二（14 日）的内阁会议，他说，"在听完总统的叙述以后，我像在这封信中已经提供的那样充分地陈述我们的谈话。……我决不承认总统正确地陈述了我们的谈话。"总统只注意到将要对这封信回复的时刻，第二天，格兰特写于 24 日附有要求书面指示的短信用正式公务的形式签署后尚在返回的途中。在他告知收到自己信件的回信（30 日）而写的感谢信中，将军直言不讳地宣称：

我被陆军部长告知他还没有从总统那里收到任何命令或指示，限制或者削弱他向军队发布命令的权力，当这种权力被取消时，在我看来总统授权从陆军部发出的任何命令将是令人满意的证据。②

329　　　收到这个通知以后，总统似乎放弃了再把五星上将保留在自己身边的一切希望。31 日（星期五），他在给格兰特星期三以前那封信的答复中写出了他对事实的陈述，然后派人把它送给格兰特。在用书信进行论战的过程中，约翰逊能够在辩论中把自己的聪明与自己的手中之笔结合起来，而且这种结合具有不可抗拒的力量。他参与通信构成的那两封信凭借一种机敏，直接而又精确地展示他自己承认的事实，从而提供了一个驳斥对手的完美范例。在信的开头，总统对在内阁会议上他自己提出的质问与格兰特作出的答复做了一个简洁而真实的陈述，这在我

---

① 《国会天地》，第 40 届国会第 2 次会议，第 784 页。"费尔普斯（马里兰州）的演讲"，附录，第 245 页。
② 麦克弗森：《重建》，第 284 页。

们对那个事件的记述中已经充分地转述过了，现在补充说明，这个陈述已经由出席那次会议的内阁部长阅读过，"他们无一例外地认同它的准确性"。在接下来的星期一（2月3日）将军递送来一封愤怒的答辩信，他在信中告诉总统说，你信上所说仅是报纸上刊载的"纯属许多误传的重复"，并再次肯定了他自己正确的陈述，"尽管与你的答复所说的任何事情相反"。愤怒中他泄露了他开始相信他夏天接受那个职务的真正动机，如果属实的话，这为整个交易赋予了斯坦顿和他自己合谋欺骗总统的性质。

根据我们的谈话和我1867年8月1日写信反对撤销斯坦顿先生职务的意见，你一定知道我最反对把他撤职或者把他晾在一边是担心这样会导致任命某个人来取代他，这个人会通过反对有关法律，阻挠南部各州恢复它们与政府的适当关系，从而使军队在履行职责中，尤其是在履行由这些法律强加于它的职责中被弄得不知所措，我接受临时陆军部长的职务正是为了阻止这样的任命，而不是为了使你能够从斯坦顿先生那里扣留陆军部长的职务把他赶走来达到反对《公职任期法》的目的，或者说我自己不这么做的话，陆军部长的职务会让给谁呢，正如你在通信的陈述中明确指出的那样，陆军部长的职务会留给能够寻找到的、符合你设想的那种人。

330

这封信的结尾指出，写信人格兰特认为相反，他自己才是一个遭受欺骗而被利用的人。

而现在，总统先生，当我作为一个军人的荣誉，作为一个男子汉的诚信受到如此猛烈抨击的时候，原谅我说出真情实感吧，我自始至终把这整个事情看作是把我牵连到抵制法律之中的一种企图，你不愿为此承担适当的责任，因而在国人面前诋毁我的品行。

这封信是和斯坦顿以及格兰特更亲近的政治追随者磋商的主题，当它被送往总统那里的途中由众议院发生的事情显露出来了。通过的一个决议要求陆军部长传送几份（第一）他和总统之间所有限制他发布命令职权的通信；（第二）他和总司令之间所有上述主题的通信；（第三）在总司令和总统之间有关将军不服从陆军部长任何命令而提供给他的全部信件；第二天斯坦顿派人向众议院送去了将军和总统之间的通信，从格兰特24日的短信到这封信在内，刚才从那封信中提取了摘录，附带的消息是送交的这几份是格兰特将军提供给他的；关于要求的其

331

他信函，说明如下：

自从去年8月12日以来我没有和总统通过信。在参议院对他暂停我陆军部长职务的所谓理由采取行动以后，我按照国会的这次行为要求恢复了部长职务，并继续履行相应的职责，没有和总统进行过任何人员或书信交流。本部门没有以总统的名义发布过命令，据我所知，我也没有从他那里收到过任何命令。

这些文件被立即送往重建委员会。①

在这种通信中是否存在要找的被明确宣布为严重轻罪的具体罪行呢？难道它还不能证明违反了《公职任期法》吗？难道它不能确定阻止斯坦顿复职的阴谋存在吗？而且肯定还存在1861年的阴谋行为，它促成两个或者更多的人阴谋阻挠任何法律的执行从而构成了一桩重罪！关于这些问题，重建委员高进行了激烈的辩论，星期六（8日）任命了一个处理格兰特将军和新闻记者证词的附属委员会。

332 星期一（10日）史蒂文斯向众议院申请一道命令把最近弹劾调查搜集的证词移交给他主管的那个委员会，以便使以前所做的一些指控可以融入现在的诉讼中。布鲁克斯，重建委员会的两名民主党成员之一，显然也意识到，总统的另一封信在那天上午已经到了它的目的地，众议院成功增加了一条意见，请求总统"能使众议院得到他和U.S.格兰特将军通信的更多信件"。② 第二天总统派人给众议院送来了一份他最近的书信，也可能承认这样一来就解决了争论的这个问题。全部的信件都应该研究，③ 但我们有机会研究的那一部分只是评论格兰特承认为总统所不知的接受临时陆军部长职务所隐藏的动机。

首先，你在这一点上承认，你和斯坦顿先生停职有关系的"整个发展历程"是从你接受任职开始的，你打算应付总统。在你接受临时部长职务的时候这种想法就在你的头脑中存在。那么，正如迄今所推测的那样，你承担了陆军部长的职责却不服从你的上级。你知道防止斯坦顿先生恢复陆军部长的职务是总统的目的，而你却打算挫败这一目的。你接受那个官职不是为了总统，而是为了斯坦顿

333 先生。如果你那样抱有的这个目的只限于你自己——如果，在接受部长职务时你这样做就带有挫败总统的心理准备——那将是一个心照不宣的欺骗。在一些人

① 《国会天地》，第40届国会第2次会议，第963、977页。
② 《国会天地》，第40届国会第2次会议，第1087页。
③ 见麦克弗森的《重建》，第287、288页。

的道德规范中这样的行为是允许的。但你根本不能坚持那种可疑的理由。你与这种事情联系在一起的"记录"，正如你自己写的那样，把你放在一个不寻常的困境里面，并表明你不仅对总统隐瞒了自己的意图，而且导致他认为，你将实现他的目的而把斯坦顿先生置于官场之外，在参议院企图恢复斯坦顿的职务以后由你自己保持部长职务，以致要求斯坦顿先生通过司法裁决来确定他自己的权利。

引用上月28日格兰特信中的一段话，在那段话中他承认他说过"斯坦顿先生将不得不向法院提出申诉以恢复他的职务"，总统继续说：

那么，在那个时候，正如你在本月3日的信中承认的那样，你担任那个职务正是为了挫败向法院申诉的目的。在这封信中你却说，接受那个官职的一个动机是为了防止由总统任命其他人保持占有那个职务，因而使司法诉讼变成必然的行动。你知道总统不愿意委任任何不利用拥有那个官职迫使斯坦顿先生诉诸于法律的人担任那个职务。你完全了解，在这次会见中的"某个时候"你接受了那个官职以后，总统不满足于你保持沉默，希望你发表意见，而你回答总统说，斯坦顿先生"将不得不诉诸于法律。"如果总统寄托于以前的信任而知道你的意见以及不会违背那种信任，这本来该说总统犯了一个错误，但在那次谈话以后违背信任不是总统的错误，也不是你的错误。需要指出的唯一事实是，在这次谈话的那天因迫使斯坦顿先生上法院起见你不打算担任部长职务了，但那时你担任了部长职务，而且是为了防止斯坦顿先生实施上法院的那种动机接受陆军部长职务的。你用另一种话对总统说，"那是正确的行动"；你说你自己说过，"我已经接受了这个职务，现在拥有它以挫败那个行动。"你在上月26日那封信后面的段落中制造了这个借口，后来你改变了什么是正确行动的看法，现在考虑和那一点毫不相干。那一点在你改变你的看法以前正是你早已暗暗下定决心要做的事情，你最后做的则是——把那个职位移交给了斯坦顿先生。你可能已经改变了你对那部法令的看法，但你必然没有改变你对从一开始就为自己规划的那个行动的看法。

随信附上的是出席1月14日内阁会议，总统质问格兰特的时候在场的五名内阁部长的信件。韦尔斯、麦卡洛克、兰德尔和布朗宁都直接而又明确地确认总统陈述的准确性。正在急于不做任何不公正对待这位杰出军人的西沃德承认这种推论，格兰特将军的答复可能只是"间接的，然而不是模棱两可的而是详尽的"，

334

335　但他的那些信件总的效果是相同的。^① 在当天稍晚送到众议院的格兰特的复信中，他不做任何应对总统从他自己承认的事情中得出的有损形象的推论，而是提出一个专用名词对违抗指示的控告辩护，这明显带有斯坦顿插手的痕迹。^② 实际上，这是他与斯坦顿密谋策划的，斯坦顿的风格及品质特征与他不同，斯坦顿顽固地抓住官职不放而他实际上看不起这种行为，斯坦顿恩赐态度的官腔使他充满厌恶，因而使这位纯朴的军人陷于目前的困境。

这两封信跟着其他的信件随后送到重建委员会，进而使这个机构多少陷于进退两难的境地。史蒂文斯是重建委员会的主席，鲍特韦尔、法恩斯沃思和佩因是以前投票赞成弹劾的五十七人成员，因此，可以预料现在会支持弹劾。法恩斯沃思后来告诉众议院："无论那时还是现在，在我看来，弹劾总统证明全是正当的，这（通信）里面的东西用以弹劾就足矣。"^③ 鲍特韦尔先生也表示："根据总统和格兰特将军之间通信的记录，证据确凿地显示出……他打算通过诡计，通过欺诈，通过阴谋，通过篡位，公然蔑视法律，把斯坦顿先生赶下台。"^④ 众所周知，史蒂文斯任何时候都一直准备依据共和党政策的一般原则弹劾安德鲁·约翰逊。

336　其他三名共和党议员，从他们后来的言论来看，一定持有相同意见的。宾厄姆，在参议院进行审判之前，他的意见强调，约翰逊2月10日的信件是图谋挫败和阻挠执行法律的确凿罪证。^⑤ 比曼告诉众议院：总统"企图把格兰特将军拖进违反法律的阴谋之中"。^⑥ 赫尔伯德称之为"不亚于企图诱骗一名诚实、纯朴的军人违反法律的一个图谋"。^⑦ 然而，尽管多数派之间意见这样全体一致，重建委员会在周四（2月13日）根据宾汉姆本人的提议，以六票（包括两名民主党人）对三票的表决结果搁置了弹劾决议。事实是，约翰逊的最后一封信封杀了这个第二次弹劾计划。如果不涉及他的共谋者，他们怎么能弹劾他的共谋罪呢？五个内阁部长的证词在审理弹劾案的特别法庭前将发出怎样的声音呢？史蒂文斯对这样随波逐流的懦弱行为狂怒咆哮。说实话，这位经验丰富的老人并不喜欢"安迪"提名的大有前途的临时陆军部长，而对那封信件把格兰特置于那样的困境感到欣喜。

---

① 见麦克弗森的《重建》，第289—291页。
② 见麦克弗森的《重建》，第292页。
③ 《国会天地》，第40届国会第2次会议，第1344页。
④ 《国会天地·附录》，第161页。
⑤ 《审判》，第2卷，第462页。
⑥ 《国会天地·附录》，第40届国会第2次会议，第177页。
⑦ 《国会天地·附录》，第40届国会第2次会议，第266页。

他后来告诉众议院，"一个新奇大胆的阴谋是总统企图""诱使五星上将帮助他挫败这部法令的实施；……他说，将军参与这样的阴谋帮助他阻挠被排斥的部长复职，尽管参议院可能作出支持他的决定。这被将军拒绝了，然而一个相当愤怒讨论过的诚实问题已经出现在他们之间。这些议员认为，这个问题对公众来说似乎是一个重要的问题。然而他们在这一点错了。" 337

哪一个是说实话的人，哪一个是撒谎的人，要是与这两个人之间出现的这个没有弄清楚的问题相比，对公众就没有更大的重要性。如果安德鲁·约翰逊讲的是真话那么他就犯了一桩严重的职务轻罪，因为他承认他尽力阻止法律的执行。如果发号施令的将军讲的是真话，那么总统还是犯了严重的轻罪，因为他揭示出总统做了同样的事情，只是否认他自己是同谋。没有形成任何一点比罪犯陈述得更清楚的意见。如果他和将军都讲的是实话，那么他由于拒绝负责法律的正确执行犯了故意伪誓罪。①

但他咆哮也无济于事。政客们取得了胜利，而第二个弹劾计划也跟着第一个弹劾计划进入死胎状态，无人过问。在离开约翰逊和格兰特之间的通信之前，我们应该看到，熟读这些信件将使任何坦诚的人相信原告的主张，即，在斯坦顿停职和提交给参议院的理由中，总统从一开始就假装受《公职任期法》约束，因此禁止质疑该法是符合宪法精神呢还是按实情来看陆军部长处在该法规定条款的保护范围内是没有根据的呢。早在2月7日，参议员巴卡柳谈到约翰逊和格兰特之间的通信时说： 338

"我从中了解到，总统声称他有权力暂停斯坦顿先生的职务，完全不依赖国会通常称之为《公职任期法》的那部法令，而且在行使他停职权力的过程中，他也不必根据《公职任期法》的规定办理；虽然他是根据他的一般宪法权力采取这种行动的，但在向美国参议院就那个行动提交给他们审议的理由中完全不存在任何不正当的行为。"②

---

① 《国会天地》，第40届国会第2次会议，第1399页。
② 《国会天地》，第40届国会第2次会议，第1035页。

第五章　弹劾总统

339　　　　在此期间，总统一直在准备把那个碍事的人赶出陆军部。可能是因为他本来就憎恶通过直接的强行霸占而又私下恢复原任的陆军部长职务的行为，确信那个军官（谢尔曼将军）和格兰特将军他们两人会劝告斯坦顿辞职，结果因为没有劝住他而"促使一些问题突然地发生了"（引述谢尔曼将军已经发表的信件）。[①] 然而没过多长时间就使他确信在那个发展方向上没有希望，而且更让人想不到的是，那个格兰特，非但不站在他这一边，反而和那位不理会已向他发出辞职忠告仍固守原职的官员联合在一起，就好像这是游戏的一部分。但从这一刻起他已经不再拖延了。他知道，众议院正在等待他工作上出现一些失误来弹劾他。知道绝大多数参议员渴望宣告他有罪，而且那位将军也背着他准备动用军队来执行判决。但他下定了决心，一个行政部门已不再有安德鲁·约翰逊总统和埃德温·M. 斯坦顿陆军部长两人共同存在的空间，他们两个人中只能保留一人。

　　　　行走在许多陷阱之间，他认识到了极度谨慎的必要性。在参议院开会期间，
340 罢免一个内阁官员的惯用方法是包括向参议院发送一份提名以便它批准根据事实做出的罢免。但是，在目前如此纠葛的情况下，这种方法是行不通的，因为参议院不会同意任何取代斯坦顿的任命，总统因此依靠他认为是宪法赋予他的独占罢免权。虽然宪法限制任命权，但正在开会的参议院有权管理的事项与此没有关联。他将罢免斯坦顿的官职，因此出现的空缺他将依据 1795 年 2 月国会通过的法令填补，利用给某一个人授权证书让其履行那个职务的职责直到他能够做出正常任命为止，依照这种方法解决问题，他应该寻找一位军官，不仅要具有足以忽视格兰特例子的独立意识，而且要具有足够的勇气，敢于向处在自己巢穴的狮子般的陆军部长发起挑战。1 月 25 日（星期六）下午，他找来谢尔曼将军，把那个官职提供给他。将军在会见时对这件事情没有直接做出最后的答复，但在随后到来的星期一送来了托马斯·尤因的一封密封着的信件，他向总统承诺商议此事，劝告他"要避免出现政治并发症"。30 日（星期四）总统再次给谢尔曼送去

---

①　见本书第五章，英文版第 325 页。

一封信，告诉他说，自己和斯坦顿之间以及斯坦顿和内阁其他成员之间的关系是这样的，如果不准备任命临时陆军部长，他就无法尽到美利坚合众国总统的职责；依据法律他有那种权利，而且他提供那个官职的目的是为了军队和国家的利益；他主动把它给予具有这种观点的谢尔曼。谢尔曼问他法学家为什么不能确立一个案例呢；表示自己不愿意被带进到任何法律争议之中。总统回答说，找到一个这样的案例是不可能的——一宗不可能和解的案件——然后又连忙补充说："如果我们能够把案件带进法院它就不会存在半个小时。"将军犹豫了一下说：要是斯坦顿将完全退职的话，尽管这有悖于他个人和公务的利益及愿望，他或许会愿意接受那个临时官职。总统认为他差不多是放弃，但谢尔曼强调了一点："万一斯坦顿先生不屈服呢？""哦，"约翰逊说，"没有必要考虑这个问题，你出示那道命令，他只能走开。"谢尔曼仍然怀有疑虑，总统补充说，"我比你更了解他。他是怯懦的。"谢尔曼请求给自己一点时间来好好考虑这个问题，第二天（31日，星期五）他通过信函最终拒绝接受那个官职，原因"大部分在于个人性格方面"；2月4日，约翰逊—格兰特信件引起风波期间，谢尔曼去了西部他领导的那个军区。[①]

参议员谢尔曼的兄弟谢尔曼将军显然不是那样的著名人士，接受格兰特放弃的职务，通过逐出恢复职务的斯坦顿公然违抗共和党的意志。尽管如此，总统居然还没有放弃得到这么一个强有力的支持者服务的希望，如果不把斯坦顿挤出去的话，也要在事实上通过把这位中将提高到与斯坦顿和格兰特地位相当，持有相应权力以取代他们俩人的地位。2月12日，根据总统的要求，通过五星上将的命令发布了一道将军令，"命令创建一个陆军师，命名为大西洋陆军师，由大湖军区、东部军区和华盛顿军区联合组建，由中将威廉·T. 谢尔曼指挥，总部设在华盛顿"；第二天，总统送交参议院提名任命指挥那个新师的军官晋升为名誉五星上将。谢尔曼打电报给他在参议院的弟弟设法让参议院反对批准，如果被强迫到华盛顿来就以辞职相威胁。该电报使批准变得不可能了，威胁终于造成了解除他指挥那个新师的结局。总统然后求助于托马斯将军；由于提名的那位军官首先予以晋升为名誉陆军中将，然后予以晋升为名誉五星上将，这件事再次让参议院感到震惊。但这位纳什维尔战斗英雄由于克服不了对政治争议的厌恶而退缩了，在给参议院议长的一封电报中，恳请该机关不要批准。这些行动除了造成他的对手不知所措陷入惊恐的状态之中以外，总

341

342

_____

① 《谢尔曼将军回忆录》（第四版），第 425－426 页。《审判证词》，第 1 卷，第 483－485、521、529 页。

统通过这些调遣赢得的唯一有利地位是这个新陆军师虽然没有指挥官，但仍然保留下来了，而最终（3月28日）他通过任命汉考克为它的首领填补了指挥

343　官的空缺；这位军官与格兰特的意见分歧使他被解除第五军区的指挥权成了自然的事情。①

　　放弃从谢尔曼那里得到帮助的希望，总统终于撞上了拥有少将军衔的洛伦佐·托马斯。这种选择在某些方面是令人遗憾的，但从总体上看，在当前缺乏实现总统目的之合适工具的条件下，能够做到这一点就是最好的了。托马斯是特拉华州的老军人，现年63岁，服役四十多年了，据他的批评者说，现阶段他落后成了多余的人。老派的绅士，恪守礼仪，他在生活习惯方面喜欢宴会而谈话有点贫嘴，不过，由于天生加上训练，他是荣誉的体现和侠义的化身。1861年被任命为副官长，1863年3月，他被派往密西西比河巡察值班，把黑人组织起来编入军队的团级战斗单位。战争结束后，他受聘到全国各地从事考核工作，该官员战时的工作移交给了斯坦顿更喜欢接近的资格较老的助理准将。事实上。如果这件事不是斯坦顿亲自做的，格兰特本想推荐替代他的人，但总统拒绝将他弃之不顾。自今年年初以来，他已经在首都四处闲逛，余暇完成他视察国家公墓的报告，并急于恢复他的公务责任。2月13日（星期四），总统召唤过他，给了他一

344　封短信，向格兰特提出要求为他复职，因此，他次日复职了，利用把不同局、司、处、办公署等单位的头头连同他们的职员召唤到他的面前，逐个房间向每一群人发表正式讲话，告诉他们管理出勤和工作时间的规则，似乎交接的过渡期间也不可变更，对于绅士习惯的人现在应该放宽到可以忍受，从而使他重新进入他原来的办公室，恢复以前的职权变得显眼。18日（星期二），在这样合意的消遣中间总统召唤他说正在考虑任命他为陆军部长使他激动起来。服从命令是这位老战士的第一信条，虽然可能对这么意想不到的晋升前景有点震惊，但他表明愿意接受。

　　2月21日（星期五），大约中午时分，总统召唤他复职的准将到白宫来，他到达时总统把已经准备好的两份文件递给他——一份文件是写给托马斯本人的证书，授权他履行临时陆军部长的职责；另一份文件是写给埃德温·M.斯坦顿的命令，罢免他的职务，指示他把档案、文件和财产移交给新任命的临时陆军部长洛伦佐·托马斯——吩咐托马斯前去把后一份文件交给收件人。托马斯承担了令人为难的使命，不仅没有反对，而且愉快地表示期待享受即将到来的遭遇战。总

---

① 　麦克弗森：《重建》，第346页。《谢尔曼将军回忆录》（第四版），第432页。

统表示他决心维护宪法与法律，还要求他的下属也同样这么做，洛伦佐·托马斯
是最后一个说他很想这么做的人。拿着这两份文件，他跨步走到陆军部大楼，爬
上楼梯，带着一个助理准将和他一同前往，他大踏步地走进环绕着斯坦顿的办公
室，把免职的命令递给他。陆军部长显然吃了一惊。看完总统的命令时可觉察到
他是慌乱的，他的第一个本能倾向是争取时间。他带着少有的温顺询问道："难
道你要我立刻搬出办公室吗？要么你给我一点儿时间让我来搬运我的私人物品
吧。""随你便吧。"他回答道。格兰特将军进来了，那份授权证书也给他看了，
斯坦顿要求提供一个副本。托马斯渴望成人之美，就走了出去一直走到他最近的
办公室，做了一个副本，作为临时陆军部长的书面证明——他处在那个地位的第
一个行动——回到楼上，把它交给斯坦顿，到这时斯坦顿已经恢复到了泰然自若
程度，他说："我不知道我是听从你的指示呢还是抵制你的指示？"托马斯让他自
己去想。

　　托马斯步行回到白宫，他告知总统已经过去的事情，
根据听到的情况他过早下了结论，斯坦顿不会抵抗，自
己实际上已经上任了。他作出的唯一评论是："很好，去
担任那个职务吧。"[①] 星期五定期内阁会议快要结束的时
候，他祝贺他的部长们终于摆脱了他们太粘糊的同事，
他马上传话给参议院通知免职和填补空缺的事情。可能
的弹劾就在他的眼前，但仅仅因为他相信，免职已经是
一个现实而不是单纯的纸上免职。然而，事实证明，托

Lorenzo Thomas

346

马斯一离开那栋大楼，没有屈服想法的斯坦顿就开始奔走，发出求援信号。他
以最快的速度写信，因而那些重要消息正在发往参议院临时议长和众议院议长
的途中，信中指出托马斯将军刚刚交给他那件放入封套的命令副本，要求他们
传达给各自的议院。惊恐的秘书也向参议员费森登、豪和康内斯发布了消息。

　　这个重要消息使众议院陷于喋喋不休的混乱状态。议员们大都三五成群聚集
在各处，或单独来来回回地奔走。重建委员会全体成员作出一次继续掌握住那件
事情的努力，但却不能继续下去。重建委员会的委员们站了起来，众议院再次开
会，重建委员会的委员们又坐了下来，然后再次站了起来。太紧张了。巴特勒通
过提议明天的会议专用于撤销那道命令以破除那种魔力——华盛顿的诞辰日——
只用于当场辩论那种严峻的情况或许是必要的。科沃德接着提出一个以重罪和轻

---

① "托马斯的证词"，《审判》，第 1 卷，第 415 页及下文等等；"克罗斯的证词"，第 432 -
　　433 页；"职员们的证词"，第 215 页。

罪弹劾安德鲁·约翰逊的决议，它被提交给了重建委员会，斯坦顿的消息也已经发送到了这个目的地，两个小时内收到这种令人吃惊的消息，已经发起对抗行动的众议院会议暂停；——它的许多议员络绎不绝地涌入街道前去安慰他们党坚守职责岗位的受难者斯坦顿。①

347

漫画：斯坦顿用标着"国会"名称的加农炮要击败约翰逊

在参议院笼罩着同样的情绪。总统的咨文和斯坦顿求助的信件差不多在相同的时间到达那里。关于重建措施的重要辩论中断了，参议员们匆忙召开行政会议，在他们从隐匿在秘密的状态下出现之前七小时已经过去了。② 较激进的参议员——他们占共和党参议员的多数——和众议院的多数派一样倾向于采取突如其来的行动。他们竟然就在当天下午派遣了一个非正式委员会侍候斯坦顿并劝他要坚定。其他的人也发送信件或电报，恳求他一直坚持到他们来救援为止。萨姆纳给他寄来一封信，上面只写了一个词"坚持"。③ 一些共和党参议员，由于他们在《公职任期法》通过的时候自己的意见记录在案，发现自己处在一个尴尬的境地。通过免职出现的问题与通过停职出现的问题表现出完全不同的样子。停职好

① 《国会天地》，第 40 届国会第 2 次会议，第 1326—1328、1330 页。
② 《国会天地》，第 40 届国会第 2 次会议，第 1316 页。
③ 《国会天地》，第 40 届国会第 2 次会议，第 1610 页，"哈伯德的演讲"。

像是根据《公职任期法》做出的，总统向参议院提交他采取这种行动的理由。表决不赞成某个参议员提交的意见，斯坦顿适用于《公职任期法》的保护，除了对总统提交给参议院的停职理由提出公断之外没有采取进一步的行动。另一方面，免职，要么超出了《公职任期法》的范围，要么违反了它，直接把二中择一的选择带到议员们的面前。意见记录在案的为数不多的参议员中，谢尔曼处在毫无办法的情况下。在参议院的议席上作为被任命的协商委员会的一个委员，就两院对这个问题不一致的表决结果自己做过公开的发言，他曾一次又一次地强调宣称《公职任期法》不打算包括而且也不包括陆军部长的官职任期。因此，多数认为有必要采取措施以适应他们不慎重的或过于审慎的同志间感情，因为众议院谴责总统的鲁莽行为必须得到在弹劾案件中定罪所需的三分之二票数，多数认为当务之急是要检验众议院的一个有效保护物。在行政会议上第一件议案是埃德蒙兹提出的，他提供的一个决议就是谴责总统的行动。钱德勒提议加上"诸如侵害了参议院的权利和未经法律授权这样的"词语，但这一提议出现了争议。耶茨建议更进一步，完全断言总统的行为"性质上就是反对法律也是反革命的"，还"劝告"斯坦顿"不要把那个官职交给任何人，不管是谁都一样"，但这个建议也被否决了。尽管如此，多数派对单纯地表示谴责不能心满意足。这样不彻底的措施没有给众议院带来一点刺激，也没有使被困扰的陆军部长得到一点鼓励。因此，威尔逊提出了一个决议案，如果我们相信参议员福勒在一次向参议院发表的演讲中所作的声明，① 它是由一位杰出的众议院议员，后来审判总统的一个控方干事起草的，不过如此起草的声明却遭遇到了各种各样的困难。它宣称"根据美国的宪法和法律，总统无权罢免陆军部长，无权指定其他任何人来临时履行陆军部长的职责"。由于这样一个声明，参议员们提交的意见认为不在该法范围保护之内的斯坦顿也能够以免职违反依据的宪法为由来签名弹劾总统，因为在开会期间罢免一个部长而不是通过正规的任命方式，或者在参议院开会期间指定一位临时部长都是没有法律授权的。事实上，特朗布尔，正如他后来承认的那样，按照后一个理由投票赞成那个决议，在那时认为总统声称其行动根据的 1795 年法令已经被废除了。② 那个决议得到 28 票赞成，包括对审判投票判决"无罪"的罗斯、特朗布尔和范温克尔。6 票反对，包括埃德蒙兹，他肯定投反对票完全是由于形式上偏爱自己的决议。记录有 18 名参议员未参加表决；其中有费森登，他在辩论中以斯坦顿不在《公职任期法》的保护范围之内为由反对这个决议，豪和格兰姆斯，

① 《国会天地》，第 40 届国会第 2 次会议，第 4509 页。
② "意见"，《审判》，第 3 卷，第 326 页。

他俩是持相同意见的，谢尔曼是他们所有人中承担义务最大的一个人，亨德森和福勒后来投票判决无罪。7个多数派参议员和5个少数派参议员缺席。因此，关于这个问题，多数派的真正实力是28人加七个缺席的激进分子再加上埃德蒙兹，总数由36人构成——比获得通过所需的三分之二还多一人。[①]

参议院会议厅的大门在晚上九点半钟被重新打开，几个信使急如星火地向白宫和新任临时陆军部长的住所飞跑而去传送那个决议的副本。总统很容易找到，但那位活跃的老将直到深夜时分才被撞见，当时，经过焦虑地搜寻以后，在一个化装舞会上看到他了。在此期间他很肤浅的语言正在被人制成恶作剧。当天下午，他向一名记者吐露心迹，告诉他在星期一（星期六为假日），他将要求拥有陆军部，如果这个要求遭到拒绝或抵制，他将向总司令请求使用足够的兵力达到目的。那天晚上，他向同一位记者重申了他的目的，只是把日子从星期一改为第二天早晨。来自达科他准州的国会代表，晚上拜访他时看出他要干什么，他还透露信息说他打算第二天上午十点钟占领陆军部，邀请他的客人到访看他就任新职。"假设斯坦顿抵抗我"，他询问那个代表，"我要求用武力来对付武力。""假如他把大门关住呢？"这位探索者沿着蛛丝马迹追寻更多的秘密。"我会把他们制服。"这是勇敢的回答。这些无用的威胁即刻传到了斯坦顿的总部，他们在那里唤起了一次极不相称的喧闹。斯坦顿本人自从他和托马斯见面以后就没有贸然离开他的房间，但通过信使保持着与外部世界沟通。就他来说，那里有他在众议院和参议院匆忙的密友而且他们继续留在他的周围，在静静的夜晚监视期间照顾他们这位身处敌营面临困难的哨兵。托马斯勇气过人而又带有嗜杀目的的流言快速传到了他们那里，午夜驻军决定援引法律进行保护。他们派人去请本区最高法院法官卡特；斯坦顿写下宣誓证词，他是陆军部长；安德鲁·约翰逊已经下令免除他的职务，并任命洛伦佐·托马斯接替他的职务；该命令违反了《公职任期法》的规定，是非法无效的；洛伦佐·托马斯把那道命令交给了那个写下宣誓书，正在行使陆军部长职权的证人，而且还"发出威胁说他将强行把向你写下宣誓书的证人从陆军部长的大楼公寓里迁出"，然后"强行接管"；立下宣誓书的人辩称，上述这个托马斯，根据该法第五项规定，接受上述委任是

---

① 麦克弗森：《重建》，第262－263页。（麦克里里和威格士尚未获得席位。）参议员萨姆纳和威廉斯按他们各自的意见作出裁决，投票表决结果是27比6，《审判》，第3卷，第201、350页。在参议员耶茨看来，表决结果是29比6，《审判》，第3卷，第107页。按照《纽约时报》22日报道的说法，表决结果是29比6。见"众议员戈拉戴的演讲"，《国会天地·附录》，第197页。

犯了"严重的轻罪"。法官签署"立即"在房间里逮捕托马斯的逮捕证，完成后必须把逮捕证再送还到他面前。拿着这份文件的威廉·A. 派尔，目前是来自密苏里州的众议员——曾经是一个传教士，军中牧师，然后仿佛是一个高级官员——打算成为国会法庭的书记员，"在凌晨两三点钟之间"把托马斯唤起来，带到他的办公室里，把他逮捕以后再把逮捕证密封好，然后把它交到那个执法官的手里。然而，直到七点钟那个执法官才敢冒险打扰他，他带着两个助手，即刻开始追寻他要逮捕的那个人，发现他在家等着吃早餐，无疑虑的罪犯肯定还没有吃。托马斯从化装舞会回来得有点晚，他的目的完全未受参议员警告的影响，这个老战士遭逮捕时非常从容，只要求允许途中停一下见一见总统。军官同意了这个要求，但前提是他"必须片刻都不要忘记他是囚犯"；他没有忘记他是囚犯，随后托马斯就到了总统的面前。总统听到逮捕时评论说："很好——这是我想要到的地方——法院"；并指示托马斯去见司法部长。囚犯和执法官前往司法部长的宿舍，在那里，采纳了那位官员的意见，他们在九点钟到了那个法官的办公室。在那里托马斯被扣押了5 000美元保释金，让他在星期三出庭，然而，他一从监管下获释就返回白宫。听了所做的这一切，总统说："很好，我们希望这事在法庭上解决。现在走吧，你不受控制了。"对服从指挥的被任命者没有别的话再说，仅打算履行他最直接的义务，开始执行前一天的命令。①

在此期间，大约十点钟左右，在陆军部几个值夜班的人由于一个国会众议员代表团的到来减轻了责任。来者有纽约州的范霍恩、范怀克和克拉克，宾夕法尼亚州的穆尔黑德和凯利，爱荷华州的道奇，密歇根州的费里，还有最后一名是俄亥俄州的前议员德拉诺。他们来到这里目睹了托马斯的发作，万一坐牢的迫近恐怖并没有吓住这位老将。他们带着乐此不疲的兴趣注视他的每一个动作。众所周知，在见到总统以后，他被带到法官面前，而且他已经回到了白宫，甚至于现在他在那里和他的同谋者高层人物密谈。所有的目光都盯住了那座官邸的正面。就在那个时候这位白发老战士出现在草坪上，转身跨步走向陆军部大楼，他们惊呼"他来了！"接着他们进入自己的位置保护他们的长官，他们掏出自己的铅笔，还准备好了他们的便笺簿。托马斯，由于他的职位，仿佛像检阅一样平静，并不考虑危险或麻烦，他占主导地位的感情也许是已经满足的虚荣心，因为他将要在继续前进的道路上履行崇高的职责。陆军部的办公室因为假期而关闭了，而且他发

① 见"证词"，《审判》，第 1 卷，第 158—159 页，任职通知；威胁，《审判》，第 1 卷，第 210、221 页；斯坦顿起草宣誓证词，《审判》，第 1 卷，第 515 页。"诉讼"，第 509、516 页；"托马斯的证词"，《审判》，第 1 卷，第 427—428 页。

354 现自己（作为少将）被拘禁了。他然后爬上楼梯走向斯坦顿先生的房间，在那里他发现了那群人，根据他自己的描述，"全都成半椭圆形坐着，陆军部长坐在顶端。"①三个在场的国会议员——范霍恩、穆尔黑德和费里——在认真地记笔记，我们将让他们中的一个人讲述内情。

　　上午12时25分，托马斯将军，少将副官长，进入陆军部长的办公室，说了一声："上午好！"部长回答，"上午好！先生。"托马斯看了看四周说道："我不希望打扰这些先生，我会等待的。"斯坦顿说，"这里没什么秘密，先生您想干什么？"

　　托马斯要求斯坦顿部长交出陆军部长的职务。斯坦顿拒绝了他，并命令他回到自己的办公室担任少将副官长。托马斯不肯走。"我要求陆军部长的职务由我担任，而且是根据总统的命令来提出这个要求的。"

　　斯坦顿："我不承认给你授权的行为和命令，你回到自己的办公室去吧。"

　　托马斯："我会站在这里。我不想在这些先生们面前发生不愉快。"

　　斯坦顿："你可以站在那里，对不起，但你不能充当陆军部长。我是陆军部长。我命令你离开这个办公室，回到你自己的办公室里去。"

355 托马斯："我不走，我将站在这里。"

　　斯坦顿："你怎么占有这个职位，你打算使用武力吗？"

　　托马斯："我不在乎使用武力，但至于我将做什么我已下定决心了。虽然我将待在这儿担任陆军部长，但我不想发生任何不愉快。"

　　斯坦顿："你不可能得逞，我作为你的上级命令你，回到你自己的办公室里去。"

　　托马斯："我不会服从你的命令，但我会站在这里，留在这里。"

　　斯坦顿："你可以随你的意愿站在那里。我命令你离开这个办公室到你自己的办公室里去。我是陆军部长，是你的上级。"

　　托马斯然后横穿大厅走进对面房间（施赖弗将军的办公室），继而开始对施赖弗将军和E. D. 汤森将军下达命令。斯坦顿进来了，后面跟着穆尔黑德和费里，责令这些将军不要服从或理会托马斯将军的命令；他不承认托马斯具有临时陆军部长的职权，并禁止他们遵从他的指示。"我是陆军部长，我现在命令你，托马斯将军，离开这间办公室回到你自己的宿舍里去。"

―――――――――――――――――

① 《审判》，第1卷，第428页。

托马斯："我不会离开。我应该履行陆军部长的职责。"

斯坦顿："你做不到的。"

托马斯："我将要求把寄给陆军部的邮件交给我，我要办理公务。"

斯坦顿："你不会得到那些邮件，我命令你回到自己的办公室里去。"

这时候几个国会议员离开了现场，要求他们到众议院出席会议。他们离开之后留下托马斯处理随之而来的相关事情，斯坦顿递给他一张纸条，注明前一天的日期，不许他担任临时陆军部长，然后他们继续进行如下谈话：

我说："下次你把我抓起来，请不要在我吃东西之前抓我。"我说那天我没吃没喝。他用他的手搂着我的脖子，就像他有时做的那样，他一下子就抓住了我的头发，然后转向施赖费将军说："施赖弗，你有一瓶酒在这里，把它拿出来。"

施赖弗打开他箱子的锁，拿出一个小瓶，我推测大致装有一匙威士忌，同时指出他因为消化不良偶尔喝一点。斯坦顿先生拿来了威士忌，把它倒进一个平底大玻璃杯里，然后再把它等量地倒入各个杯中，一视同仁，我们一起喝酒吧。

公平分配，因而他举起那些玻璃杯对着光线看，它们各杯差不多一样，我们各喝各的。一个传令员不一会儿带着一瓶，一满瓶威士忌进来了；软木塞被拔了出来，他和我一起喝了一杯。"现在，"他说，"这至少是中立的理由。"

托马斯离开这里走了，而斯坦顿却亲自在他的公寓里设栅防守，托马斯没有做过进一步干涉他的重大努力。在星期一和星期二托马斯接连造访，重申了他的正式要求，得到的答复是千篇一律的，最后他退出了陆军部长的办公室。然而托马斯继续出席内阁会议，也被总统确认为临时陆军部长，但他没有以那种身份进行过任何公务活动。迟至3月10日他建议总统给格兰特将军写一个条子，指示那位军官给不同的部门发出一道命令，向他传达一切消息时把他当作陆军部长，但总统表示，此事最好一直等到弹劾审判以后再作处理。①

当这种新奇的相遇还在陆军部继续发生的时候，总统依据他的职责做了两件事情。第一件事，他向参议院送交了托马斯·尤因担任陆军部长的提名，他

① 见"费里的证词"，《审判》，第1卷，第232－233页；"托马斯的证词"，第429、444－446页。

357　是一位老政治家，不仅见多识广经验丰富，而且还是谢尔曼将军的岳父，但是，参议院恰好因为假期休会，提名被退了回来。第二件事，他找来指挥华盛顿军区的埃默里将军，要查明军队在首都周围最近有什么行动，再有就是总统只听说过却没有正式了解的传闻。埃默里告诉他，没有做过任何调遣，也顺便提到了一道将军令，它体现了《军队拨款法案》的那一项规定，把将军的司令部固定在华盛顿，总统或陆军部长的一切命令必须通过五星上将发布——正如总统通过去年3月的咨文通知众议院的那样，那项规定是一项严重侵犯他应有特权的规定，但他被迫表示同意而不是否决整个法案。总统似乎忘记了那一项规定，因为在埃默里叫他注意那一项规定时，他感叹道："这不符合美国宪法让我担任总司令的规定，也不符合任命你们的规定。我会明白，除非通过格兰特将军，美国总统不能发布命令？"这是埃默里将军的印象，他说——律师罗伯特·J.沃克和雷弗迪·约翰逊这么劝告——军官们"服从命令还是受合宪与不合宪的约束呢"。总统暗示那种意见："法律的目的是显而易见的"，这次会见也用这个无害的评论来结束吧。①

358　　　众议院在中午开会，自南部最初脱离联邦开始到现在人们还没有目睹过像这样兴奋得沸沸扬扬的场面。无根据传播的流言涉及军队的使用。据密谈透露的消息，成千上万来自马里兰州的武装人员正在前来保护总统的行军途中。走廊里挤满了"高度兴奋和极大期待的人群"，努力进入会议厅的人们挤满了大厅，会议厅本身的场地，包括议员的席位，放置座位的圆形区域外面的过道和空间，还有职员办公桌的前面，现已拥挤得让人感到不舒服了。重建委员会正忙于准备它的报告。众议院已经任命宾厄姆、法恩斯沃斯和鲍特韦尔组成一个附属委员会搜集几乎没有可能称得上必要的证词，用以阐述必然的结果。但他们不必加以证明，而且什么也没搜集到。免职的命令就在他们面前，他们获得了授权证书的副本，并与他们认为控告总统的情形是完全一致的。众议院所有人都开始迫不及待地预见必然结果的事情。一些例行的事情已经做过了。派尔——那个午夜持有拘押托马斯逮捕证的人——由于要求留下报告一件革除那个军官少将军衔的议案，这成为使他自己出名的一个光辉时刻。室内场地上和走廊里的人群变得越来越烦躁不安。参议员们，他们自己一个接一个地挤进来观看酝酿他们有望圆满完成审判的诉讼；结果有望成为美国总统的韦德，近旁的众议院议长正在为他提供一个座

---

① 提名尤因，《审判》，第1卷，第555—556页；埃默里，第235—236页；条款，见本书第二章，英文原著第201—202页。

位。总统会见埃默里将军的消息开始在走廊外面的人群周围飞快地传播，从那时
起渗透进了重建委员会的房间和众议院的大楼；——受到曲解的恐慌描述弥漫在
忧惧流血的胆怯者心头，萦绕在所有具有不安的想象者心中，"那么约翰逊想要
打了吗？"终于在两点二十分，重建委员会把自身也卷进去了——史蒂文斯，比
平时更瘦弱，蹒跚行走在最前头。他提出了那个由重建委员会的每一个共和党成
员最终作为一个整体签署的报告。在提及 1 月 27 日指示调查那里是否存在任何
阻挠法律实施的联合决议以后，传来了总统罢免斯坦顿职务的命令和授权托马斯
临时代理的授权证书，然后作出决议："美国总统安德鲁·约翰逊犯有重罪和轻
罪予以弹劾"——还带有采用此案的建议。史蒂文斯赞成立即举行投票表决，但
是，多数派的那么多成员渴望发言，发现白天结束讨论是行不通的，因而同意参
加晚上的继续辩论，会议一直持续进行到星期一，那天辩论一直持续到凌晨五点
钟，那时应该进行投票表决。

在辩论开始时多数派带着无限自信的神态。他们用弹劾他的明确观点正是
把那桩罪行如此仔细地描述为一桩严重的轻罪——就是总统已经犯下的那桩罪
行。斯波尔丁说，最初那么强烈反对弹劾的人："不会要求我们查明……总统
是否实际上已经犯了严重的轻罪，因为国会已经根据自己制定的条规的字面意
思宣布所谓的免职行为都是如此。""眼下在安德鲁·约翰逊的两封信中"，法
恩斯沃思说："……我们有一起整个完全符合《公职任期法》描述的讼案。我
们不需要证人发誓，我们不需要进一步搜集证词。仔细读一读这些信件，仔细
读一读宪法，再仔细读一读那部法令，而案情就好像他交代犯罪事实一样都清
清楚楚明明白白地摆在那里。"英格索尔预言："如果从这时起十天之内，诚实
的老本·韦德没有成为美国总统，作为其中的一个人，我会感到令人忧伤的失望
……这起案件的审理应该用不了十天，因为只有一桩单独的罪行，而且总统还是足
够体谅地提供了他犯罪的证据，"另一个人说："争论这个问题是没有用的。在我们
的面前就有那部法令，而且在议长办公桌上的信件中总统承认他已经违反了法律。"

"除众议院提供了这么清楚的一起弹劾案子之外，参议院也发誓定罪。"宾
厄姆说："考虑到参议院就在昨天对这一免职行为宣布的庄严裁决，无论是最
高法院还是其他别的任何法院都不可能质疑或审查参议院的这一裁决。""毫无
疑问"，鲍特韦尔先生欣喜若狂，"至于众议院眼下的裁决是什么，或者说那个
裁决最终要由参议院的裁决来维持。"不过，随着辩论的延续，对于他们把这
起案子限制在过度微弱的单独指控时开始出现了可以察觉到的不安感，无法确信
他们诉讼基于的那种行为无论如何都带有犯罪的性质。他们看了又看他们自己法
令的刑事项条款，除了"严重的轻罪"之外，"监禁"，"罚金"听起来毕竟像空

话似的。这种焦虑的思想状态以各种形式全都露出了原形。虽然领导人庆幸指控已经完全概括起来了，但他们却不能在档案中加以记载。多数派方面的每一个发言者几乎都放弃手边的这个事实，总是重复说总统过去的罪行，他们不会利用那些事情审他。民主党提醒他们前两次徒劳的弹劾尝试，强迫国会说出"不情愿说出的结论"，"直到最近几天至少总统本人这样行动了"以致发现弹劾是没有根据的。他们不会受他们自己强加的限制约束。他们与自己都不相信的如此精心策划却不重要的简洁控告进行斗争，至于安德鲁·约翰逊无数骇人听闻的罪恶行径的主题，他们已经正式原谅过了，现在又无限上纲，详述细说。凯利说："在我看来重建委员会的控告太受限制了。不过，它提出单独一点就完全满足了那个目的的需要。先生，可我认为并断言，正式的控告无论是多么简洁，我们都不得不审判我们国家这个时代的重要罪犯。"阿什利承认："我把这看作是那个人所犯的许多罪行中最小的罪行。如果约翰逊先生直至其罢免斯坦顿先生职务以前没有犯过任何可以弹劾的罪行，就没有人相信可以促使本众议院的大多数人现在对他的弹劾投票表决。"朱利安以相同的意思说："实际上，陆军部长的免职是一个相对较小的事情，如果不根据以前那些更大的罪行考虑，我认为这将会把这次诉讼看作是几乎没有足够理由的诉讼。"巴特勒"悲哀地提醒这个行动将促使总统正式就任他的高级职务"，"他在1865年的夏天改变了目的"，自那以后他每一个篡权和违反法律的行为直到"他试图把美国军队的最大军官拉到他自己一边策划一个阴谋"。鲍特韦尔先生继续执行同样的方针：

"唉，先生，这个人的记录是那样嘛。……难道他不是这种人吗？1865年3月4日，在参议院的会议厅曾经令人遗憾地使国家和所有的人丢脸，在文明世界面前使我们蒙羞，玷污了他所担任的那个职务，当布思为了暗杀国家的总统通过国会大厦街区的人群行走在他犯罪的途中时，其后40天内总统命中注定要栽在那个刺客手里了。难道他不是这种人？违反他就职的誓言，在整个南部十个州委任有权力担任官职的人都是那些不能接受采用国家法律规定的誓言进行宣誓就职的人。"

他通过指出"总统从事的那个阴谋"而作出了结论。

"他首先想得到陆军部的控制权。……从而使他渴望得到总统职务的目的得以成功实现。他知道，如果他能够腐蚀军队领导人的话。……这十个州都在他的掌控之中，他可以向民主党代表会议派遣……支持他要求得到总统职务的人。……他将通过对我们授予选举权的黑人全都不许参加这次选举来确保这十个州的选举人票。

"如果碰上好运气，这是他的希望，他能在北方得到足够数量的选票成为多数派，再有他腐蚀的军队支持，他就下决心不惜冒内战危险举行就任美国总统的典礼。先生，今天我们总算是躲过了这些灾祸与危险。"

目前诉讼的伪善本质由于发言者纷纷对总统进行滔滔不绝的不相关的辱骂变得更清楚了。法恩斯沃思把他称之为："一个忘恩负义的、卑鄙的、愚蠢的、不忠的人"，"一个通过刺客的手枪制造出来的完全意外的总统"。洛根耗尽他的词汇量，努力列举总统的罪行：

"他不仅因为自己作为参议院议长的行为侮辱了国民，而且他还玷污了由于他的杰出前任去世而落到他头上的崇高职务；作为一个蛊惑人心的政客，他拖着高尚官员的长袍进入边缘地带的位置，道德败坏地叛变投敌。……人们可以设想，他的每一种行为，不仅打算自甘堕落，而且也损害了美国民众的权利。"

一位议员把总统比作"毒死自己兄弟""刺杀自己妻子和母亲"的尼禄。沃什伯恩——沉默但在第一次弹劾尝试中是一个极度蔑视约翰逊的人——在激烈的恶言谩骂方面胜过他们其他所有的人： 364

"他作为总统的整个职业生涯是以一种邪恶的、漠视一切公职责任义务为特征的，在自由民众统治者的历史上，背信弃义的卑鄙行为达到这种程度是前所未闻的。他的个人和公务特征已经使他成为两个半球的耻辱，而且把人们避讳的丢脸事情带到美国的名字上了。"

一位议员张口就说："我赞成不经辩论就作出再也不让安德鲁·约翰逊担任官职的决定。一个在醉酒中开始总统生涯的人应该在犯罪行为中结束他的总统生涯，我对此并不感到惊讶。"事实上，辩论持续的时间越长，赞成结束约翰逊政治生命的人成为多数也越明显，当把总统描述为这个时代最邪恶的罪犯时，因为一个无害的小毛病就会建议弹劾他。

他们一方的少数派发言人越是更严谨地坚持实际情况，多数派就更进一步地回避事实。这两种法律规定的具体罪行在《公职任期法》的第六项中作了描述，关于职务行为，第六项进行了描述，并着眼于将来发生这样一些事情将被宣布为"严重的轻罪"，处以 10 000 美元的罚款和五年的监禁。它们是：1.

"……违反该法规定做出的每一个免职、任命或聘用" 2. "发出任何这样任命或聘用的授权证书，或响应任何这样的任命或聘用。或就任这类委任的职务。"

365　因此，这个案件的成败必定取决于总统的两个行为是否像那两封信件证明的那样，"违反了本法的规定"。从这个重要的观点来看，这起控告总统的案件完全是建立在这个法规的错误解释基础上的，这一点很快就变得清楚了。被证明是这样错误的意见由民主党领导人全力引入到这次无准备的即席讨论之中，但是，因为它们由更详尽的细节重申过，并且完成于一个更重要的时期，我们不需要在这一点上研究它们的任何特殊性。然而，花费片刻时间详细讲述一二还是值得做的，以便我们从一开始就对这个问题的要点产生一个清晰的看法。印第安纳州的霍尔曼，那时他处在青年时期，通过指出弹劾者完全不能适当反驳的情势使他们为难：

　　"你们打算根据单纯的主观判断问题弹劾总统，其实，在没有犯重罪或轻罪的时候，的确也没有根据任何法律的解释对所犯的任何罪行采取过任何实质性的措施。只能这样说，美国总统一直给一名军官委派一个特定的职责，他最近把同样的职责委派给了五星上将，而该官员一直渴望着手履行这一职责，但一直未能如愿，而现任官员仍然保留了自己的官职。不管你把什么解释放在《公职任期法》上都不能说实际上已经犯了一桩罪行，因为，如果埃德温·M. 斯坦顿过去是陆军部长，他现在仍然是陆军部长，他现在其实还和他过去一样拥有自己的官职，因为参议院拒绝批准一个继任者。"

366　　　　那么怎样竟然说总统"做出过免职"呢？他们作出的答复是，免职尝试和实际免职两者之间没有什么差别。"从法律的观点来看它是免职。""如果总统试图违反他发誓要执行的法律，那么他就应该受到弹劾"，但第六项规定并没有提及尝试，只处理既遂行为。事实上，这亦被劳伦斯承认了："依据《公职任期法》，总统免除陆军部长职务的尝试不是一桩可起诉的罪行。……我已经用钻研的眼光分析过国会的那部法令，没有一个律师会反驳我说的话。签署委任状是可起诉的，但没有发布免职的命令。"

　　　　但它是建立在他们主要论点基础上的，即：斯坦顿不受《公职任期法》的保护，意思是弹劾的反对者赢得了他们最显著的胜利。建立这一结论的论据是由宾夕法尼亚州的乔治·C. 伍德沃德用最清晰的方式指出的，他是宾夕法尼亚州以前的首席大法官，不仅仅是一位学问高深的法理学家，一个言语简洁又合乎逻辑的演说者，而且还是一个最无畏的、强硬类型的民主党人。他说：

"议长先生，这是弹劾总统的第三次尝试。第一次尝试建立在他所谓的篡夺宪法授予立法部门权力的基础上，被超过 1 200 页大部头证词且带有弹劾决议的案情介绍给压死了。第二次尝试建立在约翰逊—格兰特通信的基础上，结果也胎死腹中，在这两位杰出的通信者之间出现的事实问题留给每个人依据证据作出自己的判定，总而言之是有利于总统的。

现在谈到我们本次会议期间所做的第三次尝试，又一个弹劾决议，它建立在总统免除 E. M. 斯坦顿的陆军部长职务的基础上……这个决议是在一个错误中形成的，而任何关于斯坦顿部长在《公职任期法案》保护范围内而对总统进行弹劾的想法都是法国警察头子富歇那样人的想法，比称作一桩犯罪行为还要糟糕——是一个大错。……

受抱怨的就是免除斯坦顿先生的职务，但第六项规定要加以谴责的免职行为是每一个'违反本法规定'的免职行为，如果斯坦顿先生不在该法的保护范围之内，那么免除他的职务是不违背该法的。"

看完第一项规定后他继续说：

"内阁官员的任期就是这样。在任命他们的总统任期届满一个月以后，他们的任期届满，他们成为默许的占有者，直到根据参议院的建议可以免职为止，在这个时期以后，他们没有任何头衔，他们的占有物可由总统随意剥夺之。……

这样的话，那么它被如何看待呢：第六项规定惩罚违反该法的免职行为，但内阁部长只可能被任命他们的总统违反本法予以免职。斯坦顿先生是被林肯总统任命的，他有资格担任的官职在林肯去世以后一个月届满；从那时起完全是依据传承官职的权力与职责，他根据自己的意志和便利随意保留了部长职务，他是一个纯粹的临时代理；当约翰逊先生在宪法严格的界限之内免除他代理的职务时，并没有违反那项规定，他没有向它'相反的方向'走，因此也招致不到第六项规定的处罚。"

鲍特韦尔先生，在多数派发言人中他独自尝试作出了一个答复，通过主张宪法定义总统任期为一个"由四年构成的任期"以及在死亡的情况下，移交副总统的"不是官职，不是任期而是官职的权力和职责"；"约翰逊本人没有任期"而斯坦顿被免职的任期问题适用于林肯的任期处理。但伍德沃德预先戳穿这种措辞上的欺骗性谬论：

"担任他任期四年的职务是林肯先生的权力和职责，而在他去世时这种权力和职责，只要它们是未执行的，根据宪法非常恰当的语言文字规定移交给了副总统。这个任期未完成的时期成为约翰逊先生的任期，和占有白宫一样呀，拿工资的权利，或获得那个职务的任何利益和职责。称约翰逊先生拥有林肯先生拥有的那些将是不合理的，或者称约翰逊先生的行政部门为林肯先生的行政部门，以至于把约翰逊先生的官职任期称为林肯先生的任期。这种语言不通俗，在宪法的短语中也不可能找到这样用词不当的东西。这就和混淆他们的名字，或者混淆他们的身份一样可笑。"

詹姆斯·F. 威尔逊，他在《公职任期法案》通过的时候是协商委员会的一个委员，在这次辩论发言中并没有提到这个问题，另外的两个委员申克和威廉斯没有发言。宾厄姆没有做任何努力通过那个法令本身来证明斯坦顿在它的保护范围内，但提到了那位官员的停职和参议院对它采取的行动，断言总统"承认那部法令同样包含陆军部长"，把那个问题提交给参议院裁决，再"依据参议院的裁判就把总统和其他所有人的意见推断出来了"。

但多数派期望依据《公职任期法》维护他们案件有效性的热情不大，因为他们贸然断定，即：免除斯坦顿的职务是在不受那个法令限制的情况下做出的，没有权威。从史蒂文斯的观点来看，他在提出他的委员会报告时发表讲话直到辩论中的最后一次演讲，用几个单词提出了那个主张，多数派的每一个发言者认为是必然发生之事，就一个官员来说，其任命需要"依据参议院的意见，获得参议院的同意"才能做出，在参议院开会期间没有该机关的同意对其免职明显是违反宪法的。一名众议员说："无论何时都没有人声称自己曾听说过总统在参议院开会期间可以免除一个官员的职务。"另一名众议员说："我认为即使没有《公职任期法》的存在也完全是他的罪过，因为依据宪法在参议院开会期间无论如何总统都没有权力免除一个内阁官员的职务。"又有一名众议员说："从未主张过总统在参议院开会期间拥有罢免权。他可以进行的唯一行动是向参议院送交提名，如果得到批准，被提名的人取代原任者而得以任职。"

但这第二个假定，像第一个假定一样，是建立在错误和缺乏准确信息基础上的。如同伍德沃德指出的情况那样：

"占据先生们头脑的一个想法无疑是由《公职任期法》激发出来的，总统罕见的大罪是由参议院开会期间免除斯坦顿的职务构成的。宪法不仅没有禁止他这样做，而且允许他在任何时候都可以自由地罢免不可接受的内阁部长。这事在参议院开会期间做比休会期间做还要好，因为新的任命可以立即得到审议，以免批准延迟而损害公众的利益，而且从政府建立时起它的实践就是这样。在新的行政部门执政，新的内阁官员替代原有内阁官员的时候，参议院的确一直都在开会。"

在星期一下午（24 日）五点钟终于进行投票表决时，虽然他们反对者的意见可能对他们起初认为无懈可击的一起案件没有预见到的弱点而感到不安，但多数派密集的队伍没有出现裂口，只是消失了一点点儿热情。相反，民主党人发出的一些不明智的威胁性警告仅有提高他们热情的作用。布鲁克斯预测，考虑到所有形式和仪式的累赘，审判必定比总统任期持续的时间长一些，只会刺激他们更加草率鲁莽，但他利用民众抵制任何违背宪法方法的威胁，比如审判期间停职被报以嘲讽的笑声。伍德沃德否认他们"有权弹劾任何人，也否认现在的参议院有权审理任何一起弹劾案件"。

"宪法宣告：'众议院拥有独占的弹劾权力'，众议院由各州民众每隔一年选出的议员组成。该众议院不是这样组成的，但与此相反，'各州'中的十个州选出的众议员已经而且还将被这些会议大厅拒绝接纳。……

"宪法宣告：'参议院拥有一切弹劾案件独占的审判权力，'而且参议院由各州两名参议员组成。直到被排斥在外的十个州选派的 20 名参议员被接纳并入我否认它是宪法交付于审判弹劾案件权力的参议院机关，他们才有权利进入该院发表意见。在一个 20 位合法审判员被排斥在外的法庭前面，以前曾提审过什么罪犯吗？……

"对这个重大问题作出的轻率答复是我们通过的法律，因此我们组成了进行弹劾的众议院和参议院。但答复是，你们的立法权都没有受到过质疑，你们的弹劾权力将不会受到质疑。"

但在他用下列威胁结束他的演讲时，他只是聚集了愤怒，增强了多数派的决心：

"议长先生，我这么确信，美国民众会考虑我将说的这种不同的意见，即使我不可能成为参议院议长的顾问，但我还是会劝告他，如果您喜欢弹劾条款，对您和参议院权限都提出不同意见，那就发布一则公告通知您和全世界所有的人，当他在符合宪法规定的法庭前面支持可以因公务上轻罪进行弹劾的时候，他绝不会使他为民众托管而掌握的那个官职隶属于那种既违规又违宪，并且残缺不全，还打算从他那里把它夺走的团体。这一公告，由于附近的陆军和海军维持它，将和大众的响应汇合，就会排除弹劾，除掉弹劾者。"

　　史蒂文斯以言简意赅的讲话结束了这个争论，这是那个人的特点，本身也还有更多的争论。他提到了法规里描述的"严重轻罪"带着一种轻蔑的放纵，然后武断地确认是"可起诉罪行或自然不法的行为"，不一定能作为弹劾的证据。"现在的问题完全是政治问题。"他指出，免除斯坦顿的职务被看作是违反了法律，但他没有做任何努力来解答斯坦顿不在《公职任期法》的保护范围内的看法。他把那种罪行仅当作许多较明显的篡权和较严重的罪行中的一桩犯罪行为。他建议审判安德鲁·约翰逊主动提供给格兰特将军的"隐匿贿赂的罪行"，他是否在他那无法无天的暴力行为中与他联合在一起，"要代替他承担法律的惩罚"。他建议审理他违背了自己的就职誓言——"庄严和持久的义务"，附带恐怖幽默地补充说，"他也不能恳求豁免，由于他的身份，在那个时候豁免是由他来执行的。"他建议要证明他（总统）阻挠国会重建政策的行为：

史蒂文斯在众议院发表他弹劾总统的意见

"我认为关于他的交易行为是专横霸道的篡夺权力，很久以前这就会导致他 373
受到弹劾和审判，从而免除他这个大淘气鬼的职务，迄今他通过错误的逻辑和虚
假的法律一直非常幸运地逃脱了惩罚。但他当时的行为将在审判中被证明是残暴
的，是他暗中险恶用心地破坏国家法律的公开证明。"

他最后的一句话，也是辩论的最后一句话是：

"因为我们处理的是最大的政治犯，我们努力的结果就是要使人类幸福和良
好政府永存。……这不是要成为一个政党的临时性胜利，而是要作为它的结果存
在下去，直到我们整个大陆充满自由和自由自在的民众，不然的话，整个大陆将
会布满一窝畏缩、懦弱的奴隶。"

然后进行表决，126 票赞成，所有投赞成票的都是共和党人；47 票反对，
在投反对票的名单上除了一人配对之外余者都是民主党人。其中有 16 名共和
党人没有投票，除了一人和民主党人配对之外他们所有的人不得已地缺席了；
一人是因为自会议开始以来就病了，没有出席众议院会议，两人急忙对他们的
缺席道歉，并宣布他们与多数派意见一致，九人由同事声明赞成这个决议，剩
下三个没有记录，其中一人投票赞成过第一次弹劾。因此，认为共和党在众议
院表现一致称得上名副其实——没有不同意或不赞成的声音——议长甚至无缘
无故地冲向前去在一些新任议员的众目睽睽之下当众展示自己——参加所做的
事情，在今天了解实情的明智人面前——几乎连一个幸存的参与者——都不会 374
说出一句认为那种事情正当的话来，他们痛恨总统，渴望赶走他，因为他在政
治上冒犯他们，为此一再地试图弹劾他却未能如愿。他们现在抓住一个表面上
违反了一部不公正的法规——一部一旦他们有了一个属于他们自己派别的总统
就会急忙废除的法规——作为一个借口把他拖到法庭审理他们已经臆断的案
件。他们在开始的时候由于他们自己的失误，发现他没有犯过而且也不会违反
他们为了自己的革命目标已经制造的一种借口而犯不重要的罪过，然而他们一
直在继续对他进行弹劾。

他们任命了一个两人委员会（史蒂文斯和宾厄姆）向参议院通报众议院的行
动，还任命了一个七人委员会准备弹劾条款，一切安排妥当以后众议院休会了。①

---

① 关于这次争论，见《国会天地》关于争论的简述。关于表决，见《国会天地》，第 1400
页。两个委员会，见《国会天地》，第 1402 页。

同在星期一这天老托马斯·尤因取代被免职的埃德温·M. 斯坦顿任陆军部长的提名再次送到参议院的会议厅，和星期六一样，这一次又受阻于一次料想不到的休会。伴随提名的是总统对参议院星期五晚上的决议答复性或者说是抗议性的咨文。参议员们没有心思取代斯坦顿，提名被搁置同样是理所当然的事情。但咨文是促使他们反思而设计的。在咨文中总统几乎完整地论述了对《公职任期法》附加条件的解释，指出该法排除了不是他本人任命的内阁成员，比如斯坦顿。他重申自己认为该法违宪，已送交参议院的该法案否决书保持不变，但是，该法案已经推翻了他的反对意见而成为一部法律，他已在努力研究它的每一个细节，除了所谓的斯坦顿实例之外，将不违反它的规定做出任何其他的免职，只因为后来依据他的情况得出结论，斯坦顿不在那部法规的字面意思或精神的保护范围之内。"如果在这样的一个问题上我已经陷入一个解释的错误，我提出这是否应该定性为亵渎职责或法律。""我一直努力要继续保持最大的谨慎，仅在极端和例外情况下采取行动，认真地遵循我亲自制定的作为一般规则的方针，忠实地执行各项法律法规，尽管它们是推翻我关于宪法根据的意见而通过的。"那个人倔强的姿态和无畏的性格特征在结尾的段落中显示出来了：

"在目前情况下，我已呼吁或寻求上诉到由宪法确定的最后裁决者决定所有这样的问题。由于宪法赋予我的神圣职责我被迫采取这个行动来维护交到我手里的崇高职权不受侵犯。无论我个人的结局是什么，按照我自己的想法，我不能让他们这么明目张胆、这么专横地在公共职责上占据上风。如果有什么可以肯定的话，要是我在免除斯坦顿先生职务的时候完全听从劝告，按这样捍卫委托于我的重托，接下来肯定就是我自己被免职，受到公众关心的极其高尚的人品驱使，我不能犹豫了。"

第二天上午，众议院两人委员会产生出来了，史蒂文斯"以美国众议院和全体美国民众的名义"弹劾"美利坚合众国总统安德鲁·约翰逊在公务活动中犯有重罪和轻罪"，承诺在适当的时候展示弹劾条款，并要求参议院"发出上述的安德鲁·约翰逊到庭答复上述弹劾的传票"。临时议长回应称，参议院将发出命令，两人委员会回去以后由参议院任命的一个精选的七人委员会对必要的行动进行审议和报告。

与此同时，午夜时分还发出了逮捕托马斯的逮捕证，在吓跑新秘书以后未能实现它的目标，正在变成某种很像原告手中掌握的回飞镖似的东西。托马斯雇用理查德·T. 梅里克律师，通过他与总统磋商怎样利用逮捕他的当事人使这起案件进入最高法院。总统也雇用华盛顿的另一位律师沃尔特·S. 考克斯，在与司法部长协商后提出诉讼，以测试托马斯担任陆军部长的权利并使他占有那个官职。在卡特法官正式把被告交给执行官监管的那天之前，这起刑事诉讼一直拖延着，这两个律师星期三（26日）到场，两人一起代表囚犯向那个法官提出得到人身保护令的请求。斯坦顿的律师强烈抗议被告没被羁押，他不可能使他自己处在监管之下，他们不想使他处在监管之下。法官回应他们的抗议，判决不对被告进行监管，因此不能把他本人置于监管之下。被告的辩护律师则提议把他释放，原告的律师没有提出异议，法官和签署逮捕他命令的时候非常相似，欣然同意释放罪犯，他签署了同意释放的命令，这是埃德温·M. 斯坦顿诉洛伦佐·托马斯这起著名案件的结局。[①]

377

史蒂文斯（右）、宾厄姆（左）在参议院前面发表关于弹劾总统表决结果的演讲

参议院弹劾规则委员会和众议院弹劾条款委员会在这个星期的时间内都在努力工作，前者在25日（星期五）这天成功地向参议院报告"参议院作为'审理弹劾案的特等法庭'开庭的操作程序规则"，但是，当第二天它们被拿去讨论的时候，令人尴尬的严重问题立刻就出现了。反对意见认为作为一个参议院开庭，参议院不能采用一般开庭法庭的规则来管理参议院，因而提出了开庭审判一起弹劾案的参议院是不是一个法庭的问题——一个在多数派中间存在严重分歧的问题。在遭受一次挫折以后，康克林成功地删去了该委员会在草案中使用的"法庭"一词，用"审理弹劾案的特等法庭"的名称代替"开庭审理弹劾案的参议院"的名称，剩下的问题"同样是宪法留下的"。"把这称为一个法庭"，正如他说的那样，"并非使它成为一个法庭，如果它实际上起了一个法庭作用的话，没有把它称作法庭并不妨碍它充当一个法庭。"这场辩论延续了令人不快而又意想不到的一段时间，直到过了星期一（3月2日），又持续到深夜修订的规则最终被采用的前一刻辩论才告结束。

378

---

① "考克斯和梅里克的证词"，《审判》，第1卷，第605、607、617、618－622页。

众议院的委员会负有一个更难巨的任务。已提出的目标限制在控告发布免职命令和授权证书这些事情上，这将省却维持它们的必要而不是省却维持文件证据的必要，这样就排除了审判时间延长而难以忍受的可能性。但关于弹劾决议案的辩论还是给了众议院一个教训，比如提出指控这样的事情过于牵强，因此，控告委员会首先觉得有必要通过搜集一些新证据加强那两封信件，至少，曾经进行过搜集新证据的尝试，用巴特勒的话来说，他们"想使这些赤裸的骨头和筋长出肌肉再用来让他们产生血液而复活"。因此，以最大的小心和谨慎不加宽那种远远超过绝对必要的口头证词之门，调查委员会在星期三（2月26日）听取伯利和维尔克松有关托马斯未克制的威胁的证词，还有范霍恩的证词，他是聚集在斯坦顿周围的一位国会议员，那时托马斯自己要占据陆军部。他们还听取埃默里将军有关他和总统会见情况的证词，它的细节被谣言夸得如此之大。他们传唤另一个军官（华莱士上校），他在 23 日（星期日）这天与总统作过大意相同的简短交谈。他们也传唤那天早上刚摆脱了执法者控制的托马斯，质问他一个又一个的问题，直到他头晕为止。这包括他们搜集的所有证词。总统通报财政部长关于改变陆军部的一封信，包括所有附属的文件证据。他们那时转向作简洁陈述的控告，他们主要渴望和参议院多数派在每一个方面上保持意见一致，然后在星期六（29日）他们把这些报告交给了众议院。

第一项弹劾指控专门叙述了"免职命令"，指控它是在参议院开会期间违反《公职任期法》，而且也是违反宪法作出免职的一个企图。第二项指控只涉及发给托马斯的授权证书，这被指控等同于正式的任命因而既违反《公职任期法》也违反宪法。第三项指控不同于第二项指控的仅是作出这一指控没有提到《公职任期法》。随后的五项指控——所谓的"控告共谋罪"——指控总统和托马斯之间的共谋，"通过恐吓和威胁"以阻止斯坦顿担任官职，违反宪法和 1861 年的《反阴谋法》（第四项指控）；通过阻止斯坦顿担任官职"强行"阻挠《公职任期法》的执行（第五项指控）；"以武力夺取"陆军部的美国财产，违反了 1861 年法令，也带有违反《公职任期法》的意图（第六项指控）；通过阻止斯坦顿担任官职"以阻挠妨碍"《公职任期法》的执行（第七项指控）；"夺取"陆军部的财产，违反《公职任期法》（第八项指控）。第九项指控是第二项指控和第三项指控的重复，控告它附带的另外意图是要获得拨给陆军部款项的控制权。第十项指控也是最后一项指控建立在总统与埃默里会见的基础上，实际上控告的是总统向一名陆军军官表达的意见，说国会法案的一项规定"剥夺他作为总司令的权力是违宪的"，因而这也是一桩"严重的轻罪"。

从约翰逊就职时起，对他非常怀恨的反对者沉迷于否认他是总统的习惯，声称他仍然是副总统，只不过暂时"代理总统"。可是根据指控条款报告他是作为"美国总统"受到弹劾的。受此影响的鲍特韦尔先生担心，参议院可能裁定约翰逊不是总统，在这种情况下，整个诉讼从一开始就不得不受到影响。他说："根据审判总统的宪法授权必须组织不同的法庭审判副总统。"而这种不同的意见为宾厄姆提供了机会，他要把这个卑鄙的恶念产物踩得粉碎直至不复存在。

"我想说，我在报告被宣读的时候没有意识到那个委员会有一名成员对安德 381
鲁·约翰逊是美国总统存在一点儿怀疑呀。我想说，他要是受到弹劾的话，他就必须受到弹劾，无论是作为特殊的总统……还是作为副总统。……此外，根据五百件否认他是美国总统的例证记录，安德鲁·约翰逊被禁止翻供，参议院被禁止翻供，众议院被禁止翻供。我们的宪法宣告，任何法案在它提交给总统批准或不批准以前都不能成为法律。如果他不是总统，如果民众没有总统，那么我们通过的任何法案就不能成为法律。如果他是总统，那么让他在你的记录上被称作总统吧。"

完全从事态的特征上看，他的政敌在纵情于把王冠拿下之前被迫把它放在约翰逊的头上。

讨论的指控条款大部分只是那个决议案辩论的重复，但史蒂文斯在演讲中以最爱挖苦人的个人特色透露了整个诉讼是表里不一的，不预先通知就会受到忽略的。"从来没有，"他说，"一个重要的犯罪分子像安德鲁·约翰逊这样受到如此温和的对待。"总统"大量的篡权，比煽动暴乱还要坏，简直不比叛国罪行轻"，"基本的罪行是更值得处罚的，本委员会都把它们省略了，因为他们决定温和地处理总统。"他们"把目光完全停留在他们从安德鲁·约翰逊的公务生活中选择最不重要的犯罪行为和轻罪用以提供怜悯与仁爱"。他然后提出他自己的一项控 382
告条款，他指出，他曾在委员会里提出过，还以为加到起诉书里面了呢，但他猜想由于弄错而被遗漏了。"因此我将把它念一遍，把它称作一条半吧，因为在我看来，这是整个起诉书的诉讼主因和重要部分，"该条款陈述了斯坦顿被停职和总统提交给参议院停职的理由，指控当参议院正在考虑其理由充分性的时候，总统形成了一个深思熟虑的计划，如果参议院将作出对他有利的裁决，他要阻止斯坦顿恢复职务，在因临时部长的正直和忠诚而遭受挫折的时候，寻求通过发给托马斯授权证书以达到同样的结果。"如果出现几个精明的律师时，"他补充说，"因为我知道会出现，还有吹毛求疵的法官，如果没有我提出的这一条款，他们必定无法对他作出公平而又正义的判决，我曾在地区法庭开庭之前打过保票，无论如何他们比我更没有经验。话说回来，如果把它插进去……即使没有其他的指控，他或他的律师那时怎么能指望逃脱呢——除非不利用我知道他们依赖的东西，也就是说不论及《公职任期法》违宪——否则，它是完全值得和通过的指控放在一起的"。他评论说，在这个问题上参议院曾四次投票表决赞成这部法律，"让我想想，"他说，"现在哪个变节者敢走回头路，投反对票呢。"

委员会在星期一下午三点钟报告了一个修订的版本，里面只有措辞上的或不重要的变动，除第七项指控被删掉之外，就是把总数减少变成九项了。罗德岛州的詹克斯准备好的一项长篇的控告条款现在提议将其添加到其他条款中去。它指控做出免职与发出授权证书是预先策划的结果，旨在篡夺军队完全控制权，不受国会调整军队控制权法令的限制，而且还要借助于军队阻挠重建法的执行。但是，担心其插入会使审判没完没了，众议院没有客套就把它否决了。巴特勒现在来到了前面。从行动开始的时候起，在他成为一名国会议员之前，他就使弹劾研究成了一门专业。他认为弹劾是在共和党的旗帜下对暂时支持总统的共和党的一切弊端的一种补救。1866年秋天他在全国各地大肆宣传治疗弊端的好处，在各个州的各种会议上，甚至在一两个州议会发表演讲，而且他当选为众议员被派遣到第40届国会主持众议院的行政委员会。依据他认为是那件法案的东西充满令他厌恶又令人难受的法律术语毁掉了第一个方案，他因此完全不满足于现在考虑他斥责为"法律上不健全，推理靠不住及原则可能受到危害"的理论而对总统提出很少的指控。由于他现在被怀疑反对提名格兰特，从而使他不再用行政委员会的名义起草弹劾条款。但他是一个无法保持沉默的人。1866年总统在华盛顿和西部旅行期间的言论在他看来不仅提供了极其合适的弹劾材料，而且也提供了阐述安德鲁·约翰逊暴行的一个绝好的机会。在最高法院法官塞缪尔·蔡斯向一个大陪审团发表过分煽动性的长篇大论的指控而获得了最多票数的案件中他发现了一个先例，也是基于总统的某些激烈言辞准备了一项指控条款，其内容是安德鲁·约翰逊打算把嘲笑、羞辱和公愤带到国会和它所通过的法律上面，对这个庄严的机关发表过某些不当言论，已经在三份详细说明书中提供了它的摘要，1866年8月18日雷弗迪·约翰逊在总统官邸提交的一份费城会议议事录并发表演说，约翰逊随后也发表演讲作为答复，第一个摘要就采自总统的这场演讲，其中臭名远扬的句子是："我们看到在政府的权杖上吊着的，好像称作一个机关，或者认为它是'美国国会'，而事实上它只是一部分州的国会"；第二个摘要采自总统在克利夫兰发表的演讲，其中把国会说成是"正在试图分裂政府"的机关；第三个摘要采自总统在圣路易斯发表的演讲，指控"激进国会"是新奥尔良暴乱的源头，而且还包含约翰逊关于"基督"和"犹大"的评论。这一指控条款，他徒劳地强加于该委员会。它说到的事情早在已经失败一年多的第一次弹劾之前就发生了，并且此事的一部分也包括在那时提出的指控条款中，众议院也反对采用这些东西；此外还存在延长审判时间的危险。巴特勒，一点也没有因为遭到该委员会的拒绝而气馁，把它提供给众议院的所有单位，并为提供少量指控的证据包含在重复中的事实而道歉，"引语取自完全可靠的文件，三条引文的两条是被司法委员会审查证实过的"（即，依据以前的调查），"而且毫无疑问还存在于发表过的演说词之中"，进而又补充说他"没有因为那些言论与众议院的尊严不一致而对其真伪作出辩解"。依据威尔逊的陈述，"该委员会同意不提出基于这一话题的指控条款包含在这个修正案中"，众议院根据几个计票人记录汇总，结果48票赞成而74票反对因此拒绝了这项指控条款。下午四点钟，作为委员会全体成员同意的九项指控条款向众议院报告并逐一获得通过。当选的七位控方干事按照得票数顺序排列。在上周星期六晚上核心小组会议上当选的成员进入提名的名单中：巴特勒、史蒂文斯、威廉斯、宾厄姆、威尔逊、鲍特韦尔和洛根。宾厄姆在所投的118票中得到114票在名单上领先，史蒂文斯获得105票排在末尾；民主党没有参与投票。一份公文被送到了参议院通告当选的控方干事，要求他们正式地提出起诉条款，然后众议院休会了。①

385

第二天，当宣布参议院准备接待众议院控方干事的公文送达众议院时，才发现他们没有条件出席招待会。巴特勒忙于再把他自己的指控条款强加于众议院，在此期间，那几个控方干事改变了该委员会的行动方针，授权他报告那项指控条款。为了消除这会拖延审判的担心，他把它归因于前一天的失败，他指出，那些言论由速记员把它们记录下来证明是多么快呀，"此外"，他说，"那几个控方干事掌握这一切言论……""如果我们发现这项指控条款会导致没有意义的拖延"

386

The Johnson Impeachment Committee

Left to right, Seated: Benjamin F. Butler, Thaddeus Stevens, Thomas Williams, John A. Bingham. Standing: James F. Wilson, George S. Boutwell, John A. Logan.

① 参议院关于规则的辩论和众议院关于起诉书的辩论，见《国会天地》指出的日期。

我们可以撤回它或者它的任何部分。他这样安慰加菲尔德，后者对这一点表示忧虑说："我昨天晚上投了反对票，不是因为我反对它，而是出于它会增加时间的忧虑"——附带的信息是"起草这项指控条款为什么还要附带三份说明起草它理由的文书呢……是那几个控方干事可能撤回说明书……或者根据说明书提供证据吗？"最后巴特勒的指控条款依据 87 票赞成对 40 票反对的表决结果被采纳了，因而成为第十项指控条款。宾厄姆然后根据理事会一致通过的指示，还介绍了另一项指控条款。它的原创作者应该说是史蒂文斯，而他也公开地承认自己是这项指控条款的草拟者，但它几乎不同于前天由他主动提供的用那么奇特的术语向众议院推荐的那项指控条款的每一个特征。那项指控条款的控诉要旨是总统在参议院不同意他对斯坦顿停职后又阻止其恢复原来职务的预先策划的图谋，正如格兰特—约翰逊通信所证明的那样。现在介绍的指控条款是那些已经采用的指控条款的碎片拼凑起来的，是由被拒绝的詹克斯的指控条款和史蒂文斯起初的指控条款

387 构成的，把它们混在一起的目的似乎是想得到那些态度未定的参议员的选票。只有一个公开的行为受到指控，即：2 月 21 日阻止《公职任期法》执行的一次尝试，但这一行为是被隐藏在这样一堆间接辩解之下，作为犯此罪的诱因和此案借此发生的手段，要发现它几乎是不可能的。一、总统在 1866 年 8 月 18 日的讲话中宣布，第 39 届国会只是一部分州的国会（取自巴特勒指控条款），证明这不仅是否认国会立法的有效性，否认安德鲁·约翰逊执行法律的责任义务，他认为合适而又得到批准的除外，而且还否认国会提出宪法修正案（新主张）的权力，于是它被断言是依据该声明实施的尝试。二、指控实施的尝试行为本身，1. 使用想出的办法阻止斯坦顿复职（这源于史蒂文斯起初的指控条款）；2. 通过策划的方法阻止《军队拨款法》的执行（这取自有关埃默里的那项指控条款）；3. 通过策划的方法阻止重建法的执行（这取自詹克斯提出的那项被否决的指控条款）。这样每个精心制作的构造物提供了达到常规标准的信誉：自总统的行政部门成立以来因为他的行为而主张对他弹劾的理由——被众议院挫败的行动；在约翰逊—格兰特争吵基础上形成弹劾主张的理由——委员会扼杀的行动；因违反《公职任

388 期法》第六项规定为严重轻罪的具体罪行主张弹劾的理由——现在进行中的行动。参议员巴克柳的言语对它作了最好的描述：

　　"作为一项要依靠其定罪的指控条款，它的效力在于它的弱点——在于其指控含糊，形式复杂。……

　　"有些部分被认为是空洞无物的，能够分开的几个主张单独作为犯罪行为或意图的指控条款不能成立，而作为一个整体却被看作是使人不解、妨碍人们推理

判断的东西。……

"这项指控条款的问题，就查明的实质来看，它大部分是从其他指控条款中提取得来的，但以某种方式安排、巧妙处理又结合在一起的这个东西导致研究者烦恼，判断混淆颠倒；包含在这项指控条款中的控告或加重的新细节（无论它们可能是哪一个）都是暗示出来的而不是直接表达出来的，我们徒劳地探索上下文要明确地发现它们的前提或是它们导致产生的结论。"[1]

这项综合性的指控条款，因为它被恰当地命名，由 108 票赞成对 32 票反对的表决结果被接受了，算作是第十一项指控条款。

这份指控清单完成了，接下来要做的事情是把这些指控条款提交给参议院，3 月 4 日是星期三，众议院决定自己全体议员组成一个委员会，跟着那几个控方干事前往参议院的会议大厅。参议院刚刚听取了最高法院首席大法官送来的意见，大意是当参议院开庭审判一起弹劾案时，它就是充当一个法庭来开庭审案，因此，应先于众议院方面实际宣布弹劾之前把参议院组织成为一个法庭；那份起诉书只应该提交给一个弹劾法庭，管理这样一个法庭的规则只能由这个法庭自己 289

制定。来自一位如此重要的权威人士的这个意见，参议院由于马上要在全体众议员前面听取那几个控方干事宣读指控条款而把它完全忽视了，众议院议长正在给右侧的参议院临时议长提供座位。

这个仪式结束了，那几个控方干事带着他们的随员走了，参议院决定第二天下午一点钟将处理这起弹劾案件，通知发送到众议院，还有一个三人委员会要等候最高法院首席大法官，以引导他入座主席席位。那天晚上，蔡斯在他的住所举行了一个招待会。大约午夜时分，几扇门都突然敞开，宣布"美国总统"安德鲁·约翰逊，这个被弹劾的大人物走进来了。在高贵的主人与高贵的宾客互致问候进行通常的交谈之后，事情就结束了。但第二天早上报纸上的报道把激动的情绪完全传到弹劾倡导者的队伍之中，这样理解首席大法官的意见，使激进分子确信主持审判的官员是他们计划的敌人。[2]

---

① "意见"，《审判》，第 3 卷，第 228 页。
② 华盛顿的报纸。

第二天——星期四（3月5日）——参议院会议大厅挤满了很想目睹一个立法机关蜕变成一个特等法庭的人们。当最高法院首席大法官硕大的头颅映入眼帘时，390 他穿过挤满大厅后部空间和办公桌外圈的众议员人群，雄狮般模样的最高法院法官纳尔逊跟了进来，这时参议员们都站了起来。韦德腾出主席的位子，最高法院首席大法官随后占据了这个位子，宣布他为了参加参议员们"形成弹劾美国总统的审判法庭"出席会议，准备宣誓就职。在指示这个审判法庭自己的成员宣誓仪式的过程中，参议院不理会只不过是一个主持人的首席大法官，也不必照那样宣誓。最高法院法官纳尔逊通过像这个法庭事实上的一个成员那样为参议员们提供向最高法院首席大法官宣誓的誓言而完全打破了这个理论，参议员们静静地在一旁观看着。然后按字母顺序点名，最高法院首席大法官负责监督每一个参议员宣誓，要"根据宪法和法律去作公正的审判"。缓慢的过程接近尾声时，以本杰明·F. 韦德的名义回答，那位参议员前来宣誓。亨德里克斯抗议说，根据宪法规定的精神，弹劾总统，副总统不能主持审判，仅次于现任总统的临时议长无权成为这个特等法庭的法官。谢尔曼上前为他的同事辩护，辩解说韦德是代表俄亥俄州的国会参议员，俄亥俄州有权在参议院拥有该州不可剥夺的两份投票权，韦德不是副总统，因此，不适用宪法禁止的规定，对他要说的是他在这个审391 判事件有多大的利益让他忍受离开岗位的处置呢。霍华德声称在这起弹劾案中谁都没有权利提出反对韦德担任法官的意见，而且指出了这样的事实，被告的女婿已经宣誓就职。另一方的雷弗迪·约翰逊回忆起斯托克顿案件，当时萨姆纳为"美国参议院的荣誉"而斗争。由于他通常大胆论及历史事实，萨姆纳直截了当反对副总统为什么没有资格主持审判总统的理由是由亨德里克斯确立的一个理由，而且还指出，"提出那个条款的理由"（现在首次听说的一个理由）是"因为宪法的制定者认为有可能暂停总统行使他的权力，在这样的事件中副总统不能处在参议院主席的位子上，因为他处在总统的位子上了"。讨论一直继续到第二天一个拖延不耐烦的参议员援引参议院采纳的第二十三条规则的时候。最高法院首席大法官裁定，因为参议院还没有组织成为一个审判弹劾案的法庭，因此还不适用这个规则——激起激进分子求助的一个决定，因而这个主席席位由 24 票对20 票的表决结果得到维持——本诉讼案中第一次重要的表决。亨德里克斯觉得他的一些政治盟友对那种尚在争论的问题在法庭完全组成时应该更恰当地把意见提出来，于是便撤回他的反对意见，而"鲁莽的"本·韦德，带着平静的表情宣誓就职了。[①]

　　在这个时候提出的重要法律问题虽然遗留下来没有解决，但它从未再出现　392
过，因而这就不是一个多么令人遗憾的话题。在缺乏明确禁止的时候，一个参议
员由于被选为参议院的议长，因为国会的一项法令规定，从而与继任总统一脉相
承，他没有丧失成为审判总统的参议院法庭法官的宪法权利，这可能会产生一点
疑虑。但是，尽管如此，无论什么都不会怀疑一个参议员占据那种容易招惹嫉妒
的位置，由于在道义上已经丧失了资格，起码应该放弃自己的特权。事实上，排
除依据职位是副总统的参议院临时议长的理由远远强于排除副总统的理由。甚至
在附带的问题上，只有在平局的情况下，副总统适当地能对审判投票表决，因为
这是采取三分之二多数票定罪的最后判决，临时议长绝不能投票，因此也不能为
他自己的晋升作出贡献；鉴于按职权来说是副总统的人，比如韦德，能够投票表
决审判进程中出现的所有问题，而他的一票就可能决定最终的判决，这样简直就
是让他成为美国总统。而且根据韦德的情况，如此不当是特别明显的。他是总统
最强烈的反对者之一，他在全国各地谴责安德鲁·约翰逊，用粗野侮辱性的词语
给总统加满了绰号，使用这种方法他可是一个专家。普遍认为他是直言不讳提倡
罢免总统的人。他是抓住每一个生病或死亡提供给他的有利条件在参议院努力争
取三分之二多数的唯一公开得意的参议员；他明显而又突出地敦促接纳不发达的　393
准州加入联邦，目的在于增加弹劾法庭预先赞成定罪的法官人数；他最近被他自
己的州抛弃了，一位政见相反的先生当选将要来接替他的参议员职务；关于他投
票判决约翰逊"有罪"的事情从一开始就绝没有丝毫的不确定性，而他的党羽现
在甚至打赌说，在 10 天、20 天或者最多 30 天内，"诚实的老本·韦德"就将入
主白宫呢。然而幸运的是，一个赤裸裸的法律权利决定，这必定是一种确认，从
未宣告它：——留下违背司法适当的最根本的法规突出于它完全粗劣的东西之
中，凭借掩饰、辩解或缓和而不予改变。

　　剩余在场的参议员已经宣誓就职，最高法院首席大法官，再次提醒注意他所忽
视的意见，而没有为参议员们提供指责或打岔的机会，提出 3 月 2 日接受的那些规
则是否应该被看作是本机关的规则问题。参议员们口头答复是肯定的，最高法院首
席大法官因而获得了又一个胜利。大约三点钟左右，那几个控方干事查询针对安德
鲁·约翰逊的诉讼程序。参议院下令发出 3 月 13 日（星期五）可返还的传票，然
后"法庭"（正如霍华德所说，"使用简短的表达方式"）休庭到那一天。

---

① 《审判》第 3 卷的结尾刊登了这次争论的一个报告。

394 　　　　在一周的间隔时间里没有做很多立法事情。这被认为是"在总统因重罪和轻罪将要受到审判时送法案给他签署是不适宜、不恰当的";无论和总统进行什么交流萨姆纳都十分敏感,"以美国民众的名义传讯到我们的法庭里来",甚至抗议参议院参加行政会议。但是,当(9日)由马里兰州州议会选出来的替补参议员乔治·维克斯呈交证书时,这位来自马萨诸塞州的参议员萨姆纳根据马里兰州没有共和形式的政府对选举的合法性提出质疑,"拒绝把尊敬的菲利普·F.托马斯任期未届满的席位给予维克斯",并提议把证书提交仲裁;这个行动的作用是要拒绝在未来的审讯中增加对总统的友好法官。然而,这个提议少有支持,维克斯宣誓就职,使参议院像现在的构成这样,达到了满额。

　　　　门外出现了更多的事情。那几个控方干事把托马斯传唤到他们面前,这是他第二次被放在架子上成为牺牲品。斯坦顿为他们抓住了一个证人——一个来自特拉华州名叫乔治·华盛顿·卡斯纳的人——3月9日(星期一)晚上,在总统官邸的东大厅,他充满好奇地去拜访他们州的杰出公民,现在得到总统支持的临时陆军部长,他成功地看到了他心目中的英雄,大胆地劝诫要立场坚定,告诉他

395 "全体特拉华人的目光都在注视他呢",此话引出事先没有准备的答复:"在两三天的时间内,我会把那个家伙踢开。"这次谈话中,这个特拉华人向陆军部的一个职员吹嘘,这个职员把托马斯带到他用壕沟围住的长官面前,托马斯从那里被急如星火地送到那几个控方干事面前,因而这点证据是可靠的。

　　　　3月13日(星期五),参议院会议大厅第一次呈现出整个审判过程要记住的景象。参议员们像在汉弗莱法官最近审判的案子中所做的那样,决定保留他们座位,他们自己也不转移以便为各方的主席搭建一个讲台,而只限于他们自己尽可能到里面的两排办公桌去坐,交出外面的几排办公桌,又把后面的地方围起来按众议院议员的顺序全部用来为他们放满座位。在他们的入口处引导那几个控方干事到一个地方安排他们坐在左边的席位上。警卫官声音响亮地叫了安德鲁·约翰逊三次,但安德鲁·约翰逊没有回答。替代的是一个如此引人注目的景象,正当这个审判员的声音响彻整个会议大厅时,控方干事巴特勒匆忙进来,在过道中间停了下来,在想到为什么用这么暴躁的方式愤怒地对他说出这么一个讨厌的名字时,看似有些不知所措。这一事件激发的欢乐渐渐远去的时候,从隔壁房间那边进来了总统的律师——亨利·斯坦伯里(刚刚辞去司法部长职务)、本杰明·R.柯蒂斯和托马斯·A.R.纳尔逊——他们被引导进入主席右侧的位置,与安排

396 给那几个控方干事的左侧位置对应。随后宣布众议院及其议员由全体委员会主席伊莱休·B.沃什伯恩带领入场,他们汹涌进入会议大厅,各自分散到为他们安排的地方,此时的会议大厅空间达到了其容量的最大值。

　　斯坦伯里先生随后站起来宣读传达之事，向最高法院首席大法官致辞，还有安德鲁·约翰逊签署的，由律师（除了这三位之外，现在指定耶利米·S. 布莱克和威廉·M. 埃瓦茨）通报总统出庭，并要求 40 天时间用以准备答辩。他也宣读了所有五位律师共同签署的一份声明，大意是所要求的时间"尽一切努力使用的话"，也没有超过"合理而又必需的时间"。那几个控方干事对这样一些请求、一些拖拉的行为是有准备的，但对像这样用以拖延的"巨大鞍后桥"没有准备。"40 天！"巴特勒惊呼，"这要花费神仙借助洪水毁灭世界一样长的时间啊！"40 天不服罪呀！在随后的讨论中，处在那几个控方干事一方的人称主持官为"主席先生"，处在总统的辩护律师一方的人称主持官为"首席大法官"，双方各有什么顾虑是急于想了解的事情。埃德蒙兹终于提出一道命令，被告在 4 月 1 日以前或当天把他的答辩归档，那几个控方干事在其后三天内制作他们的副本，审判于 4 月 6 日开始；于是最高法院首席大法官和参议员们退出会议大厅到接待室进行咨询。瞬间放松了倾听的注意力，嗡嗡的谈话声音大了起来，议员们进进出出，群集在会议大厅里，而比较混乱的状况支配着走廊。在沉闷的间隔休息两个 397 小时以后回到法庭，出现了一个静寂的瞬间，接着最高法院首席大法官宣布命令，给总统十天时间，而不是 40 天去准备答辩。这个问题已经解决，那几个控方干事提议在复制的副本归档时立即进行审判，他们的提议引起了参议员们第二次重要的表决。25 名共和党参议员投票赞成这个提议，而 15 名共和党参议员和 11 名反对党参议员一起投票反对它，这个议案由于还缺少一票支持而没有通过。关于确立某一天开始审判的斗争终于造成那个不确定日期的命令，在复制的副本归档以后立即进行审判，"除非有理由证明另外下达命令"；否则法庭一直休庭到 3 月 23 日（星期一），愤怒的极端分子用简短语言突然说出："又白白放过十天！"

　　在这段间隔时间里，总统失去了他最杰出的律师服务。布莱克是一家美国公司的主要律师，它根据发现和占有的权利，寻求位于圣多明各附近的小岛阿尔塔贝拉归为己有（或者岛上的鸟粪归为己有），但多米尼加政府却终结了他在那里居住和工作的权利，然后把这个岛出租给当下在美国行政部门前面争论前者声索权有效性的另一家美国公司。布莱克敦促采用派遣一艘美国舰船占领这个岛屿的一揽子解决办法补偿他顾客受到的委屈，劝说司法部长受理这起案子，并且作为总统的一个政治盟友和顾问对他施加个人影响。但西沃德强烈反对政府干涉，据 398 说，只有他的反对才能阻止总统作出让步，布莱克提出最早的占领者有权拥有那个岛屿，他自己的这个意见多有说服力哟。但相反却要诉诸于不怎么合理的方法。参议院弹劾诉讼的传票依法在 3 月 7 日（星期六）向总统宣读，布莱克必须马上作为他的辩护律师之一保留下来。星期一（3月9日）和布莱克在一起的一位初级律师 J. W. 谢弗上校和巴特勒将军以前的副官前往众议院到那位先生那里征求那几个控方干事的意见，那几个控方干事以书信的形式，注明那天的日期，写了收信人谢弗的姓名地址，提供了回复的意见，赞成他的那个客户索赔的合法性，并指出，信作者"始终无法理解总统从前为什么不维护政府的权利，使其与国家的尊严和荣誉一致的、支持其公民的正当要求，以极其强制的方式占有那个岛屿"。谢弗带着这封信连续轮流着去见洛根，他在巴特勒的签名下面写了"我同意巴特勒将军的上述意见，约翰·A. 洛根"；然后又去见众议员加菲尔德，他在下面写了"我也同意上述意见，J. A. 加菲尔德"。这份公文由谢弗交给了布莱克法官的儿子昌西·F. 布莱克和该案的另一名律师，这位律师把它发送或者亲手交给了总统。3月13日（星期五），这封信已经签好了老布莱克的名

399 字并让总统把它带到弹劾法庭审理，尽管他没有亲自到庭。第二天上午，小布莱克交给总统一封由洛根和加菲尔德连署、封装的巴特勒信件副本（信的原件已在总统的手中），在此期间另外同意巴特勒信中意见又在上面连署的增加了 W. H. 孔茨（众议员）、J. K. 穆尔黑德（2月22日斯坦顿的保镖之一）、撒迪厄斯·史蒂文斯（控方干事）、J. G. 布莱恩、约翰·A. 宾厄姆（控方干事委员会的主席）等人。这里有七位致力弹劾的控方干事中的四位，另加这个弹劾机关的四位突出的成员，他们中的一人是未来检举的证人，支持受聘为总统辩护的主要律师向总统提出的要求，为了那位律师的客户——私人团体的利益，立即派遣一艘武装舰船强行占领一座由另一个与美国处于和平状态的国家主张主张归为己有的岛屿。正如任何一个了解安德鲁·约翰逊的人可以预见的那样，这种遮掩的胁迫企图致使他更加坚定不移，3月19日（星期四），布莱克法官，成为仅有的一位声明在对总统的进一步审讯中拒绝出庭的最高法院法官，却一点也不知道其动机是什么呢。正如他所说的那样："在这个时候我觉得西沃德的政策胜过我履行的法律责任。"这个值得尊敬的拥护者突然引退，当时并不知道这件事的准确情况，

400 但却被诽谤总统的人到处大肆宣扬，不仅作为他喜爱吵架的本性积习难改的证据，而且也作为他答辩的固有弱点的证据；因为这么著名的律师都拒绝为他辩护。另一方面，这样不履行义务被总统的支持者们谴责为那几个控方干事抢劫他最不可战胜的辩护人服务而施展阴谋活动的结果。布莱克法官不出庭辩护实在令人痛惜。他的参与会对这个诉讼增添一个刺激从而大大增加他们的兴趣，耶利米·S. 布莱克为安德鲁·约翰逊辩护反对共和党的讲话对于政党政治异常状态的研究者来说将是一件永不衰竭的乐事，堪与古代和近代经典的恶言谩骂相提并论。他的意见摆在1877

年选举委员会的前面可以给我们提供一个模糊的想法，我们失去了什么呢。①

　　当"法院"的成员在 3 月 23 日（星期一）重新聚集起来时，布莱克的职务由威廉·S. 格罗斯贝克暂时代理，总统的律师第一次全体出庭。回答最高法院首席大法官的查问，斯坦伯里站起来表示他们准备宣读答辩书然后将其归档。这份答辩不仅是长篇大论，内容翔实，而且也是精心制作的，尤其是对第一项弹劾条款的答辩，它是由柯蒂斯先生宣读的，是试图从总统的角度阐述免除斯坦顿职务的立场、观点和动机的历史记录。对接下来直到包括第九项弹劾条款的答辩，是由斯坦伯里先生宣读的。对第十项和第十一项弹劾条款——巴特勒和史蒂文斯　　401的弹劾条款——答辩是由埃瓦茨先生宣读的。在我们的叙述过程中已经变得熟知总统立场主要要点的读者无须正式答辩的任何详尽的分析。它被称为"适于法庭辩论的杰作"，而且它对总统行动的动机与过程的坦诚解释，在全国各地产生了良好的印象。

　　那几位控方干事宣布他们预料能在明天一点钟将他们的正式副本归档，埃瓦茨先生申请给予其后的 30 天时间为审判作好准备，用一份必需 30 天时间的书面声明强化的那份申请，由他本人和他的四个合作者一同签署了。更进一步延迟的前景又一次使那几个控方干事陷于一阵恼怒之中。"主席先生"和"首席大法官先生"在讨论中加倍顽固地交替出现。控方干事宾厄姆为参议院提供了那种以雄辩著称的第一流人才。引述答复主张独占的罢免权的话语，他是这样大胆说的：

　　"在美国公众评判的文明法庭前面，根据包含在他答复中的这些话语，自从国家在地球出现以来，总统和在行使职权方面曾经犯有渎职罪和轻罪的那些人一样，在行使职权的过程中犯有渎职罪或轻罪。具体是什么罪呀？他不依据《公职任期法》的效力而对本届政府所有行政官员随心所欲地暂停他们的职务，他本人谈到　　402《公职任期法》时，仅仅依据美国宪法的效力，就说它不仅是无效的而且也是没有任何作用的，而且他还补充说，在美国参议院开会期间也是如此！他这样说是什么意思呢？当参议院到了对时间期限的建议进行投票表决的时候，让他们来回答吧。……

　　"他有权这样去抓住国家的宪法，在它的保管人面前把它撕成碎片，如果这就是参议院对他的判决，这个判决宣布得越快越好。"

　　一个允许给予十天准备时间的提议悬而未决，法庭休庭了。翌日（3 月 24

---

① 关于阿尔塔贝拉事件见"纳尔逊关于审判的演讲"，众议院的辩论，《国会天地》，第 2337—2348 页。

日，星期二），那几个控方干事恰好在迅速地制作他们的副本，萨姆纳提出审判一天一天地进行作为一件修正案，法庭停止工作而进行协商。在缺席两个小时以后，重新运作的法庭宣布下周星期一（3月30日）为确定的审判开始的日子，法庭休庭到那个日子。①

在否决麦卡德尔案件（一起涉及重建法合宪性问题的案件）之中提出的那种剥夺向最高法院上诉权利的法案，现在这件法案要由那个法庭来决定，第二天就被立即送到参议院，两院的多数派花费那个星期的大部分时间通过了那件法案而使这种不公正的规定成为法律，从而使他们对自己的立法正确性缺乏信心，他们不相信政府三个并列部门中另一个部门的永恒不灭的证据嵌入到他们议事录的记录之中。②

---

① 关于准备之事，见《审判》，第1卷，第11—86页。

② 这部法律制定的记录如下：1867年秋天在密西西比州被捕的麦卡德尔从美国巡回法院获得了人身保护令，然后送给这个军区的军事指挥官，这个指挥官报告说，那个犯人根据重建法被拘留了，他随即被关押候审。从这个法庭指令开始，麦卡德尔根据美国国会1867年2月5日通过的一部法令向美国最高法院上诉。12月国会向最高法院提议根据2月5日法令规定其没有管辖权驳回上诉，在辩论以后法院确认其管辖权而拒绝了那个提议。（麦卡德尔单诉案（判决），联邦最高法院判决报告，华莱士辑，第6卷，第318页。）上诉行动由著名律师在1868年3月2日、3日、4日和9日对其法律根据进行了辩论，法院依据建议受理了这起案件。（麦卡德尔单诉案（判决），联邦最高法院判决报告，华莱士辑，第7卷，第507页。）3月12日俄亥俄州的申克要求并获得众议院一致同意开始讨论一项规定在财产收入的案件中准许上诉的一件法案，它于前天在参议院获得通过；而艾奥瓦州的詹姆斯·F. 威尔逊，正如他随后在众议院会议发言中承认的那样，为了在麦卡德尔案件中剥夺上诉的权利，提出一个达到1867年2月法令规定的那种程度才能上诉的附加项作为一件修正案，在某些案件中授权向美国最高法院或由那个特等法庭行使"受理的或今后可能受理的"上诉管辖权。修正案默然地获得了通过，这件法案被送回到参议院。（《国会天地》，第1859、1860、1881、2059页。）导演那个恶作剧的参议员巴卡柳，徒劳地努力得到要么给予解释，要么延期审议的结果，然而当天修正案就得到了赞同。（《国会天地》，第1847页。）3月25日这件法案遭到否决，是由于在它上面那么秘密偷带的第二项规定，这在最高法院的一起悬而未决的特殊案件中已经被指出来了，然而，虽然在两院接着进行的讨论中那个诡计彻底暴露了，但那件法案还是推翻总统的反对意见而通过了。那个法院立即被要求关注那部法令延缓它的判决一直到能够听到上诉项规定生效的意见为止；进而在第二年的12月，根据那项规定剥夺那个法院的管辖权驳回了那次上诉。（麦卡德尔单诉案（判决），联邦最高法院判决报告，华莱士辑，第7卷，第507页。）参看埃瓦茨在他的辩论中间接提到这种法律的毁损，《审判》，第2卷，第272页。

第六章　审判总统

　　在世界历史上，在高贵的诉讼双方和他们前面更壮观的支持者之间的辩论主 　404
题之中，以前从未有过公开辩论的演说家像现在本杰明·F. 巴特勒这样，面对
一个更高级的特等法庭发表演说，在 1868 年 3 月 30 日这天，在审判安德鲁·约
翰逊的过程中，他站起来进行公开的辩论。代表半个国家的 54 名参议员在联邦
最高法院首席大法官的主持下，组成了那个特等法庭；由 3 000 万选民选出的
190 位议员组成的众议院是原告，被告是选举产生的，统治一个拥有 4 000 万人
口的，面积近似欧洲大小的共和国领导人，旁听审判的人看起来也像似我国拥有
闭月羞花之貌的女士和钟爱行侠仗义的男士所形成的一个缩影，他们被那些来自
外国宫廷的很有气派的外交使节衬托着，再加之审判场面引人入胜的壮观，一切
不自然的表演都被本能地感觉出来了。在这些罕见的历史审判中，当广大的民众
责问他们统治者的时候，这个问题是如此的超然以致被矮化成了无足轻重的政治
诉讼花瓶而已。当查理一世站着被高等司法院审判的时候，当路易十六站着被法
国国民议会全体成员审判的时候，使这个场合变得极其重要的原因既不是这个法 　405
庭的尊严也不是民众力量对抗君主的最高权威，而是这宗诉讼的重要性。在沃伦
·黑斯廷斯的弹劾案中，麦考利笔下描述已经来临的历史背景表明这宗弹劾案的
审判是一个值得注意的历史事件，它不是那种辉煌的集会，而是起诉被告的罪
行。恰恰与现在审判的情况相反。这里有高等法院。这里有崇高的政党。这里有
已经准备好的旁听者，但这里完全没有证据。这个特等法庭由最高法院首席大法
官和国会的全体参议员组成，全体众议员现在是原告，总统现在是被告，他们在
那个坐满羞花女士与仗义男士的圆形剧场里开庭审案，——要不是某些极度紧急
的需要把他们传唤到这个舞台上，仅仅在"形式、方式、外观上"审问他们是什
么人的话，——"一个人会表演那些动作吗？"弹劾，这种需要双方操作的沉重
机器打算保留在神秘的黑暗之中，直到国民生活的某种危机迫切需要它干预的时
候才被拖进到可参观的日子中来，用以压服一个太难对付的政治对手，几个月以
前就已经指定了民众完全摆脱他的时间。可悲的是这个难点不值得神灵来干预。
而这种潜意识的印象不是起因于对那种结果普遍存在着的疑虑。相反，普遍认为
法庭的判决是不可避免的结果，如果它没有引起这种看法产生的话，也实质上有
助于强化这种感觉，那种令人敬畏的表演只不过是一个煞有介事的闹剧。在旁听

406 者的众目睽睽之下坐着 54 位参议员，每个参议员都具有法官公正的态度，然而每一个旁观者意识到：除了 12 人之外，其余所有的人都属于众议院 126 位投票表决被告犯有重罪和轻罪的同一个政党的党员；在此以前有 28 位法官已经投票通过对构成这个起诉基础的总统的公开行为予以定罪；这个法庭的明显多数是共和党的党徒，他们和那个曾经把他的柴草添加到燃烧异教徒火堆上的愤怒狂热者一样，渴望利用他们自己的选票促成免除那个"梦魇"的职务（他们这样称呼他并没有什么顾忌）。

已经增强的不真实气氛悬浮于审判之上是存在的另一个突出现象，也就是被告缺席。查理一世和路易十六出庭显然是要在法官面前为他们自己的生命进行辩护，这大大加深了我们对绝对真诚的挣扎和巨大的利益危如累卵产生感想；黑斯廷斯坚定的表情在伯克无与伦比的雄辩影响之下片刻就变得温和了，他沉着巧妙地为他的律师提供帮助，而且他以高尚的态度面对他的法官，其特征是把漫长乏味的审判转换成了一件生动有趣的事情。但安德鲁·约翰逊本人从未进过法庭，从来没有和原告面对面站在一起，从未在法庭和旁听者前面以罪犯的姿态出现过。众议院在那里，参议院在那里，最高法院首席大法官在那里，——全都活生

407 生的可以看到，但被告没有来。他的位置还空在那里。剧中的哈姆雷特失踪了。而且从这个角度来看，在这个节目中这么显著的一个间隙暗示出这种想法，安德鲁·约翰逊，已派遣他的五个律师在这部缺乏实质的历史剧中扮演他们的角色，他自己回去履行他那崇高职务的多重职责，对于他的敌人来说，以他们的具体情况使用特大的祖传武器正在玩耍的这种古怪装扮的游戏而论，他不屑前去轻蔑一顾。

1868 年审判美国总统安德鲁·约翰逊开庭的盛况

已经发现更糟糕的是，这些具有讽刺性的事件正在那个没有真正价值的壮观场面的衬托下加以处理。还为下个月确定了另一场审判。另外一个被消灭的共和国的总统又将受到起诉，加之在他的案子中，没有必要大张旗鼓地增加指控的部分。没有在性质上推定出来的叛逆罪是重罪，而且著名的被告一定会坦率地出庭。但是，正如它被犀利指出的那样，杰斐逊·戴维斯几乎不会受到审判是因为他"坚持南部各州处在联邦管辖之外，而安德鲁·约翰逊正在受到审判是因为坚称南部各州处在联邦管辖之内"。因此，真正的审判旨在让位于假审判，最高法院首席大法官蔡斯极其合理地抗议说，他无法对两者同时采取行动。

这样一来，方方面面都考虑到了，而控方干事巴特勒可能会对他将要扮演的那种角色以及为他指定了角色的那幕壮丽戏剧感到幸福——对高度庄严的行为提出一个根本不充足的理由——更确切地说，这样做使他放弃了一个值得同情的对象。而且非常令人遗憾的是，他自己的存在和参与仅用于加深普遍的印象，尽管他以一个热心而机敏的律师，一个灵敏诙谐的辩论者，一个多才多艺且又非常机灵的政客而知名，但他诚实的名声却不高，他最近的职业是充当一名志愿战士，无论是不是理所应当的，他总是带有演戏般的装腔作势使人时常想到那种滑

408

稽演员。巴特勒将军将要向美国全体民众公开反对安德鲁·约翰逊以及他担任总统职位的理由，指控他犯有反对联邦的重罪，这本身足以抖掉整个诉讼过程的重要性。说实话，尽管如此，巴特勒还是弹劾领导人中最真诚的一个人。可以说他是最粗俗弹劾者的代表。但他清楚地知道自己想要什么，也不以拥有它而感到羞耻。他希望安德鲁·约翰逊尽可能快地下台，就他而言几乎不关心理由的合法性。真正使他遗憾的是，必须遵守那些形式以便赢得参议院三分之二的票数。但参议院的三分之二票数一旦确定，形式可能会因为他们自己而改变，安德鲁·约翰逊一旦下台，逼迫他下台的方法绝不会反过来困扰那些发明这类方法的人。

他在开庭时表达的意见阐明了对上述审判的看法，这是那个男人的特点。它是经过精心准备的，宣读的东西也是手稿。只有一点点儿倾向与演说效果一致。这是一个律师受到煽动政治家的少许影响所做的辩解。没有人比本杰明·F. 巴特勒更清楚，在控告的两个正式行动里面总统都没有犯应该归入叛国和贿赂类别

409　的罪行。因此，无论是不是违反了普通的法律或法规，也不管众议院暂时可能对那些觉得适合打上"危害国家标记的重罪"实际是多么空洞的犯罪行为，但编造出来的任何行为，其中包含足以能够充分理解而又明确可以弹劾的犯罪行为是必要的。众议院的威廉·劳伦斯在这个主题上为他编纂了一份包括英国和美国所有先例和权威的摘要，一种肯定能够得以通过的解说样本利用威廉·劳伦斯提供帮助就能制订出来了。

　　我们因此阐释一桩可以弹劾的罪行或轻罪，它在性质或后果上破坏了政府必不可少的基本原则，或者对公众利益产生偏见而造成了严重的后果，要是它没有违反一部成文法律的话，或者出于不正当动机滥用酌情处理权，或者因为任何不正当目的，通过一件所做的事情或者所疏忽的行为而犯下可弹劾的罪行，它因而会包括污辱宪法、法律、就职宣誓的誓言或其职责的行为。

　　把每一项可弹劾的罪行解释清楚以后众议院就选择诉诸于弹劾，那个控方干事通过把弹劾控告加以简化而使自己成为一个简单的审判官员，在诉讼行动以前着手把参议院约束审判的一切事情处理掉，还通过宣布取消它的每项法律规则、每个先例或根据以此把送他去审判的那个特等法庭的一切法庭属性统统去掉。"作为独有的一个宪法法庭，"他告诉正在倾听的全体参议员，"没有任何法律约
410　束你们，无论是成文法还是习惯法，都不可能限制你们的宪法特权。……你们有你们自己的法律，只受公平和正义的自然法则约束，而且民众的利益才是最高的法律。"那种主要由巴特勒阐述的"决定性"，把他正在那里发表演讲的那个特等法庭和一个普通的法庭区别开来，对偏见的挑战而使它的成员具有免疫性，但是，他援引大多数英国的先例是在这个特等法庭建立之前审判普通贵族的，所依据的法律也是以审判普通贵族为目的——在那种术语的每一个意义上都明白无误地是一个普通法庭，实际上这也是由那个控方干事本人那么指明的——反而证明了对挑战具有免疫性的完全不是法庭司法权的本质属性。

　　那种罪行的性质具有这么弹性的解释有待证明，一个诉讼程序具有这样方便的模式有待证明，一个特等法庭宣称它有这么完美有待证明：——这位控方干事很有信心地前去说明那些控告条款。前八项条款肯定说得很少，这位控方干事辩论的第一部分主题专门用来推翻对它们提供的辩护。对巴特勒来说，如同对宾厄姆一样，总统的辩护律师在答辩中表明宪法赋予了总统独占罢免权的主张，这引起的愤怒似乎比那些控告条款中指控的任何一桩罪行所引起的愤怒更大。这位律师说"眼下的重要问题是提出总统职务本身是不是（如果具有它声称的特权和权

力）应该在实际上看作是符合宪法规定的，属于自由民众政府的一部分而存在下去"。"因此，凡是对这些起诉条款投票判决'无罪'的人就是投票支持束缚我们自由制度的人，从而使他们匍匐在可以选出来成为总统而控制他们的那个人脚下。" 411

对于总统答辩我们看似差不多具有决定性意义的那个部分，就是说斯坦顿不在那个法令保护范围之内的那个部分，巴特勒的直接攻击正如我们已经看到那样，不过是在众议院排练过的那幕戏剧中关于这个"术语"的重复而已。"在布思的子弹变成本次审判直接原因的时候，在这样的情况下，哪个总统的任期是他（斯坦顿）担任官职的任期呢？"——这是他间接提及本案的方式。"哪个总统的任期是被告现在做到期满的任期呢？是他自己的还是林肯先生的？如果是他自己的，他有权利任职四年一直任职到那个谋杀纪念日，因为根据宪法规定每位总统的任期为四年。"他又指出："如果斯坦顿先生的委任根据《公职任期法》的规定以任何方式撤销的话，那么它必定在 1865 年 3 月 4 日以后的一个月就终止了"——换一句话说，如果该法"没有追溯效力，那么他的代理权必定停止了，如果它在任何情况下都有追溯效力而撤销他被委任的官职，那么在那个法案通过的时候，也就是说在 1867 年 3 月 2 日它就开始有了这种追溯效力"，然而在这种情况下，总统"违反该法""聘用官员"就犯下了一桩严重的轻罪。他对斯坦顿通过很快拥有"反对自己长官意愿"的职位所作的赞颂是不寻常的巴特勒式的赞颂。"被告的确没有邀请斯坦顿先生进入他的政务会。可是刺客的突然打击却邀请被告来主持一个内阁，而斯坦顿先生当时则是那个内阁的一位受人尊敬的成员……倘若被告抛弃其当选所依据的原则，辜负选民的信任，还试图让归来的叛乱 412 分子……再次掌权，总而言之，难道这些不是斯坦顿先生应该'固守'的理由吗？""现在要抛弃其职务就是效仿那位意外长官的背叛行为嘛。"能够应付前面这种法令解释问题的人越少，这位控方干事就越强烈地坚持要根据总统提交给参议院的停职理由以禁止翻供。而且在这一点上，答辩中"无耻地声明"（他是这样称呼那种答辩的），总统从未打算过接受参议院决定的约束以致违背自己的心愿，——这种故意对参议院隐瞒的一种保留想法——引起了巴特勒的极大愤慨。这种"既不公开又不坦率的行为"，缺乏"那种直率的男子汉风度""隐瞒自己的权力要求"，"掩盖自己的动机"，宣称这些是那个罪犯在其答辩中自我暴露的特征，在接下来的时刻，巴特勒又谴责这些是"一个走入绝路准备逃避其行为后果的罪犯惯用的诡计、借口、加之事后产生的想法"。"参议员们呀！他要求你们给他准备答辩的时间。你们给了他 10 天的时间，假如他在这 10 天的时间内就能做到这一点，要是你们给他 40 天的话，我们将会得到什么呢？"

把授权证书传给托马斯，巴特勒争辩说，总统声称采取这种行动的根据是1795年2月法令，而该法并不适用于"以免职造成空缺"的情况，因为存在这个条款，"借此"那个官员"不能履行他所任职务的职责"，虽然这个条款是所有类似法规使用的标准形式的词语。但他还是认为，1863年法令甚至连1795年法令允许总统选择任何一个人临时履行那位官员职责的权力都废除了，当然限制他挑选同类行政部门的首脑呀：——尽管1863年法令单从表面上看只是对死亡、辞职、缺席或生病的情况下出现的空缺作出了规定，而没有针对免职和任期届满造成的空缺作出规定。总统假如认为法律违宪的话，有权违反这样违宪的法令，那就要把这样的事情带到最高法院去做裁决，巴特勒处理这种主张的办法是更有效的。他认为总统判断国会一项法令规定违宪的权利根据在他否决那件法案的时候就用尽了。在国会推翻他的否决通过以后，"他和其他所有官员必须执行法律，无论实际上是否违宪。"要是不这样做的话，"在他看来实际上是执行他的否决，从而使法律得不到执行。"他可以冒险做到这一点，"但他的这个冒险"将会遭到弹劾。因为总统免除斯坦顿先生职务的真正目的在于测试《公职任期法》的有效性，回答这个问题，你们会谴责他的这桩罪行吗？——即使他可能没有权利这样做。巴特勒许诺证明总统从来没有采取措施把这个问题提交到法院，相反，他遵守了法律的每一项规定，引发委任官员形式的改变以便符合本法的规定，正是在斯坦顿这起案子中他依照本法采取行动，正像他可能独自做的那样，想得到审问斯坦顿的权利，从不提起诉讼责问某人根据具有什么性质的法令来行使职权。如果他在2月21日告诉参议院，他为了这么一个单纯的目的罢免陆军部长，那么我这个控方干事就承认"民众代表绝不会认为有必要弹劾总统呢"。

最后三项控告条款，按照巴特勒的说法，提出调查"安德鲁·约翰逊本人是否这样表现过无论宪法怎样规定他都应该继续担任官职"——一个问题，他宣称：和前八项控告条款提出的关系到总统职务本身存在的"重大问题相比，这算不上具有深深印入脑海的价值"。然而，正是在这三项比较"微不足道"的控告条款中有一项说明，这个控方干事补救他正在宣读的法学论文中一条相互联系在一起而又开始黯淡的意见。第九项控告条款是建立在会见埃默里的基础上面，甚至机灵的巴特勒也理解不了，他自己承认，"如果那次交流显示出……孤立……关于证据充足的怀疑就可能出现。"因而他认为第十一项控告条款没有必要讨论，因为，如果在其他的控告条款中放弃了那么大一部分与此相关的目的和企图，在这份起诉书中指控被告就会显得证据不足，然而，如果其他控告条款得以维持，"我们应当根据供认的证据对这项控告条款提出我们的看法。"但第十项条款是他自己提出的控告条款，由他发起给其他类似枯骨的指控提供血肉。对于这一项，他自己觉得可以随意自由地阐述。当昏昏欲睡的参议员和疲惫的旁听者醒来时，他开始宣读圣路易斯演讲的那几个部分了。在精心准备的演说辞中，他围绕着具有极大趣味的变化兜圈圈，说完安德鲁·约翰逊在即席演讲中对得体、尊严和适当所犯下的种种过失，再说晚上在露天里向激动混乱的人群发表演讲，在场的一些人故意激起总统具有的那种众所周知的好斗情绪。这位控方干事取得了垂手而得的暂时胜利。这可能是他在这项任务中唯一十分喜爱的那一部分任务。他因为有这样一位总统导致旧大陆的君主主义者正在讥笑美国而为民众辩白，告诉他们"这个人""通过谋杀手段极其不正当地继任了总统职务，而他担当这一崇高职务，是一个刺客作出的选择，而不是民众作出的选择"；"我们将要通过稳妥的、可靠的、符合宪法规定的弹劾手段罢免他的职务，从而使他蒙羞"——"而你们的国王。哦，君主主义者！如果他变成为一个小丑，或者成为一个弄臣，或者成为一个暴君，那就只能通过革命、流血和内战将其撤换。"但他绝口不谈的事实是，这些讲话是近两年以前发表的；第 39 届国会，已经指控过他们攻讦过他至高无上的尊严，如果不以一个法令体现国会的愤慨，这些事情已经成为过去而不复存在了；本届国会众议院的一个委员会未能在这些事情中找到弹劾的理由，而众议院本身于最后时刻在巴特勒的亲自鞭策下，同意增加他提出的控告条款，一两个月之前，运用以前的这些言论，实质上是以同样指控的基础来宣告总统无罪。

他演讲的结束语同样对批评开放。他通过回答一个他觉得很可能"在一些参议员的头脑中已经出现的"问题结束了他三个小时的演讲：——"历史告诉我们总统的其他行为对民众的自由如果不具有更大危害的话，也存在同样大的危害，篡夺其他权力如果不是更大的危害也是同等的危害，为什么只有众议院提出总统的这些行为，而这个时候其他的人却静静地不予理会呢？"摆在那些事情表面上的答案是，去年12月，众议院不顾他自己的努力，裁定"历史告诉我们"的那些其他行为不具有值得行使弹劾权的性质：——他没有采取行动。他没有采取行动的答案是，指控的行为仅仅是"一系列过失、渎职和强取豪夺的巅峰之作"。虽然众议院曾经宽容这些事情，但众议院仍然在参议院辩明控告的这些行为的"范围和意图"之前想要开展现在的审判。"关于证据，"他说，"我们依靠他粗俗的名声和当前的记录作为充足证据。"而且在两个长段落中，他概括了对安德鲁·约翰逊的真实指控，在这个基础上共和党急于罢黜他。"因此我不是说大话，"巴特勒结尾的一句话，"而是真实直率的言语，全人类未来的政治福利和自由悬挂在现在的决定上摇晃着呢。"

417   现在开始由控方干事威尔逊代表众议院方面介绍证据，他接着介绍的是文件形式的证据，第一天审判在宣读到总统提交给参议院暂停斯坦顿职务理由的咨文中间的时候结束了。

第二天口头作证开始。传唤的证人证明总统、托马斯和斯坦顿的任职情况，参议院不同意并谴责总统罢免斯坦顿陆军部长职务而形成的决议，从而显示出在《公职任期法案》成为一部法律之后委任形式的变化，然后众议员范霍恩和穆尔黑德根据他们如此小心做的记录复述了2月22日在他们启程到众议院以前，陆军部里发生在斯坦顿和托马斯之间的事情。达科他准州的代表伯利被传唤来证明他设法激发出托马斯好战的火花。斯坦伯里提出抗议。最高法院首席大法官认为证人有资格作证，因此他有权解决在初审中受到德雷克质疑的那些证据问题，法院在听取巴特勒和宾厄姆发表反对这种权利的意见长时间辩论以后，根据最高法院首席大法官所投的决定一票决定休庭，在离开三个小时以后，那些充当法官的参议员带着一个赞成这种权利的决定又回来了。这事耗费了那一天的时间。

星期三是由萨姆纳提议宣布由最高法院首席大法官前一天"未经宪法授权"而提供决定性一票开始的。未经讨论就进行表决，而且还带着强烈的兴趣进行点
418 名。21票赞成，27票反对。伯利证词的可接受性问题然后由双方律师详细地辩论。最高法院首席大法官把这个问题提交给参议院，那份证词根据一次政党范围内的投票表决被承认了。这个裁定可以通过；但接下来的一个证据似乎站不住脚的。托马斯对他的办事员所做的谈话，就在他恢复了少将副官长职务以后，关于那些放宽的规则——在通知他的新任命之前的某些日子里放出的言论——被提出来用于证明，而且在总统的律师明确地指出在这个基础上的证词不适当以后，最高法院首席大法官宣布它是不被承认的，参议院根据28票对22票的得票数接受了这份证词。维尔克松然后证明了托马斯的威胁，还有那个旁听者卡斯纳由于他对自己有关白宫东厅情境的说法而笑得直不起腰，当时他曾告诉托马斯说"全体特拉华人的目光都在注视着他呢"。①

第四天，在众议员费里宣读完他在陆军部遭遇的备忘录以后，埃默里将军宣誓作证；然而人们普遍认为，他的证词给了第九项指控条款一个致命的打击，这在弹劾人员极其充足的信心上面投下了第一块阴影。格兰特将军要求总统把指示自己不要理会斯坦顿命令的口谕写成书面命令的信件除了已知是从总统本人那里得到的之外，总统带有那个意思的指示接着也宣读了，再接下来就是宣读约翰

---

① 见本书第五章，英文版第394页。

逊—格兰特通信中由总统写的最后一封信件。被告的律师坚持内阁部长们随附的 419
确证信件也应该作为约翰逊—格兰特通信的一部分予以宣读，但法院根据 29 票
对 20 票的表决结果作出了相反的决定。华莱士上校关于他在 2 月 22 日晚上和总
统偶然的谈话中谈及华盛顿周围军队的调动甚至比埃默里谈到的情况更加乏味，
它完全不足于惹起巴特勒发作闹气。在帕森斯——亚拉巴马州首任临时州长——
和总统之间关于那时在开会的州议会批准《第十四条宪法修正案》问题交换意见
而拍发的电报，总统放狠话劝阻任何批准《第十四条宪法修正案》的行动，在辩
论之后于是也被法庭承认了。

　　星期五和星期六——审判的第五天和第六天——几乎专门用于确立引用的总
统言论的真实性；——1866 年 8 月在白宫发表的演讲，9 月在克利夫兰和圣路易
斯发表的演讲。关于报道的准确性出现了冗长乏味的争论，几个版本都作了介
绍。最高法院首席大法官以报道者除了他自己的记录之外还使用他人的记录为由
裁决一条引用语不被承认，但参议院宣布他的裁决无效。再版的演讲集对总统没
有伤害。相反，可以说以它们原来的样子再次把那些演讲带到公众的面前时却引
起感情的剧变。它不再是安德鲁·约翰逊自愿以有损尊严的身份表现自己，它是 420
这几个控方干事预谋策划反复搜索出来的口头证据的轻率之举，在总统长时间的庄
重沉默以后，而今又在国民的眼前夸耀它们。但胜过任何别的使它们复制品作用无
效的东西是和它们有关的诽谤性指控，哪怕是一丁点儿流言，无论是用于控告的流
言还是用于证据的流言都不存在。在那次令人遗憾的旅行期间，依据广泛的报道，
全体随行人员，也包括总统，其行为都处在原始的无节制的狂热状态之中，而且无
条理的讲话和违背得体损毁演讲者的形象是过度放纵饮酒的后果。第一次弹劾成立
的调查委员会审理证明约翰逊在这次巡游期间不在酒力的支配下，但很少有人得到
接近证词的机会，因而这是鲜为人知的。然而，现在从巴特勒的指控条款来看却没
有任何这样的主张，虽然它的根据少得不能再少了，但从他的开庭演讲来看似乎它
是肯定的，在审判时没有做过任何证明它的努力——尽管这几个控方干事就这次旅
行的每一件事情审查了有关的证人——国民同时睁大眼睛注视着这些虚假的报道和
它们所造成的不公正。许多人对于提到的那些令人不快的问题是非常小心谨慎的，
因为格兰特将军或多或少地牵连在其中，但从弹劾审判时起——在消息灵通的人士
之间再没有人比较严肃地谈论安德鲁·约翰逊那种无节制的习惯。

　　星期六下午，从美国政府建立的时候开始介绍，在参议院开会期间罢免部门
首脑职务的一览表中，仅包含有一个人名——1800 年 5 月 13 日被罢免的蒂莫 421
西·皮克林。还介绍了在参议院开会期间任命的各部门首脑的一览表，这包含有
许多人名。接下来介绍亚当斯总统和那个不顺从他的部长（现在似乎要为这件事

作辩护）之间的通信，然而那几个控方干事宣布结束他们所做的事情。柯蒂斯先生于是请求休庭直到下周星期四（4月9日）以便为律师们提供三个工作日整理文件准备辩护的证词，但遭遇到了相当多的反对，其中萨姆纳是最积极的，不过这个请求最后还是得到准许了。

第一周的审判使人们形成的普遍印象是，呈现的证据丝毫没有增加有说服力的不利于总统的事实。总统和他新任命的临时部长之间的所谓共谋，托马斯将军发出的威胁，用武力攻击陆军部，总统秘密准备促使华盛顿市内及其周围发生武装冲突，在起作用的证人演讲示范把总统的每一个行动公开和宣传以后，期待比做过的演讲示范更加可怕的按照起诉书中的说法传播总统的每一个行动，老少将托马斯没有恶意，关于陆军部两个竞争者之间平和谦恭的交接，总统与本城的军
422 事指挥官之间未被打扰的谈话，孤立的总统无能为力地面对一个充满敌意的五星上将和国会两院洋洋得意的多数党。使人觉得那些控告阴谋的条款——还有与埃默里有关的指控条款——总之，依靠文献支撑的每一项指控条款都需要由口头证词加以补充——均已大大受损，经受不住进一步的辩驳。

在辩护开始的那天进入参议院会议大厅的群众出现了一次回流。身材高大的威廉·T. 谢尔曼，穿着华丽的中将制服，在旁听者中引人注目，年老的托马斯·尤因也在近旁，他担任陆军部长的提名还放在参议院的桌子上，很快会因为提名斯科菲尔德将军担任陆军部长而将对他的提名撤销。就起诉方来说，这起重新审判的案子允许盘问两名所提供的证词没有重要性的证人，然后法庭准备听取总统的律师出庭辩护。

站起来开始发表辩护意见的律师和已经为起诉一方履行了相应职责的律师呈现出惊人的反差。来自同一个州的两个公民，两个律师，并且两个人都是本杰明之类的人物——他们完全不该是两个非常不同的人。然而，巴特勒——尽管他光秃着脑袋，与那位年轻人仅仅相差九岁——身上却总是带有粗心大意的样子；而柯蒂斯完全是司法尊严的化身。巴特勒时常不知不觉地进入散漫随和的状态，打手势做模式化的陈述。柯蒂斯具有坚定

Benjamin Robbins Curtis

不移的规律性本身就是精确的。在他们共同的专业领域分歧同样是明显的。巴特
423 勒熟悉在陪审团面前交锋的战斗。柯蒂斯试图从律师职位上和上诉法院庄重的论战中引退，然后倚在长椅上休息。巴特勒显得思维敏捷，老谋深算，是个活跃的政客，无论在各方面还是在什么地方他都是如此。柯蒂斯看起来像"韦伯斯特派政治家，不屈服于党派斗争的伎俩。巴特勒是自由骑士，骑马的，不受妨碍的，

忽东忽西，不用注意铠甲与头盔。柯蒂斯是重骑兵，受防御性武器的累赘，进军威严，移动缓慢，带着致命的战斧，然而，一旦被打倒，容易被他那身笨重的盔甲憋得透不过气来。要注意巴特勒，尽管他念稿子演讲，传达的却是即席讲话的感想，这是令人好奇的，而柯蒂斯呢，虽然他像一个辩护者在法庭上讲话，而结果呢，他的意见仿佛是早已写好了似的。

在挑选律师方面总统显示出了极好的判断力，但没有一个例子比得上他挑选柯蒂斯做得这么好。作为德累德·斯科特案件中两个持反对意见的法官中的一个，赢得名声的柯蒂斯在内战期间几乎受到了推崇。在那种情况下他的意见被普遍引用当作与奴隶制斗争的经典文献之一。就在这个判决以后，他志愿从马歇尔、斯托里和托尼一辈子满足的显赫法官职位上引退，从那时起到传唤安德鲁·约翰逊时才又首次露面，他重新开始从事律师职业。两种意见之间的差异和两个人之间的差异一样大。除了在他自己那一项指控条款的问题上他扔掉了身上的铠甲能够比较自由地徜徉之外，巴特勒在吃力地工作要用这起案件为他提升水平以 424 弥补那种差距。柯蒂斯除了用一两次快速打击驳倒巴特勒那一项指控的东西之外，他正在从容地、逐渐地、无情地推翻控告他那个顾客的案件。他利用一个老练辩护者的技艺，在前面直接提出了一个无懈可击的辩护前提。斯坦顿不在《公职任期法》的保护范围之内。通过证明这个观点符合那种事实，除了一项条款之外他一下就使剩下的每一项控告条款失去了效力。他首先根据《公职任期法》的言辞证明斯坦顿不在该法的保护范围之内。附加条件规定"部长"（包括陆军部长）"应该在任命他们的总统任期和任职期间及此后的一个月时间担任他们各自的官职"。斯坦顿是在林肯首次担任总统期间被任命的。因此，"总统的任期时段"这句话并不适用于斯坦顿的情况，除非《公职任期法》的说明者有权加上"为了他从此以后可以挑选其他任何人的一届任期或者数届任期"——当然，立法权缺少这样做的一切条件。再者来说：斯坦顿在任命他的总统任期时段内任职，在那个时候他被免职过吗？这位律师仅用了几句话就推翻了那几个控方干事关于约翰逊没有任期，而只是把林肯的任期任满的看法——通过敲掉他们为它提供的唯一的支持：即，一个总统任期必须为四年而不能少于四年。"四年的限定不是一种绝对的限定。死亡就是一种限定嘛。正如那些律师称呼它的那样，一个'条件限制'强加在他的任期上面了嘛。"

"总统四年的任期为他当选的任期，只要他活着的时间有那么长的话，在此 425 期间他将担任当选的职务，当总统因去世结束任期而把总统职务传给副总统继任时，剩下的一段时间为何呢？剩下的时间为当选副总统继任总统的任期。

"宪法分配给林肯先生的任期是有条件的。如果不提前结束，它将持续为四年时间；然而如果因死亡提前结束，那么总统职务移交给副总统，副总统就开始了担任总统的任期。"

其次，他通过指出为什么要插入《公职任期法》规定的内阁官员除外的理由来证明斯坦顿不在该法保护的范围之内呢，依照宪法他们担任总统的顾问，不仅要考虑他们各自部门的事务，而且按照那项规定合乎文法的正确解释及它一开始的实际解释，还要考虑整个行政部门的职责。他们是总统的助手——代表总统讲话办事，总统为他们负责。然而现实情况是，立法机关拒绝把这些可信任的雇员紧密地和总统联系在一起，因为他没有使他们接受他自己的挑选。再次，他根据《公职任期法》通过时的说明显示斯坦顿不在该法的保护范围之内：把众议院的
426 申克和参议院的谢尔曼带来作证，（谢尔曼明确）那个附加条件不打算适用于斯坦顿的情况。这位律师重新提到第一项条款时指出，它不是宣称免职而只是免职的一次尝试，因而不是该法刑事项规定禁止的罪行；而且，这种罪行不仅必须是一种免职行为，而且还必须是一种"违反该法规定的免职行为"，律师通过简单的评论紧紧地抓住他的这个意见，如果斯坦顿不在《公职任期法》的保护范围之内，他的免职就是实现了，在这里也不会违反这部法令。

除此之外，这位律师继续说道，总统不仅没有违反《公职任期法》的犯罪行为，而且也没有故意违规的行为。现在，参议员对这部法令的解释可能有不同的看法，但所有人都必须承认存在一个清楚的问题："该法是不是适用于斯坦顿先生的情况呢。这也正是任何人都接受的一个诚实与可靠的问题。"当这起案子降临到总统面前的时候他一定要分析这部法律，他的确对它做了分析和解释，而且还得出了结论，不仅通过对法律本身的研究，而且还通过采用宪法使他能够要求帮助，因此获得了一些建议，从而得出正确的结论。"参议院准会说这样做的结果是，那种结论必定是一种故意的曲解！……对于这个要宣判美国总统犯有严重轻罪的机关来说，像制定一部法律的那些人在制定它的时候解释的那样来解释一部法律，这怎么可能呢？"

谈到这项指控不依赖于《公职任期法》的问题，因为免职的命令是在参议院开会期间发出的，这就违反了宪法，柯蒂斯先生很快在这一点上消除了似乎已经
427 占据上风的错误理解。如果依据1789年的法令，斯坦顿根据委任他担任职务的任期任职，他是可以被总统随意免职的。至于时间是在休会期间还是在开会期间都没有限制。仅仅提及了填补空缺职务的区别，却没有做是在休会期间还是在开会期间的区分。第1届国会得出的结论是，罢免权赋予总统而与参议院无关。第

39 届国会要撤销也许已经撤销这一决定可能是正确的，但是——只要它还保留着——事实上，参议院开会期间对行使这种权力没有影响。如果参议院没有在开会而总统作出一个免职决定，通过委任填补出现的那个空缺职务一直任职到参议院下期会议结束为止。如果参议院在开会而总统作出一个免职决定，通过向参议院提名填补出现的这个空缺职务。关于免职行为绝没有任何事情是参议院该做的。

　　辩护律师柯蒂斯先生该在这里停下来了，因为这个源头处在本案主体部分的范围之外。但正如他所说，"这个问题存在着更广泛的意见"，虽然它"为总统对这项指控的辩护不是绝对必要的"，然而对他来说，正当的做法是把它交给法庭去审理。接着，这位辩护律师阐释有关总统权利的主张，从否定意义上来说是要拒绝执行他认为违反宪法的那部国会法令，或者肯定地说是要违反它，以此在审判官面前明确测试这件事情的用意。毫无疑问，如果遵守经由各种立法形式通过的一切法律是每个公民义务的话——那么"绝不可能产生一部法律违宪的司法裁决，因为这样的司法裁决是唯一用来不理会一部如果依照该法来判决就会引起问题的法律"。就以约翰·汉普登为例来说吧，提出这个问题是一个公民的爱国义务，这是举世公认的。拿一个第三方的受托人来说，提出这个问题应该说是一种神圣的责任。那么以总统作为民众的受托人来说为什么不能提出这个问题呢？然而，这位辩护律师非常谨慎把这种权利限制在最狭小的范围内。作为一个一般性的命题，如果不涉及他自己对它们符合宪法性质的判断，总统必须执行法律。"他不打算使自己升高充当一个有裁决权的司法法庭。"那的确是执行他的否决而阻止一个司法裁决。只要一部法律规定除了"部级行动"之外对他没有任何要求，或者只会影响第三方的利益——行使他的否决权这是他的职责。但是，当"一部特别的法律剥夺了民众委托给他的权力时，他也能够通过宪法独自地提出这个问题"，而且"在适当审议之后，利用他拥有的那些顾问的意见，他依据那项法律条款就是采用那样的意见坚定地认真工作"——"当他采取必需的步骤提出这个问题使它和平地得到解决时，这不可能是违反了自己的职责。"应该承认在他肯定地向法庭请求给予帮助的时候，可能会出现一些极端的事情，但界线将划在哪里呢？当总统终于来考虑《公职任期法》是否违宪这个问题时，他才发现，如果斯坦顿在该法的保护范围之内，国会难道不明白该法减损了第一届国会裁定宪法赋予总统的权力吗？这位辩护律师指出，而且这个根本法的解释说明经历了同时代有学问的注释者制定的每一项测试："首先是讨论中的准确性问题；其次，其重要性具有深刻的意义；再次，达成的决定从而为未来确立了一个制度；最后，必须承认参加这项工作的人是完全胜任他们工作的。"总统还发现，

428

429

"从 1789 年直至 1867 年每位总统和每届国会都同意并根据 1789 年提供的这种解释办事";不仅如此,而且这种解释还在民众中间得到了充分的讨论,把罢免权的问题带给他们考虑,但到目前为止,从表现出来的任何不满来看,各方都支持并依照这种制度办事。在 1789 年的辩论中有三种截然不同的理论保留了下来。一种理论认为宪法授予总统独占罢免权;另一种理论认为宪法授予总统和参议院共同行使的罢免权;第三种理论认为宪法没有把罢免权存放在任何地方,而是留下它让立法权来加以调整。到目前为止前两种理论受到了最大的关注;第三种理论倡导的人很少,最近才开始流行起来。然而,《公职任期法》是在最后这种理论的基础上制定出来的,总统在宪法理论中有关罢免权让立法权加以调整的论述连一点儿影子也看不到是完全不足为奇的。总统也不得不考虑要是斯坦顿先生在那部法令的保护范围之内将要产生的后果。由于这位律师的巧妙辩护,宪法无疑只给了总统一人那种挑选的权力。"首先,他能够单独地提名。当参议院建议并同意那个提名时,他不一定会委任此人任职。他有第二次考虑的机会。"在马伯里诉麦迪逊的案件中,时任最高法院首席大法官的马歇尔认为,完成一个任命要进行三步操作:1. 总统单独的行为,并且完全出于自愿。2. 任命——还是总统的行为,也还是出于自愿——尽管它只能根据参议院的意见,获得参议院的同意才能实行。3. 委任状。直到总统的签名写到委任状上他的选择才最终完成。然后"审议通过的时候,他已经决定了,这个官员已被任命了"。

如果这是一个正确的法律观点,那么,要是斯坦顿在《公职任期法》的保护范围之内,他的任命是"立法机关的任命",他的委任状是"立法机关的委任状","总统在这件事情上没有发言权。"参议院也没有充当总统的顾问。如果当时的总统由于做了这种认真的考虑而得出结论,国会的《公职任期法》就是企图剥夺他的这种特殊权力。在这起不寻常的棘手案件中,国会违反了他特意宣誓"要维持、保护和捍卫"的宪法;——他将遭到弹劾是因为坚持这样的意见,遭到弹劾"因为遵照这个结论行事到了要获得司法裁决的程度,是行政部门的意见正确呢还是立法部门的意见正确?"然而在这一点上,如果像总统概述的那样,代替那种通告参议院免职的咨文(巴特勒把它描述为"反叛"),发送通告免职的咨文仅是为了测试一下《公职任期法》,众议院就绝不可能提出弹劾。辩护律师柯蒂斯先生抓住巴特勒承认此种说法而喊了起来,"够奇怪吧,这位可敬的控方干事说:'不,他不是因为那事遭到弹劾。'所以看来弹劾的原因毕竟不在于免除斯坦顿的职务,而在于作出免职决定以后总统向参议院传达那种免职实情的礼仪。"

辩护律师柯蒂斯先生还简化了禁止反悔的法律原则,力求在"声称民众委托给他伟大职务公权的总统"所犯罪行的审判过程加以应用——"要是禁止任何人翻供，将禁止他们自己翻供"的是民众。首先。总统的行为中没有什么不一致的东西，他将尽可能不放弃这种权利，他认为一部模棱两可的法律对斯坦顿不起作用，或者说，即使那部法律起作用，也是违宪的；其次，在送给参议院的咨文中他明确指出了按照那部法律与按照他本人及其内阁成员（包括斯坦顿）决定的两个相关问题，此外，这位律师在结束他第一天高水平的辩护时又补充说：

"《公职任期法》可能是一部符合宪法精神的法律，它不仅是总统已经在这个实例中的行动受其约束的一部法律，而且是他必须执行也愿意执行的一部法律。要是你愿意，在任何情况下都会执行，不过，如果斯坦顿不在这部法律的保护范围之内，情况就会像它最初呈现的那样继续下去，因为那起案件不在那部法律的管辖范围之内，第一项控告条款是完全没有根据的。" 432

说实话，这是整个弹劾的支点。斯坦顿处在那部法律的保护之外，十一项控告条款就被摔了个粉碎。

辩护律师柯蒂斯先生第二天抨击了第二项控告条款，第一，证明无论斯坦顿能不能被总统随意免职，发给托马斯的授权证书都是违反《公职任期法》的，该法只禁止任命或聘用由于提名没有送到参议院或者送到参议院的提名实际遭到拒绝而仍然没有决定的官员。声称即使斯坦顿不在那部法令的保护范围之内，发给托马斯的授权证书也没有任何法律根据，通过援引正好和这种情况一致的1795年法令，进而通过论证与1863年法令并不存在矛盾的东西，只是部分地论及到一个不同的问题，并没有废除那部旧法令，他这样回答了第二项控告条款。"无论1795年法令是不是被废除了"，辩护律师柯蒂斯先生问道，"它是一个不公正的问题吗？站在那个问题的一个方面来看它是一种罪行而站在另一方面来看它就不是一种罪行吗？采取较晚的法律规定来否定较早的法律规定的某种观点认为它是一种严重的轻罪，这是一个合理的观点吗？"甚至那几个可敬的控方干事也没有争取采用那么严厉的一个标准；"引用他们的起诉书作为一个事实，就总统而言是故意发给托马斯这个没有法律授权的证书；不是根据错误的判断，也不是根据律师们在充分考虑之后可能会争论的意见；而是没有授权的故意行动——因而 433 从案件的性质来看是不能理解这种行为的。"这个证书也不因为是在参议院开会时发出的而违反宪法。宪法规定"补充官员有两种模式。一种是在参议院休会期间暂时委任；另一种根据参议院的建议，获得参议院的同意才能任命。但这两种模式都不适用于这样发生的情况，缺席、生病、辞职或免职这些情况那时没有机会作出正式的任命或颁发委任状，"然而通过 1792 年、1795 年和 1863 年的三部法令，国会努力弥补这种缺陷。他们早已准备选派人员担任暂时空缺职位——临时代理——直到作出正式的任命为止。"这些暂时空缺的职务在参议院休会期间就像参议院在开会期间一样易于产生，这是十分明显的。"而且这也是从 1792 年到现在事实上的解释，正如辩护律师柯蒂斯先生利用先例证明的那样——在其他人中，因弗洛伊德仓促辞职而选派邮政总长霍尔特临时履行陆军部的职责，参议院正在开会：在这种情况下，参议院需要总统的特许，总统发送了附有类似选派官员一长串名单的咨文。关于这一点，辩护律师柯蒂斯先生接着对第八项控告进行辩护，他指出这一项只是控告的特定事情与第二项控告的事情不同，这一项控告总统企图控制财政部用于兵役的拨款——关于它的细节却没有任何证据。

434

第三项控告是建立在错误假设基础上的，他说，错误在于把授权托马斯履行陆军部的职责当成一项正式任命了。它是没有意义的任命。即使在参议院休会期间颁发了委任状也不是一项正式的任命。那个官职没有被填补嘛。总统绝没有委任托马斯担任陆军部长的任何想法。因此，他在托马斯这个例子中，在尤因这个例子中全像他已经做过的那样，实际上都没有向参议院请求依据其建议与获得其同意。声称当时没有空缺职务只是想避开斯坦顿是否在那部法律的保护范围内的问题。如果他不在那部法律的保护范围之内，用发出授权证书做出的免职就同时导致了空缺职务的产生。"关于托马斯将军的任命，倘若下达给斯坦顿先生的命令是合法的，斯坦顿先生就必须服从那个命令，那几个受人尊敬的控方干事要解释总统在这种情况下所做的任何事情有一点企图违反宪法的情况是不可能的。"

没有必要接受辩护律师柯蒂斯先生对于所谓阴谋控告条款所做的评论。顺便说一句，他指出 1861 年《反阴谋法》之中制定的两项条款（第四项和第六项）不适用于哥伦比亚特区；而另外两项（第五项和第七项）是完全没有法律基础。这个辩护律师说第九项不仅是未经证实的而且还有证据证明它是错误的。

435

然后他着手对巴特勒的控告条款进行最无情的剖析。在询问根据宪法什么是可弹劾的罪行时，辩护律师柯蒂斯先生拒绝跟随控方干事巴特勒退回"到金雀花王朝、都铎王朝和斯图亚特王朝时代"去寻找先例。他只专注于宪法本身。"叛国、贿赂和其他的重罪和轻罪"，在柯蒂斯看来，仅表示"根据几部美国法律这样规定的反对美国的严重刑事罪行"。他硬说根据宪法这个特等法庭就是一个听取案情介绍并作出决定的建筑物，这次审判就是对犯罪行为的审判。必定形成宣告有罪或宣告无罪的判决；并有可能强加一种惩罚。那么你怎么"不受到法律约束呢"？如果情况是那样的话，阻止剥夺财产和公民权的法案以及有追溯效力的法律，其前景会是什么样呢？如果你不受任何法律约束，那么，你受这起诉讼的约束，尽管"国会不能制定一部法律来惩罚这些假如没有法律存在时他们所做的行为"，然而"当这起案件受到审判的时候，你们根据自己管辖的这起案件，每一个人都可能单独地制定出一部法律嘛"。审判弹劾案的参议员将要宣誓宪法规定的誓词并不意味着他们会遵守宪法和法律，但他们将会遵循他们自己的个人意志！在剥夺财产和公民权的法案中，"议会针对他们发现的实际情况制定法律。每位立法委员都有一部'只有自己才可能接受的法律'。……根据这种理论现在提出的剥夺财产和公民权的法案是不会被宪法所禁止的，它们仅须略作修改罢了。只需要众议院以多数投票赞成弹劾和……本参议院三分之二的成员投票赞成 436 定罪，进而就会着手剥夺财产和公民权；而且就与英国议会制定的剥夺财产和公民权的法案一样，通过同样的过程，依靠完全相同的原则做到这一点。立法委员的个人意志并不是严正履行职责的法官所决定的产物。"

　　第十项控告，辩护律师柯蒂斯先生继续强调，"完全没有依据法律。""就前面的控告条款而言，指控的要点是总统违反了法律。你必须找到存在的那部法律，你必须解释清楚而且还要把它应用到这起案件上来。你必须找到他故意违反法律的犯罪意图，能够支持前面的起诉书。"不过，关于这第十项控告，你不必为任何法律而苦恼。"控告的是总统发表过反对国会的演讲。"真的，不是反对整个国会，因为"他无疑不是意指整个组织机关，他意指国会中占主导地位的多数党。每一个人都是这样理解它的，每一个人都必须这样理解它。……那么，在这起案子中谁充当大陪审团呢？一方发言反对。而谁充当审判者呢？另一方发言反对。人们可能会认为在这方面存在一些不协调的东西，会在那个方面取得重大进展之前提出某些暂停的理由"。

　　"众议院本身已经正式变成了一所礼仪学校，从它的队伍中挑选这些被认为是最合适的先生通过言传身教来讲授演讲的礼仪，他们希望这一机关评判总统是否对粗鲁的言行感到愧疚，用这位受人尊敬的控方干事的措词来说，他演讲做得 437 是否得体适当呢。"

　　这些演讲是真是假的问题似乎不会受到任何鉴定。因为撤销诉讼的这位控方干事宣称，这些演讲连任何一个对美国国会进行攻击抹黑的诋毁者的影响力也超不过。"这是一个相当高尚的声明。"金雀花王朝的议会不敢作这样的声明，因为，根据他们的法规，他们的"主教、公爵、伯爵和男爵"专门受到保护免遭"虚假而可怕谎言"的伤害；然而，根据我们自己令人反感的煽动性法令规定书面诽谤国会是刑事罪，这是明确规定的，辩护中能够提供认作有效证据的事实。

"宪法禁止国会制定任何限制言论自由的法律",正如这位辩护律师通过朗读麦迪逊的一些重要语录证明的那样,"必然是绝对禁止的,因此,这是一个不仅在那部法令之前根本没有制定过旨在处罚这种行为的法律理由,而且也是一个明确禁止国会制定任何甚至对后来的那些行为也起作用的法律理由。""那部法律会变成什么呢?……您可以要求众议院议长适当地讲一讲嘛。他是不是能适当地说出谁是法官呀?是参议院吗?"或者说实际上是每一个单独的参议员吗?"这被认为是宪法绝对禁止国会制定任何限制性法律以确保言论自由嘛!"

　　柯蒂斯简短轻蔑地提及第十一项控告条款,把它纯粹看作是其他各项指控条款的一个大杂烩:——"这是那些言论,我们将对它们作一些分析评论",这一438　点是"关于斯坦顿被免职的老问题",我们将对此发表评论等等——这位辩护律师用精准描述那个特殊场合的一句话结束他的辩护,和巴特勒带修辞色彩的夸大之词对应的句子相比这是值得引用的:

　　"这次"审判"现在是而且今后还将是最显著的一个实例,它不管是在以前还是预料在将来的某个时候都被认为是美国公正与不公正的一个最显著的实例,伯克先生认为最显著的公正实例是所有文明国家长期有效的政策,或者是肯定会被发现的甚至还会使贤明者狂热的最显著的实例,按照天意确定的永恒法则,它必定要返回来困扰它的发明者。"

　　在几分钟休庭之后,托马斯将军宣誓作证并详细地陈述他被委任为临时陆军部长,会见斯坦顿以及会见总统的详情。这位证人前来描述斯坦顿和他本人之间的实情,在国会的"保镖"离开到众议院以后所发生的事情以及前面的证词中没有提到的有关情况;他无比直率地讲述了那位卓越的陆军部长慷慨给予他的拥抱,他们之间相互开玩笑的情况,从受质问者那里得到那瓶酒,解救严重饥饿对自己的攻击,还与他一起"等量"喝酒的情景,讲述这些的时候,两个声索者之间为争夺同一职权而发出小内战威胁的敌对印象在一阵笑声之中消失得无影无踪439　了。当证人被允许就那几个控方干事的异议回答总统是否随时授权或指示他使用武力或武力威胁以占有陆军部时,他发誓说总统没有这么做过,在旁听者看来这项阴谋控告已经有了结果。巴特勒所做的那种坦率老兵式的交互讯问不是一个令人愉快的展示。这位猞猁似的代理人在使一个诚实人迷惑的行为中展示的技艺只是在精神上弄得证人昏头昏脑,但他证词的实质内容(除了混淆 2 月 21 日和 22日两次会见——要求他回忆起来解释清楚的事情之外)不可动摇地保持不变,虽然明显地受到拷问,但他还是保持着军人的风度,给所有听他讲述这些事情的人留下了印象，虽然不等于战胜了那个律师的诡计，但他在作证发言中是想说实话的，在心里是公正的。

星期六（4月11日），另一类型的老兵出现在证人席上：巴特勒特别谨慎地对待这位军人。谢尔曼中将出庭作证，介绍有关斯坦顿复职以后的情况以及谢尔曼自己与总统的会谈情况。但是，当他被问到在第一次会谈（1月15日）中他们之间谈了些什么时，那几个控方干事提出了令人紧张的异议，接着发生了长时间的辩论，在此期间，控方干事威尔逊做了含蓄的暗示，如果这样的证词被接受，那么，由于介绍了"总统、内阁与格兰特将军之间的交谈"，被告的辩护律师可能会迫使参议院澄清"五星上将与美国总统之间说实话的问题"——"以便利用在证言方面的优势（至少从数量上考虑）或许能压倒五星上将"。参议院驳回了最高法院首席大法官的意见，以28票对23票的表决结果不接受这份证词。证人然后得到允许讲述总统在1月25日和30日两次提议他担任临时陆军部长，而且他最后还做了书面答复，而在这两个的场合所说的事情，无论是普通的事情还是特殊的事情都被严厉拒绝作为证据。这场争论耗费了那一天时间，第二个星期的审判也就这样结束了。

星期一，辩护律师努力在参议院重新开庭之前得到这个证词，而且在几次努力失败以后最终获得了成功。雷弗迪·约翰逊提出了下列问题：当总统在1月25日和30日提议你担任临时陆军部长时，他在每次做出这个提议时向你指出他这么做的目的是什么呢？令那几个控方干事惊讶和悔恨的是，参议院根据26票对22票的表决结果接受了这个问题，允许谢尔曼将军提供他的证词，其内容我们已经作了详细介绍。

星期二，因斯坦伯里病重被迫休庭，星期三，总统剩下的那个辩护律师还是缺席，他们仅限于介绍文件证据。

星期四，萨姆纳通过一个特别独特的提议使诉讼活跃起来了。正如他称呼它的那样，他给主席发去了"参议院在回答频频重新提出的难以承认的证词问题中采纳的""一个意见声明"。这个文件建议对特等法庭通过接受"任何一方主动提供的并非价值不高的也不是明显不相关的所有证据""来催促对分派的事务"缺乏责任感的人物"予以考虑"。萨姆纳，就他而言，是如此彻底地深信总统有罪，他不需要证明来维持他的预断，无论它的重要性怎样，都没有任何证据能够动摇他相信的一丁点儿细节。他迫不及待地想达到他认为是不可避免的结果，非常不赞成重视有关证据问题的这些争争吵吵。到目前为止，他一直遵循这一想法行事，投票接受主动提供的每一点证据。他的建议才得到了11票支持因而被搁置起来了。两位律师考克斯和梅里克随后审议了对托马斯的刑事起诉以及予以释放的结论——一个已经叙述过的事情。几位控方干事做过数次尝试阻止这么多倾向证明总统有意把这个问题交给法庭判决的证人提交证言，但都没有成功，巴特勒非常恼火，忍不住进行猛烈的抨击。这场争论正要结束时，他站起来说："主席先生，我希望它简单明白，我可以对这件事情表明我的态度，这一切都是在我们反对的情况下根据主持官的裁决交到法庭的"。针对这种无礼的含沙射影的攻击，最高法院首席大法官平静地反驳说："它是根据美国参议院的指示交到法庭的。"

442　在2月21日下午陪同一个国会议员拜访过总统的埃德温·O. 佩兰，为了证明在会见的时候总统认为斯坦顿实际上退职了与托马斯已经上任而宣誓作证，然而，在广泛讨论以后，虽然最高法院首席大法官认为这份证词可以在参议院的其他裁决中接受，但它被绝大多数参议员所拒绝。在这个关键时刻，由于斯坦伯里病了，埃瓦茨暗示因为那天辩护没有提供更多的证词因而就更方便了，脾气暴躁的巴特勒不满法庭最近的裁决突然发出了最不寻常的呼吁。"我国的整个立法行动现在停止了"，他大声地说，"在我们等待司法部长康复时，因为这个理由要求你们推迟这次审判，可我们的议员同事们却在一天又一天地浪费时间呀。在这里没人能知道何时才是对这个重大罪犯公正审判的时刻，这些难以忍受的事情应该终结了。"对总统的律师此时提出的抗议置之不理，他坚持法庭审理与这个问题无关的拖拖拉拉事情是没有任何证据证明的，三K党的暴行；毛线短裤外流，破产登记，财政部大亏本地出售黄金（他手里拿着账目报表举起来摇晃）；欺骗性地购买美国债券，任何这样的事情也不可能是正当的。

"现在，我说，"他失去控制地恳求，"为了民众的财产安全，为了民众的立443　法进步，为了真正忠诚的人们，四年来在南方冒生命危险的黑人和白人的安全，是的，五年，是的，六年，是的，七年，为了你们的利益，为了国家的利益，为了每一个人所珍惜的一切，为了爱国者，我祈祷让这个审判继续进行吧，让我们来决定这个问题吧。"

他说"无论每时每刻，不管何时何地，甚至在这些控方干事对证词提出异议的时候"都有人在发出"暗杀威胁"。"我们丝毫也不惧怕这些怯懦的恫吓，然而，所有这些威胁以及这些对我们政府形式的不适当诽谤，在这个人离开白宫的时候就会随之而去。"埃瓦茨自然对这样的不当言辞感到震惊。

"我以前从来没有在一个法庭里听到过这样长篇的弹劾演说。……所有这些延迟和不利后果似乎强加在这些受到尊敬的控方干事身上，他们中一些人的嚣张开占用你们注意他们长篇的弹劾演说，时间点精确时除外……现在关注这个受到尊敬的控方干事关于三K党的弹劾演说时间长达20分钟。我现在说的就是我向参议院已经说过的事情。"

参议院于是休会了。

第十四天审判的大部分时间被耗费在采集一些人的证言上，他们是一些听过总统演讲并提供它们更流行版本的记者和其他人士。但临近休庭的时候，由于传唤韦尔斯部长引起了一个真正的轰动。他透露的第一件新鲜事儿是，埃默里与总统的会见是因这个海军部长自己向总统传送了部队秘密移动的谣言引起的。证人然后详细介绍了2月21日内阁会议结束时的谈话，表明总统认为托马斯已经上台而斯坦顿也屈服了，只需要时间来移交他的文件。顺便提及显露的情况是尤因的提名已经写好了。质询回到《公职任期法案》通过时内阁对于它的讨论，作出的正式提议证明，有些内阁成员忠告总统，该法案是违宪的，而且准备带有那个意思把咨文起草任务委托给西沃德先生和斯坦顿先生。那几个控方干事立刻觉察到这个问题是至关重要的。巴特勒像所称呼的那样"展开了辩论"，通过指出"不管在一部法律通过以后……还是在它通过以前，总统与他的内阁表明的意见，这个问题应该成为一个拒绝遵守执行法律的根据"；然而在埃瓦茨答辩结束的时候，参议院休庭了。

第二天上午，那几个控方干事进入了一个预料中有重要辩论的时刻。他们把质疑这个重要证言以及与此相关联事情的任务委派给了威尔逊，这位控方干事熬夜准备他的论点，事实上，国会根据否决通知书没有宪法效力为由能够以任何方式推翻总统否决而通过一部法律，总统质疑国会这部法律的权利，威尔逊作了与总统相反的论述，这可以认为是这位控方干事对他实际上没有参加表决的那部法律通过的理由进行总结所作的贡献。进行辩护的柯蒂斯先生拒绝跟随这位控方干事进入他开辟的巨大领域，满足宣传这个要点，

James F. Wilson

445

这些控告条款指控总统故意违反宪法，目前的提议当然是反驳这种指控的证据，无论它的重要性是什么，这个证言在总统的理由中提供了确立第一步必不可少的东西，即："他真诚地相信这部法律是违宪的。"最高法院首席大法官认为关于意图问题的证据可以接受，而霍华德参议员立即要求进行表决。这个问题被认为是一个测试问题——辩护决定性的一个完整分支。最大兴趣被刺激起来了，众所周

知，因为西沃德、麦卡洛克、布朗宁和兰德尔等人随时准备效仿韦尔斯，如果他在这个特定问题上的证言被接受，然后斯坦顿也可能会被迫采取这个立场。表决结果是 20 票赞成，29 票反对。

那么接下来提供的另一个证据不仅更有意义而且依然是至关重要的，即：在《公职任期法案》需要得到总统批准以前那个时候的内阁会议上，出席会议的陆军部长斯坦顿先生和其他由林肯先生任命的部长是否被认为在这部法律限定的保护范围内呢，然而当时表达的意见是他们不在该法限定的保护范围内。最高法院首席大法官认为这个证词适当，但考虑到先前作出的裁决，还是把它提交给了参议院，然后由于参议院 22 票赞成对 26 票反对的表决结果而被拒绝接受。另外产生了两个提议，一个要证明的是，内阁认为那部法律根据一个适当的案例得到一个合宪性的司法裁决是其值得做的公共服务。另一个要证明的是，内阁关于这个问题的审议结果是建议不利用那种曾经产生的效力：——但带有一个相似的结果。韦尔斯因不让他发言而离开了证人席。国务卿、财政部长和内政部长，在场准备作证，却还没有宣誓，而邮政总长坐在证人席只是为了证明福斯特·布洛杰特——原告方的一个证人，就继续审理这起案子的一方来说，他可能作证的是，他被停职的理由没有与参议院交换过意见，事实上，他被停职是因为他被指控作了伪证。在兰德尔离开证人席之前，谢尔曼参议员提出了一个问题："《公职任期法》规定保护的范围内是否包括林肯总统任命的部长，声明如果这个问题出现在内阁讨论之前，假如这样的话，内阁成员和总统对这个问题会提出什么意见呢？"巴特勒和宾厄姆反对说，这是刚刚表决的同一个问题，霍华德参议员质疑一个参议员要求重新表决这个问题的权利。最高法院首席大法官立即肯定这个正确的做法。巴特勒要求宣读最近的提议，然后参议院投票表决的结果和以前一样。萨姆纳在这个重要问题上发表激昂言论的作法实际上只是此人的个性特征。为了避免延误应承认一切显然不是价值不高的证据，他是这一规则的提案人。然而，在关键时刻来临时，几乎就在他提出这个建议之后，他静静地坐在他的座位上故意拒绝投票。

我们有理由相信，这些有疑问的决定不仅增强了公众对弹劾的指责，而且在实际上也促成了对总统的无罪判决。一个共和党参议员，即使没有更多的理由，和民主党结合在一起投票支持接受这个证言，后来公开宣称法庭故意排除被告一方实质上这么重要的事实以后，他就不会投票支持定罪。①

---

① 亨德森的意见，《审判》第 3 卷，第 304 页。

John A. Logan

采集证词实际上因这些表决而结束了，因为，尽管法庭一直休庭到星期一，但在那天却没有发生什么有趣或重要的事情。因而接受一直休庭到星期三最后辩论开始的时候。从巴特勒的开幕演讲到收集证词结束（不包括间歇），共计 16 个工作日。扣除偶尔讨论耗费的时间，双方采集证词所花费的时间不超过四天。这么少的口头证词已经在一个单独的事实问题上引起了严重的冲突。然而，双方最后的辩论从 4 月 22 日（星期三）延展到 5 月 6 日（星期三），这期间，扣除两个星期日，控方干事占用了六天时间，总统的辩护律师占用了七天时间。威尔逊满足自己精心制作的反对接受内阁证词的论述，巴特勒已经在开幕演讲中扮演了他的角色。洛根被迫满足于 50 页付印辩论稿的归档工作。但其余四人——鲍特韦尔、威廉斯、史蒂文斯和宾厄姆——被授权发言反对总统的四个辩护律师——纳尔逊、格罗斯贝克、斯坦伯里和埃瓦茨。 　448

　　这八个律师根据他们面对的问题从正反两方面的辩论在原因和决定开始有利于总统的时候将会立即结束整个诉讼行动，巴特勒和柯蒂斯就同一主题各自发表的意见沿着同样的线路向前发展，这将更有利于他们从大量的演讲中解脱出来而由他们自己把那些意见概括起来。

　　正如他在众议院所说的那样，鲍特韦尔先生坚称，安德鲁·约翰逊没有任期，他是在服满亚伯拉罕·林肯的任期，因此，斯坦顿在那个附加条件规定的保护范围之内。他没有说什么来答复柯蒂斯的说法，斯坦顿是在林肯的第一个任期内被任命的，林肯，如果活着的话，本来可以随意免除他的职务无所谓《公职任期法》：——他也没有告诉安德鲁·约翰逊作为副总统的任期要发生什么。他对案件这个分支的完整意见仅占用了他 51 页付印稿中的 3 页。格罗斯贝克用几句话对他的这一点进行了驳斥：

　　"这位先生说这是林肯先生的任期。去世的人没有职务的所有权或任何一种身份。约翰逊先生是一个拥有任期的美国总统，而这就是他的任期。相反来说，　449 如果林肯先生现在活着也不会产生任何不同，如果林肯先生现在还是总统，他可以免除斯坦顿先生的职务。林肯先生在这个任期期间将不会任命他。斯坦顿先生是在上个任期期间而不是在这个任期期间得到这个任命的，由一个总统在某个任期内做出的一个任命，根据实施的这部法律将不会因为再次当选为总统职务可能碰巧出自于同一个政党就把这个被任命者一直延伸到另一个任期。因此，斯坦顿根据他的委任状任职，而不是根据这部法律任职。"

宾厄姆本身擅长于阐述这部法规并附带有说服力强烈为特征的教条主义。任命这些官员的"总统任期"意思是，他说，与将再次当选总统需要补充的任何一个官员有同样长的任期。

"这是这部法律的含义。这是这部法律具有的全部意义。'任期'这个词决定了这部法律的意义。这是否意味着一个再次当选的总统就一个任期来说……而且也没有得到他的同意，而且对不起，违背了他的意愿，就能够根据实施的法律解除他自己任命的官员吗？第 39 届国会的哪一个议员从来都没有独自想过这个问题嘛。""如果林肯先生活着的话……他不会免除由他本人在他任期内任何时候任命的哪一个部门的首脑：我不关心他多久更新一次任期，关心的仍然是任期就要符合这部法规的精神。""他们将要担任他们的职务……不管它是 8 年、12 年还是 16 年，只要求是在任命他们的总统那一整个儿任期期间就行了。"

450　　　威廉斯，在《公职任期法》通过时作为众议院方面的一个与会者，他曾建议这个令人失望的附加条件如他现在承认的那样"目的在于消除拒绝的理由……这件修正案的作用将强加于未来不是本人挑选人员组成内阁的总统"，当他简单论及案件的这个方面时人们非常注意倾听。他的解答更是令人异常满意。他指出"要是打算或预期施行（那个附加条件）会有利于一个滥用权力而又声名狼藉的官员产生一些例外的话，要是没有那种强迫性动机的话，就这部法律的制定来说，我不知道它是怎么回事"。而且在发表他有充分的理由相信的这个声明中，众议院的多数派认为他们已经保护了斯坦顿，这不可能存在很多疑问。然而威廉斯，通过他反驳总统辩护律师这个要点的方式，简单地显示出他与和他在一起的众议院是如何碰巧陷入这种误解之中的。"被告的说法，"他说，"取决于'被任命'这个词的意思。"

"这个词既有法律上的含义又有通俗的含义。在前者的含义中，它涉及以宪法规定的方式提名和批准的概念，约翰逊肯定没有做过任何任命。在后者的含义中，它是民众理解的那种意义，无可非议它是存在的。那么，使用这个词的意义是什么呢？

然而，对于美国总统来说，在他的行政机关自愿保留斯坦顿先生任职两年多

以后，他仅根据默许，或仅仅充当一个不固定的官员，或作为相传的动产，或是 451
传递给他的遗产累赘，而不是由于他自己的特别任命而待在那里，如果不是'在
双重意义上搪塞民众的话'，就会有很多不太值得尊重的双关语出现。那个没有
学问的人阅读这个附加条件——就像他们熟读多遍才能理解那样——而且他不习
惯对付能够'把头发分到头的西侧和西北侧之间'这样的专业诡辩家们所做的那
些形而上学的断章取义。当他承认这个辩护者的独创性时，假如他不奚落那位屈
尊使用这种托词的官员，人们将会久久地感到吃惊。"

鲍特韦尔先生复活了曾经证明的那个论点，要是没有那个附加条件，斯坦顿
不可避免地应列入那项规定的主体范围之内。史蒂文斯认为这是比玩弄"任期"
这个字眼"更加无可置疑的答案"。威廉斯也表示："如果斯坦顿先生是约翰逊总
统任命的而又在那个附加条件的保护范围之内的话，他一直任职到他的任期届满
是理所当然的。如果不是这样，根据制定的那个条款他任职应该像其他官员一样
服从免职。"宾厄姆极强烈地强调这一点。"他（总统）自己的辩护律师说明这种
情况……宣称在那个附加条件的范围内没有明确的话语把陆军部长埃德温·M.
斯坦顿归到那个附加条件的保护范围之内。那是他自己的立场，而且情况正是那
样，他必须处在那部法规主体的管辖范围之内。绝不允许任何人逃避那部法律的
管理。"

埃瓦茨以下列技艺高明的方式毫不困难地摆脱了那部法律的管辖：

"那种观点认为，如果斯坦顿不在那个附加条件的管辖范围之内，那么，他
在那项规定主体的管辖范围之内，结结巴巴地说出这样的话显而易见是极其荒谬
的。……你们没有制定一部差不多名叫斯坦顿先生的法律吧。问题在于陆军部长 452
的职位是在那项规定的管辖范围内还是在那个附加条件的管辖范围内，任何人都
会拿不准这样的问题吧？它和其他几个部长职务处于同样的地位。问题在于要么
斯坦顿先生的职务要么布朗宁先生的职位在那项规定的一个选项或另一个选项的
管辖范围内不是一个法律解释的问题，而是一个要么是任期要么是一个或另一个
实际职务把他带到那个附加条件管辖范围之内的问题，他的职务就在那里，事实
上他不在也没有把那个职务带回到第一项规定的管辖范围之内，因为他的职务将
来和过去与现在一样将回到那里。它是一部有利于永久存在的法律，陆军部长职
务，现在和永远，只要这部法规仍在书上，在第一项规定管辖范围之内或在那个
附加条件管辖范围之内找到解决办法。……关于那个职务无疑处在那个限制条款
的管辖之下。它是这么规定的：

"'兹规定，国务卿、财政部长、陆军部长、海军部长、内政部长、邮政总长、还有司法部长将各自担任他们的职务，'等等。这并不代表那些人，它意味着那些职务应该具有那种任期。"

仅仅剩下查询那个附加条件是否适用斯坦顿先生的特殊困境有待解决：

"这在那个附加条件的解释中是一个实际问题。他要么停留在那个附加条件的管辖内要么退出那个附加条件的管辖，如果他本人以他现在担任的职务直接地退出那个附加条件管辖的话，他就不能回到执行条款的保护之中，因为没有把他的职务带到那里所以他不能回到那里，他也绝不可能复职。"

453　　那位辩护律师于是抛出了以下的反证法：

"那是多么荒谬的结论啊，要让这位可怜的总统失去他对内阁的控制权，他亲自任命的那些官员，如果自己碰巧再次当选，他可以在一个月内免除那些林肯先生在开始的时候为他任命的那些官员，然而在他对内阁里面的官员做出任何选择之前，他必须不断地继续任职，直到你们同意他们辞职为止。"

在对柯蒂斯关于总统对一项可作多种解释的法规所作的错误解释不能成为一种可弹劾的罪行这一论点的答复中，鲍特韦尔先生坦率地承认，在这种可能性中总统"将被证明是完全正当的，根据正义的原则不能认为他要对执行公务中的一桩轻罪负责"。"但是"，这位控方干事补充说："这不是那种情况。"他至少不会而且实际上也没有否认过那部法律是模糊的，但他声称从最初开始，总统从未怀疑过国会的意图——作为证据引述的，在否决通知书中，总统指责这件法案与宪法存在冲突，因为它限制了总统由来已久的"免除任何文职官员职务"的权力。轮到宾厄姆，他也以类似的方式使柯蒂斯的这一论点无效。他甚至辩称，那个附加条件只容许用一种意思解释——根本不可能作多种解释。"我丝毫不怀疑它是那部法律的真正解释，被告也不曾怀疑那种解释"，他还把任何其他的解释加上"事后想法"的标记。

454　　至于其他两个近似构成弹劾原因的行为——发给托马斯授权证书——似乎是这种附属的非法行使职权行为如此包裹在非法免职的主要行为之中以致它们必定把成败捆绑在一起。然而，当我们到了考虑判决的时候它作为一个理由才变得明显起来了，控方干事在内心深处热切期望在指定托马斯暂时充当陆军部长，甚至授予免除斯坦顿职务权力这件事情上证实有一些犯罪行为的成分。要做到这一点，他们被迫跟随巴特勒从法律上提出这样精确的观点：1.1795年法令并不适用于由免职造成的空缺职位。2.把违反六个月期限的条款作为格兰特将军临时任期2月12日届满的理由，其他的临时代理人都没有得到准许，以及3.1795年法令已经被1863年法令废除了。总统的辩护律师通过求助于政府的惯例作了第一点答辩；答辩的第二点，通过指出停职根本不算退出了那个职位，空缺职位只是由完全免职才会出现——在实践中仅从免职的当天开始注明日期；答辩的第三点，1863年法令没有明文废除1795年法令，根据这个论点，1863年法令并不适用于1795年法令规定的职位空缺情况，绝不会存在通过暗示整个地废除了1795年法令。但在这个谬论中提出使用这样一个条款时，正如埃瓦茨表示的那样，对这类论点最有效的驳斥是"罢免总统应该取决于这个问题，一个少将副官长充当一个临时代理人是不是合适，或者说是不是在废除了那部法规和没有废除那部法规两种钻牛角尖的说法之间纠缠，总统由于把他的合法权力悬挂在那部法规上面可能犯了错误。"同一个辩护律师，处在另一方的位置，辩论不管怎样这个临时任命没有任何授权，承认还是不承认，看一看实际情况不就水落石出了吗？

"这仅仅是总统处在那几部法规之间，于混乱之中没有法律授权做出的任命，或试图做出任命一个临时履行那个职责的人。你们因为这件事而起诉他会觉得很不恰当吧，我认为你们不能因为这件事就弹劾他。"

可是，正如他在别处评论的那样：

"不假，真的，是国会的一部法令要求他指定一个部门首脑担任那个临时空缺的职务还是一部没有废除的国会法令允许他挑选一个合适的人呢，当我们试图使用弹劾的方法来解决这个问题时，我们在法律制定方面现在进展得非常好，评价是对行政作用具有绝对约束力的，也是绝对敏锐而又彻底的。在日常生活中，你肯定不会草草做成一个杵锤来破裂一根核桃木吧。"

那几个控方干事大胆地断言，当参议院在开会的时候临时任命官员根本不会得到批准——这样行使权力实际上是取消参议院参与任命的权力。他们声称，宪法通过规定可以颁发在参议院下一次会议结束时任期期满的委任状只是承认参议

456　院休会期间这样的准任命。但是，在这一点上埃瓦茨再次证明，考虑到这些临时性的指定，开会和休会之间的区别将会没有基础。"临时任命根本不取决于宪法。"它们"不是填补犹如空缺留下的职务……好像临时任命没有做出过似的"。

　　"当最后任命做出时，它从那时起注明日期，代理空缺导致做出临时任命代理这个人的职务。开会期间和休会期间在事物本身的性质上充分显示出在这种地位上没有任何差别，国会的那部法令没有描述任何差异，政府的惯例没有产生丝毫的不同。"

　　我们现在已经在这个主要问题上提出了争论的本质，它可恰当地称为特权并成为争论的原因。显而易见的是，它使结论局限于斯坦伯里称之为"整个案件主要部分"的那些东西，——"把它去掉，剩下的就全是皮毛了"——原告方的演说家至多两三天内一定会详尽阐述这个问题。萃取核心，论述它们要点主题的几篇演说词现在可能在接受检查了，至少在这几位控方干事的发言稿中，他们准备最大限度地论述建立弹劾的几点特别指控。这几位控方干事在或多或少有意识地承认只是作为一个弹劾借口确立什么合法性的问题上并没有受到困扰，到了这么

457　一种程度以致浪费六整天的时间，因而延迟了他们长时间认为那么可靠的结果。他们主要关心的是找到一些尽人皆知的理由以便把美国总统作为罪犯提审，政府的整个行政机关也将因总统被革职而陷于混乱。实际情况的不足之处使这种极端情形的补救办法起了作用，驱使他们从它的狭窄范围内逃脱，进而仿效巴特勒，在不属于法庭审理或者不必涉及原因的超越管辖范围的问题上使用他们的发言权，还在众议院拒绝弹劾安德鲁·约翰逊所谓无数暴行的问题上使用他们的发言权。就他们而言，那位总统的辩护律师被迫沿着他们切开得很大的圆圈周围跟随他们的对手，如果不为别的事情，就是要把他们拉回到现实核心问题上来，尽管该问题似乎有那样的离心力在对他们起作用。正是由于这个原因，没有一篇演说能够和历史上公开的著名辩论成果相提并论。谢里登或伯克有说服力的演讲或许不以正式违反一部法规中的不明确条款为意，不伤害任何人，也没有松动政府这部机器上的任何一个齿轮——什么也没有，没有新意的叛国罪指控，那么模糊，不确定，难以明了以致控诉团体不敢使它们成为一份正式起诉书的主题。

　　鲍特韦尔先生在最后的辩论中带头，因为正像他应该应对的那样，如果不是

458　这次弹劾之父的话，他也是这次弹劾的保姆。最近两年来，他从早到晚地工作，就是要把他想象的这个怪异的犯罪分子带进法庭，而现在，他的努力取得圆满成功，他本身准备作出一生的努力把他自己强烈的信念灌输到法官和国民的思想

中。相信没有什么一时的灵感，他把写好的完整发言稿打印出来，准备看着印刷在纸页上的演讲稿逐字逐句地宣读。这是一次针对总统的很有说服力的案情介绍，然而，在介绍案情时，他没有遭受痛苦。以所有控方干事共同承认的陈述开始，"记录的问题……是法律上限定的问题"——他赶紧接着说"重大的、全国性的、具有历史意义的问题"不仅是通过弹劾条款提出来的，而且总统答复"随时或无论任何时候根据总统的单独裁定，以此就可以免除所有行政官员职务的权力"，这种论调也是提出问题的根据。他开始论述政府各部门之间的权力分配；进而认为行政机关和司法机关，非但不是和立法机关并列的机关，实际上反而是从属机关；国会除了它具有同等方面之外还具有超越其他两个机关的权限，具有一般监督的权力和制定规章的权力。

"立法部门具有得自宪法的独创权力，根据这种权力它能够调整并保持自己作为政府的一个分支运转，而行政部门和司法部门没有自动生效的立宪能力，依赖立法部门几乎是长久不变的。……

"总之，根据宪法规定，调整政府运转的权力和保持政府运转的权力排他性地授予给了国会。"

459

他从这一命题中得出的结论是，"民众已经把自由裁量权授予"国会单独一个部门，"同时他们都否认行政部门和司法部门的一切自由裁量权或无论怎样暗示的权力。"这就是为什么各种枚举的权力遭到美国国会和几个州否认的理由，但没有任何权力遭到总统明确地否认，几宗弹劾案中的赦免权除外。因此，"总统……只能行使明确赋予他的那些权力，而根据解释、暗示，或者有时称为形势需要的什么权力，他是什么也得不到的。"就像法庭里的法官，他必须把法律当作是他发现的。当他对一件法案作出否决的时候，他的权力就用尽了。如果该法案推翻他的否决而获得通过，他只能毫无疑问或毫不犹豫地对其加以执行。

"对于总统履行他的行政职责，所有的法律规定都是相似的。他可以不参加探究它们适当及合宪性的问题。所有法律均被推定是符合宪法规定的，而不管实际符合宪法规定与否，当它们具有法律形式的时候，把它们看作符合宪法规定是总统的职责。……

"因此，由此而来的是总统的罪行，无论事实还是像弹劾条款阐明的那样，都不是他违反了一部符合宪法规定的法律，而他的罪行是他违反了一部法律，在他的辩护中那部法律是否符合宪法的规定是不能提出任何质询的。"

460   鲍特韦尔先生进而主张，参议员们在这次审判中都没有权利探究指控总统违反的那部法律的合宪性问题，也不允许把支配他的那部法律违宪的意见写入审判他的判决书中；而且总统甚至没有权利质疑其合宪性，除了不良动机之外从其他任何方面来看都不可能违反那部法律。他认为，总统所谓测试那部法律的目的只是在法庭上隐瞒他背叛图谋的一个借口。

为了将内阁支持总统的力量减到最小，他大肆嘲笑那么有用的官员；还泄露总统本人身份一个特别粗俗的概念，那之后没多久，总统也屈尊地接受了。

"起初承认他们根据寻求他们建议的那个人的意志担任官员的，并且最清楚地了解如果他们提供的建议将违背他们雇主的愿望，而有关总统权利的意见又和他们自己的真实想法一致，那么他们担任的官职就会立刻被剥夺，在这种情况下，他们提出的建议会有什么价值呢？……

"这是农奴提供给他们领主的建议，是仆人提供给他们主人的建议，是奴隶提供给他们主人的建议。……

"内阁对约翰逊先生负责就像老波洛尼厄斯对哈姆雷特负责一样。

"总统是一个意志坚定的人，一个情绪激烈的人，一个胸怀雄心大志的人，有能力聘请和使用那些胆小的人、依附性强的人、屈从的人、不可靠的人，作为给他出谋划策的工具。这是历史的事实，他已经伤害了和他具有亲密关系的每一 461 个人，很多人仅仅凭借完全退出他的圈子逃避了祸根，他有一条人生的准则：他试图在他做得到的条件下废掉每一个有势力、有能力、有影响的人物。他的尝试成功了，他们都及时，通常在很短的时间内被彻底毁灭了。如果考虑周到的人从他那里逃走，如果勇敢的爱国者抵抗他的计划或披露他的方案，他就会使用他职务上的所有惩罚工具和官职任命权攻击他们，还要用他全部激烈的个人敌意追究他们。他攻击摧毁一切不愿成为他工具的人。而所有变成他工具的人在使用的过程中也被摧毁了。他连一个人也不放过，哪里也没有不受他伤害的人。他的这一人生目的已经由被告辩护律师中的一位先生在论述中说清楚了，但此人从来没有代表他出庭。"

他通过提及一下卡彭特油画"签署解放宣言"中那些人物的位置来说明总统的这种影响力正在导致破坏的后果：

"这自然是必要的，艺术家在右边排列那群名人，而在左边安排画了那个首要人物。无论这种特殊的指派是出于偶然，出于艺术家的判断力，还是出于通过人的行为起作用的一个神秘天意的影响，我们不知道。但在林肯的右边是两个政治家、爱国者，他们在这些峥嵘岁月里历经风雨沧桑，仍然坚守自由、正义、宪政的原则。……

"在林肯的左边是代表他那个内阁另外的五个人物。其中的一个人不再处于活着的人中间，他在黑暗的日子到来之前去世了，我们能够满足于希望他可能会逃脱其同事的命运。其他的四个人，有三个人积极于建议和支持总统颠覆政府的企图。他们已经是堕落的人。"

不瞒你说，在右边的两个人物（蔡斯和斯坦顿）其中蔡斯已经离开了。左边 462 的五个人，其中两个人——和右边的人一样是内阁成员——史密斯和贝茨——"仍然坚定不移"，从而破坏了演说家所说的"天意"安排的对称性，然而布莱尔，像蔡斯一样，从来没有进入约翰逊的内阁或者说没有处在约翰逊的影响下。

关于他的立法部门最高统治权的学说，这位控方干事巧妙地解释他关于罢免权的理论。在宪法中除了弹劾的几种情形之外没有提到罢免权，实际上那种权力哪里都不属于。行政部门通过暗示什么也捞不到，并不拥有那种权力。而且它也没有明确地授予国会。它不是一项独立的权力，而只是任命权附带的一项权力，至于宪法论及到它，这种权力也只能通过做出一个任命加以行使。这只不过是一个在参议院开会期间可行使的取代权。然而，宪法之中没有在参议院休会期间免职不胜任或不诚实之官员的规定，国会根据授予自己的权力制定所有必要或适当的法律实施归属于政府任何部门的一切权力，依照法规可以干涉和代理无明文规定的事情。在这方面，国会疏于职守直到它通过《公职任期法》为止。而在这个 463 较长的间隔时间里逐渐形成的惯例则没有说明在立法权的"权限范围内的一个明显的问题"。1789 年法令，根据鲍特韦尔先生的意见，只承认了"参议院休会期间的罢免权"，"司法部长认为"按照 1789 年法令执行，国民一直容忍到 1867 年为止。无视不适当的事实或歪曲历史结论的习惯，许多热情的倡导者热衷于这样的习惯，这是由这位控方干事论述第一届国会在这个问题上的重大争论所列举的例证。他故意在参议院开会期间免职和休会期间免职之间插入这种区分——它的区分在其本身的争论过程中没有踪迹。他贬低"麦迪逊的观点"，他宣称这种观点"逐渐地直至最终被成功地削弱了其影响力"。他几乎专门地详述罗杰·谢尔曼和其他少数派成员坚持的意见，即行使罢免权和行使任命权一样，参议院和总统联系在一起。援引谢尔曼洋洋洒洒的评论，挑战埃瓦茨"要推翻他杰出的前辈符合宪法规定的意见"。这种引用方法非常类似于引用一种不同的意见以确定在一起特定的案件中裁决的法律原则。获得的那种结论与下文所做的相比恰好相反，这种结论不能更准确地陈述清楚：

464　　"由 1789 年国会得到的结果对以下几点是结论性的：这个机关认为绝对没有赋予总统在任何情况下一直行使的罢免权；第二，在参议院开会期间罢免权赋予总统和参议院通过他们一致的行动予以行使；而且辩论和投票表明，在参议院休假期间，根据宪法，总统罢免官员的权力充其量是一种未定的权力。"

　　鲍特韦尔先生通过表达这种观点结束他这个分支辩论，如果不根据《公职任期法》，即使根据 1789 年法令，总统也犯有违反宪法的罪行，因为他在参议院开会期间免除了斯坦顿的职务。

　　我们不打算采用这位控方干事法律上的极端观点来使民众接受对托马斯的临时任命没有法律授权的结论，也不打算采用他对控告阴谋条款努力做出的说明和他对有关埃默里控告条款煽动性的夸大其词——几乎每个人都像命定的那样已经认识到了——而是要快点来结束他的演讲，他热心罢免总统的真正根源在他激烈的演讲中本身暴露出来了。他要求根据第十项控告条款定罪，不是因为总统诋毁或诽谤国会，这是他不能做的，而是因为那些言论表明他"不适合担任那个职务"。关于这一点，他提出一个法律命题，那么模糊而又具有弹性，要是一旦纳入国家的根本大法之中，它会导致弹劾就与选举一样成为平常的事情。

465　　"我们主张对犯罪采用习惯法，在由议会获知和执行的几类弹劾中，实质上是这样的：任何掌权的人都不能违反任何良好的职业道德；他还认为，当任何一个官员做了一件违背他担任那种官职的良好职业道德的事情时，这件事情是一桩轻罪可作为弹劾的理由进而免去其官职。"

　　第十一项控告条款正是它为鲍特韦尔先生提供了他上升到猛烈抨击高度的话题。总统最不可饶恕的罪行是他抵制国会的重建计划。混淆前者以前弹劾的指控和本次弹劾的指控而把它们合并到起诉书中，这位控方干事可以追溯到安德鲁·约翰逊行政部门开始的时候，由于总统在重建问题上采取的政策方针，他变成了一个暴君，一个篡位者，变节者和叛徒因此将受到审判。"他犯罪的整个野心图谋，"这位控方干事大声疾呼，"绝不会就此止步"：

"要获得陆军部和军队的统帅权，并通过他们的联合力量来控制尚未恢复到联邦中来的十个州 1868 年的选举……要在全部十个州创制一个政策，根据这个政策，以前的叛乱分子由于现在得到总统和分布在南部的军队支持而加强了，他们将会排斥每一个有色人投票选举，还要允许每一个白人叛乱分子行使选举权……控制全部十个叛乱州的投票……确保有利于提名他自己担任总统的民主党全国代表大会代表的选举……首先要确保在全国提名大会上提名民主党人，其次要确保这十个州的选举人票。这正在办理，他只有从现在声称要在国会中形成多数选举人票的那些州获得足够的票数，他才能藐视众议院和参议院将不接受那十个州选票的意图，无论那些州此前恢复加入联邦与否……这都确保他将会在 3 月 4 日宣誓就任为期四年的下一届美国总统职务。"

这位全身心投入的原告继续说道：

"在任何一个自由政府的历史上，就行政部门来说，无论是皇帝、国王还是总统，从未有过如此卑鄙、如此明目张胆、如此不合道理地完全破坏政府另一个部门正当权力的企图。

"1865 年 3 月 4 日他在这个会议大厅做出那样的表现，因为那个表现全体国民在地球上文明国家的代表面前受到了羞辱，共和制度也受到玷辱。"

他把安德鲁·约翰逊和历史上受到弹劾的最著名罪犯相提并论。麦克莱斯菲尔德伯爵被定罪的罪行和这个最高行政长官"肆意公开挑衅性地违反法律相比是一桩微不足道的罪行"。即使对沃伦·黑斯廷斯"提出的控告得到完全的确认"，"当和这位被告相比时他将被认为是一个没多大重要影响的犯罪者。"费雷斯——"历史上最大的政治犯"——因为他蹂躏了罗马帝国的西西里岛那个不大的地区，和他比较的话也是一个无关紧要的犯罪分子。安德鲁·约翰逊，这位控方干事宣称，"代替查理一世，"而斯坦顿代替约翰·汉普登。这样描述激起他自己想象出现的那个恐怖的图像，他感到被迫为它发明一种和它本身一样虚幻的惩罚：

"旅行者和天文学家告诉我们，在南方的天空，临近南十字星座，有一个被没有受过教育的人称之为天洞的巨大空间，在那里，人的眼睛借助于强力望远

466

467

镜，也不能发现星云、流星、彗星、行星、恒星及太阳。在那种沉寂、寒冷、黑暗的空间区域，它是已知的通过在别处产生的证据证明它小于无限的唯一地方，天体结构的伟大创造者把这个地方保留在当初的混沌状态之中。假使在这个地球的凡人行为中正义和美德的情操与感情能够证明和保证我们神圣的起源及不朽的命运，它将运用自然力的能量把两个种族民众的这个敌人举起来抛出去，投进那个巨大的区域，在远离他人的永恒状态中作为生物永远存在，或者作为没有生命却又典型的东西永远存在那种人类的救世主所说的'外空的黑暗里'，如果这不真实的话，那么其意在于警告他们自己的敌人，警告他们种族的敌人，警告他们崇拜上帝信仰的敌人。"

继鲍特韦尔先生之后发言的托马斯·A. R. 纳尔逊既是总统的个人朋友又是总统的辩护律师。他们在田纳西州同一个地区出生长大，尽管开始于辉格党时期，然后又在美国其他各政党成立时期彼此对立，但在支持联邦方面他们是联合在一起的。纳尔逊作为内战爆发前夕的一位国会众议员，他激烈地反对由来自南部的多数同事提出的极端议案，同时也见证了来自他家乡州的那位孤独的参议员所做的不对等的斗争，就是反对他们共同的敌人联合形成的力量，随后，在他隐居的时间里，他一直关注那个时候的安德鲁·约翰逊，其人把大量的反叛国民争取过来了，因而又在田纳西州赢得了威信。由于他脑海中存在这样清晰的记忆，他因巴特勒和鲍特韦尔对总统愤慨地说出数不清的指控和辱骂言语而感到震惊，因出现在他眼前这么明显的不公正几乎是不可想象的，作为冲动造成的一种正当义愤的爆发，他的讲话尤其值得注意。

Thomas A. R. Nelson

"安德鲁·约翰逊是谁?"他喊叫道。"当叛逆充斥在这个国会大厦里的时候……那时安德鲁·约翰逊在哪里呢? 正站在这里呀，几乎就在我现在站的这个地方十英尺范围之内，不仅孤独而且还是他唯一站在这个宏伟的会议大厅里，当'残忍的叛逆凌驾于我们之上猖獗的时候'，人们听到他的声音是唤醒国民的声音。你们中的一些人听到过他的发言吗? 我只是在它从国家的一端向国家的另一端滚动传播的时候听到了它的回声。……冒着生命危险以多种方式镇压叛逆的正是他呀——现在却被诬蔑为一个叛徒。……美国总统是谁呀? 是一个极其正直的民主党人，一个宪法狭义解释派的民主党人，一个遵循老杰克逊思想的杰斐逊派民主党人，一个在提名为副总统时就在他写的接受信件中声明过他那种民主政治的男子汉呀。"

他作为起草人于 1861 年 7 月起草的那个决议提出了战争的真正目标，"那是　469
指导他履行职责的示意图，那里有他站立过的讲台。"

"直到 1865 年 12 月美国国会集合开会时，在这个国家辽阔国土的所有地方，从它的一端到另一端，有谁敢于把'手指轻蔑而又缓慢不动地'指着安德鲁·约翰逊说他是他那个党的叛徒，或者说他背叛了任何信任他的人呢？我再说一遍，他忠实地贯彻执行了他认为是国会和自己前任政策的一切东西。他渴望恢复这个联邦。他急于平息风波，治愈使注意力分散、使国家分裂的伤口。如果他在这方面犯了错误，那种错误几乎近似一种天意呀。"

然而，这位辩护律师全然惊愕地大声叫道：

"自从沃伦·黑斯廷斯那个时代以来，唉，自从沃尔特·罗利爵士那个时代以来，从未有过任何人比美国总统受到的诬蔑带有更严厉的谴责。那些能干的控方干事既具有创造才能又精通于恶言谩骂的全部能力，他们被征用来激起你们的感情，促使你们对他产生带有偏见的看法。在他周围激起了一场不折不扣的大骚动。"

"但是，"难怪他骄傲地补充说，

"我今天不得不高兴地向你们这些参议员指出。我希望我的意见将传播到全国各地，在整个审判期间，他更要保持坚定，平静，不屈服，坚不可摧，不可征　470
服，吓不倒，无所畏惧，不要愤怒地对美国参议院说出威胁或恐吓的言语，不要发出使国家淹没在血泊之中的内战威胁；但要对他自己正直的意识感到骄傲，祈求苍天作证他在公共管理中的纯洁动机，请求你们，参议员们，以你们向他发出呼吁的活神仙名义……宣布他没有被指控的那些罪行。"

鲍特韦尔先生提及布莱克放弃辩护的事情激起了这位辩护律师对参议院在阿尔塔贝拉事件上试图向总统敲诈一个有利的决定进行叙述，在叙述的过程中，他陈述了巴特勒信件的内容和它注明的日期 3 月 9 日，[①] 连同这个被揭露的事情，他还提到了安德鲁·约翰逊的一个特征：

"他是一个性情和脾气奇特的人。依照精心安排和正确操作，他或许能够受到和善的引导，但要做到这一点是一件相当困难的事情。虽然他知道在他所处的特殊情况下否认这个声明可能会增强反对他的敌人，虽然他清楚地意识到，可能产生把他带进这个特等法庭受审的强大影响力，它会从联邦的一端到另一端被广泛地加以宣扬，布莱克法官变得厌恶和不满他的诉讼案，是因为完全确信他有罪

471 而抛弃那起案件放弃为它辩护……他下定决心不使用美国的全部力量对在南方那儿抵抗的一个小国开战，但由于他的性情和脾气，在天底下没有任何人和力量可以迫使他去超越他认为是正确的东西一英寸去办任何事情。"

继纳尔逊之后进行辩护发言的威廉·S. 格罗斯贝克是总统辩护律师中知名度最小的一个人。虽然他于 1815 年出生在纽约市，但他却在辛辛那提市度过他从事律师职业的整个活跃时期。他是第三十五届国会的民主党众议员（1857－1859）；1861 年国会的主和派议员；1862 年俄亥俄州州议会的参议员；——这是他公共服务的情况，因为他生性温和、谦虚，他毕竟没有发表过有广泛影响的意见。他是一名律师而不是一个政客——一位喜欢安宁气氛中令人愉快的研究胜于在论坛上大声争论的律师。他在最后时刻替补著名的

布莱克，这次审判他坐在那里自始至终一言不发，显然满足于私人咨询和安静谦逊的准备作用，也许，直到探知四位控方干事将参加最后的辩论时他才想到毕竟是要发言的。当他站起身向法庭发表正式演说时，在可察觉到身体严重不适的状态下，他正经受着痛苦以致在他继续进行进一步辩护之前费森登参议员提出休庭以使他得到缓解。他把这种提议放在一边继续说道——"我担心即使推迟这件事我也不会康复"，因而他一直继续进行到那天诉讼结束的时候。他的辩护是清晰

472 简洁而又直截了当的，没有题外话也没有缺陷。在纳尔逊不能自制的辩护演讲之后立即跟着辩护发言，因而它具有双倍的打击力。他那简洁又令人印象深刻的开

---

① 见本书第五章，英文版第 397 页。

头立刻吸引了法庭全神贯注的注意：

　　"自从我们的政府组建以来，我们已经进行过五宗弹劾案的审判——通过任命一位任职的参议员和四位法官，任期延续终生，表现良好。这不是共和党或者有代表性的政府利用弹劾的补救办法作为惯例控制和管理它选任的官员，也不是明智的政策。弹劾不是为此目的而发明的，它更适合对通过继承或终身任职的方式担任官职的情况提出控告。而共和政府的真正政策，根据我的理解，是要把这些事情留给民众处理。他们组成著名且又至高无上的审判这类问题的特别法庭，他们带着单个的目的庄严地召集起来决定一个官员是应该继续留任还是应该被免职。"

　　我们不能理解他所做的巧妙示范，他正在那里发表演讲的特别法庭是一个普通的法庭，由宪法的条文预先假定是这样的，在我们历史上的五个先例中每一个先例都单独地选定一个法庭。作为一个法庭，除了在他们面前的这些控告条款里提出的那些事情之外不会审判任何其他指控，那些指控必须得到确认，但不是根据"粗俗的名声"或"报纸上的传闻"，也不是根据"党的政策意见来加以确认"，而是"依据只有在这里提供的证据来确认"。甚至也不必提供一个概要证明他的论点。首先，总统有权免除斯坦顿的职务，其次，他有权向托马斯发出授权证书，这是关于证实他真正说过此话的两个命题；"前八项指控条款瞬间不攻自破""它们什么也没有留下"：——我们曾经列举得如此少的那个段落是它的重点。但我们忍不住提到那种令人钦佩的方式，他在回答鲍特韦尔先生的关于立法部门对其他部门具有优势的理论和行政部门在国会一部法令管制下处于卑贱的奴隶状态的理论时表现出的那种令人钦佩的方式。"我们的政府是由三个部门组成的"，格罗斯贝克平静地提出前提。"它们是相互独立的。没有哪一个部门对另一个部门负责。它们对民众或者对州负责。所有这一切都被精心地记载于宪法之中。

　　"那些负责这些不同部门的人由政府的理论体系责成他们各自保管好属于自己那个部门的特权，如果我可以用这样一句话来表述，就是要保护自己那个部门本身免受来自其他人一切可能的侵犯。每个部门，通过最忠实地遵守成文宪法的规定，他们就会做到这一点。""这些部门中居首位的一个部门是总统领导的行政部门。""除了适用于他一般行政职责的誓言之外，要求他发誓尽其所能来维持，保护和捍卫美国宪法。这个誓言只给予政府所有官员中的总统一人。

473

"在我看来，这样一个誓言的条件庄严地强加于他将会使他铭记这个观念，或者说我们任何一个人都要铭记这个观念，它是第一重要的职责，他应该在他所有的行政行为中永远把目光盯在美国宪法上。陷于各种审讯时他应该看着宪法；陷于各种怀疑时他应该靠近宪法；陷于各种困难时他应该在宪法下面寻求庇护。

"鲍特韦尔先生雄辩的'概括性的实质'意见是，'总统只不过是国会的警官，仅此而已；他要把自己放在仅仅执行国会法律的位子上。哎呀，参议员们，这不是宪法的正确解释。他是国家的最高行政长官，负责国家三个重要部门中的一个部门，如果他不保护宪法赋予该部门的权力那才是背弃民众赋予他的信任'，那么应该怎么办呢？'他该无视法律吗？绝不应该。他绝不应该纯粹任性地无视国会可能通过的任何法律。'诚如那位控方干事坚持的那样，'他应该执行所有的法律吗？'

"让我告诉那位先生，回答他在这一点上长长的论证，无论怎样的法律他都没有加以区分，如果国会的一件法案是违宪的，它就不能成为法律；它从来也没有成为一部法律；它绝没有一点儿有效性，尽管它是以国会立法形式通过的，从一开始它就是无效的，而执行它是违反上位法律的，也就是违反美国宪法的，因为宪法宣告与它的规定相冲突的都不能成为法律。

"……

"如果法律被最高法院宣布为违宪，他就不应该执行它。如果那部法律很显然和宪法清楚明确的规定是相矛盾的，无论一部法律怎样禁止总统授予一个赦免状，或一部法律宣布他不是总司令，或一部法令宣布他不能参与制定条约，我说总统如果不去美国最高法院，维持他那个部门暂时托付于他的未受损害的状态，就一定不要执行这样的法律。要是他执行这样的法律，他就是懦弱的，这样做与他的职责实际上也是不相符的。"

但是，"困难并不在这里。困难出现在可疑案件里面。"

"假如是国会第一次解释宪法的一部法令，总统应不应该执行呢？我回答应该执行。假定在有问题的情况下一部法令替代第一次解释的特定法令，与先前长期接受的解释又是矛盾的——按照这种假设我们将要开始处理我们面前的这起案子——该怎样办呢？遵守宪法是总统的首要职责，维持他那个部门完整不受损害也是一项职责，如果现在的一部法令违反了一个在权力问题上长期确立的宪法解释，在要求他执行时呈现出一个合适的场合，以和平的方式，充分考虑公众的利益，在这种问题最高也是最后解释者的论坛上，测试这个新解释的准确性不仅是正确的而且也是适当的。"

辩护律师格罗斯贝克接着证明 1789 年法令是"符合宪法规定的解释性法令"：

"华盛顿批准了这件法案，亚当斯投票支持通过这件法案。杰斐逊持有同样的立场，麦迪逊拟订了这件法案。门罗和杰克逊以及随后的总统全都维持了同样的解释，每一位总统，包括林肯总统，在我们八十年的历史上二十届行政机关自始至终坚持罢免权存放在哪里这个问题的解释。"后来的每一届国会直到第 39 届国会也认为如此。

476

另一方面，1867 年的公职任期法令也是"符合宪法规定的解释性法令"，于是在两个法令之间问题出现了，总统的职责是什么呢？

"所有的总统，曾经担任那个职务的每一位受到尊敬的名人，肯定这一学说：最高法院本身发表了这一学说，第 38 届国会确认这一学说，持这种看法的属于一方而某届国会却属于另一方。人类的辩论就不能暂停吗？人类的判断就不能质疑吗？……我说，他也那么认为，并觉得它是一个简单的宪法解释问题，关于这个问题的解释它是一起适合通过那个比总统更合适也比国会更合适的特别法庭裁决的案件，难道这是犯罪吗？"

"约翰逊先生现在的情况是怎样的呢？他有一个在私人关系和政治关系上与他不友好的内阁官员。"

"他总是坚持那样不与总统沟通；他还是一个第二级的执行官员。这样一来，内阁的团结不复存在了。……这就是那种情况，他自己的情况，不用寻找就强加于他的情况；而且在履行职责方面，正如他想到的那样，要实现他与这部法律冲突的改变，建议使它符合宪法规定的有效性接受测试。

"不过，那位先生说，他在另一个方面执行了这部法律，他改变了自身授予委任状的形式；他依照这部法律而向参议院报告停职。他的确那样做了；而且，参议员们，它是这起案件中最有说服力的证据之一。他没有接受那部法律而是把它撕得粉碎。这是无法无天。为了使它在这起案件中解释成为单独强加于他的东西，除非他放弃自己的信念，不然在其他所有方面他就执行它了，因而也就接受它了。……

477

"他正是试图从他心里拔出那根刺。……你们把它牢牢地扎在那里，现在请你们尽力把它拔出来用于惩罚他。还要做什么呢？他做了一个临时任命仅仅维持了一天。无论你们觉得任何时候合适你们都可以终止它。你们只得着手处理他发送给你们的提名，它是一个很好的提名，还是遵循那部法令采取的行动，然而那个临时任命却像烟一样消失了。"

谈到第十项指控条款，他把那个起诉的样本扔进一个可比照的形状里面，从而使它的指控变得荒谬可笑。

"1798年，我国一些善良的人们似乎很像这几位控方干事一样发挥作用，不过更确切地说，众议院在这种情况下，他们突然想到要把什么起床叫作骚乱行为，这是非常像第十项指控的。"

他一边朗读那部法律一边评论说：

"它是自从政府组建以来曾经通过的最让人讨厌的法律。它是那么令人讨厌以致民众不会根据它来休息，尽管它通过后只持续了三年时间。仿佛他们开始对每一个为它辩护或者与它有牵连的人发出叫嚣之声，迫使他们丧失政治前途。但把那部法律和第十项指控相比是一起很好的诉讼。它谴责了那种沉着而在不激怒或不激动的情况下准备出版诽谤政府文字的行为。……但它是如此不受欢迎以致国会从那时到现在都不敢通过一部与诽谤政府或政府任何一个部门相关问题的法律。

"它已经被众议院保留下来了，通过它的管理人员，以一种更令人反感的形式恢复实行。因而我大胆地建议，乘我们在一个弹劾的法庭上受到谴责之前，对于这个问题我们应该有一些法律根据，因此，我已经冒昧地起草了……我已经针对这次弹劾的第十项指控提出了一件法律草案。"

宣读这件法案使弹劾第十项指控的行为成为刑事罪行，法官本能发出的笑声，这是对此作出的反应吧。

没有对演讲的结束语予以损毁，然而我们不得不做摘录：

"但是，要是说代表几个控方干事最后发言的那位先生，他试图使南北和解与统一恢复遭到失败，在他提出第十项指控条款的意义上我当然拒绝接受它哟——也就是说，把它看作是一种犯罪行为吧。在这一点上，他也仿效先例，踏上有林肯足迹的道路，它是一条由林肯神圣言语的光辉照亮的道路，'要对所有的人献出博爱，不要对任何一个人怀有恶意。'他是这样渴望和解的。他认为战争已经结束。似乎就是如此。战鼓全都不会响了；兵工厂都要关闭了；大炮的轰鸣声必须消除最后的回响；解散军队；在田园旷野没有一个敌人面对我们。啊，他太渴望，太宽容，太厚道了。调解的手向他伸出来了，而他也握住了这只手。情况可能是他本来应该把它放弃，但把它握住是一种犯罪行为吗？善行、宽恕是犯罪行为吗？仁慈是犯罪吗？仁慈永远都是万能的，比火药或大炮更有威力。仁慈是政治才能。仁慈本身是天堂里高尚的政治才能。西奈山的雷声只起使人感到恐怖而又感到不安的作用；他们独自实现的很少；是卡瓦利的仁慈才使人们顺从进而建立和平。479

"我该说这个人什么呢？他根本不是什么理论家，也完全不是改革者。我已经调查过他的经历。他曾经行走在踏平的道路上，也是借助于宪法的启示。在海洋中受暴风雨戏弄的水手转向他的导航之星也比不上这位受审的人艰难地转向宪法之星指引得更加确定。他热爱宪法。他一生都在学习。和你们很多人一样他不是一个有学问的人，也不是一个有学者风度的人，更不是有很多思想或者说不是有很多理论的人，但根据自己熟悉的法律思想他只是一个更认真的人。他是一个爱国者，以爱国主义来衡量他在你们之中是首屈一指的。他爱他的国家。他可能满是错误，我现在不会细究他的观点，但他爱他的国家，他有勇气保卫它，而且我相信如果需要的话他还会为国家捐躯呢。他的勇气和他的爱国主义是无须证明的。……在这个大厅里在那个惊恐的时刻他宣布的意见是怎样为了美好的事业而谴责叛乱啊。但他并不会继续停留在这里。它是一个合意的、受人尊敬的、安全、方便的职位；但要求他提供一种需要更努力、更勤奋也更冒险的服务。他犹豫起来，然而没有开始发言。这对他的勇气和爱国主义是一个考验，你们现在参加审判的一些人判决的多是那些他一无所知的经历。我常常在想，居住在北部的那些人，安全地远离战争的打击和争斗，对那种实际难受的危险知之甚少，而我们居住在边境地区的人是有深刻认识的。我们的视野范围内一直都有冒着火焰棍棒；有时就在离我480们那么近的地方燃烧以至我们的手向那里一伸就感受到它的热度。但他需要冒更大的危险，走进真正的战争熔炉，在那里长期而有效地为国家服务。……

"他将当作一个罪犯被拖到这儿，或任何一个为国家服务过，通过那种难受的考验证明自己适当而又勇敢的人，将依照令人非常难受的专用术语对他们作出判决，参议员们呀，这似乎难以理解，这似乎残酷了一些吧。

"如果他已经犯下任何十分明显的罪行，类似无差别地给全国民众的思想造成了震动，那么就要宣告他有罪，但他已经对国家提供过服务，这使他有权得到友善而敬重的体谅。他有贡献一切的先例，多么卓越的先例啊！出自郑重认可他行为的大量意见传到我们这里来了。我们过去的所有记录证明了这一点。因为他做出过为期一天的临时任命，试图免除斯坦顿的职务可能犯了一个错误，在这种情况下你们怎么能挑出这个人，把恶行的标记加在他的身上，在世人面前污辱他呢？我一眼就能看出这里不能忍受他占据那个职位的一些参议员。你们自己想一想这是不正当的。你们制定这部《公职任期法》提供给总统自己内阁的每一个成员，可是他的整个犯罪行为是他希望自己的内阁和睦与和谐呀。"

作为谦逊的演说家，他到目前为止已经战胜疾病造成的虚弱，走到自己的座位跟前，然后坐了下来，一波敬佩之情传遍了法官和旁听者的全身，又从那里连续席卷到共和国最远的边疆地区，从而使迄今不出名的格罗斯贝克成为人人皆知的熟悉名字。严厉的老伽图——史蒂文斯——很有理由谈及他："星期六那位先生在他的高谈阔论中恳求参议院同情一位古罗马的参议员为美德所作的一切文雅而痛苦的辩护，要担心的是，他的斯文与口才使参议院的注意力转向了那位演说家而不是集中在被告身上。"

事实上，史蒂文斯紧随格罗斯贝克之后发言，尽管他衰弱的身体状态令人怜悯，但他坚决在这出戏将要结束时扮演他的角色。他站了几分钟宣读他的演说词直到被迫在座位上坐下来，在这个座位上又继续念了大约半小时，这时，他的声音变得太弱以至听不到了，巴特勒帮他念完了。如此不屈不挠的决心，我们可以肯定不是来自纯粹爱的展示——在他的作品中没有一点爱的显示。像印第安人战士因年龄原因无力走完征程一样，不会剥夺他分享对俘虏的折磨。作为自己党主要派别的管理者，他必须尽自己最大努力通过他那种令人讨厌的嘲笑行为使软弱落后的参议员保持行动一致。此外，有一项指控条款要求他自己进行辩护。

"我将只论述单独一项条款。"他这么开始讲起来了，"根据我最真诚的恳求最后采纳的那一项，如果要求证明的话，我那时认为，而且现在仍然认为，它作为完全充足的证据足以给这位著名的被告定罪，也足以免除他的职务，这是提出这次弹劾的唯一合理的目标。"

　　由于将要出现"不对个人作出惩罚"的说法，"很显然，完全没有容纳比无论是所称的还是已被证实的定罪必需的轻罪更严重的恶劣罪行或者说可起诉的罪行。如果被告被证明是滥用他的职权伤害民众——对付他的正确方式是要弹劾他……从而取消他正在滥用的职权。""这是什么事，那么被告的动机会是什么呢？""单纯的错误意图，如果在适当警告以后仍然坚持……这就为罢免那位官员提供了完全充足的理由。"尽管如此，他还是指控总统犯有"伪誓就职且又渎职""这种邪恶的罪行"——这至少听起来像一桩重罪。它存在于通过阻挠《公职任期法》的执行违背他就职的誓言；这项指控的特别巧妙之处是它能够与总统写给格兰特将军的信件吻合，史蒂文斯坚持这项指控就是要证实那桩罪行。 482

　　"这些先生无论是哪一个，他可能已经失去了自己的记忆力，代替真相发现了那个产生于象牙门的幻影——虽然谁都不愿在一个英勇军人的话语与一个政治骗子的诡辩之间作出选择——但就控告总统而言，这完全不是实质性的事情。那项指控是，总统曾试图通过把将军牵连到那种安排之中去阻挠《公职任期法》的正当执行，除非总统和将军两人都失去了他们的记忆力而弄错了彼此之间关于承诺的实情，那么这项指控将会得到证明。"

　　但这位控方干事主要担心的是某些懦弱的参议员，由于这个原因他挥舞着他们自己谴责总统的决议，作为悬于他们头上的警告： 483

　　"而现在这个暗杀产物因此对以宪政方式斥责他的全体参议员翻脸，还蔑视他们。他怎么能逃脱法律的正义复仇呢？这等卑鄙的男子，现在站在海湾，被一圈健在的人包围着，每个人都带着行刑者举起的利斧对他进行正义的惩罚。现在对他进行审判的每位参议员，除了像那种已经采纳了他那政策的人之外，投票赞成相同的这个决议，宣布对他作出的庄严判决。他们中任何人会以它违反宪法为由投票赞成宣告他无罪吗？我知道参议员们要是想得到公正意识或文明的舆论赞同会采取任何必要的行动；但既不要为了总统也不要为了别的什么人而将他们自己中的一个人吊在永远耻辱的绞刑架上遭受折磨。必须注明其名字和其子孙名字的恶行之途是多么漫长与黑暗啊！因此，完全不需要预言礼物来预先知道这个不幸牺牲品的命运，没有什么会比正义惩罚更有把握嘛。"

　　没有必要评论紧随史蒂文斯之后发言的控方干事威廉斯的意见，因为除了他说明已经论述过的关于斯坦顿的附加条件之外，他在演讲中表达的意见只是充实了他在众议院提出的关于《公职任期法案》的解释，还重申了在第一次弹劾时多数派报告所提出的指控，他原本就是那个报告的起草人。在这次审判发表的所有

Thomas Williams

演讲中，他的演讲文辞最华丽，属于隐喻性风格，而且在其对被告所犯暴行的描述以及对其进行的人身攻击方面，它甚至比鲍特韦尔先生的指控更夸张更严厉。在所有的控方干事中，他是唯一大胆转向怀疑安德鲁·约翰逊采取反分裂立场具有无私爱国性质的人。"我不会停止查究他抵制南部参议员逃离是不是一个单纯的问题，至于在那个特殊的时候那么适当和明智的一步，他本人作了证明。"他似乎对内阁也怀有一种特殊的敌意——"受信任的顾问""在那么大程度上安慰和鼓励"总统"自始至终采取多种方式进行全面篡夺"。他冷笑着说："那些不允许证明自己意见和建议的先生，我想，要是允许的话，可能会猜到他们那么做对我们的案子也没有损害，他们将会证明这一点。"他遗憾地说："由于倾听了那些有学问的底比斯人否定高贵特权的那些启发性论述，公众已经失去了好奇心。"他对这个机关诬蔑称"这个违法机关，这个赘疣，这个纯粹从腐烂物中生出的真菌病"；而约翰逊的内阁尤其像"一个纯粹的阴谋小集团，它类似于全世界寻找的一些隐秘的阴谋家策划反对民众自由的秘密会议"；"纯粹的几窝法官"用来登记"像现在总统这样专横任性之人"的行政命令。一个演说家大脑想象情形中的那种法官，在这起案子的现实环境中，将向从事审理共和国最高行政长官弹劾案的高级法庭发表演讲，一篇劝诫性的讲话就像下面这样似的：

"如果你们宣告他无罪，你们确认了他最高权力的全部要求，还裁决在任何时候怎么篡夺也不会使一个最高行政长官受审并得到法律制裁，因为你们自己带着作为立法者和顾问双重作用的高贵尊严将拜倒在他的脚下，这还将成为你们其他人行动遵循的做法，我将不说更大的，就说法官那种官员吧。这将是一场战胜你们和我们的胜利，它将激起全体叛乱者心中的欢乐，而你们死去的战士将在他们的坟墓里变得焦虑不得安息。凭借安德鲁·约翰逊兴高采烈地攀登上国会大厦，像胜利的罗马征服者似的，拖着的不是被俘的国王而是一个在他战车轮子旁边被俘的'参议院'，在打完这场伟大的战斗以后他们重新进来占据政府的那个部门庆祝他们取得的胜利。根据证据显示，他已经明确表示，他将为此目的在这里等待你们的行动。但这就是一切吗？不要你们拥抱，我求求你们，在那里放弃所有盲目轻信的幻想吧。这不过是那种结局的开端。如果他的主张得到维护，下

一颗人头将会落下当作与被征服的南部和解的祭品，这将是我们伟大首领的经历呀，通过在战场上击败南部的密集军队而使骄傲的骑士精神变得谦逊，把南部叛乱者的旗帜拖入垃圾堆里埋入土中，最后自己却被暗杀了；跟着发生了叛乱官员归里还乡，进而一种普遍动乱的状态将使他们摆脱重建法律的控制，把过去骚乱的全体观众投入到政治混乱和毁灭之中。"

威廉斯大约在通常的休庭时间结束了讲话，预料埃瓦茨将跟着一位急切的旁听者挤进参议院会议大厅。然而，他们不得不等待，当巴特勒因为阿尔塔贝拉事件与纳尔逊发生冲突时，他把纳尔逊的意见诬蔑为"含沙影射的诽谤"，"是对那几个控方干事和其他没有机会听到这种说法的先生，众议院议员的伤害"。他断言说"他的那种意见"，正像他在信中所称的那样"肯定是在二月初提出的"；安德鲁·约翰逊违反那部给他带来弹劾的法令是必定无疑的。纳尔逊火气很大地站了起来，通过指出鲍特韦尔先生以前讲的典故来证明他介绍的某个问题和审判是那样无关："它是因为那个理由而不是因为我论及它的不同理由，也不带有对那几个控方干事进行攻击的任何意图。"那时他因愤怒而急匆匆地把这事说完了，就再次对巴特勒发起攻击：

"我处在对立面用礼貌与善意对待这位先生，他却在美国参议院的前面用侮辱和愤怒来报答我。这为你们参议员当面评判谁的行为是更适当的行为提供了一个机会，这位尊敬的先生卑鄙而又不实地指责我含沙影射的诽谤，或者说指责我在这里履行我的职责而为美国总统辩护的行为，就这位先生企图制造一个和我相关的个人品性的任何问题而言，这不是制造它的地方。如果他想做这样的事情，就让他到别处去做吧。"

这位辩护律师立即遵守了法庭规则，他恳求参议院原谅，他继续进行解释，坚持巴特勒原信上注明的日期是 1868 年 3 月 9 日，还允诺把所有的原始信件带到法院上去，要求允许把它们交给参议院审理。控方干事洛根站起来声明说，他"在那封信上签署意见很早以前就考虑过有关弹劾存在的任何事情。"那天就这样结束那个突发事件，但我们还是要注意它直到事件结束好了。第二天上午，萨姆纳给主席发送了一项规则宣称，纳尔逊先生使用的语言"旨在挑起决斗""有充分的根据应当受到参议院的指责"；谢尔曼对此表示反对延续到那天的剩余时间。尽管萨姆纳发出强烈的抗议，但还是允许纳尔逊提供那些信件并把它归档，其中包括巴特勒的信件，尽管遭到他和洛根的拒绝，标明日期依然是 3 月 9 日。第二天，萨姆纳的决议案提出来了，雷弗迪·约翰逊提议把它搁置起来；在进行表决以前参议员安东尼询问那位辩护律师在他做的"评论中""向这位控方干事发起必死对决的挑战是不是他的目的？"纳尔逊回答：

审判美国总统安德鲁·约翰逊的情景之一

"我不能说在我的脑海里具体地想过决斗，因为我不是一个职业决斗者，然而尽管如此，就那件事情来说，我的想法是，我将以他决定要求于我的任何方式对这位先生做出回应。我不想由于年龄的缘故要求任何宽免，或者由于显而易见属于参议院的其他事情要求任何宽免。这就是我想表明的一切，我希望参议院将记住在上述情况下所做的这类事情。"

如此具有男子汉气概的坦率，在它仅仅使萨姆纳硬下心来要求再次宣读他的决议时，却感动了大多数人的心灵，因而通过 35 比 10 的表决结果把那项规则搁置起来了。

我们现在从这个不愉快的插曲转到被打断的那场演讲。"威廉·M. 埃瓦茨已经来到华盛顿了，他被誉为纽约州最著名的律师之一，审判期间在伴随的辩论中他很好地维护了这个崇高的声誉。自从 1860 年他特别喜爱提名的总统候选人威廉·H. 西沃德被击败以来，他已很少参与政治活动。美国参议员西沃德派的候选人反对霍华德·格里利，当时的竞争导致了艾拉·哈里斯当选，他没有得到进一步接近联邦事务的途径。当他站起身向法庭发表演讲的时候，所有的目光都转向落到他高挑的身躯上面。至于期待他辩论和口才方面的一些特别事情，就某些方面来说，他的旁听者们并没有失望。

William M. Evarts

由于使他从事于实质上琐碎的辩论，尽管受到理由根据的约束，可以说埃瓦茨的演讲不时地得到升华。假如说它不是完美的，实际上它也差不多达到了经典的高度。它有一个无关紧要的但却普遍存在的缺点——那位演讲者习惯性的倾向使自己卷入对他持续很久的判决中而纠缠不清。然而，由于这个缺点，尽管它在所有辩论中属于最长的辩论——关于它的讲演占用了三天时间——有资格把这篇演说称为一篇卓越的演说。埃瓦茨实际上是一个杰出的律师。毫无疑问，他属于鲍特韦尔先生当作"从事法律工作时已经磨炼了他们的才智但却没有增长才智的那些律师"突然对其攻击的那种人；——那个辩护律师的一个冷笑使他受到了惩罚。 489
不过，假如说埃瓦茨是一名律师的话，他是一名具有哲学思想的律师。他才智敏锐而且具有洞察力，能够彻底搜寻交互螺旋形的最复杂的情况，详细研究最前沿的抽象法律，洞悉它的主要错误而制定最符合逻辑的方案。然而，它同时足够全面地把握及阐明具体复杂性的基本原则，有时显示出敏锐的智慧，通过环绕它的巨大力量投射的光线观察阐明最精确的原因。因此，在目前的场合下，他不仅能够从手段严厉的极细微的起诉记录中强求那个生命，而且通过使它重新陷入它从那里出现的激烈政治气氛中并能够使它分解成基本无效的成分。

　　"美国的一切政治权力都在这里"；他以这样突然的猛烈攻击开始辩护。众议院，总统，参议院，最高法院首席大法官，但在某种程度上全都处于不利的地位呀。众议院和参议院，由于叛乱，剥夺了议员人数满额出席的权利。总统，由于暗杀"处在维持纯粹低于宪法赋予它的权威之下的最后阶段"。"如果总统被判刑……美国将没有总统，"而且"那个被扣押的职责将会被判处由扣押它的那个机关的一个成员履行"。"这个国家清醒思考的民众，""决不喜欢虚假不实，正在考虑的其他事情远不止这些。"他们正在考虑他们的最高法院由于"被国会制定法律的锐利刀锋"切断它的管辖继承权而遭到解散；根据他们的意见选举出来的总 490
统"已受到国会一个分支的控告，将受到国会另一分支的审判，他的职责要求安排好的代理和一次选举"；他的誓言"要维护、保护和捍卫宪法"。"他们根本没有改信国会万能的理论。除了那部法律必须遵守而宪法不必遵守，宪法的地位高于那部法律，他们一点也理解不了这种废话。""当他们听到弹劾这部巨大的机器……已经发动起来时，放在宪法中的这种力量就像刀鞘中的一把利剑，现在抽出来了，他们想知道，总统被指控犯的是什么罪。"

"他们想知道总统是否已经出卖了我们的自由或我们在一个外国拥有的领地。他们想知道，他是否已经移交了一个要塞或交出了一支舰队。他们想知道，他是否已经获得公众信任，是不是把职权变成自己私利了。而当得知这些事情都没有受到指控，归罪，乃至猛烈抨击，他们尚在寻求得到进一步的信息时而被告知，他免除了一个内阁成员的职务。"

他们都很熟知罢免权。就像老太太嚷叫你们是不是消除了她的"全部堕落行为"那样拿走了她心爱的东西，他们中的许多人可能会说，如果你们取消罢免权就是取消他们的政治权力。"他们询问'这怎么变成了一种犯罪行为呢？'"哎呀，491 国会通过了一部称它是严重轻罪的法律。总统"已经免除或者已经着手免除一个内阁成员的职务，而因为这个原因他自己也将被罢免职务。他着手任命一位临时陆军部长，而结果你们将为你们自己任命一位临时总统"。"'那么陆军部长被免职了吗？'没有；他没有被免职，他仍然是部长，仍然拥有那个部门。'使用武力了吗？'没有，它完全是纸上的东西，完全没有进一步的行为"而是变成了最高法院的一起案子。但国会在这一点上中途阻止，阻止最高法院"做出它平静的裁决"而宣布这起案子应该通过弹劾程序来解决。民众不明白这为什么不是万能的国会与至上的宪法两者之间的一个问题呢。

巴特勒认为他面前的特别法庭不是一个普通法庭。埃瓦茨对这个论点所作的分析揭示出了一个更为空想的联系，"无畏的控方干事""知道他能够阻止法庭驳回他诉讼的唯一方法就是排除不受理他诉讼的法庭"。但是他并"没有告诉我们如果它不是法庭，那么它是什么呢"。

"他说那是一个参议院，这是真的，但那没有传达任何意见。它不是一个从事立法事务的参议院；它不是一个对行政事务产生影响的参议院；它不是一个扮演政党领导人召开秘密会议讨论政治事务的参议院；然而问题仍然存在，如果它不是一个法庭那么它是什么呢？"

他回答了他自己的问题："如果它不是一个司法的圣坛，它就是一个牺牲的祭坛"——一个创立"政党仇恨和政党愤怒""残暴邪念"的祭坛。

"如果它不是一个法庭那么它就是一个绞刑架：一个尊敬的控方干事（史蒂文斯）昨天已经这么告诉过你们，你们每个人现在挥舞着一把刽子手的斧头实行复仇，你们已经审问过 2 月 21 日晚上出现的那个冒犯者。"

迄今认为"公开辩论"是处理现在这些问题的正确方法——"要是成功找准它的话，那是一种洞察那种立场的方法"；而不是"由在对立的群体附近把喇叭吹得嘹亮刺耳，敲得铜锣喧天，发出呼喊尖叫构成震动的中国人的斗争方法。"[①]控方干事巴特勒"似乎要重做他在战争期间试验过的实验。"

"空气中弥漫着侮辱性词语，大脑深受恶言谩骂震动。在记录中没有包含不幸、苦恼、受难、鲜血，它们已变成这种混合爆炸物一样的工具。现在我们不仅会幸免于这次震荡，而且毕竟也简化了，它属于'通过从事律师业已经形成才智但没有提高的律师'采用的那种谦逊、朴实的讨论方法。"

这位辩护律师在他的这部分意见中显露的主要目的是从被掩盖的政治因素中摆脱这个实际的指控，以显示它从本质上讲是多么微不足道呀，并且还表明"无论存在什么伴随物、附属物，或者在附近存在别的什么东西"，它们都"完全是政治的，而不是这个法庭或任何法庭享有管辖权的问题，而只是这个大众裁决的 大论坛享有管辖权的问题"。

1. "正式违反一部法规的犯罪行为"，他首先争辩说，"不是可弹劾的罪行仅仅是因为在那部法律的刑事项条款由'严重'这个词的限定。你必须考虑那种处罚的规定。这不可能是一桩国会允许一个法官自行判处六分币罚金或一天监禁处罚的'严重'罪行。"在《公职任期法案》这一规定讨论通过时，萨姆纳"建议，至少最低又适度的惩罚标准是适当的，这将在刑法施加中确保类似某种财产处罚成为必要"——比如说"1 000 美元或 500 元作为下限"，但埃德蒙兹和威廉斯却使它什么标准都没有，威廉斯评论说："这是依据法规创设的一种仅有的罪行"——"与道德败坏不相牵连，而相反却是一种政治犯罪行为。"

[①]　原作者在此处叙述的中国人的斗争方法（the Chinese method of warfare），在索引中变成了中国人的辩论方法（the Chinese method of discussion），这是对中国实际情况缺乏了解的反映。译者注。

2. 他指出，"我们加于假定罪行之上的行动、目的和结果的定义，明确指出整个犯罪行为是正式违反一部法规的犯罪行为。"

"直到 1868 年 2 月 21 日 12 点钟的时候，总统都是无辜的、无可指责的，而在当天下午 1 点钟的时候，他犯了除专用于那些演讲和有关埃默里指控条款之外写满其他所有指控条款的可弹劾罪行。

"除了发布一篇咨文并将它传递出去之外无论什么也没有做，在这种情况下那篇咨文表明了对那件事情的态度，别的什么也没说：我们认为根据宪法规定，总统有权免除陆军部长的职务；国会的法令规定，总统不得免除陆军部长的职务；总统说'我将发布一道正式命令，提出我的行为和那部法规之间，那部法规提出它本身和宪法之间的同一个问题'。……他以书面形式发布一道宪法维护而那部法令否定的命令，如果宪法维持那篇咨文的话它就拥有法律效力，然而它是无效不起作用的，纯粹是虚晃一枪，如果那部法律禁止它，那部法律得符合宪法嘛。"

3. "其他一切都是政治的。"而且在这一点上这位辩护律师提醒注意政府两个竞争部门的实际情况。总统职务现在不是通过赢得民众选举担任那个职务的人担任着，由于这个原因出现了"意见不合、混乱、缺陷及它们自身显示的困难"。而且"总统职务的这一弱点在当前的形势下受到国会中一个超常规发展的政党力量的对抗"——在两院都拥有四分之三多数。"三个反对国会意愿的障碍物"——需要三分之二的得票数才能驱逐一位议员，推翻否决，宣告总统有罪进而将其罢免——都没用了。这两个重要部门反常的、不平衡的状态提供了"停一下仔细考虑的理由"；——你们会陷入它毁灭性程度的斗争吗——涉及"更重要而又更严肃的问题"，"是否依照成文宪法的权力画出分立的界线，对本届政府的两个并列的分支机关之间的防护物提供支持吗？"

"随着这个问题得到解决……一方能够吞噬，而且具有这种实力，将会吞噬另一方，那么美国宪法的平衡力量将会丧失而且将会永远丧失。没有人能够以书面的形式恢复曾经被实际上取消的东西。人类是依据实例进行管理的，而不是依据决议施行统治的。"

"要设法应付一桩罪行，一种过错，一种赢得对弹劾和定罪的可怕机器支持的危险，这种政治形势是对控方干事方面形成压力的主要因素。"

"如果这几位尊敬的控方干事将回到他们的权力之源，如果他们将得到曾经否定他们的东西，一般的和公开的政治指控，说不定它可能是法律上所主张的，事实上也许是可维持的东西；但随后它会被带到这里；它会被写下来；它的各个方面将被知晓和了解，它的分量将得到评估，将作出答复。"

这位辩护律师巧妙地把讥笑转向鲍特韦尔先生"极大的"惩罚方式上来了。他严肃地断定，许多表白自己的人完全不知道任何像这位控方干事描述的那种事实。

"但尽管如此，当他的那些受人尊敬的同事关注着海面上一个无人居住的、并非正式分配给一个特定人或组织的岛屿时，控方干事鲍特韦尔先生更加雄心勃勃，在天空中发现了一个无人租赁的、也没有正式分配给谁的区域，他将会使我们在全能者最后的会议上想到，那是作为惩罚被定罪、被废黜的美国总统而保留的地方。

"我起初以为他的注意力如此'拓展'以致不足以'敏锐'地发现宪法限制了那种处罚；但经再三思考我认为，他是雄心勃勃而又无可限量的人，同样也是合法且又合理的人，因为宪法规定了'免职'而对迁移的距离没有作出限制，所以，如果他不流一滴血，也不拿走他一分钱财产，也不限制他的手足，处罚可能是立即免职，流放到那片天空中去。" 496

但是，因为除了这位控方干事本人之外没有人知道那个空间在哪里，"他是执行法庭判决必需的代理人。"而这位辩护律师为"这位尊敬的有天文学专长的控方干事"画了一幅画像，"把总统固定在他那宽大有力的肩膀上"，他开始从国会大厦顶部飞行，而国会两院和全国民众则高呼"飞向群星！"随着"他通过群星"，"牧夫星座当他自己在他们星火赛跑中赶着他的狗到达天的顶点时在想什么呢？"（原文如此）。

埃瓦茨第二天全天主要致力于罢免权"分配"论战的探究；并在这样做的过程中，他开发了一条全新的矿脉，比他前面的任何一个演讲者都挖得更深。他指出，依据任命权与参议院联合行使所做的对赋予总统的行政权力实体的侵害被看作是理所当然的，这不是由于对总统的任何嫉妒，而是因为"在国会这个机关的全体议员中"关于"人口数量的重要性和各州平等之间的平衡问题上"难忘的论战。而在这一点上正是因为鲍特韦尔先生挑战罗杰·谢尔曼的后人，驳斥那些坚

497 持"罗杰·谢尔曼意见"的人"有他们的根源"。谢尔曼"坚定地维护各州的平
等",这就促使他坚持参加任命,就是说应该与参议院意见一致;而他的反对者
认为这对"行政权力的总数扣除太大",约翰·亚当斯在深信这种参与"将是宪
法保留的那个要点"的状态中去世了。"当你增加这一变化给参议院提供了罢免
权的发言权时……你完全改变了宪法的那个问题。""你一下子打破了行政权和立
法权之间的平衡……你既毁掉联邦选举的总统又把各州平等交托给国家行政权力
任其分割与分配。"

  然而事实上,"罢免权还一直被本届政府的最高行政长官个别地和参议院独
立地认领和行使";这位辩护律师说,这再一次阐明了有关这个问题的一种新奇
的观点。直到《公职任期法》制定的时候"实际的罢免从未由参议院认领过"。
这部法令甚至没有"在那部清楚、单独法令的条款设想中为参议院提供一种由其
参与的罢免权"。"那部法令的设计是要改变职务的任期,以致解职被看作是一个
被分开的独立行为……将从本届政府的权力中取消。"在参议院休会期间失职的
官员可以停职,不能免职。在参议院开会期间,失职者甚至不能停职。无论在什
498 么"公共需要的紧迫情况下",唯一途径是通过"由参议院完全同意任命一个继
任者而由新的被任命者上任证明自己合格有效地工作"才能罢免一个官员。

  "1789 年的立法建设,像通过实践和运用的硬化过程穿入政府的骨骼一
样",——这位辩护律师断定,——"最终胜利的学说是这样的:整个官方事务
隶属的行政行为主要是行政职责的一部分;这被一致地认为属于总统的职责,我
们要当心某些用作转变方向和他们自己说明的精确方法的例外,还要抛弃关于法
律或者关于实施推理的最虚伪的原则,那个例外将要繁育例外或者说是扩大例
外。整体若是失去依据例外能从它里面减去什么呢,然而整体若是保留它的整个
分量就不会这样分别地绝对减少。因此,当这些政治家说你发现行政行为的自由
和它坚实的权威由于建议和同意任命的例外而降低时,你必须明白,这是那个例
外的限度,而行政权力在其他所有方面未受损害,维持不变。"

  这位辩护律师提出的最后一个考虑事项为这个观点辩护证明,"这里所有拥
有重要性而又拥有尊严的人是与政治有关的人而不是与刑事有关的人,或者说适
用于法庭审理",非常充足的理由是,那几位控方干事在参议员面前展示的那种
特别事情作为一种约束他们赞成定罪的庄严保证。如果根据第一个实例中通过的
《公职任期法案》,如果根据第二个实例中推翻总统的否决通过《公职任期法》,

如果最后根据总统无权免除斯坦顿的职务而任命托马斯的决议，那么参议员们在 499
政府的两个部门的争论中已经决定了这个事情——真正的结论是什么呢？当然，
并不是说他们已经预先确定总统犯有"涉及卑鄙和个人失职的罪行！"完全没有
什么司法原则是比这些更加不可改变的："没有什么人应该在他自己的事业中成
为一个裁判员，而且也没有什么人应该在他已经作出判决的一件事情上成为一名
法官。""你们必须把它认作是一个政治行为的问题"——"认作是一个按照你们
的法律地位不可能带给你们审理的问题。"正如"辉格党伟大的、值得信赖的政
治家"在参议院辩论谴责杰克逊总统免除那些保证金决议的时候说的那样："如
果大气中存在谣言，如果将来存在一种弹劾将至的威胁，辩论必将受到压制而那
个决议也不让发表。""同样违背了其他的原则。""你们将要在总统和你们之间的
政府官员瓜分的基础上通过判决。""他出现过失的真正问题是他向你们提出要
求；他被定罪的真正问题是你们有权利对那些事情定罪。"

"我提及的全部要点被看作是一个绝对的示范，美国宪法从来没有强迫那些
受人尊敬的人们进入一个他们是他们自己事业法官的位置，或者他们已经在他们
以前履行职责的过程中表达过一种与此相关意见的位置。……它完全是政治性的 500
意见。所有这些雷云都是政治雷云，它只是这样小规模滴答滴答的下雨声，而那
些违反法规的事情是针对个人的或针对犯罪的。"

我们不会跟随这位辩护律师去逐一细查起诉书的条款。他按照相反的顺序拿
起它们，以第十一项控告条款作为开始，他在这一项条款上几乎没有停顿，进而
以第一项或者说主要控告条款结束，其中他分析了我们已经提供样本的条款。巴
特勒控告条款，像格罗斯贝克一样，他讥笑那不属于法庭管辖的事情。"在我们
国家因为做了一场演讲就要审判重要人物，这真是新奇的事情哟。"什么将成为
适当的标准呢？规则应该对双方都起作用——既在立法部门起作用又在行政部门
起作用。在参议院，萨姆纳称总统是"国家的敌人"。在众议院，众议员巴特勒
和宾厄姆——现在共同事业的兄弟——彼此都辱骂过杰斐逊·戴维斯、福特·费
希尔和萨拉特夫人。他补充说：

"我不能完全肯定，当你们通过一位受人尊敬的控方干事为总统向暴徒所作
的即席演讲，和向法庭所作书面的、准备好的、印刷出来的演讲词之间的区别留
下一些余地时，若非在卡彭特先生作为一位有灵感的画家对你们观看的那个图像
提出的意见中，可能存在一些同样不适当的蛛丝马迹，他的铅笔借助于天意的引

导分配给斯坦顿先生永久的福佑，而分配给西沃德先生永恒的痛苦。"

501　　我们应该愿意游移在一两个令人愉快的轮流辩论之上，举例来说吧，这位辩护律师在那里评说，斯坦顿既根据他的委任状又根据《公职任期法》任职为官，指出总统通过撤销他的委任状——这是他事实上做的一切——应该有权利迫使他求助于他自己未经证实的法定权利；但我们保持克制，催促那个讲演者不要再用安德鲁·约翰逊本人的言语说话。

　　"我要求你们注意到在田纳西州的一所学校里孕育的民主政治，这始终教导他相信宪法不仅必须得到保护而且也应该得到保护；我要求你们要认识到，当宪法处于危险之中的时候，一条确定界线以南的所有男子拿起武器反对宪法，而北部的全体人员也应该拿起武器以政治或战争方式保护宪法，他热爱这个国家及其宪法远胜于他热爱自己的那个地区和由邪恶的叛乱精神许诺给他的荣誉。……

　　"他根本不是雄辩家也不是理论家，不是诡辩者，不是哲学家。就他来说，宪法是他阅读的唯一政治书籍。对他而言，宪法是他服从的唯一权威。他的思路可能不会扩大，他的见解可能不像许多同胞的见解那样具有可塑性，他可能不会想到我们经受住了宪法的考验，他可能无法接受《独立宣言》优于宪法并对它起主导作用。但他坚持宪法，拥护宪法并在宪法的指导下从少年时代起就为那个州服务——为它辛勤工作，热爱它。为了宪法他武器起来抵抗过一个参议院的反对；为了宪法他武器起来抵抗过叛乱的敌军；他每天三次比东部人更虔诚地向宪法鞠躬。"

502　　当法官在紧随埃瓦茨演讲结束休庭以后重新集合时，人们观察到的是斯坦伯里到场了。直至审判进行到第十一天的时候前司法部长才承担起了辩护的主要负担——好多年他不仅在自己的同事中是资格较老的律师，而且由于他也是辞职以后来到他们中间的最接近总统的人。就在那一天——超过两星期以前吧——他病倒了，尽管非常渴望出庭，但自那以后身体一直不够好；他的那份责任移交给了埃瓦茨。大家都没料到他能亲自参加最后的辩论，因此，当看到他的健康恢复到足以拖曳四肢缓步来到参议院会议大厅时，在场的人发出惊讶之声嗡嗡作响。斯坦伯里是一个仪容威严端庄令人难忘的男子。作为一名律师，他富有非凡的尊严和魅力处在自己那个职业的前列。他具有一种善于说服的习

惯，他的声音是悦耳的，他的演说方法是完美的。因为他的正式意见，在共和党的参议员们看来，他是一个特别讨厌的对象；他的雄心是要坐上最高法院的法官席位，他们曾经煞费苦心地阻挠。但是，在这个场合当他带着虚弱和痛苦的征兆使自己站起来发言时，一种富有同情心的寂静突然向全体参议员和旁听的人们袭来；随着这些话语传到耳朵里，每一颗心都怦怦跳个不断地产生反应：

"首席大法官先生，参议员们，在我目前的健康状况下还试图为这起案子付出巨大的辛劳，这看起来近乎是一种鲁莽的欠考虑的行为。我觉得在我最好的状态下很难遇到这种极其激烈的大辩论。细心的朋友都建议我不要参与辩护。我警觉的医生，对我的请求提供了半愿意半勉强的同意，伴有很多恐怕我不会遵守的警告。但是，参议员们，一种不可抗拒的冲动促使我赶紧向前。肉体的确是虚弱的，精神却是心甘情愿的。一双双友好无形的手仿佛在支持我。我听到了其他所有人听不到的声音，或者说仿佛听到了这些声音。他们低声说些安慰的话语，希望的话语，信赖的话语。他们说，或者仿佛对我说：'虚弱的正义战士呀，可别犹豫呀；记住，赛跑并不总是属于迅速的人，战斗也并不总是属于强者；记住，在一个正义的事业中，从小溪里捡起的一块小鹅卵石放入年轻牧羊人的弹弓里就足矣。'" 503

尽管他有决心，但这位辩护律师很快就被迫乞求法庭延期，允许一直休庭到次日。第二天上午，他继续讲了一会儿直到被迫请求允许一个年轻的朋友出庭"通过宣读他的大纲"使他缓一缓劲儿。在开庭的主要时间段里他的朋友代替他宣读大纲，但快到读完的时候他恢复过来自己讲完了结尾。这个书面意见鲜有更新之处，因此没有必要重述；但我们无法克制而利用那位雄辩者结尾的内容向安德鲁·约翰逊表达高尚的称颂。它的最后一段比审判中其他任何发言触及到的雄辩标志更高。

"现在，听一个也许比你们大部分人更了解安德鲁·约翰逊的人讲一会儿：因为他了解此人的机会要大一些。差不多两年以前，当他把我从追求职业生活中 504
召来在他的内阁中担任一个要职时，我受公共责任感的支配答应了那个要求。我来到这里除了斯坦顿先生之外，对他和他的内阁每一个成员来说几乎是一个陌生人。我和斯坦顿是多年的朋友。参议员们，我必须告诉你们，我的所有倾向都是保守的！首席大法官先生，你认识我有三十多年了吧，可以给我作见证。法律不是武器而是我的专业。从我由于在约翰逊先生内阁中的位子受人尊敬时起，所采取的每一项措施没有一个不是我所注意到的，所说的话没有一句逃过了我的注意。我在内阁以及更多私下信任的交谈中和他紧密地联系在一起。我时常看到他受到有害建议的诱惑。我知道，在他周围的邪恶顾问比从前更多了。我观察到他非常焦虑。但在言语上、事实上、思想上、行动上，除了忠于宪法和法律之外，我从未在那个男人身上发现其他任何东西。他像磐石一样坚定地抵制一切滥用自己的权力或行使那些没有授予给他的权力诱惑。在所有困难之中都是坚定的、自主自立的，当受到危险威胁与强烈诱惑时，他只依赖国家的宪法和民众。

"是的，参议员们，我已经把受审的那个男人和很少几个受审过的人看作一样。我认为他的信任被滥用了。我看到他一天又一天地忍受当初要求见面的这么几个人的刺激。没有人会有更大的耐性会见他们。我不过知道发作迟早一定会到来罢了。而当它真的到来时，我唯一感到惊讶的是，它已经拖延了这么长的时间。是的，参议员们，由于他的一切过错，总统已经受到过于严厉的惩罚。不用

505 害怕了，那么，宣告他无罪吧。国家的宪法在他的手中就和在华盛顿的手中一样是免受暴力伤害的。但是，参议员们，要是你们给他定罪，要是你们剥去他的官职制服，要是你们用最大的能力使他降级，预言标志着：民众的强大武装将聚集到他的周围。他们会找到一种方法从你们可能使他降到任何深处的地方重新把他提升起来，而我们也将会活着看到他重新建立声望，要听取民众的庄严声音，'做得好，忠心的仆人；你将会得到报答的！'

"但是，参议员们，要是像我不能相信的那样，几乎和差不多大胆说过的正式批准一样，你们的选票已经被拉走了，总统的厄运被密封了，那么让这种判断不要在这个参议院会议大厅里宣布；不要在这里宣布，在我们最危险的时候，我们的卡米卢斯①在这里单独一人应付阻止共和国进步的敌人；不要在这里宣布，在这个地方他处于不忠的人中间则保持忠诚不变；不要在这里宣布，他在这个地方为了联邦和宪法打过漂亮仗；不要在这个会议大厅宣布，它的四壁留有那时号角的回声，当我们处在最危险的时候，这声音给许多沮丧的心灵带来了希望和安慰，就像一支大军具有旌旗那样具有影响力。不，不是在这里宣布。宁可在这座国会大厦地下凹陷处挑出最黑暗、最阴沉的房间进去宣布，在那个地方从来没有令人愉快的日光进入。在那里建立祭坛献上牺牲品。"

5月4日星期一，大量的人流涌向首都听取那几位控方干事的首领完成起诉。宾厄姆是众所周知的一个既机灵又有说服力的讲演者，其讲演充满用作说服

---

① 卡米卢斯是公元前5世纪至公元前4世纪古罗马的政治家和统帅，因打败高卢人和重建罗马城被授予罗马第二创建者称号，以显赫的战功闻名于世。

效果的习语，爱国诉求和依旧热烈的战斗口号。此外，他拥有令人捧腹大笑的恶言谩骂的储备，这是他能够突然装出愤怒的瞬间致使人们乱哄哄地觉得受害者应该遭受谩骂而具有惊人的效果。因此，那些更热心的弹劾者挤满了走廊倾听他用西部的作风战胜过于庄重的柯蒂斯而又压倒学究气太浓的埃瓦茨；除此之外，尤其是"在他严厉指责'安迪'时听其演讲以飨他们自己的耳朵"。

John Armor Bingham

然而，摆在他面前的任务绝不是那么容易的事情，因为此前保持没有受到来回三四次翻来覆去地讨论或检查的单个论据论点连一个没有，而他自己却为一种不能妨碍自己同事的严重不利条件所支配。在这几位控方干事之中（除了威尔逊，还有他也没有参加总结），唯独他反对过第一次弹劾行动，至于第二次弹劾行动嘛，他在委员会审议中就把它扼杀了。巴特勒、鲍特韦尔、史蒂文斯和威廉斯对清除进入视野的众议院不利表决作出那一长串已不起作用的指控没有顾忌，因为他们真的相信众议院推卸过它的责任，而在这些指控里包含有总统的真正罪行。但由于宾厄姆投票赞成这些指控要么是未经证实的，要么是不值得行使弹劾权的，因此任何此类阐述的许可已被叫停。他至少是由于非常羞愧，必须把自己局限在谈论法律和证词的范围内，而不允许在自己投票宽恕的、已与自己无关系的罪行中间迷失方向。然而，尽管有这些不利条件，这位控方干事却证明胜任其职责。说实话，他生来就享有两大才能，这或许使他意识不到任何困难。他会对任何话题做长短随意的谈话，而他的自负是那么毫无限制以致失败的可能性从来没有进入过他的脑海。对于他相信在这起讼案中自己的观点

507

和根据会不受干扰影响而滔滔不绝地讲出来，这并不是一个必要的前提。我们可以同意巴特勒、鲍特韦尔、史蒂文斯和威廉斯具有某种程度真诚的看法，因为他们无论如何都认为，安德鲁·约翰逊是犯了一大堆他应该被赶下台的罪行。如果他们认为在现在的案子中和通过记录作出的指控不一样，毫无疑问，在这起案子中他们相信记录之外的罪行。因此，他们的发言，至少在某些部分存在真正的竞赛。至于宾厄姆情况就不是这样了。他对第一次弹劾行动的投票情况和他积极反对第二次弹劾行动证明，直到 1868 年 2 月 21 日，他认为总统没有犯过可弹劾的罪行；而他还独自坚持 2 月 21 日的那些行动不是引起行使弹劾权力的那种罪行，这是比宾厄姆更激进的议员直率承认的事实。

把宾厄姆的讲话作为一个整体来分析证明这种观点是非常公平的。那种想法正不断重新浮现在读者的脑海里，这位讲演者在内心里不相信他现在说的事情。这篇讲演稿充满被告从未促请考虑的自命不凡的破坏主张，充满大量现在避开的

尚未解决的问题，充满没有证据支持而又没有驳倒对其驳斥的重复命题，关于那些命题的任何东西伴有不存在丝毫怀疑的响亮声明却没有留下任何不利于被告的东西。在他演讲开始的时候，他声明自己"丝毫不以纯粹的党派精神，丝毫不以怨恨的情绪或成见"来参加这种辩论；然后就立即开始证明刚才所作的声明是假的，他把"1865 年 3 月 4 日安德鲁·约翰逊在这里利用参议院讲台表演的可耻一幕"带到法庭上审议；——一个与此问题不相关，在证据中也没有包含的事件，除了最有敌意的党羽没有人会让自己提及这件事情。在一定程度上，他确实尊重他在以前的投票中提出的限制，没有进行长途追赶溯及到 1868 年 2 月 21 日以前的事情。不过，他不会受到那个重要日期的束缚。他不能回去，因此他就必须前进。受阻于过去，他进入未来。根据这位控方干事的说法，参议院正在审理的罪行不是总统在 2 月 21 日所做的事情，也不是在那一天之前所做的事情，而那种罪行是由他现在提供的辩护构成的。

"事实是我们正在裁决这个既无视美国宪法又废止美国法律的问题，不管总统是不是随心所欲，还是他没有以他的职务去冒险，由于他行使职权处理公务的重要行动，在我们的国家形成了政治混乱。……

"无论这个会议大厅外面的煽动者对此说些什么，无论保留在这个会议大厅里面的辩护律师对此说些什么，问题就是这样；历史记录的天使已经把它打造成磐石般的过去，永远保留。参议员们，在这个问题上，你们和全体众议员将交给未来的特别法庭来裁决好坏。问题就是这样。这就是它里面存在的一切。这是弹劾起诉书中包含的东西。这是起诉条款中包含的一切。不管专用名称，不管律师的戏法，不管总统的辩护在这一点上提出多么琐细的辩解，问题就是这样。这是安德鲁·约翰逊犯罪行为的要害，他认为他自己在行使宪法解释的特权，还随心所欲地对那部法律的有效性作出决定，暂停执行其条款进而放弃其条款的施行。……已听说这样延长的讨论耗费了一天又一天，一周又一周时间的那个人，不明白这是在参议院的听证会上做出的既清楚又简单的命题，如同为总统辩护坚决主张的那样，甚至是一只画眉鸟也会觉得可怜的那些不幸者中的一个人，上帝在他的深谋远虑中拒绝对他采用我们称之为推理以显示智力才能的惯常措施。"

他声称，这种辩护意味着，这些法官最终在归属于众议院最后弹劾的权力和归属于参议院审判的权力之上有一种监督的权力。"蔑视任何在这里或其他地方成功对这种观点挑战的人，基于这个命题我愿意承担责任。被告采取的立场意味着这样或者意味着无关紧要之事。"第一天一整天，他都在这种极恶的辩护问题上变来变去打转转，讲个没完——"在我们的历史上第一次提出这样荒谬的辩解"——在像这样的一封短信中达到了他理解的顶点：

"根据这个假设，宪法本身以及法律任由他来摆布，而美国民众将会在他们自己的国会大厦里准备行动，因而在受到嘲笑与嘲弄时，依照宪法的明文规定，510 他们把他带到参议院的法庭里来为这样的罪行负责，源于上帝之手的这个星球自从在它上面犯下第一桩罪行的那个时刻以后，没有人曾经犯下比这更大的罪行；这种罪行用灰色的暗淡和美好东西遭到可怕的毁灭掩盖一种男子气概的表情，而用同室操戈身败名裂的污渍掩盖另一种男子气概的表情！"

这种荒谬的主张"就是那个答辩，那个完整的总统答辩。"这不可能是另外一种答辩。这在他的答辩中写着呢。这在他的辩护律师印制的答辩中写着呢，它就放在你们的桌子上。世人是无法逃避它的。这是它里面存在的一切。"

宾厄姆大胆地否认总统能够以保护宪法为由来证明反对法律是正当的，这在任何情况下，无论多么极端，都比他的任何一个同事冒险走得更远；——例如，宾厄姆甚至也不反对"一部宣布约翰逊不必充当军队的总司令的法律，不反对一部宣布他无论在任何情况下都不得行使赦免权力的法律"。但总统在任何情况下都是要干预的，把废除那部法律看作是为老百姓要做的事情。约翰·A. 宾厄姆带着谦虚的样子谈论托马斯·杰斐逊，杰斐逊在这个问题上的意见碰巧和他自己的意见是明显冲突的：

"我不愿对杰斐逊先生加以谴责。我非常清楚他并不是我国宪法制定者中的一员。我非常清楚他不是美国最高统治权结构建造者中的一员。虽然他对美国民众从英国统治者的控制和支配下获得解放作出了很大的贡献，有功于自己的国家，是《独立宣言》的作者之一（！），但我非常清楚地知道，他在这个问题上的 511 意见如今不会被美国民众的主体接受，在我们既有权威又给人深刻印象的作者提出的关于宪法原文的意见中也找不到它任何位置。"

我们不能依照这位控方干事对控告条款和证据的评论而追随他；他根本没有揭示出什么新奇或值得注意的东西。事实上，这不是听取控告条款的说明或罪行的实证，在走廊里、在大厅内的场地上，他的热情崇拜者兴高采烈地追随他度过了漫长的三天时间，四处走动赞美这个表演完全是"一场精彩的演讲"。讲演者增大音调随着他一声高过一声"我要求知道"的累积而使他在无比自信方面升得越来越高，他优美掠过的手势使人佩服他在一种瞬间胜利喜悦状态下空洞的推理思路。哎呀！如果没有读者，所有这些肤浅的附件就不会存在，而这场演讲的全部价值仅仅在于它无趣的本质。为了与一场类似柯蒂斯那样具有接近精练逻辑性的概论进行比较，或者与格罗斯贝克那样的公开辩论简明扼要论证的范本进行比较，或者与埃瓦茨那场富有哲理的演说进行比较，都是无法相提并论的，因为它属于一场不同种类的演讲。另一方面，把它与他合作者的意见进行比较，它低于鲍特韦尔先生安排其命题那种具有政治家风格的方法；与它引起的所有敌意进行比较，它没有史蒂文斯演讲那样具有真正激烈的能量；尽管其爱国热情频繁地爆发，它并没有升华到我们在威廉斯的美词华句下依然能够觉察到的那种感情高度；与挥霍它最充满热情的恶言谩骂的空洞语调进行比较，它缺乏巴特勒那种适合于自己毫不含糊认真打击的气势。

512

俯瞰这篇演讲的独特论点、详细内容和主要目的，正如我们已经指出的那样，是针对那个讲演者污蔑为"荒谬主张"的，由总统提出的在法庭里测试那部法律合宪性权利的东西。他以对它进行猛烈攻击开始，以最后不顾一切地归咎于它结束：

"我问你们，民众通过战斗从而维护了他们自己的宪法和法律至高无上的地位，要是仍然允许他们的总统暂停他们的法律效力并且随心所欲地免除属于它的执行，而且藐视民众把他交给宪法授权对其审判的唯一特别法庭加以审判和惩罚的权力，难道这不是徒劳的吗？由这些控告条款提交给参议院裁决的问题就是这样的问题。"

这是同样的辩护，他继续说——这种废弃法律的权利——查理一世和詹姆斯二世提出要证明自己篡位是正当的。一个丢掉了脑袋，另一个失去了王位。这样的辩护的确"应该使安德鲁·约翰逊失去他的职位"。

"愿上帝禁止未来的历史学家记录这一天的诉讼程序，由于民众的立法力量未能击败一位变节的总统通过对不尽职的美国参议院所做的篡权行为，美国正义而伟大的最高统治权结构将从地球上崩塌而被毁坏！……原谅我讲这件事；我讲它绝不是处于冒犯的心态；我讲它是出于一种责任感，我只是表明我自己深信，还希望将它写在档案上，就全体参议员来说，要维护任何这样的辩解，在我看来，都将是维护一个已经任性违反宪法和法律的人所做的一桩严重违法的罪行。……我要求消除这种可能性，美国参议院，与世界上任何特别法庭处于同等高贵

513

的地位，即使在这样的被告、犯罪总统的陈情书和祈祷之上也能够记录任何这样的判决。……我要求你们考虑我们今天站在五十万爱国英雄烈士的坟墓旁边为那部遭到违反的法律具有的最高权威而辩护，烈士们为了我们的国家、宪法和法律牺牲了他们的生命而死得完美，他们通过自己崇高的范例教导我们，一切必须遵守法律，没有任何人能够凌驾于法律之上，谁也不能只为自己活着，但每个人活着就要为全体民众服务；一些人必然死去，国家可以长存；那个公民充其量不过是为现世而活着，而联邦却是与世永存的，地位，无论多么高，保护，无论多么得力，都不允许庇护危害共和国的犯罪行为。"

　　这样的结束语，事实上缺乏任何真正激动人心的精神力量，却使拥挤在走廊的人们狂乱起来。对于格罗斯贝克和斯坦伯里两人极重要的结束语他们反而默默地听着。现在，他们爆发出一片赞扬的喧闹声继而出现了混乱的现象。无论男人还是女人都站起来欢呼，拍手，挥舞手帕。最高法院首席大法官要求遵守秩序的514呼吁招致阵阵嘲笑，嘘声连连表示不满。勒令走廊清场，而法官们却静静地坐在那儿黯然失色，当民众，带点内疚的无辜者——甚至连新闻界的记者——被慢慢地赶了出来。从而结束了这场著名的审判。这起案件现在整个儿收回到法庭的内部处理。第二天，在紧闭的大门后面，一条规则被采用了，确定 11 日（星期一）审议起诉书，接下来 12 日那天进行最后投票表决。

　　[本章包含的陈述和摘录的引证当然是审判的官方正式报告，考虑列出一份更具体的参考书目没有必要。]

第七章　判决无罪

515　　共和党为了选出提名格兰特将军为总统候选人的全国代表大会的代表，5 月 4 日在新罕布什尔州召开代表大会，沃什伯恩向代表大会发去一封电报称："宾厄姆正在发表一场精彩演讲。看起来一切顺利。'宪法'将得到维护，在本周结束之前要使那个懦夫退出白宫"；而巴特勒也把类似喜讯转换成诗歌形式以使这个代表大会欢悦："那个大障碍物的解职是无疑的。韦德与成功肯定会伴随着苹果的花朵到来。"但大多数领导人对这个行动成功的信心不是那么自以为是。巴特勒自己也多半相信他得意的指控将不得不被丢弃。有关埃默里的那项指控条款，几乎普遍承认，它也被无法恢复地推翻了。即使是关于共谋的指控条款，就它们的命运来说将依赖于宾厄姆的花言巧语，因为他在关于暗杀的"阴谋审讯"中取得过值得纪念的成就而被尊为处理那种犯罪的专家。在辩论结束之前普遍认为，就定罪而言，起诉方必须依靠试图免除斯坦顿职务和任命托马斯的相关指

516　控，包括前三项指控，要是万一倒霉的附加条件阻住了定罪的路径，那么依据神秘的第十一项指控，它在最后时刻被编制出来就是为了应付这种紧急情况。

　　几位特定的参议员是非常不安的。回顾法庭组织时的情形和审讯期间做过的几次测试投票表决，经过仔细地研究，在这起案件检举结束时，共和党的政客们能够清楚地判明有 29 名参议员将在一两项条款上表决判处总统有罪，这还包括韦德迄今放弃他自己应投的一票。剩下的 13 名共和党参议员，他们投票的倾向在大多数情况下是有利于总统的，因此疑云就落到他们对最后这个问题的态度上了。在陈述结束时出现了一个接受内阁成员的证据是否要服从于详细审查结果的问题，当表决结果出现赞成与反对双方的得票数最接近的时候，投票反对的有 26 名参议员，再加 5 名没有投票的参议员（康克林、莫顿、奈、萨姆纳和韦德）构成 31 人，被算作是坚定支持定罪的成员。但在此基础上再增加 5 名参议员是完全必要的。在 11 名投赞成票的共和党参议员中，反对这项谴责总统决议的费森登，几乎放弃了定罪的希望；格兰姆斯和特朗布尔是不受外界影响的；安东尼是最高法院首席大法官的一个亲密的朋友，而斯普拉格则是他的女婿；谢尔曼相反地忠于有关内阁的附加条件；两名西弗吉尼亚州的参议员在重大问题上有站到对立一方的习惯，亨德森、福勒和罗斯是沉默未表明态度的，而总统的辩护律师和那几位控方干事都要求他们投票支持自己一方；然而绝对必需的五票必须从这

些人中得到。

　　共和党众议员一开始绝没有做出过任何秘密策划拿党的影响力对法庭成员施 517
加压力的行为。参议员、众议员、官员、谋求官职者、党魁和党的领导人举行秘
密会议，在会议上把审判的结果和期盼党召开一次下届总统提名大会的秘密预备
会议等有关事项全都放在一起讨论。说实话，和在芝加哥召开的会议是共和党促
使格兰特将军就任总统职务的一次代表大会差不多，整个弹劾审判实际上是共和
党促使安德鲁·约翰逊退出总统职位的一次代表大会。的确，多数派参议员中只
有几个人认为他们自己必须置身于法庭之外避开讨论这起案件的价值。在弹劾投
票表决那天，在众议院的讨论中看到一些参议员到场敦促众议员们要尽到他们自
己的责任；在审判期间一些参议员在那个问题上注意到有的法官不可靠，于是把
他们记在名单上以便敲诈其发表意见声明。当审讯结束的时候法官将要秘密商
讨，尽管做了每一个强求，笼罩在坚持保持沉默的那些成员上面的悬念已经增强
到了这样一种程度以致抛弃了最后一点礼貌的迹象，参加秘密会议组成广泛的联
合强迫不可靠的法官服从自己党的政令。侦探秘密地监视他们的住所和最高法院
首席大法官的住所。间谍混杂在他们经常光顾的社交圈子里，捕捉一些不留神泄
漏的信息，还雇用代理人用各种强求的方法纠缠他们以暴露他们的真实意图。他们 518
的选区鼓动其选民从家乡威胁他们；从各个地区寄给他们的信件充满政治放逐的威
胁，如果他们发生背叛的话甚至会受到暗杀的威胁。成群的专业投注者蜂拥来到华
盛顿，并在 11 日之前的那一个星期内，大量赌资押在那个结果——赞成无罪判决
的可能性上。8 日，史蒂文斯提出一件议案，根据阿肯色州政府非洲化的现实而接
纳该州，当少数派抗议在他们有时间审查该州宪法之前试图使它得以通过时，他承
认："我现在提出这件事情有理由认为它是不适当的也是不必要的，有人会问为什
么要审议这件议案，而且还要在下星期一之前通过并送交参议院呢"；最后采取向
法院增加另外两名参议员的措施好像是必需的。

　　星期一（11 日）在走廊清场大门关闭以后，最高法院首席大法官宣读他应
参议院请求对弹劾的几项指控条款提出问题的方式准备的一些意见，在其他事情
中间，在那些意见中对一项建议作出的反应是，第十一项指控条款将分成若干款
项，然后再一项一项地进行投票表决，他声称"发现自己无法把那个条款分开"，
因为"几个事实是如此相关以致它们只能作为一项指控，它们指控的被视为构成
了一桩轻罪"。按照最高法院首席大法官的说法，"指控的唯一实质性的问题"， 519
"是试图阻止《公职任期法》的执行；而其他的事实要么是作为介绍和证明总的
目的提出的，要么是作为说明图谋促进该企图的方法提出的"。这件事情得到了
处理，萨姆纳奋力推进他前些日子（4 月 25 日）提出的一项规则，规定假设定

罪，随后必须立即宣布免职的判决，但"任何进一步的判决应该依照参议院的命令进行"。他还对这项规则提出了一件修正案，"任何进一步的判决"，即，没有资格担任公职，它的施加是参议院的自由，这"应当由出庭的大多数成员决定"。总之，这位高等法庭的法官已经设计出一种方法来剥夺这位被定罪、被废黜总统的最后资源——求助于民众。这项提议的规则是一直争论到确定为最后商议判决的时刻（十一点钟），当对它的行动必须暂停时，这个问题也就没有再次出现过。从已经提及的那个时刻起直到晚上十一点钟为止，除了在下午大约两点钟的时候休会 20 分钟和在下午五点半的时候休会两个小时之外，诉讼行动隐藏在几乎难以渗透的保密状态下进行，与此同时参议院各个紧闭的大门周围人潮涌动成为全国民众焦急浓缩的象征。根据规则，每位参议员可以对指控条款发表意见，但发言不得超过 15 分钟，而且仅限一次；不过，他可以在投票表决进行以后的两天内提交书面意见。已作出努力通过允许正式的报告记下各人发言以确保讨论最终公开透明，但参议员们不会同意；所以，个别参议员参与了什么活动，他们中任何一个人说过什么话，都只能从报告中搜集，差不多是可信的，在那个时候流行的意见，很少存在后来提交提供的迹象。在两次休庭的休息期间和午夜会议结束以后，被放出来的参议员们受到了恳求得到消息的好奇人群的困扰。而那些坚定分子，他们的意见是众所周知的，他们自己积极从事选举活动，他们很少去促使联合，保守特别法庭的秘密也不谨慎。第一条泄露出来的具有吸引力的消息是第一项指控条款处在危险中。谢尔曼已宣布，面对他的档案记录他不能投票赞成第一项指控条款；豪继他之后也发表了类似的声明。据报道埃德蒙兹和斯图尔特当时出来支持第一项指控条款；但这个报告的影响立即被范温克尔和威利同意谢尔曼和豪两个人意见相反的报告压制了。总统的信心增强了。在发送的许多描述情况的电报中，其中的一封作了如下的描述："恶魔现在接近参议院了。"其后传来了决定性的消息，费森登、格兰姆斯和特朗布尔在所有的指控条款上都发表了有利于总统的意见。在两点钟休会吃正餐饭时，探知的消息是，尽管谢尔曼和豪在第一项指控条款上背叛共和党，但在其他几项指控条款上支持定罪，还有谣传说，威利将投票赞成第二项指控条款；因此，出现了一个瞬间的反作用，但不久传来的可信消息是，亨德森在他发言时间用完被终止讲话之前发言反对前八项指控条款。当参议员们蜂拥而出去吃正餐时看到了亨德森，他与最高法院首席大法官，雷弗迪·约翰逊和斯普拉格一起坐上斯普拉格的马车，他们全都乘车到了最高法院首席大法官的住所，亨德森在那里吃饭。一些弹劾者的精神情绪低落了。"我们被出卖了"，巴特勒进入众议院惊呼，多数派呈现出恐慌的预兆。他们渴望休庭越过全国代表大会（20 日召开），以便让议员们出席，但是他们现在处于不确定境地的情况下，他们不知道应该怎么办。首先，由于出现平局时议长投的一票，他们休庭越过代表大会的决议被搁置起来了。然后他们促请对它重新加以考虑进而由于超过一票的多数采纳了那项决议。史蒂文斯报告了重建委员会的法案，要求接纳北卡罗来纳州、南卡罗来纳州、路易斯安那州、佐治亚州和亚拉巴马州；它是为下周星期三做的特殊订单，因此期待再增加十名参议员，还有来自阿肯色州的两名参议员，明天就会出现在法官的眼前。在夜间开庭期间，泄露出来的消息是，哈伦、康内斯、波默罗伊和莫顿强烈地表达了根据主要指控条款定罪的意见；但这是预料之中的事情，并没有消除普遍的不安情绪；然而，和这个报告一起传来的另一个消息是，福勒谈论指控如此不可靠以至于几乎等于放弃定罪，还有罗斯保持其持续了一整天有相同预兆的沉默。午夜时分，使弹劾者确信的是，尽管有蔡斯的不良影响，安东尼和斯普拉格至少在一项指控条款上支持定罪是可靠的，但即使有了这些参议员，如果不包括威利和罗斯，他们还是不能拼凑出一个绝对必要的 36 人名单。那天晚上无论是众议院还是参议院，弹劾的领导者都没有睡觉。霍华德没有参加秘密会议，宣布的消息说他的病太重，明天不能出庭，正如他们现在看到的那样，如果没有他的票他们不能得到必需的三分之二票数。因此，休庭是当务之急；在此期间，来自各方面的巨大压力立即用来对每一个仍有一点争取希望的参议员施加压力。

522

12 日在全体法官集合之前，到目前为止延期还没有正式确定延至什么时候，国会中来自密苏里州的共和党众议员照例纠缠他们州立场倒退的参议员。约翰·B. 亨德森，1860 年他是一位道格拉斯式的民主党人，1862 年被派遣到参议院填补因投靠分裂分子被开除的特拉斯坦·波尔克所造成的空缺；并于次年当选成为拥有一个完整任期的参议员。他这时已经是共和党多数派参议员之一，在1864—1865 年冬天支持林肯总统接纳路易斯安那州和其他重建州的打算，然而这个意图被萨姆纳施展的策略挫败了。因此，他在自己的州随后剥夺白人公民权、给予黑人选举权期间至少保持了他残存的保守倾向。作为一个能力超群声誉没有污点的人，他渴望在行政机关和自己的党之间保持和谐；从未放纵过总统滥用权力；他自己最早参与，由他本人首创制定的一项政策是，允许各州调整选举权，规定选民资格不能因种族或肤色的理由而存在差别，只服从宪法约束；他在参议院的演讲，虽然公正不太可能由于受到共和党的责令而失真，但在某个方面与他冲动的同事所作的演讲及狂热的激进分子假造他的密苏里州选民发送到众议院的那种不计后果的东西相比，他却提出了又新又令人喜欢的意见。可是，用心观察他职业生涯的人能够发现，他的保守主义无前兆地临时丢弃了，在关键时刻来临时，这位参议员经常投票支持他在发言中并不赞成的议案。他似乎受到了他

523

的密苏里州形势变化的牵制。他说过他不相信类似"自由民局法案"那样的立法，但他却投票支持它。《第十四条宪法修正案》与他非常喜爱的有关选举权的补救措施背道而驰，但他还是支持这条修正案。像驱逐斯托克顿这样不公正的事情，他畏缩不前没有给予积极的帮助；但通过投票反对延期他却间接地促成了驱逐的成功。而他投票支持，外加种种责备作为搭配，对于涌入他家乡密苏里州的狂热者来说，他最终没有什么益处。他的任期在明年春天届满，他必定已经意识到他的密苏里州议会将选出一个比他自己声称的还要更加大胆的激进分子。他在524 弹劾问题上的行为是他在自己令人为难的处境上面另加思想闹情绪的象征。在不同意斯坦顿停职的问题上他没有投票，而是表示他喜欢和亨德里克斯配对。关于那个宣称总统没有权力免除斯坦顿职务的决议，他没有投票。在审判期间，对于赞成和反对证据可接受性的测试投票，他总是与保守派站在一起。自从出现势均力敌、不分胜负的情形以来，他曾向一两个赞同弹劾的人表示过他相信总统将被定罪，而且，虽然他不会赞同主要的指控条款，但他打算投票赞同第十一项指控条款；在秘密开庭之前的那天下午，正如我们已经看到的那样，他用了 15 分钟时间发表反对前八项指控条款的意见；第九项和第十项，可以预料的是，到了他的手里也得不到更好的结果。他去蔡斯家吃饭的事情在那天夜里变得重要起来，人们在早晨认为事情是这样的，把他拉到那里的那架马车是蔡斯雇用的一架出租马车，这架车拉的还有另外四位参议员——费森登、特朗布尔、格兰姆斯和（因为它指明的人不同）福勒或范温克尔——他们也从最高法院首席大法官雇用的马车上下来，也在他家吃了饭；在和主人商议组织第三党有关问题的时候，客人被强劝喝葡萄酒，还要求接受反对弹劾的意见。[①]

蔡斯与他宴请的费森登、特朗布尔、格兰姆斯、福勒、范温克尔和亨德森等客人

情况就是这样的，亨德森表达的前述意见如此模棱两可，来自密苏里州的八位共和党众议员中的五人和密苏里州议会的一名议员很不放心，12 日上午相约525 一起前去见他，他们拥挤到这位摇摆不定的参议员的房间里。他们告诉他，他在

① 《纽约太阳报》5 月 11 日通讯。

弹劾问题上采取的立场和他们州"联邦"党近乎一致的愿望是相反的，他们担心会在宣告总统无罪之后跟着发生暴力和流血事件。根据亨德森在答复中提出的主张判断，他们使用如此蛮横的语言以致他必定会失去自身的清醒与冷静。在告知作为一个君子他不能采取和自己曾在参议院对前八项指控条款表达的意见相反的立场进行投票以后，根据他的意见来看，他并不缺乏充足的理由反对第九和第十项指控条款，仅对最后一项指控条款还拿不准投赞成票呢还是投反对票，让他们赶快为自己任命一个继任者，到了下午四点钟，他们开始对一位参议员产生了好感，他的证书将及时送到这里以便星期六投票使用（没有正式决定那天法庭休庭）。自然做过一些探究，无论新的被任命者是否允许对判决投票表决，在审讯期间他都没有到庭参加听证会；看来这位参议员确信在这一过程中授权新代表是合法的，在这个问题上也不会出现任何困难。然而，这几个众议员对这一点并不感到满意，并且抗议说，他们不希望他辞职，他们想要的是他的选票；在他已经表达意见的那几项指控条款上，他可以保留自己的表决权，但在第十一项和其他任何可以赞成的指控上他能够投赞成票。这位参议员要求他的朋友们离开，他们几个人自己进行磋商，然后向他建议，在那种情况下他们认为做什么合适。按照这个奇特的要求，来访的议员退出这里去号召他们帮助自己的同事，当天上午发送了下面这封信件： 526

美国参议院
尊敬的约翰·B. 亨德森先生：

　　根据来自密苏里州的几个共和党众议员磋商达成的意见，鉴于你对弹劾条款的看法，我们要求你对任何不能投赞成票的指控条款不要投票。提出这个请求是因为，我们认为美国忠诚民众的安全需要立即罢免安德鲁·约翰逊美国总统的职务。

乔治·W. 安德森、威廉·A. 派尔、本杰明·F. 洛恩、C. A. 纽科姆、约翰·J. 本杰明、约瑟夫·W. 麦克勒格、约瑟夫·J. 格拉夫利等乡友敬上
1868 年 5 月 12 日于华盛顿

　　法官在定期的开庭时间集合了，亨德森坐在他的法官席位上。钱德勒宣布，他的同事（霍华德）昨天一整天神志不清，现在病成这样以致无法出庭；接着，正如预料的那样，法庭一直休庭到星期六。那天晚上，在亨德森和他的众议院同事（安德森除外）之间举行了又一次会谈。这位参议员告诉他们，要是他们不希望使他遭受感到不快的羞愧和屈辱，他将会依从他们的要求。他们同意重新考虑他们的要求，但仍坚持认为，如果感到这一票对于确保定罪是必不可少的话，职 527

责需要参议员在指控的一桩罪行上投下支持定罪一票。亨德森指出了照顾这个建议的困难；参议员们是那么沉默寡言，他无法探知他们的态度，而且他们在进行最后投票表决之前易于随时改变自己的想法。他出示了一份 36 名参议员的名单，他认为，除了他自己和韦德之外，他们将在第十一项指控条款上投票支持定罪，因此，没有他的一票总统也会被罢免。这个代表团使他确信定罪是他们想要的一切，他的一票是绝对不可缺少的，只要他让自己投票赞同第十一项指控条款，他就不必辞职。他答应探知一两项指控条款的可能性结果；留心参议员安东尼、斯普拉格、威利和范温克尔，如果他们同意投票赞同第十一项指控条款，那么他的那些密苏里州朋友的希望就会实现，他将保留自己的席位。他觉得，他这么说是倾向于投票赞同第十一项指控条款中的单独一个款项，它指控总统试图阻止斯坦顿恢复陆军部长职务，但参议院却错误地拒绝允许对分开的款项进行投票表决，而支持该项所有指控的一票似乎是赞同没有人证明的有关埃默里的指控条款；到明天十二点钟他将给他们提供自己最后的结论。第二天，他收到下列的电报：

528　尊敬的约翰·B. 亨德森：

这里出现了强烈的激动情绪。号召明天晚上召集会议。你的朋友们能不能期待你将投票赞同第十一项指控条款呢？如果能够赞同，一切都会好起来的。

E. W. 福克斯

1868 年 5 月 13 日于圣路易斯

塞缪尔·S. 考克斯，亨德森以前的政治伙伴，这时离开了国会居住在纽约市，他已经派人转送那个意见，他可能会影响总统青睐的参议员，碰巧在刚刚收到前述的电报之后拜访他。正像考克斯指出的那样："他的正义感这时被侮辱了。在这种情绪中来信的人找到了他。他似乎需要建议和忠告。时间不长，要求来信的人写一封电报发送出来"作为答复。

密苏里州圣路易斯市

E. W. 福克斯

对我的朋友们说，我发誓根据法律和证据做到司法公正，我努力像正直的人那样做到这一点。

J. B. 亨德森

这种行为似乎已经恢复了他通常的荣誉感和分寸，他也给他的密苏里州众议员们写了一封信，通知他们说，他无法确定审判大致的结果；他要始终如一地对自己宣誓承担的职责负责，他不能辞职，他决心留在他的岗位上，尽他的职责，因为他知道他该怎样做出的判决。

"如果我辞职那么继任者就会来的，也许一种特有的微妙感将会阻止他完全 529 由于投下一票而在这个问题上违反所有的先例。……如果他投了赞成票因而确保定罪的话，这种实现定罪的方式将会最终使每一种源自弹劾的有利条件无效。"①

继密苏里州代表团的例子之后发生的此类事件是，来自伊利诺伊州的 11 位共和党众议员举行了一次会议，也讨论了一个建议，毫无疑问，由洛根、法恩斯沃思和沃什伯恩支持联名给特朗布尔写一封信，"带有影响他投票支持定罪的观点，或劝导他要是他不能投票支持定罪的话就保留他的一票不投。"但是，在这种情况下，代表团五位成员提出了那么多的反对意见以致没有任何信件发送出去——未能这么做是担心，这样的书信可能引起的反应比发送给亨德森的信件遭遇的反应还要严厉。②

通过来自家乡的压力强迫几个摇摆不定的参议员就范的方法是由共和党国会议员称之为"国会联席委员会"的组织临时有系统地制定出来的。属于这个组织的成员既有参议员又有众议员，而参议员与众议员一样，证明他们进行这种工作也是毫不迟疑的。罗伯特·C. 申克是主席，5 月 12 日，他向那些参议员立场没有被明确查明的州发送了如下供传阅的电报：

如果弹劾失败国家的和平及共和党的事业将面临巨大危险。通过决议、信件 530 和授权向你们的参议员发送公众的意见吧。

主席：罗伯特·C. 申克
1868 年 5 月 12 日于哥伦比亚特区华盛顿

接着它们来了——从缅因州，从伊利诺伊州，从堪萨斯州，从罗得岛州，从

---

① 《国会天地》，第 40 届国会第 2 次会议，第 2471 页。亨德森在调查委员会审讯中的证词。S. S. 考克斯：《三十年》，普罗维登斯：J. A. & R. A. 里德兄弟出版公司，1888 年，第 594 页。豪兰和格拉夫利在调查委员会审讯中的证词。引自巴特勒写的"几位控方干事的报告"，《国会文件》第 75 号。
② 关于特朗布尔，见《国会天地》，第 40 届国会第 2 次会议，第 2529 页。

西弗吉尼亚州，从田纳西州——决议、信件、电报、授权，全都要求给总统定罪，公开指责他的共和党一方审判者中有点犹豫的人。甚至霍尔登，安德鲁·约翰逊任命的第一位临时州长——作为他丢掉自己非洲化州州长职务的奖励，加入到极力劝说弹劾的行列，在电报上传播这种言论，"把那个篡位者从他的位子上揪下来吧。"5 月 14 日，卫理公会的一般辩论会在芝加哥举行——由 9 位主教和 242 名代表参加，据称"代表""110 万名信徒"——开场白提及"传播中的使人厌烦的谣言，部分是由不足取的嫉妒引起的，部分是由讹误的影响引起的，应该罚款，否则就会被非常有效地利用，将要达到的效果是对参议员产生不适当的影响，阻止他们履行他们的崇高职责"，认为它完全亵渎不了全体一致地"指定从531 明天上午九点至十点做一个小时的祷告，谦恭诚挚地祈求上帝怜悯我们的国家，恳求他把我们的参议员从错误中拯救出来，那样影响他们以促使他们作出符合事实和正义的判决。"这个强大教会组织的行动立即用电报传到了政府所在地，而就在当天由非洲裔的卫理公会派教会在华盛顿集会效仿这个范例；然而，有色人同胞没有使用任何虔诚婉转曲折的陈述，而是发表演说为给总统定罪祈祷，不但不向上帝祈祷，反而直接向参议院祈祷。[①] 那几位控方干事在这种令人激情澎湃的胁迫活动中也不会闲着。他们正在做的是正统工作，他们把自己组织成为一个宗教裁判所。某报记者是如此看好某些参议员的意见，因而当结果宣告总统无罪时以致引起了痛苦的怀疑；最高法院首席大法官又提供了一次宴会，离开招待宴会时间晚的几个参议员受到了跟踪；新闻记者的秘密调查也立即开始了。当然，斯坦顿正在夜以继日地工作。每一个有关背叛的传闻都集中到了陆军部；这位部长隐居般地坐在那里，记下了每一个不可靠的参议员。一位军事官员，因为以前与那个嫌疑男子关系亲密，很可能是一个有影响的人物，因此把他召唤到指挥部里向其发出指示。被总统触犯甚至被剥夺了指挥权的一些将军被告知：安德鲁·约翰逊的朋友们正忙于贿赂几位特定的参议员，因此促使这些将军轮流去影响这位532 隐居的部长。具有谨慎习惯的格兰特在幕后保持沉默；但这位未来的总统候选人认为"安德鲁·约翰逊应该被免职的意见"广泛传播无处不在，他在军队的老伙伴全都宣称的确如此。洛根没有使这个意见成为秘密。沃什伯恩目前在强烈推动弹劾运动的人士中是狂热的推动者之一。审讯期间罗斯科·康克林在每一个问题上显现出无声的、坚定不移的行动是格兰特根深蒂固反对总统的强有力的证据。正是从第一天起，康克林就对被告显示与他作为一个政治家和律师特征完全不相

---

① 见《序言》，《国会天地》，第 40 届国会第 2 次会议，杜利特尔的演讲，第 2521、2525 页。

关的难以应付的敌意，除了他有意服从他深爱的那个人的希望之外，根据其他的假设完全无法解释，他已经是格兰特的支持者，而且在未来的每次变迁兴衰中继续是他的支持者。他什么也没有说。他没有发表任何意见。他没有什么归档。他直截了当地投票判决总统有罪。举一个例子来说，在接受内阁官员证实总统本人和格兰特将军两人之间谈话的说法这个问题上他转向保守派，讲述着同样的故事；他不会使他的英雄在诚实的问题显得回避任何看似不利他的证词。

五星上将曾经确定的倾向决定了许多军官的努力方向。一些侍从武官，他们好像在战场上到处突袭，传送关于某些参议员行踪和行为的报告，或指挥他们直接向那些人开火，或对他们布下准备好的围攻战线。也许，人们从来没有遭受过在从星期一参议院审议开始到星期六参议院投票表决结束过去的这几天内，报告为不可靠的四五位参议员遭受到的这样一种压力折磨。亨德森曾经放弃过，西弗吉尼亚州的两个参议员不许得到片刻安宁。据报道，威利是确信第二项指控条款的，但范温克尔似乎用令人费解的半信半疑加以伪装。[①] 据说两个人都在忙于起草没有得出任何结论的书面意见。令人怀疑的是，如果这个州的两张票对防止定罪是必需的话，两张票都将是现成的，反之，如果一票将满足判决无罪的话，另一张票将投给另一方。最后，宣布的结果是范温克尔肯定把他自己的思想状态写得有利于总统，因为他陪伴特朗布尔去蔡斯家里一起吃饭。然后做出一个既定的努力是援救威利，人们发现，他没能写出什么来，从而显示出一种驯良的性格。他是一个著名的卫理公会派教徒，据说那个教会使他在她"无异议地"求助于格雷斯君主时在她眼里突显出来。他被保持在持续的照顾、监督和训练的状态下直到最后的时刻；他毕竟也去他的教练们那里测试过一个谜语，这对于那个信徒的困惑具有祈祷般的功效。

福勒参议员有点容易受到不同处理方式的影响。他的票从一开始就被认为是党的一笔固定资产。但事实证明，他的选举人不够慎重。他是纳什维尔大学的一位教授，一个不易控制的人，一个虔诚的人，一个朴素的公民，在联邦和奴隶制问题上他有自己的信念，在分离突然发生的时候这种信念意料不到地把他卷入田纳西多风暴环境中的突出位置上。但是，尽管在他们转向给予黑人选举权以后，他凭借拥护那项措施与布朗洛分子和睦相处，但他仍然怀有钦佩安德鲁·约翰逊作为一个联邦主义者和军管州长经历的记忆，他不可能摆脱这种信念，这么英勇

---

① 波默罗伊在那几位控方干事审讯的过程中作证说，范温克尔告诉他在星期一至星期六这段间隔时间内，"他的意见是要依据第十一项指控条款投票支持定罪，而且正在准备自己支持这样投票的意见呢。"《巴特勒的报告》，第32页。

的一个爱国者将会变成这个参议员自己的党内同事描绘成的那种叛徒，这是不可能的。审判期间，他被发现在附带的问题上和那些保守的参议员一起投票，在审判以后，他要么保持一种令人怀疑的沉默，要么因为它不具有决定性的问题而以一种最激怒人的方式谈话，激进分子因而感到非常惊讶和愤慨。因此，他，落后参议员的正式操纵者，明智地得出结论，认为要抛弃普通的劝说方法，通过挖掘他的档案记录，采用威吓使他回到队伍的行列中来。早在 2 月 10 日之前——在535 国会联席委员会的一次会议上——回想起来，福勒在弹劾问题上发表了某些评论。他的话当时没有被记下来——那几份备忘录仅披露某些参议员和众议员讲过的那些未加渲染的事实。据这次会议备忘录的副本披露，现在众议院的威廉·D. 凯利附加了一份关于福勒言论的报告；保证那是他关于"福勒言论的大意和措词的回忆"，而且还进一步地说，这位参议员"频频把同样的观点强加在他和他跟前的其他人身上"。他认为福勒倡导弹劾和罢免安德鲁·约翰逊的职务被看作是防止南部出现流血事件，恢复国家和平，执行法律所绝对必需的。他这种说法的准确性由罗伯特·C. 申克和其他七个出席会议的人予以确认。这份文件[①]——备忘录、演讲稿和证人的签名——都被印刷出版了；5 月 15 日晚上给福勒送去了一本，第二天上午——将要举行投票表决的那一天——它用火红的颜色发表在激进分子的机关报上。牵连其中的参议员后来谴责这篇讲话稿是伪造的，并在参议院声明说："凯利杜撰的那些话我一句也没有说过。他既没有我谈及的精神，也没有我谈及的因果关系，更没有我谈及的目标"；他进一步说明提及弹劾536 只是为了刺激委员会更发奋努力支持亚拉巴马州；安德鲁·约翰逊是一个有权力而又渴望自己政策成功的人，自从国会对他所做的弹劾失败以来，在亚拉巴马州的战场上与他公开地进行战斗是联席委员会的职责；如果他们不支持这个州，那么过错就是他们自己的了。关于争论中的这个具体事情无论什么是实情，当我们听到那位参议员权衡利弊的故事时，整个诉讼行为的根本动机就会变得显而易见：

"在那个伪造物传到我这儿几个小时以后，三人来我寓所访问调查我怎样投票的事儿。我通过他们中一个人伪造的抗辩陈述觉察到他们的险恶用心和傲慢态度，另一个人的伪善与没有说服力的推定。我不停地述说那个牧师缺乏教养的行为，而此人正是那群似乎完全为了革命领导者利益的成员之一。那些人失望地离

---

① 这份文件将会在下文引证那位参议员的讲话中可以看到，还被巴特勒在《几位控方干事的报告》中引用，刊印后被称作第 75 号文件，见第 28—29 页。

开了。第二天早上在国会大厦我遇到了那个可敬的爱管闲事的人，而他威胁说这是个人审查所做的调查，还要曝光把有问题的人逐出参议院呢。我只想补充一句，其他人已经做过类似威胁了。”

他们能够迫使那个来自田纳西州的参议员吐露实话，但他们无法从他那里得到满足。关于他的最后决定，他们在希望和担心两者之间徘徊。因为正如他在记录中所说的那样：“直到最高法院首席大法官询问我怎样裁定为止，我决不提前发表任何涉及指控总统条款的判决意见。”[①]

由于格兰姆斯、费森登和特朗布尔对判决无罪直言不讳；由于亨德森感到绝望；由于范温克尔和威利在判决“有罪”和判决“无罪”之间拉锯；由于福勒顽固不表态：首当其冲的斗争最后转向剩余的一个靠不住的参议员埃德蒙·G. 罗斯。这位来自堪萨斯州的参议员对激进分子来说似乎像命运注定的致命打击一样永远是一个忧惧的根源。正如萨姆纳在那几位控方干事讯问中作证说的那样：“尤其对一个堪萨斯人来说，非常清楚的情况是……我认为一个堪萨斯人不能对他的选民说模棱两可的话。”就在第39届国会第1会议结束的时候（1866年7月25日），罗斯和约瑟夫·S. 福勒两人同时获得了参议院的席位。詹姆斯·H. 莱恩与安德鲁·约翰逊关系亲近密切，一生享有如此好奇的乐趣，然而他在7月11日自杀身亡了，州长任命罗斯填补其留下的空缺职位；随后州议会又选举罗斯任满莱恩未届满的任期。我们掌握有颁发给他的授权证书，那上面指出他“在1844年老废奴党里受过政治上的洗礼”，和“1856年率领一队侨民前往堪萨斯”。他作为一个列兵加入联邦军队的行列，在战争期间勇敢地服役，晋升是完全应该的。进入参议院的时候他在全国还不是知名人士（那时他已经40岁了），然而，自从他被接纳进入参议院以来，他已心满意足，除了初期宣称自己忠于激进政策之外，他对共和党的政治措施全投弃权票；在这方面简单地效仿比他年长而且更有经验的同事的实例。就他而言，在与行政部门的斗争中他背叛的可能性在激进分子极度紧张不安的头脑中从未变得清楚明显。但不知何故，从弹劾还没有作出决定的时候开始，他的行为变得古怪起来了。在参议院包括费森登、福勒、特朗布尔和范温克尔根据得票数35票的表决结果而决定不同意斯坦顿停职时，这位来自堪萨斯的参议员，尽管出席了会议，但他却没有投票；根据当时的报道，这是因他与陆军部长吵架之故造成的。另一方面，当采取更为决定性的行动宣布免

---

① “福勒的演讲”，《国会天地》，第40届国会第2次会议，第4507、4510页。

除陆军部长职务不合法时，他和多数派一起投票赞成。审判期间，在非主要问题上如此经常地发现他和保守派意见一致以至于激发出人们的好奇心来了，尽管不是那么导致恐慌的一成不变。审判大约完成一半的时候（萨姆纳是那么作证的）他一生中第一次接近这位参议员，通告说，尽管投过那些意义不明确的票，但他最后期望与萨姆纳投票保持一致。[①] 在审讯结束以后，他自己在参议院公开承认，"直到进行投票表决之前的几天时间里，他一直对第十一项和其他指控条款抱有疑虑"，而在那时，正像他表示的那样，他要按照自己的意见解决那个问题，通过显示自己的疑虑表明证据不足而假定自己的同胞无罪，对其提供帮助；他的意图是支持几项指控条款，这是他的一种打算，而且也传达给了"许多在这个问题上接近他的人"。但他强调地补充说，在 5 月 14 日（星期四）以前"任何人都不能从我身上得到将投票判决有罪还是判决无罪的绝对保证"。[②] 不过，双方都向他提出要求，差不多同样有信心认为自己的要求将得到满足；而他直到最后的一刻的确成功地使双方保持着激动不安的悬念。而在这一周的时间里，华盛顿挤满了形形色色来自全国各地的人——每一个人都下定决心要实行进行威胁的决定；这个未经区分的参议员在他们之中向前移动成为每只眼睛关注的目标，他的房间受到激进选民、同事和狂热朋友的包围，他们希望他给予某种令人满意的意见暗示。他的开支和进账，他与同伴欢宴，他的早餐，他的正餐，他的住处，都做了标志并记在笔记本上，他的名字通过电报来回快速地传送，从哪里来到哪里去所有的地点都在那个区域里，在首都所有拥挤、沸腾、半疯狂的地方从每个人的嘴里响起他的名字。尽管他被包裹在自己不可测知的孤独中，却平静地观察那些以他为中心的汹涌漩涡。他的政治渊源和国内关系，从上到下被完全查清。从他当选的时候起，甚至在他当选之前，他以某种无法解释的方式参与堪萨斯州偏远地区的印第安人局的事务；某几个印第安人供应品承包商的律师小托马斯·尤因对他友好；佩里·富勒，一个有进取心的印第安人代理商，他长期的朋友和支持者，是他寄宿那家女人的女婿，而她留下的女儿，现在住在家里，名叫文尼·里姆，是个女雕刻家，现在正忙于建造亚伯拉罕·林肯雕像的模型，根据与政府订立的合同，在国会大厦地下室的一个房间里布置她的作品。布朗宁，内政部长，印第安人局隶属于他的那个部；田纳西州的泰勒，是总统任命的印第安人事务专员；富勒和尤因都是众所周知的总统支持者，准备为总统做无罪判决尽他们最大的努力。里姆小姐——只不过是一个女孩子，而她在 1860 年 7 月却得到了那个

---

① "巴特勒的报告"，《国会文件》第 75 号，第 30 页。
② 谈话，见《国会天地》，第 40 届国会第 2 次会议，第 2599 页。

有价值合同的奖赏——证明自己在那时就是一个擅长影响国会议员的人；这个奖赏在众议院没有遇到任何反对就通过了，在参议院，尽管萨姆纳和霍华德两人对这位艺术家的能力和技艺提出了异议，但大多数参议员不顾他们的激烈反对，赞成给予这个奖赏。到处传播这位来自堪萨斯州的参议员习惯于经常光顾她的工作室，在那里谈论本次弹劾，而她却用自己的影响力说服他投票判决无罪；基于这些传言，乔治·W. 朱利安针对这种行为，接受了自己几个同事的委托，打算前去警告她。这件被陈述的事情在众议院的会议大厅里再次得到重申，声称朱利安"威胁她说，如果她不用自己的影响支持定罪，她将因此受到影响"。朱利安否认做过这样的威胁；但他承认，他向她谈论那件事情，而她也否认了有关自己使命的传闻，没有告诉他罗斯将投票支持定罪，因为这些事情是翌日罗斯亲口告诉朱利安的。[①]

那些重要的弹劾者终于再也不能忍受这种悬念了。他们决定在核心小组会议（既有参议员出席也有众议员出席）上迫使这位懈怠者发言。那个勇敢的激进分子，塞缪尔·C. 波默罗伊，作为"波默罗伊通告"的作者成名于 1864 年，在信贷公司丑闻发生以后，以绰号"补贴波姆"的名义——必须抓住自己反叛的弟弟教导他服从约束。5 月 13 日（星期三），波默罗伊发动了自己的第一次进攻。当注意到自己的同事进了那个警官的房间，危险地和特朗布尔参议员在一起时，波默罗伊就跟着罗斯到了那里，他发现这两个人在热烈地谈论弹劾的话题。一直等到他俩会谈结束，特朗布尔走了，他才把罗斯带到那个房间的一个角落里，继续向罗斯提出那个问题。他自己提供了一份打印的名单用来登记投赞成票和反对票的参议员，在那上面他已经对应地记下期待支持定罪的每一个参议员的名字，包括他自己，料定他有意投票赞同的指控条款。他开始行动，直接又不作辩解地询问他的伙伴如何对弹劾投票。罗斯回答说，他没有确定，他可能会投票赞同几项指控条款而不赞同另外的几项指控条款。波默罗伊说自己正在参议院里拉票，已经开列了 35 位参议员的姓名，而他们每个人都亲自写下了赞成定罪的保证，他也希望罗斯保证支持定罪。罗斯要求看看那份名单，这位经验丰富的游说者把名单出示给他看，那时，罗斯在其他人的名字中间看到了自己的名字，登记自己根据第一、第二、第三和第十一等项指控条款赞成定罪。罗斯对他表达的这种总的投票意向感到吃惊，波默罗伊称，从以前的谈话来看，他以为那些是罗斯会投票赞同的指控条款。感到纸上的所有标志都是用同样笔迹保证的，因此觉察到整个事情都是意测的，因而打算诱致他对定罪做书面签字承担责任，罗斯有点严厉地

541

542

———————————

① 《国会天地》，第 40 届国会第 2 次会议，第 2674－2675 页。

否认自己的这位同事在名单上写下自己对所有指控条款要么赞成定罪要么反对定罪的权力，然后明确说明了自己的如下态度：

"我或许在第一项指控条款上投票赞成定罪，在我看来，因为那一项包含了整个控告清单上所有的东西；第八项我不应该支持，至于其他条款列举的各种指控我还没有决定，它们的命运完全取决于第一项指控的事情。我对他说，如果那一项指控被接受，这些因此会在很大程度上得到加强，但如果那一项丢掉了，我认为其他指控的一切也都随之不复存在了。"

波默罗伊与罗斯

波默罗伊于是拿起铅笔，在第八项周围画了一个圆圈，表明罗斯不会支持这一项，除第一项之外，在其他各项上打上圆点，表明它们尚存在疑点，然后他自己赶紧离开了。正如在核心小组会议上这已经被确定的那样，因为谢尔曼、豪和其他人拒绝投票赞同第一项指控条款，以最后一项开始投票表决，罗斯模棱两可的承诺没有遇到危机。第十一项指控的赞成票是需要的东西，波默罗伊再一次设法得到其同事的承诺。5 月 14 日（星期四）的晚上，发现罗斯和特朗布尔、亨德森、威利一起在范温克尔参议员的房间里，他满不在乎陪同罗斯的这些人在场，开始谈论那个结果。在对各个疑点的答案中亨德森表示，他坚持认为根据第十一项指控条款定罪是必然的，因为他和很多参议员交谈过，知道它会由于超出一票而被接受。罗斯询问，自己是否被计算在 36 人之中，波默罗伊回答是肯定的。这位来自堪萨斯州参议员然后重复了前一天的谈话，并使自己的同事确信，在任何情况下都不必指望他投票赞成定罪。当天晚上一位堪萨斯州州议会的议员拜访罗斯"反复谈论这件事情"，罗斯告诉他，他这个时候反对提出一票来讨论；还表示说："第一好的事情是延期，第二好的事情是定罪。"第二天（星期五）一

543

封发自堪萨斯州寄送给该州两个参议员的电报到达了，具体内容如下：

堪萨斯民众已经审核了证据，要求给总统定罪。

D. R. 安东尼和另外 1000 人

5 月 14 日写于莱文沃斯

罗斯在他的同事住所里要求晚上得到一份这封急电的副本，还留下来吃晚饭。波默罗伊再次对他提出强求，而他像以前那样答复；然而罗斯也承认第十一项与其他条款相比是最有说服力的指控条款，也是自己更便于投票赞成的条款。那天晚上迟至十一点半，他和范温克尔、亨德森一起在一家餐馆里被他的一个朋友看见了，在那几位参议员走了以后，他说他认为上午进行投票表决是危险的，而他自己赞成一直延期到 7 月 1 日。即使在这么晚的时候，那些弹劾者还是使他不能休息。西克尔斯将军在斯坦顿的一再敦促下，在他的住处找到了他，而且一直留在那里直到凌晨四点钟，决心保护他和"挽救他"；但里姆小姐拒绝接受这个机会，她两眼含泪双手也被泪水湿透了，最后告诉他，罗斯"将支持总统"。[①] 那天早晨有几个间谍跟踪这位被纠缠的参议员，发现他到佩里·富勒的住处去吃早饭，亨德森也是那里的一位客人；而在进行投票表决之前十分钟的时候，在参议院的休息室，在冷眼旁观的撒迪厄斯·史蒂文斯面前，波默罗伊在最后的时刻公然反对自己的同事，警告他说，除了投票赞成定罪，否则将是其政治死亡，还威胁说投票判决无罪将会根据受贿指控受到调查。那天早晨，罗斯给安东尼发去了如下的回电：

致 D. R. 安东尼和其他 1000 位先生的信

先生们：

我不承认你们有权要求我投票赞成定罪还是投票反对定罪。我已经宣誓要做到公平正义……我希望我有勇气按照自己判断的指引，为了我们国家的最高利益去诚实地投票。

E. G. 罗斯

5 月 16 日于华盛顿

---

① 来自堪萨斯州托皮卡的电讯，《芝加哥纪实报》，1896 年 10 月 20 日转载；《纽约太阳报》1896 年 10 月 25 日转载。

545   而在那天过去之前，他收到了如下辛辣而又令人不快的反驳：

哥伦比亚特区华盛顿，美国参议院
尊敬的 E. G. 罗斯

你的电报已收到。你将接受汤姆·尤因的指示投票而不是根据你的就职誓言指导投票。你的目的是代理印第安人供应品的合同与绿背纸币。堪萨斯州因为她做的所有伪誓和臭鼬皮而抛弃你。

D. R. 安东尼和其他人士①
1868 年 5 月 16 日于堪萨斯州莱文沃斯

这次讨伐这位不可靠的参议员最可惊异的特征是讨伐行动一方明显没有任何意义上的不当。在一个普通的法庭或陪审团审议平常进行的这样一连串的检举行为中，这样的事既易于使作恶者招致人类的斥责又易于使其招致重罪的控告，并损害任何通过这种不光彩的手段获得的任何裁决。任何参与这种计划的当事人将在黑暗和秘密的掩护下进行他们的操作，意识到他们正在违反基本的正义原则，也在违反法律的诚命。但是，在这里，在这个世界舞台上，在这样崇高的特别法庭上，在这个历史上著名的正式审判中，如果没有羞耻意识而有免受惩罚的意识，如果不是有罪于国家，所做的每一件事在正常情况下完全做起来的话，都只能是公开而无法隐瞒的，因为它是值得自豪的也是具有挑战性的。根据历史上的
546 记载和先例，最严格的司法行为规范不能期待产生于像参议院这样为审理弹劾案而组织起来的法庭，这可能是真实的；必须允许参议员比普通的法官更自由地行动；可以对他们没有审议的证词和他们没有听证的意见发挥影响；可以在特别法庭外面度过超过一半的审判时间，正如来自伊利诺伊州某个参议员在这种场合做过的那种尽人皆知，仅在需要投票反对被告时才反复出庭过几次那样。正如萨姆纳所主张的那样，参议员不会自己剥夺自己的政治权力可能是正确的；因此，有权利在听取证据之前形成和表达他们关于总统有罪还是清白的意见；也可以把乏味的审判看作是宪政形式，为了得到预先已经确定的结论必定需要让步；参议员对弹劾案的投票无论在哪一点上完全不同于他们对立法议案的投票，因此，公众平等依赖的参议员必须在一种场合与另一种场合一样，做出与大众的影响和批评一致的响应。从诉讼的实际性质来看，排除普通法庭会受到违法与不适当指责的

① 关于罗斯，参看他自我辩护的演讲，《国会天地》，第 40 届国会第 2 次会议，第 4513 页。比照波默罗伊在那几位控方干事讯问中的证词，引自同一演讲稿。

政治及个人影响是不可能的，现在可能就是这样的时候。例如，它已经被这些天在首都的一位作家叙述过，得到总统一位热心朋友的许可，某些不可靠的参议员向格兰姆斯表示他们担心，如果判决无罪，总统可能得到开脱，用相当霸道的尝试来终止国会主导的重建，雷弗迪·约翰逊达成在总统自己的家里召开一次临时会议的意见，而这位参议员也没有先见之明，就在那个时候致使总统表示拒绝接受任何这样打算的观点——随后这种观点被这位参议员传达给了犹豫不决而想得到这种结果的人。① 此外，根据斯科菲尔德将军当时（1868 年 5 月）做的一份备忘录记载，他应总统的这位辩护律师请求，在 4 月 21 日，即审判陈述结束后的那一天拜访过埃瓦茨先生。埃瓦茨试探这位将军是否赞同总统向参议院送交他为陆军部长提名的问题；介绍"自从国会两院多数共和党人发现故意犯罪的证据多么轻微以来，他们现在后悔开始进行的弹劾诉讼行动"；"出于政治原因罢免总统将不仅对共和党是毁灭性的而且会导致赞成它的每一位参议员政治死亡"；从"最杰出的共和党参议员中间的几位参议员"那里得出的观点就是这样的，事实上，这位辩护律师向将军提出"传来的暗示""以便参议院在总统这起案子上根据那个提名投票"。还要把"这个主张理解为最初来自于参议院及共和党方面"，理解为总统为了和平，为了确保政府的立法部门与行政部门之间的和谐，公正而忠实地施行法律所接受的主张"，第二天，这位将军冒着如此之大的风险说，他"认为直到参议院照此行事为止，对于接受或拒绝这个任命的问题无可奉告，这是我的（他的）职责"；——然而在 4 月 24 日，总统派人把这个提名送到了参议院，正如每个人必定预见到的那样，直到审判的结果迫使斯坦顿"放弃"他职位为止，这个提名都放在那里没有得到遵循。② 崇高的政党不允许一个人单独玩弄这些花招，甚至于连做梦都不允许想到他们在违反一个法庭的规矩，这是应该得到承认的。而且正如我们现在说的一样，这样的事情可能是这种具有特殊性质审判的正确观点。但是——为了辩论的缘故承认这一切，坚持任何严格执行管理普通法官的规则是不必要的——根据宪法总统享有单个参议员在已提出指控他的条款上实际裁决的知情权，在这一点不会存在任何疑问。如果在作了证词听证和律师辩护以后，参议员——无论受到政党因素和个人偏见的多大影响——变得深信那些指控没有得到证实；——与此相反，因为政党因素或友谊因素，劝诱或迫使他表明自己主张的任何一种努力以及所有的努力，这必定被看作是在影响一个正在商讨决议或判决的普通法庭与陪审团而被归类于同样的犯罪行为。而这正是那

① 考克斯：《三十年》，第 502—504 页。
② 斯科菲尔德：《从军四十六年》，第 413 页及下文所述。

549 些弹劾者在这起案件中对亨德森、福勒和罗斯等人所做的相关事情。他们并不在事实根据和法律上寻求影响他们的理由。他们一点也不在意这些参议员实际得出的结论。不管这些参议员认为总统有罪与否，他们都想要这些人投票赞成"定罪"。他们把自己的全部精力用于获得这样一个结局。作为党派政客，对他们来说，安德鲁·约翰逊应该被免职是不言自明的。实现这个必需目标的方式并不重要。无论约翰逊犯没犯指控的罪行是没有什么区别的。他背叛党，干扰党的政策。共和党参议员不应该"对他们的国民说模棱两可的话"。这是导致对这些法官施加压力的特性和说话的态度，在他们审理一起未决诉讼的过程中，有时当它们被驳回的时候，如果这一连串的行动不会受到一切具有公正思想的人进行持久的谴责——那么弹劾审判美国总统的过程仅是公允一次公开辩论的虚假表演；庄严的司法程序被滥用成了一种可以随时举行递补新总统的选举，众议院的多数派和参议院三分之二的多数在现任官员正在等待宪法规定的任期届满的情况下变得太难控制了。

强制参议员的行为不可避免地停止了，至少在 5 月 16 日（星期六）中午最高法院首席大法官蔡斯坐在主席位子上要求受理弹劾案的高等法庭遵守秩序的时候暂时停止了。全部 54 名参议员，除了一人缺席之外每个人都坐在自己的席位
550 上。霍华德在那儿，但格兰姆斯，有人低声说他生病了，而他的座位也是空着的。七位控方干事全都出庭了。总统的辩护律师斯坦伯里、埃瓦茨、纳尔逊和格罗斯贝克出现在他们的席位上。众议员全体到场，走廊里人挤得满满的。普遍的激动情绪已经达到觉得由一片寂静本身表明的那种强烈程度。一位美国总统被革职胜于政客游戏某种东西实现的感觉似乎终于要传到全体与会者的身上；现代伟大共和国的命运将系于此时的决定之上。参议院法庭多数派认为保持得体的核心小组会议的代言人，俄勒冈州的威廉斯是第一个打破魔咒的人。他提出采纳一项顺序规则，最高法院首席大法官指示秘书宣读几项指控条款，按照将要处理的那个问题，应该指示他首先宣读最后一项指控条款，其后按照它们所处的位置继续宣读其余的十项指控条款。这件议案是一件关键性的议案，要求表明赞成与反对，这项顺序规则由 34 票赞成 19 票反对 1 人缺席获得赞同。韦德最后也投了票，但这里完全不需要三分之二的票数。七个不可靠的参议员，除了缺席的格兰姆斯之外，每个人都投了反对票，而威利则补充了格兰姆斯的缺位。
551 埃德蒙兹提议参议院进入判决程序。决定性的时刻到来了。一瞬间费森登通过乞求延迟判决为格兰姆斯可能出庭争取时间。但雷弗迪·约翰逊因当时紧张只好用几句话进行通报："那位参议员即将到达这里。我已经派人去请他了。他到

楼下了。片刻工夫他就进入会议大厅了。他在这儿呢。"格兰姆斯，苍白无力，挤过新闻界，有礼貌地攀登进入他的席位。这个高等法庭的法官已经到齐了，而且没有任何延误。最高法院首席大法官指示秘书宣读第十一项指控条款；他对着不耐烦而又不在意的耳朵宣读。当最高法院首席大法官站起来，抓住他面前的办公桌两侧发令"点名"时，许多颗心都处于平静的状态。"安东尼先生"，那位办事员叫道；接着这位来自罗得岛州的参议员从他的席位上站了起来。最高法院首席大法官提出这个问题："参议员安东尼先生，被告安德鲁·约翰逊，美国总统犯没犯这项条款指控的严重轻罪？你怎样判决呢？"窥视着自己这位杰出朋友的双眼，这位参议员最后通过回答"犯有此罪"驱散了从他们亲密关系中升起的疑云。接着两位民主党参议员用他们预先准备的答案作了回答，当卡梅伦通过跑步到达主持官员右边，在那个问题出来一半之前用他热心的"犯有此罪"作答时惹起了瞬间一笑。很快连续听到七票赞成定罪；然后三票赞成无罪判决；然后三票赞成定罪；当点到费森登的名字时，当时出现了一种透不过气来的暂停，而他作出了"没犯此罪"的答复，声音又高又清楚，跟着发出了一声解脱的叹息。下一个来的是福勒。对他来说极度的精神紧张此时压力太沉重了，他支支吾吾的发音被误认为说的是"犯有此罪"这个词呢；就在出现得意或绝望震颤的时候，根据主持官员的要求，这位参议员重复他的实际答案，由于强烈的反应使他的一半听众都晕倒了。[①] 当叫到格兰姆斯时，他乏力的感觉是那么明显以致最高法院首席大法官提出让他在座位上投票；但这位参议员一定不给羞耻的指控提供口实，借助于朋友的帮助他步履蹒跚地宣布自己能够独立地充当一个法官。霍华德也同样拒绝上述特殊待遇而克服身体虚弱造成的不便，要以最显眼的方式把他认定总统有罪的事实记录下来。当叫到亨德森时，那几位控方干事和来自密苏里州众议员的眼睛里都射出了一种邪恶之光。他没有辞职；他将保留他的一票而弃权吗？如果希望之光仍在他们心中闪烁的话，那么他迅速的回答将它永远熄灭了。接下来有 10 票赞成定罪，赞成判决无罪的 5 票却点缀在其间，就在这个时候办事员叫到一个成败攸关的名字。24 票确认总统"有罪"已经宣布了，而另外的 10 票必定还要到来。威利几乎是肯定赞成定罪的，总票数将构成 35 票。36 票是必需的，有了这一票就将获得重大的成功，约翰逊下台而由韦德接任他的职务。奇怪的事实是，在这个严肃的现场没有一个参与者在他自己的头脑中确信这一位参议员将如何投票，也许只有他本人知道。"参议员罗斯先生，被告安德鲁·约翰逊

552

---

① 朱利安：《政治往事》，第 317 页。

Taking the vote on the impeachment of President Johnson, Senate Chambers, Washington, D.C., May 16, 1868 - Senator Ross of Kansas voting not guilty.

犯没犯本项指控的严重轻罪？你将作出怎样的判决呢？"最高法院首席大法官的声音飘散在庄严肃穆的上空。最高法院首席大法官上身前倾，强烈的焦虑使他宽阔的额头堆满了皱纹。在座同事的眼睛齐刷刷地凝视着那位站立着的参议员。美国民众的代表观察他面容的每一点儿变化。所有的旁听者就像倾听噼啪作响的毁灭之声一样倾听即将作出的回答。答案传来了，完整，清楚，明确，没有犹豫也不会弄错的。"没犯此罪"这句话的声音在与会者上空扩展，听众就像一个人那样跌坐在他们的座位上；紧绷的弦突然折断了；争夺结束了；弹劾被吹到空气中去了。办事员继续低声叫道——谢尔曼先生，斯普拉格先生，斯图尔特先生，萨姆纳先生；但回答者的意见没人注意了。两名来自内布拉斯加州的参议员履行他们获准加入参议院的合同，适时地"加强"多数派，但他们同样还是在敲门。"要是科罗拉多被接纳进来了该多好啊！"特朗布尔投什么票是早已预料到的事情。点到范温克尔的名字时可能存在一点微弱的希望余晖，但这位参议员毫无同情征兆地投票判决"没犯此罪"。下一个轮到韦德了，没有闪闪发光的奖品在他眼前晃来晃去，他的临时总统职务就像他脚跟下的空木屐那样咔嗒咔嗒地作响；但他犹如奥尔良公爵，"不仅从他的内心里而且从他的道德良心上"都是投票判决总统"犯有此罪"。威利投票不再是一个焦虑的源头；他现在可以遵循他的稳健作法了。但威利，一旦他的同事使判决无罪得以确定，他又不可抗拒地回归于多数派和卫理公会教派了。威廉斯、威尔逊、耶茨像枯竭血管里的最后几点鲜血

553

即将流尽一样跟着投票赞成定罪，名单也点到末尾了。"安迪"以一票之差逃脱 554
了定罪的惩罚。参议员之间交头接耳，窃窃私语；众议员们到处乱闯；走廊里一
片忙乱，沙沙作响。最高法院首席大法官悄悄指示秘书宣读第一项指控条款。对
第一项指控条款投票表决，由于谢尔曼和豪已表明反对它，只会证明比刚刚进行
的表决结果更糟；威廉斯，在这个心烦意乱的时刻，提出休庭 15 分钟进行磋商。
这种违反司法规范的行为，即使在这样严重的危机时刻也得不到任何支持，而这
位参议员最终提议作为一个法庭开庭的参议院休庭十天。到目前为止远眺激动的
人群，要求把这个动议挂起来，公布对第十一项指控条款的表决结果；最高法院
首席大法官宣布，35 名参议员投票判定"犯有此罪"而 19 名参议员投票判定
"没犯此罪"。判决有罪的票数不到总数的三分之二，因此，依据对本项指控条款
的表决结果判决总统无罪。然后休庭的问题又出现了。最高法院首席大法官根据
参议院已经制定的悬而未决的一项执行规则裁定这个提议不符合规则。从这个裁
定中产生了一个要求；而最高法院首席大法官被说服了。亨德森于是提出休庭到
7 月 1 日——这个建议除了威利的 1 票反对之外得到了令人难忘的 19 票支持。麦
克里里提出一般意义上的无定期休庭的修正案，这仅得到 6 票支持。法庭随后休
庭到 5 月 26 日。

与此同时，旁听者已经从国会大厦里往外涌 555
了出来，而总统被判决无罪的消息闪电般地传遍
全国。在所有的商业中心，收到这些消息人们随
之有了一种解脱的感觉。没有政党区分的商人实
业家一直不赞成这个本质上革命的项目，对民众
的物质利益也是具有破坏性的。我们可以肯定，
总统的拥护者没有让他长期留在焦虑中。在实际
审判期间，他的部长们使他能够获悉每天发生事
件的信息；而在决定性的时刻，每一票怎样投的

Andrew Johnson:　not guilty

都有人从国会大厦打电报到白宫通报情况。斯坦伯里和纳尔逊在结果正式公布时
溜出了参议院的会议大厅，赶紧向他们的委托人发报祝贺；纳尔逊特别高兴，真
可谓欣喜若狂。总统获得这些消息时没有流露出任何感情。事实上，整个审判期
间安德鲁·约翰逊的行为举止、仪表风度、会话交谈自始至终足以使他们自己把
他当作一个非凡的伟人铭记在头脑中。面对国会两院压倒性的多数，每一个人都
倾向于把他赶下台；除了他的内阁和几个杰出的官员之外，几乎没有可依靠且又
有作用的朋友——他完全没有显露出一点泄气的样子，也没有一点慌乱，而是显
得安详，对最后的胜利充满自信。当别人全都为了他的缘故兴奋得发狂的时候，

唯独他沉着冷静。检举他的人一直显得过度兴奋和紧张；当事态不向他们想象的那样发展时，他们就易怒，暴躁，要骂人了；当事态在预期的掌控之中时，他们就粗心，专横，无节制地粗制滥造。相反，他总是平和的，使人感到高兴的，显然不偏不倚的。当前景极其暗淡的时候，绝没有失望和闹气的言语溜出他的嘴唇；当地平线上发亮的时候，从未突然发生过不庄重的欢闹，没有一连串报复的考虑，没有傲慢的自吹自擂。他根本没有失去自己与生俱来的好斗秉性。实际上，他比以往任何时候都更有决心打击他的众多敌人，事实上，就像他到最后做的那样，每天，无时无刻不在打击他的敌人。随着危难的日子过去，在他身上就能发现一种不同寻常的、十分有趣的幽默。"啊，今天黄道显示的征兆是什么呢？"当他的秘书来为他准备晚间讲话报告时，他问候这位官员说的就是这句话。我们说过，他对弹劾结果显然是不在乎的。我们本来是说关于事实他是不用担心的。有时，他似乎通过相信其担任过那么长时间议员的美国参议院能证明他有某种罪行的不可能之事而振作起来；继而又在那个问题上打破他惯常的沉默，表达这种信念，在共和党参议员之中最终会发现存在高尚之人足以使他们自己从党的关系中解放出来以至于宣布，总统没有犯任何值得弹劾的罪行。但是，在另一方面，他必须正视存在相反判决的一些瞬间。他的辩护律师，他最机密的顾问，他

最亲密的朋友，受到严重不安的困扰，而且有时还放弃了希望。也存在这样的一些时候，他仿佛陷入沉思之中，他坚定地占有一个议席，沉默地坐在自己的席位上，或者在夜深人静的时候到白宫的房间里和大厅里上下来回地踱步。然而，这种合成的印象留在最亲近最爱戴他的那些人的脑海里，他不但不在意这种结果，反而深信这种结果会受到他的欢迎。他估计暴力抵抗是不太可能的。他认为，正如他的亲密朋友，也是他的辩护律师在公开法庭上声明的那样，参议院，由于它的 20 名议员被拒之门外，完全没有宪法规定的那种权利对他进行审判；但他没有对它的权限提出抗辩，因此我们可以相信，他决定只此一次放弃这一点。实情可能是，他也许已经把他的资源都加起来了，考虑过代价而且打算，在最后的绝境中，号召汉考克将军提供帮助，检验他的命运，要么全赢要么全输，在这种可能性中，我们能够理解，为什么一种不利的判决可能会在一定意义上受到欢迎。但是，一方面考虑到他可以利用的力量贫乏，另一方面他的敌人力量充裕，我们可以撇开被看作这样不可能的任何一种假设。然而，如果在最后时刻利用引入没有参加审判的参议员那么明显的暴行达成定罪的话，我们可以确信无疑，不是顺从，他将在白宫门口被剁成碎片。但是，如果依照正规的宪法形式定罪，无论本质上对他显得怎样非法与不公正，完全不存在疑问，除了他教育自己屈服之外，再者就是立即求助于民众。反对这种观点的理由是，参议院将通过免职再进一步

加上剥夺担任公职资格的处罚排除他恢复竞争的可能性；我们已经看到萨姆纳提出他的计划并试图通过多数票来施加那种处罚。但是，即使这位来自马萨诸塞州的参议员成功地实现了他的复仇目的，从而把约翰逊排除争夺总统职务之列，尽管如此，参议院造成的附加处罚除了剥夺"在美国范围内"担任公职的权利之外本质上不可能进一步扩大，无法排除不可征服的被告在他自己的州内寻求公众支持，然后回到参议院中来。

　　放弃这些假设的考虑，我们必须当作事实记录的是，在第十一项指控的事情判决无罪以后，公众的意见自然认为这是整个诉讼行动的最终处理，如果殉难的免职是总统渴望的东西，他可能仍然抱有这个愿望，在开始寻求判决无罪之前只有一点点儿时间转瞬间就过去了。休庭十天为了越过共和党全国代表大会召开会议的那个日子，留下十项指控条款还没有判决，在作出判决的过程中这样突然中断的意图会是什么呢？证词全在——差不多一个月以前就在；辩论已经结束了——十天以前就结束了；法庭的秘密商议也已经做完了——五天以前就做完了。那么，多数派为什么不继续诉讼行动进而结束诉讼——一个妨碍所有立法的诉讼，使每一个人狂热不安地卷入而使全体国民心里感到烦恼呢？他们为什么要把这种痛苦再延长十天呢？这些问题只有一个答案。在他们深感失望的情况下，他们仍然坚持这种希望，他们仍可能使他们的敌人受到剩余的某一项指控的处罚。他们只缺少一票。只要给他们时间，他们还是拥有剩余资源的，那一票肯定可以争取得到。他们怎样争取这一票呢，这是下一个主题的猜想逐渐流行起来。他们会不会提出用另外的证词重新审理这起案子呢？因为众议院已经明确不满并且一直要做更多的事情，他们会不会提出另外的指控呢？他们会不会把所有的正义感和体面意识抛在一边而用现在徘徊于首都街头，无论多么不体面都准备欣然接受任何机会证明他们充满忠诚的非洲化的南部混血儿代表来增加法官的数量呢？他们会不会对一位滑回原处的参议员发动一次联合攻击从而迫使他到达终点呢？从两院在间隔时间内进行的事情中得到了这种合理性和针对性日益增长的质疑。

　　在根据第十一项指控条款判决无罪以后，最高法院首席大法官一离开主席席位及众议员一离开参议院会议大厅，参议院临时议长就要求全体参议员遵守秩序，这时众议院送来那个采纳休庭一直到本月 25 日，以便让那么渴望参加芝加哥代表大会的国会议员能够出席会议的决议，从而使参议员们在这个问题上陷入到争论之中。当场就有人提出强烈反对，正如威尔逊指出的那样，恢复"阿肯色州和南部其他五个州"的法案已经在众议院通过了，应该"在接下来的三四天内"被参议院通过。萨姆纳，正如他所说的那样，当他投票赞成"休庭或休假"时没能想到一个建议要求，现在他赞成如下形式的决议：

559

560

"从我们的法庭最初传讯他（总统）那一刻开始我就一直觉得参议院没有变成处理与他有关事情的法庭。我觉得如果坐在法官席位上的那个法官继续处理被告席上的那个罪犯的事务，或者说参议院更喜欢这个术语，如果处理被告席上的那个犯人，它好像和这是一样的。……完全相信美国总统犯有重罪和轻罪——我可以毫不犹疑地宣布这个结论，就我今天对一个重要条款的投票表决来说——持有那种深刻的信念，而且知道存在其他指控条款仍在等待参议院的裁决，我作为一个参议员怎么能同意此时继续在重要的公共事务上与他沟通呢？

"当促使这些诉讼行动结束时，他可能由于名义上的一票之差而宣告无罪。和他已经受到众议院三分之二和三分之二以上谴责一样，他预先受到参议院多数人的谴责，而且毫无疑问的是，他将受到大多数美国民众的谴责。我认为，本会议大厅也许会发布他在名义上可以被判决无罪；但必须公布他被看作是一个受到过公开批评的公共官员。这是他不可避免的命运。"

561 　　另一方面，奈赞成"在太阳落山之前""通过各种形式"的"阿肯色法案"。让总统有另一块甜食在他的舌头下面滚动。"让他否决它而我们将满足它。……我觉得，议长将不再坚持说自己所处的情况特殊而接纳她吧。我已经毫无疑虑地写好了那份公文。"耶茨还更清楚地传出话来：

"我想送他（总统）一件像这样的法案。反正我们现在处在与弹劾最终表决之间的过渡期内，我希望乘现在这个时候把这件法案发送给他……以便我们能够为我们的共和党同事，我们的共和党朋友得到一份新的关于人权，关于我们国家最高利益的否决通知书。……我相信在某些方面它也是为了国会休会，为了议员们回家在他们的选民中间注入大众舆论的活力，了解广大的民众对于今天这里公布关于本次最重要审判的判决情况，看一看民众对此感到多么震惊和愤慨哟。"

　　他不能赞成休会，因为参议院在审议重要的事情，但他相信，"在此期间，我们能够收到国民的来信，感受到民意的影响。""我指的不是议员表决得到的票数；我的意思是说，如果那种意见能以任何方式影响我们的决定，这将成为国家的最高利益。"首先，参议院拒绝了那项决议，然后重新审议又通过它了；可是太晚了，因为众议院也进行了重新审议并把它否决了。

关于接受"阿肯色法案"的议案，已经提出的问题是倘若来自这个新州的参　562
议员被接纳坐上了议员席位，他们是否能够成为弹劾法庭的成员呢。"他们当然
可以"，萨姆纳说。费森登评论说：

"如果他们作为阿肯色州选出的参议员来到这里，这两位先生中随便哪一个
作为弹劾法庭的成员宣誓，我都不会妒忌参议院的那位成员打算给予的条件。我
更不会妒忌在这种情况下任何一个打算宣誓担任法庭成员的条件。"

但狄克逊强调：

"本机关有一些参议员，他们有才能而且还是著名男子汉及律师，他们认为，
如果阿肯色州的两位先生被接纳成为美国的参议员，此时没有权力拒绝他们宣
誓；此外还存在一些相信他们会被迫采取行动的参议员。"

他引证《纽约论坛报》和《华盛顿纪事报》已经"建议的意见，这些参议员
应该得到承认，他们应该宣誓担任弹劾法庭的成员在这起案件上发挥作用"。在
沃伦·黑斯廷斯案件中（如控方干事巴特勒在他的开幕致辞中指出的那样），在
超过170名着手审判的贵族中，只有29人在审判结束时出庭宣布判决，在审判
过程中，因为死亡、继任和创制，在下院，超过180名议员发生了变化。增加的　563
成员在法庭已经进入判决程序以后宣誓就职无疑会比英国历史即使在最不守规矩
时期的任何先例走得更远了一步；但是，尽管这样，何止几个参议员，更多众议
员都认为，不当的行为不会改变参议院有时自行解决那个参议员转变为一个法庭
法官的权利。有人说，这样的暴行是不会发生的，因为十天时间允许总统否决一
件法案的规定将排除接纳参议员直到确定完成判决的那个日子以后；但第二次休
庭将是同样容易的，而且也不比第一次休庭更不恰当。然而，参议院通过拒绝处
理"阿肯色州法案"解决了这个问题。①
　　众议院的行动更不含糊。众议员们离开参议院，成群结队横跨国会大厦进入
到他们自己的会议大厅，那几位控方干事抓起他们的文件，前去召开秘密会议。
已经注意到的是，在表决之前那一周的时间里，目击者使他们倾听了那几个参议
员的行动和言论的详细叙述，还描述了最高法院首席大法官宴会的客人和他们的

① 《国会天地》，第 40 届国会第 2 次会议，第 2492—2496，2514—2516 页。

所作所为；他们想象自己已经发现使蔡斯成为总统的阴谋迹象。利用这个场合召开简短碰头会以后，他们列队进入众议院，通过他们的主席之口提供了一个叙述的开场白："那几位控方干事想起来的信息，在他们看来这将提供很可能使人相信的理由，不正当且又堕落的手段已经用来影响参议院对弹劾条款的判定"，还有一项决议指导那几位控方干事传见证人"进一步、更有效弹劾检举总统"，派遣人员发送文件，聘请速记员以及任命小组委员会接受证词。宾厄姆解释说，在陈述证词正式结束时，他已通知参议院和总统的辩护律师，"众议院任何时候都不放弃在判决之前提出补充证据的权利"；还进一步地述说了"宪法赋予众议院'独有的弹劾权'已经使本机关直到判决之日具有调查的权力，对任何一人或数人以阻止本案依照法律和证据判决为目的的所有腐败行为进行调查"。

564

"我不是说弹劾那些参议员。但是，先生们，在我国的早期历史上没有人质疑这样做的权利。全体众议员前去参议院法庭要求扣押某个参议员的席位而且还做到了这一点。本届众议院具有做这件事情的全权，无论这里还是任何别的地方都没有人能够成功地反对这样的做法。"

民主党人作出的一个努力要使这种调查委托给他们至少有一个代表参与其中的委员会；但多数派寸步不让，接着这篇序言和相关决议被通过了。史蒂文斯在星期一提出了一个决议，要求参议院向众议院传送一份审判最后两天经核准的法庭记录副本；正像他接下来解释的那样，目的在于持有各个参议员投票的正式记录。在下面正式记录的样本中，就某些理由来看，他的评论有时几乎是难以理解的：

565

"关于这次弹劾无疑将有某些进一步的行动；我不知道这些行动会是什么。我想，我们将能够以种种办法对参议院还在审理的那些指控条款投票表决。……我想任何人都不会认为上周星期六通过的那个议题要作为一个没有作用的议题保留下来。我相信任何人都不想把那个议题以它目前的情形带给国民评判。……

"我没有提出任何指控；我没有指控任何人的任何事情。但在我看来那样一个团体，在它成为品质崇高的完人团体之前，将把他们已经产生的品质赋予自己和其他的人，他们有意为国民留下印象。……因此，我们将要求像这些因调查起见的问题送给参议院审议，为了探知谁愿意倾听和谁不愿意倾听被告的说明起见应该提供每一个机会使其得以实现。没有人怀疑存在严重的、多方面的、强烈的指责，在某处还存在将要被发现的重大秘密，邪恶大流行的秘密。因此，让我们使整个事件处在这样一种状态下，每一件事情都可能受到调查，以便所有的人都能够看到究竟谁对谁错。"①

这个决议案被通过了，没有人不同意，然后立即送交参议院，到了那里它却 566
被看作是对参议院特权的一种侵犯及对其成员的一种侮辱，因而引起了热烈的讨论。然而，萨姆纳却没有从那个角度领会它。他说：

"从摆在面前的证据中我们知道美国总统品质的一些东西；我们知道他是多么没有原则而又多么恶劣呀；这被认作有效之证据。我们也知道他的一些代理人和代表……公开说过的事情。"

接着这位参议员宣读了《纽约世界报》上的一则通讯，大意是有 14 个任期于 1869 年届满的激进参议员（萨姆纳本人是其中之一），他们中的 8 人肯定以每人 100 万美元被收买了；宣读这则通讯仿佛它不仅是一篇社论而且也是一个严肃的暗示，当时这是明显的，正如那家报纸赶紧解释的那样，它是萨姆纳自己理论的一个具有讽刺意味的例证，审理弹劾案件与其说是履行司法职责不如说是履行政治职责，因而参议员对弹劾案件的投票表决应该受到需要考虑的政治事项以及自己作为一个党员的利益支配。萨姆纳认同众议院请求的议案因支持者不足法定人数而没有获得通过，但那几个控方干事却利用一些间接的方式获得了这个记录。②

这七个失望党徒组成的一伙人在首都某些地区开始进行恐怖统治。他们几 567
乎不等众议院授权就突然造访华盛顿和巴尔的摩的电报局，凡是上述星期六前后这生命攸关的四五天时间里由这个城市发出或者收到的每一封急件都被他们扣留。他们涌入银行，迫使那里的职员透露参议员和其他可疑储户的账号。他们不等议长的委任和星期日的间隔，而在那天发出了由他们的主席签署的传票，从而造成一个名叫查尔斯·伍利的人成为受到传讯的一员，伍利是一个在总统一方下了大注的公正绅士，此君大谈支持无罪判决，以密码向姓名地址不同的收件人发报，神秘地进行电报交流，谈论有关大笔资金问题。伍利开他们爱好的最大玩笑；带着不理会星期天服务程序的明显意图，使地址为纽约的收件人突然消失不见踪迹，这也使巴特勒烦恼不已；当地址为纽约的收件人突然重新出现之时，伍

① 《国会天地》，第 40 届国会第 2 次会议，第 2104—2105、2130 页。
② 《国会天地》，第 40 届国会第 2 次会议，第 2520 页。

利也正好逃脱了拘留；当最后抓到伍利的时候，他有问必答，在一定程度上算得上既充分又直率，然后他突然冷淡起来，不祥的沉默了。这个不服权威的证人终于被下令禁闭；国会大厦地下室里除了里姆小姐在那里做林肯雕像模型的那个单人房间之外，就没有更黑暗的地牢关押他了，众议院把里姆从那个房间赶走，为这个囚犯腾出地方，尽管里姆提出个人抗议，指出移动模型将会导致模型毁坏。①

568 　　亨德森成了那几个控方干事的一个特定目标。他们向他发去一封公函，要求他接受他们审问提供证词；他对此回答说，他们的调查不仅是对参议院的直接侮辱，而且对未来也是一种非常危险的倾向；"如果一个法庭成员在做出判决之前，现在可以退出商讨会而受到检举人调查的话，那么这个调查就可以延伸到所有的诉讼程序之中，从而使参议院的尊严和独立遭到破坏。"在此期间任命了一个委员会，应密苏里州众议员支持的民主党人的请求，调查后者胁迫他们参议员的行为。亨德森在那天（20日）之前出庭并提供了他对处理的见解，正如他说的那样，除此之外，"关于最高法院首席大法官蔡斯的行为、报道出来的一个新党组织、新内阁成员任命的种种传闻，对此提出了各种问题，据报道总统承诺保护的那些被可笑地称作保守的参议员，与朋友餐桌旁的交谈，甚至我自己的个人意见。"然后，他在星期四（21日）把那几位控方干事的信件，他的答复和上述信息作为它的说明提交参议院审理，这样增补以后，他将出庭接受那几位控方干事的审讯，他只能重复他已经作证过的东西，而另一方面，他反对受到一个那么有辱参议院和那么贬损参议员个人荣誉以及他们作为法官独立性的审问。然而，萨

569 姆纳正如他自己所说的那样，"从公开的报告中得知，提交另一条弹劾总统的指控条款是可能发生的事情"，认为它至少是他无法理解的"一件多余的作品"，任何一位参议员如果从某一合适的立场来看，应寻求抛弃参议院的尊严。"先生"，这位典型的法官告诫说，"让正义有一个自由行动方向并为其开辟道路。不能停止开辟正义的道路。某些专用名称是不合适的；它们与这样类似的案件是不关联的。"② 参议院对这个问题没有得出结论，弹劾的最后裁定剥夺了它的生命力。

　　那几位控方干事仍然继续令证人宣誓，彻底审查参议员，顺着那些虚假的腐败受贿线索追查到底，追踪这个或那个正在受贿的法官，到处流传这些传闻。在这样一个疯狂的游戏中这样做是不可避免的，他们不会遇不到专业的假证人。他们的"康诺弗"证明是一个名叫"莱盖特"或"莱格特"的人，这个伪证人是应

① 关于伍利，见《国会天地》，第40届国会第2次会议，第2536—2537、2575—2579页。
　　关于里姆小姐，见《国会天地》，第40届国会第2次会议，第2672、2751页。
② 《国会天地》，第40届第2次会议，第2548—2549页。

参议员波默罗伊诚恳的请求，前年由邮政总长把他任命为堪萨斯州和新墨西哥州的一个特派的邮政代理人。此人对有关罗斯及其朋友的一些模糊的材料作证，没有什么定论，无论哪里登记的情况都与他提供的证据存在着明显的矛盾，但是，由于过度忧虑，他所作的发誓不可能达到令人满意的标准，他走得太远了以致那几位控方干事感到羞辱，而且他还以非常明确的方式把波默罗伊牵连到里面了。根据他的证词，波默罗伊通过自己的妹夫，以总计四万美元的价格争取到了他本人的选票和他的三四个同事的选票，将投票判决无罪。还有一封信，注明的日期是 1867 年 4 月，声称就是波默罗伊在莱盖特被任命之前写给他的，然后由莱盖特出示给邮政总长看了——原信拿了回来，仅保留的副本交给总统了——由邮政总长本人亲自提供的；波默罗伊在信中承诺，如果邮政总长或者总统"惹上麻烦，即使被弹劾，他们可以指望我通过演讲和投票帮助他们摆脱。"波默罗伊作证说他从来没有写过这样的信，但瑟洛·威德，也是那几位控方干事审问的一个证人，在公开出版物中指出："波默罗伊参议员要么打算卖掉三张选票（他自己的、奈的和蒂普顿的），要么他愿意让他的朋友用他的名字来赚钱；或者说，正如某些人认为的那样，在巴特勒和波默罗伊之间存在一个使总统牵连其中的共谋，从而获得弹劾的新材料"；而且"补贴金波姆"后来的经历表明，无论是谁，只要犯过这三种罪过的任何一种，就证明他一点也不纯洁。[①] 那几位控方干事的这种调查即使在审判最后终止时也还在继续进行，与提供他们选票有关的每一个琐碎的细节、事件和言论，通过收集汇总以后，它们受到曲解而变成证据，在最后的时刻由于不坚定或堕落的动机改变想法，而这么做只是因为委员会的一些人向那些令他们失望的先生发泄不满，显示敌意罢了。它逐渐沦为一场闹剧。那几位控方干事一个接一个地变得羞愧于此事而远离它，以致巴特勒，这个唯一保留下来的人在 7 月提出一个报告时，他找不到一个同事签署这份报告而不得不由他自己承担责任。没有为此采取任何行动——报告本身其实既没有建议也没有要求做任何事情。参议院在这一段时间内召开了两次会议，没有作出任何报告，只是委任的一个调查委员会继续存在到下次会议，但什么都没做；而到第 40 届国会结束时，它随着约翰逊总统的行政部门一同走到了尽头（1869 年 3 月 3 日），委员会主席宣布没有准备作出任何正式报告；"无论前一次会议还是现在的会议针对这个问题任命他们组成的有关委员会没有任何消息发布。我们没有从任何地区

570

571

---

① 巴特勒："几位控方干事的报告"，第 11、12 页。7 月 3 日下令印刷，《国会天地》，第 3734 页。亨德森的演讲，《国会天地》，第 4463 页及下文所述。巴特勒对恳求的答复，《国会天地》，第 471 页。

收到任何信息，没有任何证据证明我们着手进行的任何正式调查是正当的，而且……看来也没有任何事情证明参议院的任何一位成员背上任何一个罪名是正当的。"①

在他们不顾一切地努力争夺，试图得到他们需要的一票的过程中，那几位控方干事得到了他们党全国代表大会的帮助，宾厄姆和洛根的确处于负责的地位。虽然这个讲坛没有采纳把那些不服从共和党决议的参议员开除出党，但正如最初 572 提出的那样，它把安德鲁·约翰逊谴责为最极端类型的犯罪者，宣布他"因为重罪和轻罪应该受到弹劾进而根据 35 名参议员的赞成票适当地宣布了其中的罪行"。在几个州的代表团会议上，已经作了激烈攻击那些投票赞成无罪判决的参议员的演讲；在同一时间和地点召开的士兵和水手代表大会通过决议，指控"任何投票赞成无罪判决的参议员都被视为在国家审判的这个时刻正变得达不到正确履行职责的要求，还被视为不值得勇敢和忠诚的民众所信赖"；洛根还公开地担保格兰特同样"在整个审判过程中支持国会中的这几位控方干事"。

无论这种胁迫方法的创议者在开始强迫其他不服从弹劾决议的参议员时有着怎样的希望，在那一周结束之前详情明白无误地指向他们必须集中注意的一个特定的人。费森登、特朗布尔和格兰姆斯当然是不可能成为关注焦点的嘛。他们对每一条指控条款已经写了他们的意见，向参议院宣读过并且这些意见已经存档了。剩下的四个人中，范温克尔除了第十一项之外从来没有怀疑任何一项指控条款，他和他的同事正如后者在报刊上指出的那样，他们对此是受到最高法院首席大法官给出的解释被驱使到相反方向的。② 福勒那天对第十一项指控条款投票判定无罪，他在公开对一封援引祝福其能力的电报作出反应时表示："为了我的祖 573 国和子孙后代，我依照上帝的意见行事。"③ 亨德森在他对第十一项指控条款投票表决之前曾在参议院发表了他反对前八项指控条款的意见，在任何情况下第九项和第十项指控条款都是没有希望的。此外，他在参议院公开地表示，预料他在所有条款上的表决都和他在第十一项指控条款上的表决一样。④ 但罗斯没有表明反对剩余的任何指控条款。事实上，根据他自己的陈述，他曾表示他自己认同第一项指控条款，而对第二项和第三项指控条款还没有决定。他是唯一一个对于退却和改变论调公开留下漏洞以便那么行动的参议员。正像没有人能在进行表决之

---

① 《国会天地》，第 40 届国会第 3 次会议，第 1865 页。
② 罗斯的演讲，见《国会天地》，第 40 届国会第 2 次会议，第 2599 页。
③ "巴特勒的报告"，第 28 页。
④ 《国会天地》，第 40 届国会第 2 次会议，第 2494 页。

前说出他将怎样对第十一项指控条款投票一样，因此现在没有人能说出他将怎样对剩余的指控条款投票。但他因而成了几个控方干事想要争取的主要目标。尽管传言说巴特勒和他已经消除了分歧，但他们中任何一个人和他举行个人会谈都是不可能的。正如我们所看到的那样，他的同事曾用受贿的指控调查威胁过他。他在首都的亲密朋友和赞助人受到过调查和反复盘问。他的同事、他的选民、他的参议员朋友证明他先前声明赞成定罪。他与印第安人事务局的关系；他前去参观温尼·里姆的工作室；他住宿在她母亲的家里；他结交总统的拥护者；——已被加以利用：威胁说，除非他从自己腐败变节的行为中赎身，一连串充满细节的证据将扣在他身上而且他本人也将在国人面前示众，后果就像拔出来的剑一样发光。这十天必定是折磨他的日子，他处在可能找到的任何类似于这几个控方干事的专业证人的腐败舌头的支配下。他以一个高度自制者的坚忍，和狮身人面像斯芬克斯那样不可思议地忍受了磨难。[①]

因此，当这个高等法庭重新组织起来时，仍然存在投机买卖的空间。十项指控条款尚未进行表决；至少在它们的一项表决中有 35 票判决"犯有此罪"是肯定的；仅需 1 票也判决"犯有此罪"就能定罪；在第十一项表决中投票判决"无罪"的 19 个人，他们之中有一名参议员的意见肯定是知道的。参议院会议大厅像以前那样挤满了人。和许多议员同事在一起的沃什伯恩，对制造下届总统是没有经验的，然而在他的率领下，众议院再一次出庭，参与罢免现任总统的尝试。最高法院首席大法官静静地坐在他的主席位子上，他是那么多党徒非难的对象。那天上午由于多数派参议员召开的核心小组会议以确定对剩余指控条款的表决顺序，他们本来应该提出再次推迟表决的报告。但威廉斯这时提出了一个决议，撤销先前宣读的规则，只要是仍然没有进行表决的指控条款就可以对其投票表决，这就迅速地使推迟表决的预想烟消云散了。每一位参议员都坐在自己的席位上，格兰姆斯，他由于生病已经获准无限期休假，因而他无法出庭是有希望的，可他现在正执拗地坐在自己的席位上。最高法院首席大法官裁定撤销次序颠倒的议案，但他把这个问题提交给参议院，而参议院通过 29 比 25 的表决结果驳回了他的意见；——罗斯是七个不服从共和党决议的参议员中唯独一个和多数派投票一致的人。康克林然后提出现在根据那个规则进行投票作为一个替代的次序；而参议院否决了那个替代品；罗斯又是七个人中唯独一个再次和多数派投票一致的人。因为特朗布尔反对拟议的规则变化，关于审判程序问题又举行了一次表决；

574

575

而罗斯又处在同一个团体之中。缅因州的莫里尔提出一件议案，法庭休庭至6月23日；而罗斯提出一件修正案确定休庭至9月1日，他的修正案获得15票支持，其中包括除格兰姆斯之外的那七个不服从共和党决议的参议员。休庭至6月23日的议案然后根据一个平局——27票比27票的表决结果被否决了；那七个参议员除了罗斯投票赞成之外其余的人都投了反对票。那个撤销的议案然后又获得了通过。这件议案的目的是避免进行第一项指控条款投票表决必然出现的结果，大家都知道表决注定使弹劾以失败而告终；而罗斯和多数派站在一起为弹劾者制造了一个重要的循词，这被看作是浪子回头的先驱。仍在执行核心小组会议政令的威廉斯现在提议对第二项控告条款进行投票表决。第二项控告条款被宣读了，指控临时任命洛伦佐·托马斯。当点名点到罗斯的名字时，罗斯突然添加了和十天以前差不多同样难以忍受的紧张。总统的命运，共和党的命运，似乎再一次悬于这个男人的嘴唇之上。最高法院首席大法官再一次问道："参议员罗斯先生，被告安德鲁·约翰逊，美国总统，是不是犯有这一项弹劾指控的严重轻罪？你是怎样判决的？"接着，这位参议员又一次平静地说出"没犯此罪"，总统根据和以前同样的得票数——35票对19票被判决无罪。将要出现附加的一次投票。威廉斯提议对第三项控告条款投票表决。第三项控告条款被宣读了。点名伴随着同样的结果传接下去，罗斯带着机械般的迅速和无情，还是回答"没犯此罪"。得票数再次出现35比19。两次使"虚张声势者本·韦德"——科尔法克斯，他的竞争对手如愿以偿，脸上带着微笑——把他已经受挫的名誉放在他们共和党的祭坛上，知道牺牲是无用的。检举人为了避免更悲惨的命运降临到他们的身上，不敢对控告条款单再进行下一条表决了。威廉斯提议无限期休庭；除了两人缺席之外每一个赞成定罪的参议员都投票赞成无限期休庭；这个高等法庭，完成了它的上述判决，解散了，留下第一项控告条款仍然挂在整个诉讼程序上，那么小心详尽阐述的共谋指控条款，有关埃默里的夸大其词的指控条款和巴特勒的恳求杰作，不可避免地留给后人评判。

因为总统被参议院那么大的一个多数派宣告有罪而却仅仅由于一票得以逃脱，这个行动基本上是成功的，这在当时经常被倡导弹劾的人所夸耀。萨姆纳，正如我们已经看到的那样，在详细论述这个事实中找到了安慰。"仅凭借一票之差被判决无罪"，他说，"有一个熟悉的说法，一名男子差一点就没救了；因此……这位总统差一点就没救了。他凭借一票得救了。我把它称作名义上无罪。对他存在……道德上的判决。"但这完全是一种错误的观点。超过四分之三成员是总统政治对手的参议院，多数人因为他的路线妨碍共和党的政策而谴责他，要避免受到它危害，这肯定无法取得很大的成功。事实上，如果到了那种需要多数的地步，他可能在很早以前已经被废黜了；对于多数派来说，情愿根据一般的政治背叛定罪，这在总统和国会之间的关系破裂变得不可避免以后随时都能实现。事实上，由于投票判决有罪的三十五个参议员在数量上足以使参议院取决于他们的判决根本不用再做其他的考虑。然而，宪法要求的东西，弹劾的倡导者开始要获得的东西是在某项特定罪行或轻罪的指控上得到三分之二多数票的支持。从这个角度来看，弹劾必须被看作是一次不光彩的失败。在主要的指控上，要是存在弹劾主题的话，参议院绝不会想到投票表决。众议院通过了一部法令保持斯坦顿留在内阁中，不顾总统无意地那么措词以致把斯坦顿无助地处在法令规定的保护范围之外。参议院，在顺从的时间里，公开面对所有的人做过这样的解释。众议员 578们对他们自己的错误视而不见，盲目地煽动检举。但某些参议员碰巧是过于深深地忠于既定的立场。因为总统解释那部法律像他们自己对它所做解释一样反而还给总统定罪，他们不能使自己犯下这种空前不公正的罪行，因此，这起案件的末端垮掉了。第十一项指控基本上是无意义的。那些参议员在具体的指控上无法清楚地找到他们的办法，但憎恨安德鲁·约翰逊，根据一般的理由足以进行有效的表决使他下台，编造这一项是用来作为他们的避难所。与第一项切断关系的第二项和第三项是从它们主导的整体中修剪下来的不重要的东西；是偶然发现的东西使过深反对有关斯坦顿指控条款的参议员能够投票赞成这两项控告条款，通过利用看起来像一个违法行为然而则是无害的东西，以此来与他们的共和党保持一致。众议院运用预期胜利的赞歌，像一支军队拥有了旗帜一样向弹劾进军。参议院通过事先宣布判决召唤他们继续前进。随后发生的审判伴以适合那么一个历史性场合所有的盛况和环境；而在这个程序结束时，这个高等法庭因为它的法官多数担忧主要指控而逃避完成它的判决。这个羞辱性的惨败是共和国最幸运的一件事情。如果这第一次弹劾结果为总统职务被罢免的话，一个最具破坏性的先例将被建立起来——对我们行政部门的稳定将构成永久的威胁，对我们的人品和一个 579国家的声望造成不良影响，是一个共和形式政府的永久耻辱，从而逐渐形成一种政治动乱的反复无常的国民习惯，像一些中南美洲已经被玷污的共和国那样使一位总统为另一位总统代替。引述特朗布尔参议员在这起案子结束时他发表的意见中有分量的话来证明吧：

"一旦建立了弹劾总统的范例，当激动的时刻平息的时候，就不会被看作理由不充足了，就现在这几项所谓反对总统的指控条款而言，这只是几个月以来由众议院确定的，而未来的总统与众议院的多数和参议院三分之二的多数在任何他们认为重要的，倘若是具有政治性质的特殊议案上碰巧不同时，总统绝不会免受攻击。由于党派性的热情而丧失判断力的人，利用在他们面前的这种范例，他们会毫不犹豫地去清除实现他们目的道路上的任何障碍，那么对它的永久性影响来说，什么将会成为那么谨慎设计的同时又那么至关重要的宪法规定的制衡物呢？它们全都消失了。"

　　然而，正如它证明的那样，这种先例无疑是不同的方法。通过政治弹劾罢免总统的做法绝不适合定植在这个共和国里。在另一位美国总统受到弹劾之前好几百年将会过去，除非他被指控的明显是非政治性的罪行而且在实际上是明显的重罪或轻罪。

580　　在参议员书写及归档的意见中，还有尚待述说的某些事情。在 12 位反对派参议员中，6 位参议员存档的意见没有要求对它们作特别的说明。在 7 个不服从的参议员中，除了罗斯之外，存档的所有意见论述了每一项指控条款并对每一项指控作出了无罪判决的结论。在 35 位投票判决有罪的参议员中，只有 18 位参议员的意见存档；因此在对其他所有指控条款作出判决的 17 位参议员中，除了 3 位参议员投票判决的情况之外，我们没有记录。在 18 位参议员中，2 位参议员在第一项指控条款上判决"无罪"（豪和谢尔曼）；5 位参议在第四项指控条款上判决"无罪"；3 位参议员在第五项指控条款上判决"无罪"；5 位参议员根据第六项指控条款判决"无罪"；2 位参议员根据第七项指控条款判决"无罪"；1 位参议员根据第八项指控条款判决"无罪"；8 位参议员判定总统"没有犯第九项指控的罪行"；还有 5 位参议员判定总统"没有犯第十项指控的罪行"。在全部 18 位参议员中，只有 2 位参议员明确地判决总统"犯有全部指控的罪行"。卡特尔，哈伦，缅因州的莫里尔，斯图尔特，威廉斯，威尔逊和耶茨笼统地判定总统有罪，而他们这些人只讨论了第一项指控条款转而提到细节因而实际上仅有 3 位参议员继续投票表决；威尔逊把自己整个地局限于一般性范围内，而参议员中唯独他表达了投票表决的意愿，不仅赞成定罪，而且还赞成毫不犹豫地剥夺被免职的总统从此以后在美国的范围内担任任何公职的资格。蒂普顿和霍华德除第九项指控的之外判定总统犯有指控的所有罪行，霍华德甚至感到总统在第九项指控的罪行上也应该受到责备。除了维持引以为荣的区别之外，在起诉书中的每一项罪状

581 ——有关埃默里指控条款被驳倒的罪状和其他所有的罪状——逐项由波默罗伊和萨姆纳从它们之中享受各自的乐趣。

　　萨姆纳实际上承认，要是他能做到的话，他将投票判决："犯有指控的所有罪行而且还有无限多的罪行。"他的意见是一种典型的夸张表现。其中最长的一条意见满满地打印了 34 页，由私人秘书小心认真地详细阐述，编成几个部分，

用迎合民心的标题加以标明，伴有长篇的摘要，反对最高法院首席大法官裁决或投票的权利；对总统充满那么难以接受的强烈憎恶，以致它唯一的天然来源似乎是一个怀有恶意的个人表达出来的强烈敌意。这是那个参议员公开司法判决的情形：

这是与奴隶制度进行的最后一次伟大战役。这种恐怖的力量被人们从这些立法会议的大厅中赶跑了，从战场上赶跑了，然而却在总统官邸之中找到了一个避难所，在那里，它完全无视宪法和法律，继续寻求发挥它古老广泛的影响力。所有这一切都是非常清楚的。没有人能够质疑这一点。安德鲁·约翰逊是残暴卑劣者力量的化身。在他的身心内奴隶制又复活了。他是约翰·C. 卡尔霍恩和杰斐逊·戴维斯的直系后裔；他在自己的周围聚集了同样的支持者。北部和南部最初维护奴隶制的那帮人；习惯于放弃大原则的人；诽谤《独立宣言》的人；没有信仰的政客，认为专用名称就是一切的律师；在战争的每一个阶段坚决反对平等权利而混杂在一起的人；这些人是他的同盟军。这是奴隶制的老部队，后来有了几个新兵，依旧准备使用暴力——策略上虽然狡猾却说模棱两可的话而显得没有勇气。由于总统是他们的首领，他们现在盘踞在总统官邸里面。……他不仅实施暴行，而且这种暴行还由于他的无耻背叛而加剧了。他曾经宣称自己是有色人种的摩西。如今他却被视为暴君法老。由于这样的背叛，在这样的因果关系中完全不可能没有进行过商议。每一个观点，每一种信念，每一条反对奴隶制的誓约现在必定都是针对他的。法老在参议院的法庭里接受审判。

582

总统为了获得突然转向自吹自擂、迅猛打击的空间，对于那些指控条款中有限制自己作用的易损坏的栅栏与薄弱壁垒，他将把它们一扫而空。

仅仅根据那些指控条款审理这起弹劾案件是非常错误的。在两年多的时间里这个罪犯提出了许多专横的要求……一直显现出它们令人心碎的可怕后果，现在只在单词和短语问题上讨价还价，这是不可原谅的。

弹劾是政治行为，而不是司法行为，由于这个原因，按照这个法学家的说法，宪法把司法权力赋予给了法庭，不过，它规定参议院拥有审理弹劾案件独占的权力。此外，政治犯罪是可弹劾的犯罪。"向我说明总统的一个行为表现属于邪恶的实例或者具有邪恶的影响，我就会向你们说明一种可弹劾的罪行。"这个特别法庭将不受"习惯法刻板惯例"的限制，它有"它自己的、普通法庭未知的规则"。"历史记载的准确性达不到起诉书这样足够的准确性。"根本不存在随意决定的、旨在掩盖事实的证据规则。必须向被告提供质疑好处的"普通证据规则""被撤销了"。"如果你们对任何一点抱有怀疑，这些怀疑的好处必须给予你们的国家，这是至高无上的行为准则。"总统"必须表明他继续更长时间执政与公众安全并不是不一致的"。正如布莱克斯通谈及自由说的那样，"我们'渴望获得一切'来保全这个共和国。"更重要的是，我们能够正式获知"凡是在权限的范围内，包括国家的历史应该普遍知道"关于这次审判没有特定的证据。"不许关闭大门。"

像我们阅读到的那样，我们似乎听到了罗伯斯庇尔在法国国民大会的讲坛上倡导不用证据无须审判就给路易十六定罪。

这样就为他的目的主观臆造出一个足够宽松的程序模式，他便着手对它加以应用。他使一直到1867年12月的总统路线成为他审理的主要问题，如果不这样做起诉书中指控的总统行为"将仍然被忽视，弹劾将不会按特定的程序进行"；而是在另一人身上积累一个辱骂的表述词语，把被告在法庭、国家和世界前面打上他那个时代"非常邪恶罪犯"的标记，他坚持要求他不仅因为没有受到审判的罪行被宣告有罪，而且还因为他的那些拥护宪法的原告正式拒绝把他带到这个法庭审判决其罪行以此来宣告他有罪。让我们再一次倾听这个正直的法官宣誓"要做到公平正义"吧：

把这个规则应用到现在的诉讼行动中去，立刻就会看到怎样把它提交给参议院讨论，如果没有更多的证据，一个长长的犯罪目录，影响完全没有辩护可能的总统名声，用来解释把弹劾总统的行为建立在那种基础上。就是在这个会议大厅里，面对全体参议员与外国使节，在挤满走廊的人们众目睽睽之下，安德鲁·约翰逊在他宣誓就任副总统的时候展示他自己令人不快的醉态；还有这里有记录以来他所做的一切事情。它的大部分记载发表在我们的定期刊物上。其余的记录根据参议院的命令刊登在可信的文献上。但它绝不是一个更加完整的纪录。

此时在参议院里我们正式获悉他是如何使自己变成奴隶制度代理人的——立法权的篡夺者——违法乱纪者——叛乱分子的赞助人——叛乱的助手——把优秀公民从公职的岗位上踢下台的横人——拔开国库漏洞塞子的败家子——'威士忌酒帮派'的策划者——通过肆意的否决然后再通过罪恶的妨碍变成了所有好法律

的绊脚石；所有这些情况此时全被大家知道了，是无可争辩的。……

这是安德鲁·约翰逊晦涩的罪行。为了奴隶制……他蔑视国家的宪法和法律，而且他还通过野蛮下流地行使权力一同进行了他们不容置疑的篡夺，除非我们回顾罗马皇帝或法国君主在他的宠臣中间跳舞胡混，否则是没有这种先例的。这种野蛮下流的篡夺早在 1866 年冬天就变得明显了。……

说白了，他早在那个时候就应该受到弹劾和驱逐。他的案子早该结束了。……我是多么强烈地深信众议院致命的懈怠以致我认为参议院将恪尽职守……假如因为这种拖延斥责众议院。……与此同时总统却在继续他的犯罪活动。完全不 585 存在他不试图篡夺的东西。……当这种篡夺变得全部无效的时候很难估量它包括的无边无际的范围。斯特拉福德当时还不够大胆……他夸口说，'特权的小指比法律的腰粗。'……没有任何一位君主，没有任何一位暴君，没有任何一位苏丹会比一位美国总统勒索的更多：因为他要求得到一切。

南方的大屠杀！"鼓励那些邪恶人员的"正是安德鲁·约翰逊。"他是那种行为的带头人。""纵火，饥饿和屠杀的尖叫声出现了——

'他来把我放出去吧，哈洛大声地要求！
唯有他应该得到赞美！'"

谈到总统的讲话，这位参议员会把它记下来，归档保存在我们的国家档案馆里，诸如这些言论："从它们的残忍和下流来看"，它们"'暴露了他本身是一个罪犯'具有的性质"，"可以根据习惯法起诉，对它绝不可能存在过于严厉的判决"。
而且

那些是一个醉酒人的言论；可是看来他并不是喝醉了。现在，依照我们历史上的先例，一个因醉酒丧失资格的人应该被免除职务。这是皮克林在 1804 年的例子。但一个其行为使人想到醉酒的清醒人，至少和他醉酒是一样有害。他是不是更糟呢？如果不是用醉酒来解释，他发表这种高谈阔论，在我看来他不适合担任公职变得更加明显，因为他糟糕的条件是自然的而不是反常的。醉酒的人有清醒的时间间隔；就这个长期的罪犯来说，肯定清醒的时间间隔在哪里呀？精神错乱 586 是他正常的状态。

因为在所有的问题上他都拥护那个方面，他从未受到过怀疑阴影的困扰，因此他现在绝对地确信他的事业。"在我看来那条路线是一清二楚的。历史上从来没有出现过完全没有疑点的重大案件。如果安德鲁·约翰逊是无罪的，以前就从来没有出现过一个犯罪的政治犯；如果认为对他无罪判决是一个先例的话，那么以后就绝不可能再发现一个犯罪的政治犯。铁证如山嘛。"

费森登，根据自己的意见极有魄力和尊严地说：

"就民意要求对总统定罪的意见来说……我的回答是，他不是交给民众审理，而是交给参议院审理。……民众没有像我们这样作过听证。责任不在于他们而在于我们。他们没有进行'要根据宪法和法律作到公平正义'的宣誓。我做过这样的宣誓。我不能依据他们要求作出定罪就提交有罪判决，如果我违背了我自己的判决，他们也不能把我受到的惩罚转移到他们自己身上。"

萨姆纳，在演讲的结束语中他详细阐述了责骂演讲最佳模式的一些概念，采用了一种不同的观点：

"有些事情也是民众说的，现在带着爱国热忱评论我们的诉讼行为，而声明说把他们的判断强加于人，他们错了。我并不这么认为。这是一个政治诉讼行587 为，民众在这个时候和参议院一样能够对它作出决定。他们是众多的陪审员，关于这起弹劾案，由于它涉及公共安全，来到我们周围的民众代表全体国民。正是他们派遣我们在这里充当他们的代表，而且还以他们的名义来商议公共福利。我们没有任何事情能够逃避他们的评判，在类似我们现在审理的问题上尤其不能逃避他们的评判。假定只是参议院作了听证是一个错误。民众在证据公布的时候也一天一天地作了听证，还审慎地考虑案件的是非曲直，适当地驳回了所有阴险狡猾的辩护。他们将要评论所做的一切。他们是高于全体参议员的，他们还将'重新裁定它的正当性'。……

"人们不会表明对放弃的伟大陆军部长漠不关心，他把民众组成反对叛乱的军队，而且还组织成功了。……也不会忘记通过两次庄严表决以超过三分之二的得票数，参议院已两次指示他留在陆军部，尽管总统相反地指示他离开。人们大多不了解宪法。法律或道德的原则是什么，参议院能够两次指示这位部长留任，然后却通过另一次投票表决，故意听任他成为总统暴政的牺牲品。谈及意见一百八十度的转变；谈及自动失效；不会两者都在这一点上吧？"

我们历史的研究者，他们将获得一个清楚又适当的概念，查尔斯·萨姆纳真正属于哪种人，不应该局限于对围绕他的黑人奴隶声援者或不抵抗布鲁克斯殴打的受害者这两个光环匆匆一瞥；他应该撇开这些道德高度，花费宝贵的时间细读这位出庭审判安德鲁·约翰逊的法官发表的意见。

需要用短暂时间注意另外一种意见。读者已经知道，约翰·谢尔曼已经提出，要是没有完全丧失自尊，自己不可能在免除陆军部长职务的指控上投票判决总统犯有一桩罪行；因此，在存档的意见中，他只是更郑重强调地这么说。谈到他是其成员的那个协商会议通过附加条件所使用的术语，他写道："要认识到插入的词语意在警告总统，不要冒着被裁定犯有严重轻罪的危险免除斯坦顿的职务，否则将会把总统当作一个亵渎神谕预言的罪犯加以惩处。"他进一步地解释说： 588

> "我明确指出，像报告说的那样，这部法律不保护林肯先生任命的内阁成员免于撤职，约翰逊总统可以随便免除他们的职务；而我也把陆军部长列举为一个可以被免职的官员。……我无法想象这样一种情形，参议院将要求总统按照那种建议而通过各部的首脑本人直接使他不愉快地履行他的崇高行政职责，而且他也没有委任这个官员，因此，这种例子根本不属于规定范围内的官员。……上述法律的这种解释在这些诉讼行为还无法预料到的时候就提出来了……除了我本人之外对其他任何人没有约束力。但我能够向你们提出这一点，声明这一点，而且我仍然认为它是那些规定正确而又合法的解释，我能利用我声明过而且仍然认为总统有合法权利所做的事情而宣告总统犯罪了，还要凭借投票表决来帮助免除他的高级职务吗？上帝不许这样做呀。
>
> "一位罗马皇帝通过公布民众所不懂的法律然后以违反那种法律作为一种罪行惩罚他们而落得个永恒的骂名。一位美国参议员将施行胜过这种精心策划的暴政，在通过一部法律时，如果他宣称一种行为是无罪的，然后担任一名法官把同样的行为当作一种罪行惩罚。出于这样的原因我不能投票赞成2月21日的决议，也不能说总统'有罪'与那些条款所指控的相符。" 589

因此，他判决总统没有犯下第一项控告条款中具体指控的那种罪行；这是弹劾的基石。然而他还是根据从第一项指控得出它们整体有效性的第二项指控和第三项指控判决总统有罪；因为，如果总统能够合法地使陆军部长离职，他临时任命托马斯，无论拥有还是不拥有法令的授权，对那个审慎的机关都没有有害的影响，无论如何都没有什么重要性，也绝对不是犯罪行为。甚至连萨姆纳也承认，免除斯坦顿职务是"弹劾的支点，以至于整个案件似乎围绕这个事件来考虑"。费森登也真诚地谈论过这个临时任命：

"要认识到，没有任何法律禁止这种性质的行为，这已经得到了长期实践的认可，是处理事务的必要条件，相信依据现有法律的授权，很可能证明总统采取这种行动是正当的，要是把这当作一桩严重的轻罪以此证明罢免总统的职务是正当的，在我看来，就其本质而言，这本身如果不是违反宪法的话，也是对司法制度的莫大歪曲。"

谢尔曼努力说明，1863 年法令废除了 1795 年法令；仿佛在理论上需要授权，因此，无论他自己承认在有关做出一个临时任命以填补空缺职务的事情上存在罪过的问题产生过怎样的分歧与争论，这个任命都是合法做出的。他努力相信，总统"已经形成了一个成熟的决定……在没有参议院建议的情况下填补那个空缺"；面对的事实是，对托马斯·尤因的提名尽可能快地送到参议院里了，此时他对斯科菲尔德将军亲手所书的提名也已放到参议院的桌子上了，他声称，总统"可以通过向参议院发送一个合适的提名而获得一位新的陆军部长"。

第十一项控告条款，按照最高法院首席大法官对它作出的解释，该项条款只提出了一个实质性指控，即：在参议院不赞成让斯坦顿停职以后试图阻止其恢复原来的职务；对于一个认为总统有权免除那个被停职官员职务的参议员来说，这完全是一个没有丝毫合法性的指控。然而，参议员以此投票判决总统"有罪"，作为编制起诉书的动机，这一项"包含有许多我认为具有诱导性质的主张，但若把它计算在第二项、第三项和第八项更具体陈述的故意违反法律的指控范围内，我因此也会投票赞同它"。在第十一项中没有提及对托马斯做出的临时任命；根据他的意见推断，他认为总统"犯有此罪"才提出该项指控条款，因为该项指控中所谓的种种问题，经由一项违反参议院决定做出任命的诱导而使参议员们感到宣告总统无罪是被迫的，作为一项犯罪任命的先导，在第二项中已指控过而在第十一项中就不必再提了，那位参议员因此觉得自己能够作出有罪判决。总之，这个完整的行为，谢尔曼觉得这样做总统犯了一桩应该受到罢免职务惩处的轻罪，整个存在于发出一个授权去暂时填补一个空缺官职的未执行的证书，按照这位参议员自己意见来看，但是根据权利，由于实际存在的现任官员做了成功的非法抵抗，事实上从来没有片刻的时间存在空缺职位。

事实是，谢尔曼的行为是事先有计划准备好的。在弹劾每一个阶段召开的核心小组会议上，他都是最突出的一位参议员。在早先的时候他必定使众议院和参议院的同事知道他所处的使人为难的困境；那些条款被巧妙地处理成他们接受的形式几乎不存在什么问题，因为改变表决顺序是必然的，他可能觉得在用于他那个党给总统定罪的固定空间中不要过于炫耀他亲自给总统定罪的空间。然而结果证明并不是他想象的那样。安德鲁·约翰逊被判决无罪。被证明有罪的正是约翰·谢尔曼，而且是由他本人证明自己有罪的。

在此期间，这位重要的陆军部长——这次引人注目的争论主题遭遇到了什么呢？在陆军部的内部设置路障；陆军部内外都由哨兵把守；得到同情他的参议员、众议员和军官的帮助、补给和安慰；通过一切可以利用的渠道不间断地努力实现罢免那个长官的职务，而那个长官却敢于尝试罢免这位陆军部长自己的职务——但他还是接受参议院最终的表决结果，在那么顽强坚守以后无奈地放弃了自己所担任的官职，从公共事务的表面突然跌落下来，听起来比以往任何时候铅锤下落得更深。他给总统发去了一封信，从容傲慢地告诉他，参议院通过足够多数成员迫使总统本人下台却未能支持其处罚总统试图免除陆军部长职务的决议，他"放弃陆军部的职责"；然后，他自己离开了那个现场。总统没有重视他的来信。参议院批准了斯科菲尔德作为他继任者的提名。他受到了国会两院的感谢，但还是处处感受到自己被人们忘却了。他继续住在华盛顿，但他那么垂涎的高级当权者的座位，已经不再认识他了。我们偶尔听说他在秋天为格兰特将军竞选演说，尽管这位被提名的总统候选人似乎已经对他变得冷淡了。在克利夫兰，费城和其他地方的中心区，听到他把这位伟大的战士赞誉为他热望的不寻常地适合高级文职官员的人。在他家乡所作的一次演讲中，在其他热情洋溢的赞美词语之中，他告诉他的老邻居，格兰特将军的"民事行政能力与廉正在他采取过军事行动的广袤领土上同样是显而易见的"。 592

一年过去了，格兰特已经当选就职了，继而到了 1869 年 12 月，斯坦顿生病躺在华盛顿他的住所里。当月 17 日（星期五），参议员钱德勒在两个朋友的陪同下前来拜访他，这位病人向他"就格兰特总统的军事能力和民事行政管理能力两个方面表明最庄重的看法"。他也向韦德谈及："全国民众知道格兰特将军是一个伟大的战士，我知道他会证明他是一个伟大的文官。"[1] 当天晚上来自威斯康星州的卡彭特参议员想了个主意，"应该为确保斯坦顿先生任命为最高法院的法官做些事情"；——一份任命书，谈也谈过了和盼也盼过了，但是却没有把它送来。总统似乎不愿意。卡彭特草拟了一封信寄给总统推荐斯坦顿担任这个职务，还把这封推荐信带到会议大厅的各处，在不到 20 分钟的时间内就获得 37 位共和党参议员的签名。第二天上午，这位参议员乘车去了斯坦顿先生的家里，给他看了这 593

---

① "钱德勒的演讲"，《国会天地》，第 42 届国会第 2 次会议，第 4282、4283 页。

封推荐信;"接着"(用卡彭特的话说)"当他浏览这封信的时候两行热泪开始顺着他的脸颊流了下来,他一句话也没有说。"这位参议员把推荐信带到了白宫,根据早先的安排钱德勒在那里等他。总统似乎像他说的那样希望得到这封推荐信,消除在这个任命事情上最后困扰他的挥之不去的顾忌,"使他很高兴",他还要求两个参议员"去斯坦顿的家里告诉他,对他的提名将在星期一上午递送"。在收到这个消息的时候斯坦顿呼喊道:"敬托格兰特将军的好意——这完全是他

594 的特点——将比那些医生使出所有本事更能治好我的病症。"星期一(20 日)提名埃德温·M. 斯坦顿担任美国最高法院陪审法官,代替格里尔法官,已得到参议院同意,立即生效。①

　　查尔斯·萨姆纳现在可以再次发言。1872 年 5 月 31 日在参议院发表一场精心制作的猛烈抨击格兰特总统的演讲,他援引"已故的埃德温·M. 斯坦顿的证词"如下:

　　"在 1869 年国会会议开幕到达华盛顿时,听到陆军部长斯坦顿先生最近健康状况恶化使我感到难受。我对他非常卓越的服务充满感激之情,伴着友好的情感受到共有的政治忠诚的促进而增强。在他去世的当月临近结束的时候我没有错过任何看望他的机会,直到他去世为止我还反复前去访问。我最后一次访问由于绝不可能忘记的交流而留下了深刻印象。当我走进他卧室的时候,我发现他撑着枕头斜倚在沙发上,他伸出自己已经冰凉的手,而回答我的询问先用'你好'作答。'等候我的休假证呀。'然后他立即异常严肃地说,'我有话要对你说。'当我坐下的时候他没有说一句开场白的话就接着谈正事:'我比全国任何一个人更了解格兰特将军。研究他是我的责任,我整天都在研究他,我看到他的时候在研究他,我没有看到他的时候也在研究他,现在我把自己确信的东西告诉你,他不能治理这个国家。'他那坚定的态度和肯定的判断让我吃惊,因为虽然我已经意识到,就一般能力而言,已故的陆军部长并没有把格兰特总统的名次列得很高,但我对如此强烈表达的一种意见是没有准备的。在若干间歇时间以后,终于把注意力集中于考虑他那值得注意的话语,我评论说,'你说的事情是非常明显的。''它

595 真的是非常明显的',他迅速地回答道。我补充说,'你是放马后炮,你怎样这么晚才说;你为什么不在提名他之前把这话说出来呢?'他回答说,关于提名的事没有和他商议过,因而没有机会对提名表达意见,此外,大量的时间和精力在当

---

① "钱德勒的演讲",《国会天地·附录》,第 42 届国会第 2 次会议,第 560 页。

时被用于履行陆军部长的职责和与总统的斗争。我接着说，'但是你参加了总统选举，而且还在俄亥俄州和宾夕法尼亚州为他发表了一连串的演讲。''我做过演讲'，他说，'但我从来没有推荐提名格兰特将军，我是为共和党以及共和党的事业而演讲的。'这是我最后一次见到斯坦顿先生。几天以后，我去送葬伴随着他的遗体到了他现在安息的地方。"①

　　我们该说什么呢？归根结底是不是存在过什么真实的斯坦顿呢？卡彭特参议员坚称："如果斯坦顿先生在那位来自马萨诸塞州的参议员详述的那种情况下向他作过那种声明，如果在那整个段落中有一个句话说的是实情，如果它从头到尾不是一种臭名昭著的捏造，那么斯坦顿先生就是有史以来最奸诈、最不诚实的人。"②　布莱克法官，评论对斯坦顿歌功颂德的推荐书涉及他在讨好布坎南的同时又秘密和激进分子交往的事情——亨利·威尔逊由于公众没有意识到身败名裂严重性的特征而把那个推荐书强加于他们——得出了类似假定的结论："当然，如果这些事情都是真实的，那么，他就是有史以来或史前至今最不可思议的骗子。"③

　　他获得了值得努力争取的东西，据说这是斯坦顿进入陆军部之前就有雄心实 596
现的目标——他刚刚度过 55 个春秋，四天以后——消息就传来了，他去世了。尽管他在生病，但他去世的消息既给他的那些朋友又给全体国民带来了意外的震动。民众不知道如何解释他的死因。由于难以理解的保密掩盖了他临终时刻以及死后举行葬礼的情况，因此产生的各种隐晦的谣言很快就在到处传播，甚至到今天也没有平息。

　　[事实上，斯坦顿虽然被任命为最高法院的法官去替代格里尔法官，因为要等到 1870 年 2 月 1 日格里尔辞职生效，因此，斯坦顿实际上一直没有上任。然而，委托状已经发给他了，他临终时仓促地宣誓就职，因而那个职位一年的年薪将由国会悉数拨给他的遗孀与孩子。（参见"卡彭特的演讲"，《国会天地》，第 41 届国会第 2 次会议，第 1799－1800、2081 页。）]

---

① 　"卡彭特的演讲"，《国会天地》，第 42 届国会第 2 次会议，第 4112－4113 页。
② 　《国会天地》，第 42 界国会第 2 次会议，第 4112－4113 页。
③ 　布莱克写给威尔逊的信，《银河》，1870 年 6 月；1871 年 2 月。

结　局

597　　国会这次会议一直开到 7 月 27 日才结束，然后，由于要着眼于竞选运动的结果，只有休会到 9 月 21 日才比较合适，到了那一天，除非另有命令，两院进一步休会直到惯常定期开会的时候。但是，虽然总统在重建问题上仍然热情不减地继续进行斗争，而且对他那没有希望的正义事业抱有信心，时间的推移证明这样做不是没有正当理由的——否决国会已经通过的法案，阻止其根据在总统大选中站在"忠诚"一方投票的裁定将接纳那些足够非洲化的南部各州——然而国会却没有再作进一步弹劾的努力；时间已经接近他任期届满的时候了，多数人会疏远他，最极端的激进分子有很多像这样成为负担而又损失惨重的补救措施。撒迪厄斯·史蒂文斯确实在 7 月 7 日又提交了另外五项弹劾指控，国会却没有对它们加以考虑的打算，史蒂文斯因而只是把它们用作长篇激烈告别演说词的传播手段，它们所包含的以下摘录能够被恰当地称作是这位非凡人物的临终遗言。

　　在理智地反思和全面地研究古代与现代历史以后，我已经得出了不变的结论，无论在欧洲还是在美洲，一个国家的最高行政长官都不再可能通过和平的手
598　段将其罢免。如果让他保留金钱和政府的官职任命权，正如已经看到的那样，将会看到它比法律效力更强，从而使得司法之矛难以将其穿透。如果暴政变得无法忍受，用布鲁图的匕首将会找到唯一的办法。① 求上帝同意绝不要使用这个办法。

　　我除了能想起那两个我认为绝对不会为诱惑所动的人之外，我还能想起他们中的一个是雅典人而另一个是伯利恒人。法律顾问提出的主要建议是要我们宣告总统无罪，但他并不相信后者不屑于腐败呢。他把总统带到最高山峰的顶部，向他提议让地球上所有的王国服从他，崇拜他。……

　　我的精力几乎都耗尽了，而我只能同意忠诚的见解。我在生活的下坡路上快速地下滑，现在已经站在一个敞开的坟墓底部。先生们，除了指望你们时间长机会多之外，还指望你们有一个辉煌的事业。如果你们以及你们的伙伴能够抛开野

---

①　马库斯·朱尼厄斯·布鲁图（公元前 85 年—公元前 42 年），古罗马的政治家和将军，图谋暗杀恺撒。后来与马克·安东尼和屋大维发生了争夺权力的斗争，在菲利皮战役中失利后自杀。

心并认识到每个人无论出生如何卑贱或被命运降级，而与你们都是平等的，每一种不可剥夺的权利属于你，也属于他，真理和正义将传播到全国各地，而你们也将从落基山脉的顶部蔑视一个统治一亿快乐民众的帝权。

不过，我一定要铭记，我们不要相信王子这句话，因为我们明白，在最富有的人心里，在最有教养者的头脑中，以每一种书生气的体面增强了吸引力，热心争论的戏剧仪式，用外面镀青铜的防护物得到强化，禁止轻浮或腐败的方法似乎是朴素与节俭；人的性格中最充足的成分可能容忍狠毒、贪婪、好色的腐蚀与无法控制的野心，如同猫头鹰、草原狗、响尾蛇一样在最肥沃的草原土地上融洽钟情地偎依在一起。① 599

到会议结束时他仍然坚持在他的岗位上，但他显然在与死亡抗争。他每日由雇用的有色人侍者扶持其攀上通往众议院的楼梯，他带着自己特有的那种既严酷又幽默的口味说："孩子们，我想知道当你们都死了以后谁来扶持我呀！"② 这次休会两周以后他在华盛顿去世了。他在遗嘱中托付把自己的尸体埋葬于他本人在兰开斯特私人墓地选择的一个地方，他亲自写就碑铭的墓碑竖立在那个坟墓的旁边，碑铭内容如下：

我长眠在这个宁静而又隐蔽的地方，不是出于什么天生的偏爱孤独，而是发现其他的公墓受到了有关各族宪章规定的限制，我选择了能够使我用自己死亡安葬的例子来阐明我毕生倡导的原则——在造物主面前人人平等。

虽然没有作出看护他自己坟墓的规定，但他留下了充足的一笔钱用于看护他母亲的坟墓，嘱咐"教堂司事保持坟墓整洁有序，每到春季在坟墓四个角的地方种植玫瑰和其他令人愉快的开花植物"。他给自己母亲生前曾是其成员的那个教会留下一千美元的遗赠，还进一步交代说：

"我这么做是出于纪念我母亲的考虑，我把自己在世上怎样微不足道的成功归功于她，事实证明是很少的，我想强调地承认这一点。"

---

① 《国会天地》，第 40 届国会第 2 次会议，第 3790－3791 页。
② 朱利安：《政治往事》，第 313 页。

600　　　　萨姆纳，因为他对史蒂文斯怀有一种本能的反感，他在参议院宣读追悼他的悼词时用了这些意味深长的话作为结束语：

> "我现在看见他，与我在他生前经常看到他的时候是一样的。从缓慢移动进而到用不稳健的步伐行走而坚持工作来看，他是值得尊敬的；但几年来我们聚集力量支持他鼓励他也照亮了他作为政客、谋划者、趋炎附势者的成功道路，靠边站吧！一个英雄般的政治家不予计较他得到的奖赏。"①

　　此时，这样的一段历史，依照它的标题，应该结束。但那个曾是美国唯一受到弹劾而且仅需一票就被定罪免去那样高级职务的人此后的经历怎样呢，现在对此作一个概略性的介绍，在我们看来并不是一个不匹配的附录。

　　在 1868 年 7 月 4 日民主党在纽约市召开全国代表大会之前，毫无疑问，安德鲁·约翰逊是合乎逻辑的候选人。他一直是反对重建法的主角。他进行了那种斗争。他声称没有任何其他人能够代表那个问题一方的真正当事人。但另一方面，他没有得到任何一个显著的政党在后面支持他。他已经在对抗他自己的那个

601　政党。选举他担任副总统的那个党现在普遍憎恨他。少数党冷冷地把他看作是背弃自己队伍的脱党者，而且，这种事情是最不讲信用的事情。他被认为是放弃了战场，因为他碰巧是南部一个州的公民。约翰逊自己没有作出认真努力以获得提名；在任何时候丝毫都不抱有得到提名的期望。在会议召开的前两天，纽约市十大杰出公民询问是否允许把他的名字提交给这个大会，在答复他们的一封信中，他对此写道：

> 我并不热望作进一步的服务——实际上我也许说的是在那种崇高而又有责任的职位上进一步的忍耐，除非通过那么普遍明确的号召以致民众认可我的努力，捍卫宪法和几个州构成的实质上曾经是联邦联合保留的权利。由于目前的这种政党情绪，这样的认知，我或许根本不可能存有合理的指望。

　　全部的历史证明，为官者反对以任何理由怀有使小集团作出图谋以获得权力，他们通常会发现，与公开热心的辩护相比这样做只会产生更多的攻击者。因此，在抵制措施中，它虽然受到了国会的维持，但我真诚地认为那是对"宪法"的侵犯，在我国的立法大厅里凭借一个强有力的、井井有条拥有支配影响的反对

---

① 史蒂文斯的葬礼，《国会天地》，第 40 届国会第 3 次会议，第 129 页及下文所述。萨姆纳所致的悼词，第 150—151 页。

党以使我的任务变得艰辛而又看似无礼，这是史无前例的。……

在这种困窘之中，在那个时候我没有接受公共出版界，或者一些坦率而直言不讳的朋友劝阻。我听说过我"没有任何党的支持"。这个建议只是让我想起了一句难忘的话，它是小集团高傲地统治罗马时发出的，"恺撒有一个党，而庞培和 602 克拉苏各自也有一个党，但那个共和国一个党却没有。"……

在我担任联邦总统职务期间，被迫沉默地忍受了不顾一切的、性质不公而又极为阴险的侵犯，在不能逮捕他们的时候，或者说有时候只允许采用不起作用的抗议；只能运用抗议的特权或可供选择却又很糟的反革命办法，被迫抵制革命的方案；被迫保持一个纯粹旁观者的姿态，同时为了一个党的利益而浪费国民的宝贵时间，没有任何显著的理由就对我本人及所担任的职务进行攻击，我因此不能够让自己的事业彻底地变成民众的事业——变成民众自己捍卫宪法和法律的斗争，即使在民众有目共睹的情景下，我也不能对此发出任何抱怨。

他在第一轮投票中获得 65 票，得票数仅次于获得 105 票领先的彭德尔顿。总统候选人的提名强加到霍雷肖·西摩头上，约翰逊当选的机会事实上被西摩在讲坛上鼓吹"绿背纸币"的邪说和布莱尔将军在其被提名为副总统之前写了一封轻率的信件给毁掉了，推荐实质上是让当选总统领导武装抵抗国会主导的重建。尽管如此，当国会两院在 9 月开会时，认为议员集合到足够数量达到法定人数的结果是那么不确定，以致诉诸于一直休会到 10 月 11 日这种特别的应急对策，随后那个星期五宾夕法尼亚州、俄亥俄州和印第安纳州举行州选举——到了那一 603 天，除非另有命令，进一步休会到 11 月 10 日——总统大选之后的那一周——而在那一天，除非另有命令，最终休会到正常的开会日子。要是在 10 月第一次休会时那三个州的选举他们失败了，多数党准备采取一些革命性的措施，以遏制北部"不忠"上升的趋势；要是继而在这次大选中他们被击败，他们 11 月的会议将专用于策划后来对待蒂尔登的办法对待西摩。事实上，10 月份那些州的选举共和党以微弱的多数赢得了胜利；而这产生的结果是，以后的两次休会被正式确定了。

当国会举行定期会议时，总统的国情咨文又妨碍多数派庆祝他们的胜利。"不时地"托称那个宪法规定赋予他的责任，"向国会提供联邦事务的信息，还建议他们考虑像他认为必需的对策之类的措施"，总统严肃地告知国会两院，他们的重建法律"在公正的试验以后"已经"实质上失败了，从而证明它们的结果是有害的，它们似乎再也没有正当的理由继续保留在法令全书上了"；"有智慧和雅量的立法者或统治者在深信有错误时要顺他的原路返回，迟早会得到有才能的爱

604　国的民众报以尊重和感激的之情";"产生这种有害后果的立法应予废除";其他法律,诸如《公职任期法案》以及《军队拨款法》中妨碍宪法规定的总统履行总司令的职责的那项条款,它是"在党的激情和与之有关的偏见影响下通过的",而且

　　　"没有得到宪法认同";而"废除所有这样的法律,至少会被美国民众公认是部分地恢复了政府的基本原则,还有一个迹象表明,从此以后'宪法'将要变成国家正确可靠的指南。那些没有得到宪法认同的法律不可能对国家产生永久的利益,那么多缺乏智慧的书面文件维持不变,这是不允许的,也不应该成为我们最近立法的特征。"

　　　听到这样的咨文用语,参议院显然是不耐烦的。但就在那个时候,在政府的财政状况和前所未有的公共支出数额曝光的过程中,总统宣布"每年为武装力量的花费达到一亿美元,其中很大一部分被用于执行不必要的违宪法律"——多数党议员再也听不下来了。康内斯开始站起来,打断了那位秘书的讲话而提议进一步研究废弃那个"进攻性的文件"。豪认为,参议院没有义务听措词如此无礼的"演讲"。威尔逊认为这既是无礼的又是不真实的,称总统是"一个令人失望的坏男人";卡梅伦针对这种描述又添了一句:"他已经玷污了自己所担任的那个职务

605　差不多四年了。"直到参议员们得出了莫顿表达的那个结论他们才把这个问题留待明日解决,"把它看作是一个纯粹恶意的问题而拒绝审议,而它对总统的损害比对我们自己的损害要小";宣读国情咨文紧接着就结束了。

　　　众议院采用的处理方法给人的印象更加深刻。国情咨文对着完全不留神倾听的耳朵宣读,而当时多数党抓住咨文中一个有关清偿公共债务方案却使人感到不足的段落不放:

　　　"我们的国家信用应该得到严肃的评述;而在为我们的债权人制定规则的过程中我们不应该忘记什么应归于广大民众。可以认定的是,我们有价证券的持有人按照金本位量度已经在他们的债券上获得了比原来的投资金额数量更大的收益。在陈述这个事实的基础上,应得百分之六的收益似乎才是公平的,现在由政府支付的利息应该减少一年两次分期付款偿还债务的本金,这在十六年零八个月的时间内将清偿国家的整个债务。金币的百分之六以目前比价等于流通纸币的百分之九,相当于偿还一小部分不到十七年期限债务的一倍半。连同从他们投资应得的其他一切利益,这将因为使用广大债权人的资金而给予他们一个大方公平的

补偿，对于这一点他们应该感到满意。过去的教训劝诫放款人，从借款人那里过　606
分渴望严格遵照刚发生债券的回报率索取投资收益是不适当的。"

　　沃什伯恩认为这种陈述是"公开且又清楚的赖债"而加以谴责，它不仅是一
种国家的耻辱，而且也是递交这份国情咨文的总统的耻辱。申克把它称为"最粗
俗、最无耻且又臭名昭著的陈述"。布鲁莫尔提出了一个决议，"向美国民众以各
种形式和身份宣告拒绝清偿讨厌的国家债务"——这在随后的星期一被通过了。
参议院直到做了几天的指责性讨论以后才仿效众议院"完全不赞成并谴责"这种
陈述。一些参议员为他们自己安排适当的时间把愤怒凌驾在它之上。奈为此打了
一个寒战，他异常严肃地大叫："提出这样的主张就是一桩严重的罪行"；"持有
这种看法是一种犯罪行为；而总统向国民发出那种令人担忧的观点就是双倍的罪
行。"沃纳——俄亥俄州赠给亚拉巴马州的珍贵礼物——"以这种进步精神使自
己成为利用南部不稳定局势的谋利者"而感到自豪的人，正如他所说的那样，他
无法抗拒其诚实灵魂的驱使而提出显然要给它打上"不诚实"烙印的决议。霍华
德给它打上的标记是"邪恶的建议"、"海盗抢劫的建议"。

　　这些侮辱性的激烈言语，旨在影响总统打算交付其略述为强制清偿那些债券
持有人而设想的方式与计划。而且，按照它本身的意思理解，必须承认对那个段　607
落作那样的解释是能够接受的。然而，与总统友好的那些参议员明确指出的就是
那样，在联系上下文理解的时候，参议员明确指出，这个计划暗示，非但不是强
制的，反而相信总统本人预先猜想债券持有人可能同意不会"反对结算""这将
为他们提供一个公平合理的报酬"。①

　　在这篇咨文的结尾，总统再次介绍了他在7月份徒然通过一篇特别咨文要求
国会注意一条宪法修正案的建议。它有三项主要的规定：1. 总统和副总统由民
众直接选举；2. 以同样的方式选举参议员；3. 联邦法官的任期限制为几年的时
间，即使在战前的时候这也一直是他倡导的主题。前两项仍然是使公众兴奋增强
的话题，但第三项迄今从来没有得到过很大的支持。关于增添的内容第四项，它
显然是弹劾结果。他建议如果发生总统和副总统的职位空缺要明确指定履行总统
职责的人，因此指定的那个人不是立法部门的成员，与通过那个特别咨文此前显
现的那种理由一样，"既对产生的空缺职务感兴趣又……是其裁决一个空缺职务能

_____

① 《国会天地》，第40届国会第3次会议，参议院文献第28－29、44页，众议院文献第33－
　34页。"狄克逊的演讲"，《国会天地·附录》，第44页。

608　够产生的特别法庭的成员。"相反，那个总统的任期应该传给在一道命令中被指定的几个内阁成员，因而继任者的任期局限于几个空缺职位属于它的行政部门。这一理想的改革后来（1886 年）不仅根据宪法修正案，而且也根据国会法律生效了。①

　　1868 年圣诞节——和一个慈善的赠品那么相称的一个时节——总统发布了他最后一个特赦文告。前三个文告——1865 年 5 月，1867 年 9 月，1868 年 7 月——呈现出例外的范围在不断地收窄，1868 年 7 月的那份文告只把实际受到指控的那些罪犯排除在外。现在，连这个最后的限制也被消除了；而安德鲁·约翰逊享有令人羡慕的特权宣布，"以美国民众至高无上的名义"，"无条件毫无保留地对直接或间接参加最近叛乱或所有谋反的人，因而也是每一个涉嫌叛乱谋反的人，完全宽恕与赦免其在最近的内战期间背叛美国，或者拥护美国敌人的罪行，同时恢复其宪法和法律授予的所有权利，特权和豁免权。"参议院不批准这种不分青红皂白就给予释放的方式——就其职权来说，甚至把那些权利也给予被称为"总统"却又没有悔悟的杰弗逊·戴维斯。总统回答说，他的根据是联邦宪法由

609　他"理解和看作是国家最高的法律"，其中第二条的第二项规定，总统"应该具有授予缓刑和赦免的权力"而且也是"华盛顿在 1795 年确立的先例，而这已经由几位总统如亚当斯在 1800 年，麦迪逊在 1815 年，林肯在 1863 年"，和他本人在 1865 年、1867 年和 1868 年所遵循。②

　　这次会议的唯一成果是通过了《第十五条宪法修正案》，旨在保证整个国家黑人成年男子的选举权，它不再是我们打算拖延的问题了。然而，我们忍不住对立法的努力提供一个简短的说明，虽然暂时显得不成功，但它却是值得纪念的，因为它是弹劾审判总统反射出来的光芒。1869 年 1 月 11 日，自众议院因为安德鲁·约翰逊对它所谓的侵害提出弹劾以来迄今尚不到一年，沃什伯恩——在各个方面被认为是当选总统的忠实朋友，他希望整个地废除《公职任期法》——为此目的提出了一件法案。它做过一读、二读了，主要的问题是已经安排好了的，而且只有单独一名议员发出了微弱的抗议之声，因而这件法案被立即通过了；鲍特韦尔、宾厄姆、巴特勒和威尔逊，他们曾经把《公职任期法》当作共和党官员的守护神加以赞颂，而且还把违反《公职任期法》当作最令人发指的一种亵渎予以谴责，现在却与民主党人的观点一致，总是谴责《公职任期法》不仅是违反宪法的而且也是有害的，现在要把它从法令全书中清除出来。然而在参议院，尽管多

---

①　关于咨文，见麦克弗森：《重建》，第 384 页。
②　关于公告，见麦克弗森：《重建》，第 419 页。

数党也同样急于废除那部法令，但某种羞愧的感觉还是挥之不去。出自众议院的 610
这件法案提交给了一个委员会，该委员会用一件替代形式的修正案传达报告这件
法案实际上是以一种掩饰的方式废除《公职任期法》。现有法令的第一项规定所
有文职官员（不包括下级官员）任期的主要条款，除了通过把那个著名的附加条
件变成内阁官员无条件例外，从而使它最重要的部分被取消的之外，其余的部分
被保留了下来，而且还通过法案给予总统在参议院休会期间暂停任何官员职务的
专断权力；这样一来在他送交参议院的报告中当然就不再需要他说明停职的理由
了。他们只是保留了足以保全像埃德蒙兹和豪这类的参议员提出具有连贯性的旧
法律，这些参议员断言这部法令不是"为了今天，或者明天，或者明年，或未来
四年的立法，而是为了国家未来的立法"，它仍然从这个会议大厅的四壁发出了
回响。即使像现在这样，一些参议员带着使人愉快的直率公开承认他们的真实愿
望。莫顿说："我赞成整个地废除这部法令。我从一开始就认为它是一个错误。
我认为国家或共和党永远也不会从这部法令中获得任何好处。……这件修正案是
有益的，它最大限度地允许总统选择他的内阁成员……在任何时候阻止一位总统
这样做的想法都是荒谬的，是违背行政部门真实属性的。"[1]

这场辩论被迟延了，而这个问题在这次会议上也没有重新开始讨论。但是，
一旦新的国会重新组织起来就在国会两院之间重新开始例行公事的争论。格兰特 611
总统要求得到全权。众议院再次通过一件完全废除《公职任期法》的法案。参议
员们将不得不向总统提供全权，但他们中的一些人还是羞于使他们自己显得可笑
到了那种程度。最后，棘手的事情为了庄重的缘故保留那部法令两个著名的片段
取得了折中方案。一个片段看起来是实质性的——表面上除了根据授权作出任命
之外禁止一切免职行为；但是，靠近它瞥上一眼感觉到的是这样，限制它仅用于
有固定任期的官员，因此不包括各部的首长。另一个片段使迄今为止在第一部任
期法中实质存在的东西形同虚设，通过授予总统在参议院休会期间直到下一次会
议结束为止暂停一切文职官员的职务不受限制的专断权力；万一呈交的提名接下
来没有批准的话，接下来的事情不是被取代的官员复职，而是——另外呈交一个
提名。[2]

《公职任期法》的奴隶、预定的受害者正在静静地准备退场，与此同时，该
法令的制定者们现在那么勤奋地把它从他继任者的道路上清除掉。那个"平民的

---

① 《国会天地》，第 40 届国会第 3 次会议，关于参议院部分见第 936—937 页，关于众议院部
   分见 282—283 页。
② 《国会天地》，第 41 届国会第 1 次会议，第 40、394—395、402—406 页。

男孩"，正像他在就任副总统演说中自称的那样，在他经由每一个公职级别奋斗前进直到取得最高职务以后，没有得到任何休息或喘息的机会，而是相反，他一生中最激烈的战斗结果是现在扔掉他用旧的盔甲，由于在每一个目标上遭受挫折，只是凭借最微小的机会他才没有被降级和免职。没有一个行政部门在它的重要目标上曾经遭受过如此完全的惨败。没有一位总统曾经像那样失去政党的支持而放弃他的职责。没有一个毕生担任公职的官员曾经退出那样显得最终陷于湮没的公共事务舞台。在由"内战中取得胜利的英雄"格兰特就职典礼所引起的狂热中，整个世界似乎已经背弃了他。他的太阳不仅正在落山而且还处在烟云黑暗之中，但它似乎已经落山了——在其约定的时间之前坠落了。在即将就任的总统被引导进入他高级职位的华丽盛会上，他没有任何机会。约翰·亚当斯宁可从首都潜逃而去也不愿面对他的那位成功竞争者，结果，杰斐逊独自乘车前去举行自己的就职典礼。杰克逊规避与他的前任发生任何个人交往，他认为此人应对最近竞选运动中堆积在他妻子身上的诽谤负责——他相信这种诽谤加速了她的死亡；而第二个亚当斯也没有出席那场就职典礼。从政府成立开始，有了这两个例外，每当出现即将离任的总统和即将上任的总统时，两个主要的人物在列队行进中并排坐在同一辆马车上，然后再并肩站着进行宣誓。但是，在现在这个场合，安德鲁·约翰逊的身影因为缺席而惹人注意。不是因为即将离任的总统不准备参与这个仪式。约翰逊丝毫没有那种以失败的委屈而驱使获胜的当选者变得可笑的虚荣心；而他太宽宏大量的本性不允许他们的个人纠纷干扰盛大公共集会适当地举行。但是，战胜罗伯特·李的英雄不能解决由这位总统和他的内阁在他的后面那么赤裸裸地强加于他的诚实性问题，因而他拒绝和脾气这么好战的一个文官同乘一辆马车或挽着手腕步行。所以，伴随着隆隆的礼炮声、击鼓声、响亮的钟声和军乐曲的旋律，这是英雄的时刻，他独自一人心怀怨恨地坐着，呼叫的群众在收拾干净的大街上紧紧地跟随在英雄的后面，把这位受鄙视的变节者遗忘了。

而他呢？这位受到轻视的变节者非但没有丝毫的沮丧或气馁，反而像似相信真正的胜利属于他那样行事。直到那个任期最后一小时的最后一分钟，他的对手在理论上否认和事实上他们试图剥夺他的这个最后时刻，而此刻他仍然保留在总统的席位上，然后，随着1869年3月4日正午的时钟敲响，当他的继任者在国会大厦的门廊里宣誓就职的时候，他走出了白宫的前门，走下台阶进入街道，又一次在普通百姓的行列占据一个属于他的位置。像这样决定性失败的事情他从未片刻承认过。他不觉得需要一个党。他出生微贱无所畏惧。他发现自己处在完全隔离的状态下，这非但没有吓倒他的勇气，反而把那些勇气提升到一个不同寻常的自我称颂的高度。在他似乎被抛弃在公众差不多普遍否定之下的那一瞬间，他

想到绝不能自大而把自己放在和他最杰出、最有权威的前任同一水平上，以华盛
顿和杰克逊为例来说，他们用国父的语言向民众讲话。与就职演说的格兰特总统
并排在一起——在所有的事情中现在难忘的是那个声明，当感觉到"那个职位责
任"的时候，和华盛顿不同，他"毫不畏惧地承担那些职责"，而这种反射通过
承诺实行无论面临他赞成与否的一切法律，决不执行任何反对民众意志的政策而
投射到他直接前任的行动方针上——前总统安德鲁·约翰逊的告别演说，等于用
自满的话表白他那个行政部门的政策，而且还复述了国会多数党和《独立宣言》
的作者谴责"大乔治，我们的国王"篡位一样称呼"那种罪行一览表"是毫不留
情的直接篡位的记录，① 这些都从那里快速地传遍全国。总而言之，经过四年的
斗争，即使众多的胜利者作为主人最终独占这个战场，根本不缺乏真实性的是，
那位被击败的孤独者面对他的反对者正在撤退，他的旗帜没有降下，他的防护物
没有被打碎，而是以更响亮的声音宣布，他对自己的事业未来成功充满信心。

　　而在那个神圣的时刻根据对随后发生的事件观察，必须承认的是，那不仅是
格兰特的自信心——当时被他的一些崇拜者看作是崇高的——而且也是约翰逊的
自信心——当被看作是荒谬可笑的时候并没有轻蔑地受到忽视——在于它有坚实　615
的基础，一直到就任总统，安德鲁·约翰逊的职业生涯同样是令人惊奇的，他一
生中最后六年的英勇行为还是更令人惊奇的。在他开始集合自己分散的力量形成
缓慢艰辛的再一次上升之前，他几乎从最高的顶点一头栽下撞击到深渊底部。没
有片刻浪费在懒散中，浪费在对命运的无用谴责中，浪费在无益的悲叹中；甚至
也不抽出一个小时用于非常需要的休息。事实上，甚至在他的总统任期结束之
前，他就向自己在田纳西州的朋友表示其乐意在即将到来的选举中竞选州长，以
立即被派遣到美国参议院为目的。他自己的那个州由于公布了它从前特别喜欢的
儿子归来而完全处于兴奋的状态之中，而他在它的土地上刚一落脚就震撼了真正
污染它基础的混血儿暴政。

　　1869 年 5 月 20 日共和党的州代表大会在赞成放弃剥夺白人人权政策与仍在
继续高喊"决不饶恕叛乱分子！"政治口号的两个派别之间的斗争中分裂了。因
而结果出现了两个代表大会和两份候选人名单。森特，该州参议院的发言人，由
于这个官职是田纳西州政府的副职，布朗洛不在时充当州长，此时成了第一个派
别的候选人，说来也怪，他是布朗洛自己支持的人。布朗洛则是约翰逊最凶猛的
政敌，此人现在正好坐在最近还属于约翰逊女婿的美国参议院的席位上。威廉·

---

① 　发表在那个时期的小册子和报纸上。

616 B. 斯托克斯上校是第二个派别的候选人。这种分裂给了前总统一个不可放过的机会。他劝告他的朋友们和保守派要普遍地抛弃他们的联合力量而参加支持将开放通向他们正常至上候选人地位的活动。至于他自己，美国参议院的席位是他眼中确定的目标；他渴望回到那个目睹了以重罪和轻罪为由审判他的会议大厅。因此，他在随后时间的角色是在该州来回穿梭进行拉票，通过像往昔那样向民众发表演讲努力恢复他以前的地位和权力，帮助选出一个保守的州长，最重要的是确保一个既敌视激进分子又对他的国家政策有好感的州议会，以此挽回他的名声。在这次竞选开始之前，他被使他遭受痛苦的疾病发作给弄倒了。在竞选期间，他因自己儿子不合时宜地突然死亡而从巡回演讲中被召唤回来了。但没有任何事情可以阻止他——无论生还是死也无论是王子还是王侯的地位都无力阻止他了。他一直坚持到底。选举在 8 月举行了，而白人的胜利是压倒性的。森特以多于对手五万票的优势当选为州长，保守派赢得了对州议会两院的控制，使极端的激进分子减少而变成纯粹的少数。由于田纳西州是遭受"毯制旅行袋"非洲化束缚的第一个分离州，因此田纳西州也是第一个摆脱掉这种束缚的州。下议院以 57 票反对，12 票赞成的表决结果否决了《第十五条宪法修正案》，而上议院不屑报告下

617 议院对此采取的行动。因而这次突如其来的革命在很大程度上是由于安德鲁·约翰逊的影响起码存在于这个州的边界范围之内发生的。在这次选举之后，全国各地马上理所当然地认为前总统回到参议院是有把握的，而且在 1871 年 3 月 4 日，著名弹劾审判案中的被告，将占据受到许多辱骂的参议员福勒的席位，向在他们自己的会议大厅里谴责他的那些法官挑战。

但是，这种正义惩罚的精美篇章尚未完成。约翰逊没有通过如此之快的一个过程重新登上爬升到国会大厦的车辆。由于命运形成的事件，他争取重获参议院席位的斗争才刚刚开始。前总统现在处境奇特而又令人沮丧的弱点和在他的行政机关整个运行的过程中纠缠住他的处境是一样的；——严格地说，他不属于国民被分开进入到政党中的哪一个政党。他毕身都与民主党有关系，当民主党的南方一翼越界分离出来的时候，他与民主党断绝了关系。当共和党开始服从它延伸力量的需要恢复为联邦党的时候，他曾短暂地与这个本身概念不清的共和党联系在一起。结果是他暂时在两者之间徘徊。民主党人对他变得冷淡起来因为他在最重要的时刻与共和党人联合，与此同时共和党人考虑到他以前朋友情投意合的陪伴而驱逐了他。这两个党的人同时都不会注意到变换位置的正是他们自己，而他才

618 是保持固定不动的。在他正在为联邦进行战斗的时候，他受到的教育使他相信，凡是这样的事情已使宪法成为永久的东西，他的那个田纳西州由少数白人领导以国会的名义通过授予黑人选举权而被击败了；然而这个有统治权的派系，正是由

于它的存在依赖于全国反对约翰逊政策的人士，因而会对他抱有不亚于极度势不两立的敌意。在进行长期斗争期间，由于激进分子具有在美国占优势的政党保护这个有说服力的需要考虑的事项，他昔日的许多追随者被引诱加入了激进分子的阵营。所以，到他退出总统职位的时候，在整个广阔的田纳西州存在相对较少的约翰逊派共和党人。由于存在这种令人悲伤的前景，最近保守原则的胜利被认为是令人愉快的。但这个胜利并没有创建一个约翰逊党，却自然增加了民主党的利益，民主党选择了约翰逊的政策而没有完全选择约翰逊。那些领导人对于总统在重建的问题上英勇抵抗的时候情愿为他拍手喝彩，然而，即使他们能够原谅，还是有很多人不会忘记，在战争爆发他开小差那个片断或者充当军管州长对他那个田纳西降伏州施行的铁腕统治。

　　新选出的州议会在 10 月召开会议，多数议员已经决定选举约翰逊为美国参议员。但是，因为存在我们刚才简要说明的那种影响，那个多数有些不一致也不可靠。至少可以这样说，许多民主党人支持这个老联邦主义者是不冷不热的。分 619
担森特反叛责任的共和党人之中，为了一个同事能够容忍魔鬼胜过容忍那只"白宫死狗"，一些人屈从于布朗洛所说的这种发狂的谏言。根据这位"牧师"自己的陈述，金钱由他自己和党的管理机关随意用于选举其他任何一个候选人。他们和更成癖的分离论者结成秘密联盟。他们宁可选择"双手沾满鲜血的叛乱分子"也不愿选择不屈服的"安迪"。尽管他的对手作了这些努力，前总统真诚的支持者假如不是因为在他们自己的成员之中出现了意想不到的变节，他们本来能够保持他们的多数地位。从该州不同地区交替地选出两位参议员是个无法追忆的习惯，而选择约翰逊作为福勒的继任者将会使两位参议员全都出自于东部地区。那些摇摆不定的州议员不断地使用这个论据，最后，布朗洛主动提出把他追随者的票投给亨利·库珀，他居住在该州的中部地区，是埃德蒙·库珀的兄弟——曾一度是约翰逊总统的私人秘书，在这场危机中他不仅是州议会的一名议员而且还是约翰逊最有影响力的坚定支持者之一。这个巧计结束了这个参议员席位的争夺，埃德蒙和他的党羽被拉过去了，而约翰逊以一票之差被击败了。这位成功的候选人，尽管由于布朗洛的帮助而当选，在他取得参议院的席位以后毫不动摇地坚持反对格兰特总统的行政部门。这个胜利是战胜约翰逊个人而不是战胜约翰逊政策的胜利。

　　被迫满足于这种片面的胜利，约翰逊撤出了这个战场等待下一个机会来实现 620
他这种雄心大志的目标。做了这么多剥夺他在最近的竞争中获得奖赏的那个参议员的任期将在几年内届满，而他则专注于继任那个参议员的职务。在必定流逝的几年期间，他要着手组织、巩固和训练一个支持他的政党。在前分裂主义者为一方和重新结合在一起的激进分子为另一方的两派势力之间站在中间道路上，他从前者那里吸收那些为了挫败联邦行政部门的政策能够使他们自己忘掉战争创伤的人，进而使田纳西州转向与北部坚定的民主党人保持一致；他从后者那里吸收一天天变得确信这种事情的白人，只有智慧、勤奋和诚实的民众重新回到州政府里，繁荣才能回来。他宣讲的福音是必须确保白人的优越性，把政治事务管理的傻念头扔到极端民主党人手里，因为那种愚蠢的行为方针只能导致本州被迫回到被联邦当局束缚的状态之中。格兰特的第一个任期临近结束了，经受他行政部门处理影响的重建各州的状况，已经引起了他那个党内身居北部的许多非常高尚的党员的反感，进而发展成为公开的对抗。田纳西州又分配给了一位国会众议员的

621 名额，因为需要时间重新划分该州的众议员选区，这位新增的议员将在 1872 年由该州民众普选产生。民主党提名前邦联将军奇塔姆竞争这个职位，而共和党则提名霍勒斯·梅纳德为这个职务的候选人。应他朋友们的要求，约翰逊同意提前使用他为自己恢复名誉规定的时间，他的中间党把他的目标从再次进入参议院这个更为引人注目的胜利上转移到了众议院，为取得一个作为全州代表的席位而展开激烈的竞选。这个战役打得很艰苦。三位候选人都亲自向民众发出了呼吁；约翰逊，另外两个一左一右拥有共同的标记。此外，他在战争爆发和战争期间的行为用于吸引昔日支持他的老民主党人，而那种行动不为激进分子所知的非凡的英雄主义在当时受到他们如此响亮地叫好。"自己州的叛徒，自己种族的暴君"是从一个方向抛到他身上的指控——"背叛他自己的党，杰斐逊·戴维斯的盟友"这是从另一个方向抛在他身上的指控。共和党人再一次当选了，他遭受惨败，不料竟会相反地依靠他原来的计划——它的目标是美国参议院。

从那个时候开始，他把所有的精力都用于为自己在州议会得到一个忠实可靠的多数来推选布朗洛的继任者。这个任务除了他本人之外对每个人来说似乎是没有希望的。1872 年的争夺——既包括对总统职位的争夺又包括对州控制权的争夺——已经造成了把田纳西州抛回到联邦行政部门手中的局面，因为分享这个战

622 利品才又促使激进分子重新结合在一起。民主党反对派变得更加痛苦，对战争不满的情绪重新燃烧起来，而对于更加成癖的分离主义者来说约翰逊变得越来越让人感到讨厌。然而在 1874 年竞选开始的时候，已经到来的反应如此强烈有力以致共和党人对从他们自己党内选出一位参议员感到绝望，被迫作出权宜之计，在大部分县和参议员管区与约翰逊分子联合。因此，摆在人们面前的争夺缩小到以安德鲁·约翰逊为一方，而仅有的另一方公开宣布的杰出候选人——威廉·B.贝特（现任的美国参议员）和约翰·C. 布朗两人现在争夺同一个职位，他们两人都是民主党人。当时州议会举行联席会议（1875 年 1 月 20 日），布朗洛前天在

州下院只得到两票，而霍金斯只得到一票——共和党人中这两个人是仅有的候选人——全部落选；因此在州议会审议中斗争仍在继续进行，如同竞选期间这种斗争盛行于约翰逊和彻底的民主党人之间一样。第一轮投票中选举约翰逊的为 36 票，选举贝特的为 19 票，选举布朗的为 18 票，而其他的候选人分散了其余的选票——当选必须得到 51 票。每一天都在延续投票，直到 26 日各有不同的命运为止。第三十四轮投票选举约翰逊的为 34 票，选举布朗的为 32 票，选举贝特的为 10 票，就在这时布朗退出选举，而在接下来的一轮投票中，选举约翰逊的为 33 票，选举贝特的为 24 票，选举斯蒂芬斯的为 21 票，而其他的候选人得票是分散的。在 25 日进行的最后一轮投票中，选举贝特的为 46 票，选举约翰逊的为 44 票，选举尤因的为 8 票，选举斯尼德的为 1 票，当布朗再次要求提名时贝特退出了竞选。第二天，布朗得票下降了，最后一轮也就是第五十五轮投票，选举约翰逊的为 52 票，选举斯蒂芬斯的为 25 票，其他的候选人得票是分散的；因而宣布约翰逊当选。 623

一个非常难得的、当之无愧的、非常重大的胜利并没有为那个时代的编年史增添光彩。正如他在参议院发言中真诚说过的那样，在他去世以后：

"他最近当选为参议员而在这里得到了发言权是他用自己的双手，依靠他自己顽强的意志和勇气完成的工作，是长期激烈竞争的奖赏，它持续了七年的时间，曾一度失败，除了他本人之外，在全世界其他的人看来似乎是绝对没有希望的，尽管如此，他最后成功了。从我自那些熟悉这个经历的人那里获悉的情况来看，他在最近的竞争中比他一生其他任何时期都更公开地展示出他那真实而又特殊本性——那将是用他全部的力量和全部的能力打拼，丝毫不要求宽恕，也没有丝毫的捐赠；尽管现在和嗜杀的理查德相似，而且在那时被推翻了，依然还要战斗，决不投降，直到胜利降落到他的旗帜上。"[①]

1875 年 3 月 4 日（星期四），从当年的这一天起正好 6 年时间，作为卸任总统，他惹人注意是因为他不到当选总统的身边参加新总统的就职仪式：——安德鲁·约翰逊重新出现在参议院的讲坛上，聚集在走廊上和通道里的人群向他表示敬意，自动发出一阵热烈掌声欢迎他的到来。第二天，当参议院在特别会议上组

---

① "参议员博吉在约翰逊葬礼上的演讲"，见集体作者美国：《国会记录》（华盛顿：政府印刷所，1875－1877 年），第 44 届国会第 1 次会议，第 340 页。

织起来，点到他的名字时，人们看到他那强健的身影，穿着黑色老式的服装，沿着过道前去宣誓就职。他站在曾经宣读布朗洛那份粗俗电报的办公桌前，他现在已经把布朗洛从其凳子上推走了。他窥视到亨利·威尔逊不自在的眼神，此人曾经宣称他是"一个违反宪法的人，一个违反法律的人，一个违背自己誓言的人"，并表示希望使他永远丧失担任公职的资格，而现在此人作为副议长被迫为他提供工作簿。萨姆纳——曾经那么喜欢称他为"恶人"，"国家的敌人"，"杰弗逊·戴维斯的正统继任者"——已经一去不复返了。但鲍特韦尔，是他发现了"把人类两个种族的这个敌人发射"进去的"天空之洞"，替代威尔逊坐在那里，也许在沉思"神秘的天意"那么宿命地安排卡彭特油画中的那些人物。当这位新参议员回到自己办公桌边时，他的崇拜者在那个办公桌上摆满了鲜花，他的同事聚集在他的周围表示祝贺——即便是投票判决他有罪的一些参议员同事也涌到他的身边以示友好。因为如此经常地说到他是自高自大的，他极度谦虚地戴上这个难得的桂冠。他似乎不怀有丝毫的忌恨。莫顿说："在我投票赞成对他进行弹劾以

Senator Andrew Johnson in 1875

后，意外地遇见他了，他脸上显露出和以前同样和善的微笑，还主动把手伸过来与我握手。我认为这显现出他灵魂的高尚。很多人做不到这一点！"[1] 但是，尽管完全显示了他受到压抑的情感，几乎毫无疑问，正如另一位参议员所说的那样："那是他的一个极其重要的机会，他心里是高兴的。""和他一生中其他任何一次胜利相比，最近的这个胜利必定使他更真诚、更深切地感到满足。"安德鲁·约翰逊是第一位曾经成为参议员的美国前总统，也是最近成为参议员的美国前总统。

但被看作伟大的是他个人的胜利，他那个政策的胜利还更有意义。国会主导六年的重建被证明足以使阿波马托克斯英雄的荣耀变得黯然失色。曾经以压倒性的多数弹劾安德鲁·约翰逊的众议院如今在民主党的掌握之中。尽管有来自十个被强制州的援军，参议院多数党的人数已经减少，其占三分之二的优势已被削弱。堕落的非洲化自治市镇、自治区，尽管有联邦政府和美国军队的支持，却一个接一个衰落了或正在衰落。那个混血儿的帝国不久连任何遗迹也不会残存下来，除了南卡罗来纳州沉溺于政治混乱和腐败的黑色泥潭之中以外，路易斯安那

---

① 《国会记录》，第44届国会第1次会议，第338页。

州被迫在凯洛格的怀抱中挣扎，而一个离群的黑人在参议院利用叙述他那个州不如实的情况或在众议院述说他那个选区不如实的情况来说明人人平等，这些变态的残存物即使利用1876年超大的欺诈行为也不能继续存在下去。所谓的"叛乱要素"在整个区域到处占据着优势——如果不是受到"叛乱要素"最初告发者的鼓励，也是他们假装没有看见而占据优势的，正是因为他们自己的计划带来了难以忍受的痛苦而使他们感到震惊。每一项措施都通过使用一切革命的暴力强制确保共和党在重建的联合中拥有至高无上的地位，这些措施包括《第十四条宪法修正案》，附有戒严法的《重建法令》，他们的黑人大会，他们的黑人选举权和他们的黑人宪法，结果证明这些比徒劳还要糟糕。至于安德鲁·约翰逊的那种受到很多辱骂的政策，他的政敌最终被迫改变了对它的看法。国会主导的重建除了无条件的黑人选举权之外残存下来的是零，而无条件的黑人选举权继续存在的业绩越来越被清楚地判定是两个种族的祸根，是好政府的绊脚石，对社会秩序有致命的感染性，甚至不再忍受《第十五条宪法修正案》使无条件的黑人选举权永久延续下去的规定。

626

　　特别会议是专门讨论路易斯安那州公共事务极糟糕局面问题的，还讨论接纳平克尼·本顿·斯图尔特·平奇巴克这个黑白混血儿作为她的一个参议员的问题，这个听起来很了不起的名字也让人感到欣喜。3月22日（星期一），安德鲁·约翰逊在参议院发表演讲。倾听曾经受到弹劾的总统发表演讲是件非常好奇的事情，在特别法庭审理的过程中它的许多成员已经判决他犯有重罪和轻罪，现在轮到他来弹劾自己继任者的行为了。田纳西州的安德鲁·约翰逊又像他在1861年那样，在参议院的会议大厅里成了一个时代的英雄。他是这样开始演讲的：

　　"议长先生，尽管我习惯在公开场合讲话已经有很多年了，有时在议事机关，有时在民众前面，我承认，我今天上午在参议院里出现是非常窘迫的。我认为在星期六晚上我获得发言权的事情已经引起了注意，我今天向参议院发表演讲可能会产生某些无法实现的期待，对那些不熟悉我的人来说尤其是这样的。如果在座的无论哪一个人头脑中已经产生任何一种这样的期望，我相信并希望，他们可能会使自己觉得扫兴，因为在这个场合他们会是非常失望的。"

627

　　风格和措辞同样怪癖，同样的性格特征，在民众眼中永远保持着他在最初的演讲中早已标明的，在参议院这最后一场演讲中继续标明的相同习惯。他个人的独立性，他无限依赖自己在社会活动中的正直，坚定不移的好斗热情，丝毫不向对手和叛徒屈服的决心，这一切他全都具备。他大刀阔斧地处理格兰特行政部门的行为不是没有讽刺嫌疑，他竟然认为，现任总统几乎没有理由专横地对待路易斯安那州的州议会，因为作为约翰逊总统领导下的五星上将，他已经在他前面确立了一个光辉的先例，行政部门拒绝帮助布朗洛州长强制田纳西州的州议会。他直接攻击总统盔甲中的两个脆弱点——他有三连任的野心以及他频繁地接受礼品。谴责后者完整地叙述不光彩地惩罚英国下议院议长约翰·特雷弗爵士，迫使他本人因"接受了伦敦金融城 1000 基尼的酬金"而受到惩罚。他再次使用他最喜欢的引用语："我们的恺撒已经长得那么大了，难道还依赖什么肉来喂养他吗？"

628 他警告他的同胞反对出现"军人专政"，一句话，他既说明"军人专政"的特性又小心转达"军人专政"的原意，他通过有计划地阐述那种政府形式、与它接近的标记以及与众不同的特征来使他的演讲出现一种紧张的气氛。①

第三天，参议院不定期地休会了，安德鲁·约翰逊也回家了。即使他与国家北部地区同时代的人不一致，和他家乡所在地区同时代的人也完全不一致，那么他在公共事务和私人生活两个方面与维护其性格品质的后人则是一致的。对他来说，新的一天似乎已经破晓。在他面前，第二次任参议员的经历和第一次任参议员经历是一样光荣的。他时年六十七岁，尽管困扰他的失调痛苦再三地发作，但是，时间对他似乎还是宽厚的。他的步伐矫健有力，他眼睛明亮，身躯挺拔，情绪高昂。但所有这些征兆都是误导性的。实际上，他的工作已经完成了。他回到参议院，因为这构成了他职业生涯独特的成功，而且也是最后的成功。他在格林维尔自己的家中平静地度过了春季和初夏。在 7 月的最后几天，他动身去探望当时住在离他家几英里地方的一个女儿，表面上看身体状况特别好，可在 7 月 29 日到了那里他就患上了瘫痪症，随后处在半身失去知觉的状态之下而挥之不去，直到 7 月 31 日他去世为止。他的葬礼既简单又朴素，这被看作与他的性格和经历是相符的——没有教会礼仪或盛大的哀悼游行队伍，但是，正像他的一位参议

629 员同事说的那样，"山丘山谷群山江河发出了无数的证明，它们对这个无法挽回的损失普遍地感到悲痛。"由于他家砖木结构、房屋不大的住院坐落在直接和街道连通的地方，他的遗体首先被运到这个庭院停放，上面覆盖着联邦国旗，这样庄重地陈列两天。从那里到村庄正南方有一个圆锥形的山顶，那是他亲自为自己选择的安葬地点。由他最疼爱的女儿付出虔诚的努力竖立了一个高高的白色优美花岗岩柱状墓碑，在周围数英里的地方都能够看到，现在成了那个地方的标志

---

① 《国会记录》，参议院特别会议，1875 年 3 月，第 121 页。

——在幕碑项部，雕塑有一只成猛扑状的大鹰位于其上，墓碑接近基座的地方刻着碑铭："安德鲁·约翰逊，美国第十七任总统。他从未动摇过信赖民众的理念。"在远处，一个被切开的巨大边端山石块宛如浪形起伏的紫色褶皱，保持其永恒的守护姿态。那里由他自己家族的逝者环绕着，他经历毕生的战斗以后，这位在民政事务中，在现代民主政治中，在独力奋斗的战士之中最顽强的斗士终于在这个地方安息了。

位于田纳西州格林维尔的安德鲁·约翰逊之墓

索 引

（索引中的数字为原著中的页码，正文每页译文首行之后的页边标有原著的页码）

for President's conviction 召开会议祈求那些参议员坚定立场给总统定罪，530；
the African branch follows suit 非洲裔追随者感到满意，531.

dent 不会成为先例，102；message of President on 总统有关的咨文，id. 同上；members sworn in 议员宣誓就职，103，107；redeemed by Johnson 被约翰逊挽救了，616.

Tenure-of-Office Act Bill introduced 提出的《公职任期法案》，183；House votes to except cabinet officers 众议院投票把内阁官员除外，id. 同上；passes Senate 参议院通过，193；House strikes out exception 众议院删去了例外，194；conference reports proviso 协商会提出附加条件，195；construction of 解释，in House 在众议院内，196；in Senate 在参议院内，196－199；adopted 被采用，199；vetoed and passed over veto 遭到否决后又推翻否决获得通过，202－203；virtually repealed 实质上被废除了，609－611.

Texas 德克萨斯，18.

Thayer 塞耶，John M. 约翰·M.，takes seat as senator from Nebraska 作为来自内布拉斯加州的参议员取得了席位，174；votes " Guilty" on trial 在审判中投票判决"有罪"，553.

Thomas 托马斯，George H. 乔治·H.，declines nominations for brevet lieut. - general and brevet general 拒绝名誉晋升中将进而再名誉晋升将军的提名，342.

Thomas 托马斯，Lorenzo 洛伦佐，career of 经历，343；restored to office 恢复官职，id. 同上；addresses his clerks 向他的办事员讲话，344；appointed sec. of war ad interim 被任命为临时陆军部长，344；interviews with Stanton and President 与斯坦顿和总统谈话，345；loose talk of 闲谈，350；arrest of 逮捕，352；encounter with Stanton 遭遇斯坦顿，354－355；proceedings against in court and discharge of 法庭里的诉讼和释放，376；before committee on articles 委员会审理那些指控条款，379；before managers 受到那几个控方干事审讯，394；witness on trial 在审判中作证，438.

Tipton 蒂普顿，Thomas W. 托马斯·W.，admitted sen. From Nebraska 来自内布拉斯加州被接纳的参议员，174；votes " Guilty" on trial 在审判中投票判决"有罪"，553.

Trial of the President 审判总统，opening scene 开始的情景，404－407；close of case for prosecution 案件检举结束，421－422；effect of first week of 第一周的结果，421；defence opened 辩护开始，422；close of testimony 举证结束，447；length of 时间的长短，id. 同上；analysis of arguments 分析各种理由，448 et